滋 賀 県

〈 収

2024 年度 …………… ・国

2023 年度 ……………………………… 数・英・理・社・国

2022 年度 ……………………………… 数・英・理・社・国

2021 年度 ……………………………… 数・英・理・社・国
※国語の大問一は、問題に使用された作品の著作権者が二次使用の許可を出していないため、問題の一部を掲載しておりません。

2020 年度 ……………………………… 数・英・理・社・国
※国語の大問二は、問題に使用された作品の著作権者が二次使用の許可を出していないため、問題を掲載しておりません。

2019 年度 ……………………………… 数・英・理・社

⇒ 

※データのダウンロードは 2025 年 3 月末日まで。
※データへのアクセスには、右記のパスワードの入力が必要となります。 ⇒ 775305

〈 各教科の受検者平均点 〉

	数 学	英 語	理 科	社 会	国 語
2024年度	41.2	47.9	44.6	50.3	52.7
2023年度	45.7	53.6	54.3	49.9	54.0
2022年度	42.3	47.0	48.8	56.8	47.1
2021年度	38.0	50.5	47.4	40.3	60.4
2020年度	42.1	50.0	39.9	44.9	47.7
2019年度	38.1	45.0	39.0	42.4	59.6

※各100点満点。

本書の特長

POINT 1　解答は全問を掲載、解説は全問に対応！

POINT 2　英語の長文は全訳を掲載！

POINT 3　リスニング音声の台本、英文の和訳を完全掲載！

POINT 4　出題傾向が一目でわかる「年度別出題分類表」は、約 10 年分を掲載！

実戦力がつく入試過去問題集

- 問題 ……………… 実際の入試問題を見やすく再編集。
- 解答用紙 …… 実戦対応仕様で収録。
- 解答解説 …… 重要事項が太字で示された、詳しくわかりやすい解説。
  ※採点に便利な配点も掲載。

合格への対策、実力錬成のための内容が充実

- 各科目の出題傾向の分析、最新年度の出題状況の確認で、入試対策を強化！
- その他、志願状況、公立高校難易度一覧など、学習意欲を高める要素が満載！

解答用紙ダウンロード　解答用紙はプリントアウトしてご利用いただけます。弊社ＨＰの商品詳細ページよりダウンロードしてください。トビラのＱＲコードからアクセス可。

リスニング音声ダウンロード　英語のリスニング問題については、弊社オリジナル作成により音声を再現。弊社ＨＰの商品詳細ページで全収録年度分を配信対応しております。トビラのＱＲコードからアクセス可。

famima PRINT　原本とほぼ同じサイズの解答用紙は、全国のファミリーマートに設置しているマルチコピー機のファミマプリントで購入いただけます。※一部の店舗で取り扱いがない場合がございます。詳細はファミマプリント（http://fp.famima.com/）をご確認ください。

見やすく読みまちがえにくいユニバーサルデザインフォントを採用しています。

2024年度/滋賀県公立高校学力検査受検状況

【県立・全日制】

学校名・学科名		学力検査定員	受検者数	倍率	前年度倍率
膳所	普通	224	349	1.43	1.61
	理数	20			
堅田	普通	173	155	0.90	0.90
東大津	普通	252	273	1.08	1.12
北大津	普通	84	82	0.98	0.75
大津	普通	168	254	1.51	1.68
	家庭科学	48	68	1.42	1.25
石山	普通	224	341	1.52	1.52
	音楽	10	0	0.00	0.00
瀬田工業	機械	60	61	1.02	1.05
	電気	60	57	0.95	1.02
	化学工業	21	20	0.95	0.84
大津商業	総合ビジネス	100	114	1.14	1.12
	情報システム	40	40	1.00	1.10
草津東	普通	224	336	1.46	1.13
	体育	6			
草津	普通	168	197	1.17	1.32
玉川	普通	224	244	1.09	1.34
守山	普通	140	193	1.38	1.34
守山北	普通	159	71	0.45	0.52
栗東	普通	125	113	0.84	0.78
	美術	10			
野洲	普通	139	113	0.81	0.55
湖南農業	農業	40	50	1.25	0.96
	食品	20	20	1.00	1.20
	花緑	24	27	1.13	0.95
国際情報	総合	144	178	1.24	1.15
水口	普通	140	141	1.01	1.04
水口東	普通	84	81	0.96	1.17
甲南	総合	88	72	0.82	0.87
信楽	総合	61	31	0.51	0.77
石部	普通	90	91	1.01	0.77
甲西	普通	168	163	0.97	0.99
彦根東	普通	224	255	1.14	1.13
河瀬	普通	84	102	1.21	1.02

学校名・学科名		学力検査定員	受検者数	倍率	前年度倍率
八幡	普通	224	213	0.95	1.04
八日市	普通	196	202	1.03	1.10
能登川	普通	92	104	1.13	1.00
愛知	普通	88	75	0.85	0.91
八日市南	農業	25	25	1.00	1.05
	食品	22	29	1.32	1.04
	花緑デザイン	26	32	1.23	1.25
彦根工業	機械	105	110	1.05	1.03
	電気	45	45	1.00	1.18
	建設	27	26	0.96	1.10
八幡工業	機械	40	46	1.15	0.93
	電気	40	44	1.10	1.22
	環境化学	30	28	0.93	0.85
八幡商業	商業	80	82	1.03	0.95
	国際経済	20	19	0.95	1.00
	情報処理	22	20	0.91	1.00
彦根翔西館	総合	192	207	1.08	0.99
日野	総合	130	118	0.91	1.05
長浜北	普通	168	167	0.99	0.94
虎姫	普通	140	140	1.00	0.92
伊香	普通	98	67	0.68	0.68
伊吹	普通	84	75	0.89	0.94
米原	普通	140	128	0.80	0.91
	理数	20			
長浜農業	農業	27	26	0.96	1.09
	食品	20	17	0.85	1.00
	園芸	28	29	1.04	1.05
長浜北星	総合	140	136	0.97	1.01
高島	普通	128	126	0.85	0.92
	文理探究	20			
安曇川	総合	106	56	0.53	0.57

※「学力検査定員」は、推薦選抜、特色選抜およびスポーツ・文化芸術推薦選抜の入学許可予定者を除いた定員。

数学 ●●●● 出題傾向の分析と合格への対策 ●●●●

出題傾向とその内容

〈最新年度の出題状況〉

今年度の出題数は，大問が4題，小問数にして19問であった。

出題内容は，大問1が，数・式の計算，連立方程式，平方根，式の値，体積，正の数・負の数の利用，資料の散らばり・代表値に関する9問の小問群，大問2は，正多面体を題材とした空間内の直線と平面の位置関係，表面積，確率，大問3は，道のり・速さ・時間を題材としたグラフの作成を含む関数とグラフの問題，大問4は，図形の記述式証明と作図，面積計算の平面図形の問題であった。

今年度の問題も，難易度の差が大きく，十分な注意力や深い思考力を必要とする問題が一部出題されている。確実に得点できる問題を速やかに解いて，残された時間を有効に使いたい。解法や方針がわかっても，解答に手間取る問題もあり，難易度をよく見きわめて取り組みたい。

〈出題傾向〉

問題の出題数は，ここ数年，小問数で17問前後が定着している。問題数としては必ずしも多いとは言えないが，短時間では解けない問題もあり，試験の際には時間内で得点できる問題とそうでない問題を見極め，時間配分にも充分注意したい。

出題内容は，ここ数年，大問1で数・式，平方根に関する5問の基本的計算問題を含み，中学数学全般に関する基本的数学能力を問う9問前後の小問群が出題されている。基本レベルの内容に関しては，偏りのない学習を心掛け，大問1は確実に得点できるようにしよう。大問2以降では，図形や確率と関数・グラフの融合問題，証明や計量問題を含む平面図形の総合問題が出題されている。ここ数年の傾向では，空間図形の総合問題，動点問題，標本調査などが出題されていないが，いつ出題されても対応できるような準備はしておこう。

来年度の予想と対策

来年度も出題数，レベルともに大きく変わらないと予想される。

基礎力を問う問題は確実に得点するだけではなく，短時間で正解する練習も積んでおきたい。注意力や思考力が必要な問題に，十分な時間をかけたいからである。また，限られた時間で高得点を目指すためにも，得意な問題のパターンを増やすように心掛けよう。

単元ごとに十分な練習問題を解いて，理解を深めることも大切である。前半に方程式や関数の単元に早めに取り組み，後半で図形の問題に集中できる準備をすることが望ましい。

作図や証明の問題でも，基本を良く理解した上で，解き方や表現方法に工夫が必要とされる。応用問題も解いておきたい。

数学が不得意な人は，基礎力を問う問題を取りこぼさず，確実に全問正解を目指す決意で，基本問題攻略に取り組もう。やはり，実力をつけるためには，他府県を含め，多くの過去問題を解くことが有効である。

⇨学習のポイント

・過去問や問題集を使って新傾向の問題へも十分対応できるようにしておこう。
・日頃の学習で，的確な時間配分ができるよう，訓練しておこう。

年度別出題内容の分析表　数学

※　　は出題範囲縮小の影響がみられた内容

出題内容			27年	28年	29年	30年	2019年	2020年	2021年	2022年	2023年	2024年
数と式		数の性質				○			○	○		○
		数・式の計算	○	○	○	○	○	○	○	○	○	○
		因数分解									○	
		平方根	○	○	○	○	○	○	○	○	○	○
方程式・不等式		一次方程式		○	○	○	○	○	○	○	○	○
		二次方程式	○		○	○	○	○	○	○	○	
		不等式		○								
		方程式の応用	○		○	○	○	○	○	○	○	○
関数		一次関数	○		○	○		○	○	○	○	○
		関数 $y = ax^2$	○		○	○	○	○	○	○	○	
		比例関数	○				○	○				○
		関数とグラフ	○	○		○		○	○	○	○	○
		グラフの作成							○		○	○
図形	平面図形	角度				○	○		○			
		合同・相似	○	○	○	○	○	○	○	○	○	○
		三平方の定理	○	○	○	○	○		○	○	○	○
		円の性質	○	○	○	○			○	○		○
	空間図形	合同・相似			○							
		三平方の定理								○		
		切断										
	計量	長さ	○	○		○	○	○	○	○	○	○
		面積	○	○	○	○	○	○	○	○	○	○
		体積	○		○	○					○	○
		証明	○	○	○	○	○	○	○	○	○	○
		作図	○	○	○	○	○	○	○	○	○	○
		動点										
データの活用		場合の数	○		○							
		確率	○	○	○	○	○	○	○	○	○	○
		資料の散らばり・代表値(箱ひげ図を含む)	○	○			○	○	○	○	○	○
		標本調査					○					
融合問題		図形と関数・グラフ								○	○	
		図形と確率						○				
		関数・グラフと確率	○		○							
		その他										
その他				○	○	○						

―滋賀県公立高校―

英語 ●●●● 出題傾向の分析と合格への対策 ●●●●

出題傾向とその内容

〈最新年度の出題状況〉

本年度の大問は，聞き取りテスト1題，イベントのチラシ，スピーチ原稿，会話文を組み合わせた読解問題1題，スピーチコンテストに参加して発表したスピーチとそれに対するコメントを加えた長文読解問題1題，条件英作文問題1題の計4題だった。

聞き取りテストでは，対話文と質問を聞いて答えを選ぶ問題，英文を聞いて内容に合う文を選ぶ問題，会話文を聞いて内容についての3つの質問に対する答えを選ぶ問題，会話文の内容をふまえて自分の答えを5語以上で書く英作文問題が出題された。配点は100点満点中の33点で，他の都道府県と比べると高い。

読解問題2題では，内容真偽，語句補充・選択，語句の並べ替え，英問英答など，設問形式はバラエティーに富んでおり，実用的な英語力が必要とされる。

全体として，知識・読解力・表現力といった総合的な英語力が要求される出題である。

〈出題傾向〉

年度によってわずかながら出題形式の変化が見られるが，大問構成や出題の意図は一貫している。

聞き取りテストの一部には，円グラフの読み取りなど少し難しい問題も見られる。また，英文記述式の《その3》の4の配点が高いため，対策が必要である。

読解問題は文法問題から本文の読み取りに関するものまで，さまざまな形式の小問が出題される。その中でも英語での記述式問題が多くみられ，また配点も高い。高得点を目指す場合，鍵となると思われる。

来年度の予想と対策

来年度も，聞き取りテスト，英文読解，条件英作文をメインとした出題形式は変わらないだろう。

聞き取りテストについては，今後も大きな割合を占めることが予想されるので，音声教材を用いた学習で日頃から耳を慣らしておくこと。

英文読解，会話文問題もまた重要だが，出題形式が多岐にわたっているため，まずはそれらの基礎となる文法・語句の知識を強化すること。既習文法事項はよく整理をしておきたい。その上で市販の問題集などで，さまざまな問題に触れることが効果的であろう。なお，会話文読解は資料などを参照して読み進めるもので，トータルの試験時間も短めなので，ある程度のスピードも要求される。

⇨学習のポイント

・聞き取り問題の比率が高いため，市販教材などでじゅうぶんな練習を積んでおくこと。
・読解がメインではあるものの，読み取りや英作文の土台となる語いや文法の基礎固めが重要。
・記述問題を中心に，さまざまな形式の問題に慣れておくこと。

年度別出題内容の分析表　英語

※　　は出題範囲縮小の影響がみられた内容

		出題内容	27年	28年	29年	30年	2019年	2020年	2021年	2022年	2023年	2024年
設問形式	リスニング	絵・図・表・グラフなどを用いた問題	○	○	○	○	○	○	○	○	○	○
		適文の挿入	○	○	○	○						
		英語の質問に答える問題	○	○	○	○	○	○	○	○	○	○
		英語によるメモ・要約文の完成										
		日本語で答える問題										
		書き取り										
	語い	単語の発音										
		文の区切り・強勢										
		語句の問題										
	読解	語句補充・選択（読解）	○	○	○	○	○	○	○	○	○	○
		文の挿入・文の並べ換え	○	○	○	○	○	○				○
		語句の解釈・指示語	○	○	○	○	○	○				○
		英問英答（選択・記述）	○	○	○	○	○	○	○	○	○	○
		日本語で答える問題	○									
		内容真偽	○	○	○	○	○	○	○	○	○	○
		絵・図・表・グラフなどを用いた問題	○		○		○	○	○	○	○	○
		広告・メール・メモ・手紙・要約文などを用いた問題	○	○		○	○	○	○	○	○	○
	文法	語句補充・選択（文法）	○									
		語形変化										
		語句の並べ換え	○	○	○	○	○	○	○	○	○	○
		言い換え・書き換え										
		英文和訳	○									
		和文英訳										
		自由・条件英作文	○	○	○	○	○	○	○	○	○	○
文法事項		現在・過去・未来と進行形	○	○	○	○	○	○		○		○
		助動詞			○			○	○		○	○
		名詞・冠詞・代名詞		○	○	○	○			○	○	○
		形容詞・副詞		○	○			○	○	○	○	○
		不定詞	○			○	○	○	○		○	○
		動名詞		○								○
		文の構造（目的語と補語）	○		○							○
		比較	○	○	○				○		○	○
		受け身			○			○		○		○
		現在完了		○	○		○					○
		付加疑問文										○
		間接疑問文						○		○		○
		前置詞			○	○	○		○			
		接続詞		○	○		○	○	○	○	○	○
		分詞の形容詞的用法										○
		関係代名詞	○					○		○		○
		感嘆文										
		仮定法										○

―滋賀県公立高校―

理科 出題傾向の分析と合格への対策

出題傾向とその内容

〈最新年度の出題状況〉

大問数が4題で，物理，化学，生物，地学分野から各1題ずつの出題となっている。また，1つの大問があらゆる分野からの複合問題になっている場合もある。長文記述問題が大変多い。また，小問は20問程度と一見少ないが，長文記述問題で時間を多めに要するため，時間配分には気をつけたい。

〈出題傾向〉

本県は，比較的教科書に沿った題材をとり上げている問いに加え，特殊な実験や教科書にのっていないような題材を用いた実験が出されることも多い。思考力・応用力を必要とする問題が多く，少ない設問をじっくり考えて解く問題となっている点は，例年と同じである。長文記述問題は，原理やしくみを交えて説明するものもあるので用語やしくみをしっかり理解し，簡潔に説明する力が必要である。

物理的領域　考えやすい実験の設定であったため，非常に解きやすかった。計算問題はほぼ毎年出題されている。適切な形で様々な数値を使えるよう，問題を解きながら値を検討し，解答を進めよう。

化学的領域　基本的な問題と，結果を考察する力を問う問題から構成されている。基本的な原理や知識を使って解くことに変わりはない。あせらず，適切な基本原理を応用して，正しく解答していこう。

生物的領域　資料をよく読めば，難なく解ける問題群であった。基本的な内容は教科書に沿ったものであるため，知識を確実なものにすることを目標に練習しておけばよい。

地学的領域　教科書内にある題材を用いて考察を行う問題が出題されたため，非常に解きやすかった。資料を分析した上での柔軟な表現力が試さるため，演習を多く積んで，思考力を磨いていこう。

来年度の予想と対策

ここ数年，特殊な実験や複合問題が出題されることが多く，柔軟な思考・表現力を問われる傾向にある。問題文にヒントがかくされていることもあるので，読解力をつけておくとよい。1つの大問に1～2問は，やや思考力が求められる問題はあるが，基本がしっかりしていれば，そう困難ではないだろう。さらに得点するためには，教科書の知識をどのように応用問題に生かせるかがポイントになる。色々な問題を解き，実験やグラフ，表などを理解し，設問の内容をよく把握する力をつけておくとよい。また，科学的なものの見方をするように日頃から心掛けておき，記述式の問題ではポイントをおさえてまとめられるように練習をする必要がある。年によっては時事的な問題が出題される可能性もあるので，新聞やニュースなどで身近な環境問題などにも興味をもって，科学の知識を広げるようにしよう。

⇨学習のポイント

- 実験実習中心の問題は，くり返しチャレンジしておこう。
- 実験の手順や結果などは，自分の文章で説明できるように表現力を高めておこう。

年度別出題内容の分析表　理科

※★印は大問の中心となった単元／　　は出題範囲縮小の影響がみられた内容

		出題内容	27年	28年	29年	30年	2019年	2020年	2021年	2022年	2023年	2024年
第一分野	第1学年	身のまわりの物質とその性質	★				○					○
		気体の発生とその性質				○	○	○		○		
		水溶液			○				★		○	
		状態変化								○		
		力のはたらき(2力のつり合いを含む)	○				○					★
		光と音								★		
	第2学年	物質の成り立ち	○							★		
		化学変化，酸化と還元，発熱・吸熱反応					○					★
		化学変化と物質の質量		○		★	○					○
		電流(電力，熱量，静電気，放電，放射線を含む)	○	○				★			★	
		電流と磁界	★	○		○			○			
	第3学年	水溶液とイオン，電解質の電気分解	○	○	○		○	○			○	
		酸・アルカリとイオン，中和と塩		★		○		★				
		化学変化と電池，金属イオン			★						★	
		力のつり合いと合成・分解(水圧，浮力を含む)	○		○		★		○			○
		力と物体の運動(慣性の法則を含む)			○	○			○			
		力学的エネルギー，仕事とエネルギー		★	○	○			○			
		エネルギーとその変換，エネルギー資源		○		○		○				
第二分野	第1学年	生物の観察と分類のしかた										
		植物の特徴と分類			○			○	○			
		動物の特徴と分類	○									★
		身近な地形や地層，岩石の観察		○		○					○	
		火山活動と火成岩		○		★					★	
		地震と地球内部のはたらき								★		
		地層の重なりと過去の様子		○		○					○	
	第2学年	生物と細胞(顕微鏡観察のしかたを含む)		○						○	○	
		植物の体のつくりとはたらき			★	★					○	
		動物の体のつくりとはたらき			○			★				
		気象要素の観測，大気圧と圧力					○		○			○
		天気の変化					○		○			○
		日本の気象					○		○			★
	第3学年	生物の成長と生殖		★		○			○	★		
		遺伝の規則性と遺伝子							○			
		生物の種類の多様性と進化										○
		天体の動きと地球の自転・公転	○					★				
		太陽系と恒星，月や金星の運動と見え方	★		★			○				
		自然界のつり合い	★				★	○				
自然の環境調査と環境保全，自然災害												
科学技術の発展，様々な物質とその利用												
探究の過程を重視した出題			○	○	○	○	○	○	○	○	○	○

—滋賀県公立高校—

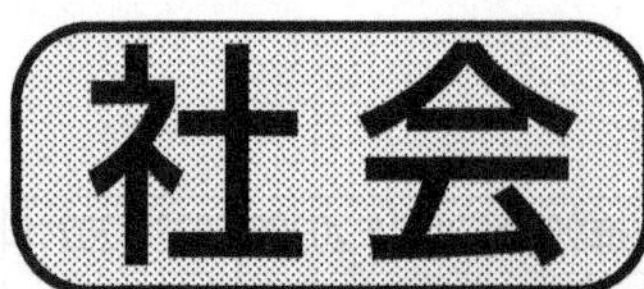

社会 ●●●● 出題傾向の分析と合格への対策 ●●●●

出題傾向とその内容

〈最新年度の出題状況〉

本年度の出題数は，大問3題，小問26題である。解答形式は語句記入が4題，記号選択が17題，ならべかえが1題出題されている。また，記述問題が4題出題されている。大問数は，地理1題，歴史1題，公民1題となっており，小問数は各分野のバランスがとれていると言える。

各設問は基礎的知識の理解を求めるものが大部分であり，ほとんどが地図・図表・絵・グラフなどの資料を使った出題である。

地理的分野は，地図やグラフ，表などを用い，日本や世界の地理の基本を問う出題となっている。歴史的分野では，写真や地図，年表などが用いられ，古代から現代の政治史の流れを問う出題となっている。公民的分野では，地方自治を軸として人権や立法，財政などに関する幅広い内容を問う出題となっている。

〈出題傾向〉

地理的分野では，地図や統計資料などの読み取りを通して，日本や世界の産業や貿易の特色を問う問題が出題されている。

歴史的分野では，年表・図表・資料などを用いて，古代から現代の政治や文化，経済などについて問う出題となっている。

公民的分野では，資料やグラフなどの読み取りを通して，国の政治のしくみなど，基礎的事項の確認をする出題となっている。

来年度の予想と対策

来年度も例年通りの出題が予想される。出題数にも大きな変動はないと思われ，内容も基本的なものが中心となるであろう。資料を利用した出題が大半を占めると予想される。また，記述式解答の問題も多数出題されるので，基礎的な事項を漢字で書けるようにしておくことはもちろんのこと，それらの事項について自分の言葉で簡潔に説明できるようにしておく必要がある。

3分野とも教科書の基本用語を確実にマスターすることが重要である。その際に，本文の内容だけでなく，グラフや図表，写真や絵，地図などの資料と関連づけておさえておくことが大切である。また，日ごろからテレビのニュースや新聞の記事などにも目を通して，現代の社会の動きにも気をつけるようにしておきたい。

⇨学習のポイント

- 地理では，複数の統計資料や地図からの読みとりに慣れ，分析力をつけよう！
- 歴史では，教科書で基礎的事項を整理し，苦手な時代をなくしておこう！
- 公民では，政治・経済の基礎的事項を整理し，ニュースでも注目しておこう！

年度別出題内容の分析表　社会

※　　は出題範囲縮小の影響がみられた内容

		出題内容	27年	28年	29年	30年	2019年	2020年	2021年	2022年	2023年	2024年
地理的分野	日本	地形図の見方			○		○				○	
		日本の国土・地形・気候	○		○	○	○	○			○	
		人口・都市				○	○			○		
		農林水産業	○		○	○	○	○		○	○	○
		工業		○						○	○	
		交通・通信	○	○					○			
		資源・エネルギー								○		
		貿易		○	○			○	○	○		
	世界	人々のくらし・宗教									○	
		地形・気候	○					○	○	○		
		人口・都市										
		産業	○			○		○	○	○		○
		交通・貿易				○		○	○	○		○
		資源・エネルギー							○	○		
	地理総合											
歴史的分野	日本史―時代別	旧石器時代から弥生時代				○	○					
		古墳時代から平安時代				○	○	○	○	○	○	○
		鎌倉・室町時代	○			○	○	○	○	○	○	○
		安土桃山・江戸時代	○	○	○	○	○	○	○	○	○	○
		明治時代から現代			○	○	○	○	○	○	○	○
	日本史―テーマ別	政治・法律		○	○	○	○	○	○	○		○
		経済・社会・技術	○	○	○	○	○	○	○	○	○	○
		文化・宗教・教育	○				○	○	○		○	○
		外交	○		○			○	○	○	○	
	世界史	政治・社会・経済史					○	○			○	○
		文化史										
		世界史総合										
	歴史総合											
公民的分野	憲法・基本的人権				○	○	○	○	○		○	○
	国の政治の仕組み・裁判					○		○	○		○	○
	民主主義											
	地方自治					○			○	○		○
	国民生活・社会保障		○				○					
	経済一般		○	○	○		○	○	○	○		
	財政・消費生活		○	○	○		○	○	○	○		○
	公害・環境問題									○		
	国際社会との関わり							○		○	○	
時事問題												
その他			○									

―滋賀県公立高校―

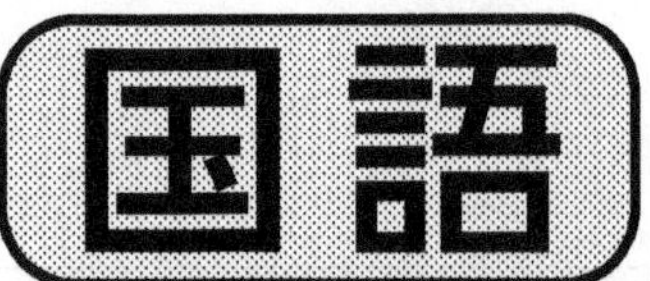

国語 出題傾向の分析と合格への対策

出題傾向とその内容

〈最新年度の出題状況〉

大問数は昨年度と同様，3問であった。

大問一は「動物の認知の研究」についての説明文である。内容吟味や文脈把握のほか，本の一部と図を照らし合わせて答える問題や，記述問題も出題された。

大問二は，「俳句，歳時記」についての論説文である。本の一部と話し合いの様子を照らし合わせて答えるものである。100～140字の条件作文問題も出題された。

大問三は，漢字の読み書き，接続語，古文(和歌)の問題が出題された。

読解問題では記述式問題も出題されており，明確に要点をまとめる力が試された。

〈出題傾向〉

論説文の読解問題と，条件作文を中心とした構成で，なおかつ知識問題もバランスよく含まれている。

読解は，細部の内容吟味や文脈把握のみではなく，筆者の考えをまとめるなど，文章全体を正確に読み取る力と，記述力が求められている。古文や韻文とその解説文の読解が出題されることもあり，歴史的仮名遣いや表現技法などの基礎知識も必要だ。また，随筆文が取り上げられたこともある。

漢字の読みと書き取りは必出。ほかには，文法問題もあり，文節相互の関係や敬語，品詞や用法の区別など，幅広く出題されている。

条件作文は，100字～140字という分量。資料を読み取ったり，複数の意見や案からより良いと思うものを選んだりした上で，自分の意見を述べるというものである。

来年度の予想と対策

傾向は大きく変わることはないと思われるので，過去の入試問題にあたって，全体のレベルや傾向をつかんでおくとよいだろう。

国語の基本的な力がまんべんなく試されるが，難問の出題はまれなので，授業を中心に各分野の基礎力を養成し，問題演習によってそれを磨いていくことに努めるとよい。

現代文の読解問題は，小説と論説文のどちらも出題される可能性がある。両者にふだんから親しみ，読解力を身につけよう。記述力も求められているので，記述問題がより多い問題集を用いるとよいだろう。

古文，和歌，俳句，詩の出題も予想される。歴史的仮名遣いや表現技法など，基本的なことをしっかり身につけた上で，多くの問題に取り組むとよい。

条件作文の対策としては，テーマを定めたり，資料を用いたりして，自分の考えを100～140字でまとめる練習をしよう。また，段落や文章の要旨をまとめる練習は，記述問題対策にも有効だ。

漢字や文法などについても，十分な学習を進めよう。

⇨学習のポイント

- 過去問を解いて，出題形式に慣れよう。
- テーマを設定した作文の練習をしよう。
- 漢字や文法など，基礎知識をしっかり身につけよう。

年度別出題内容の分析表 国語

※ ▒ は出題範囲縮小の影響がみられた内容

		出題内容	27年	28年	29年	30年	2019年	2020年	2021年	2022年	2023年	2024年
内容の分類	読解	主題・表題										
		大意・要旨		○	○	○	○	○	○			○
		情景・心情							○			
		内容吟味	○	○	○	○	○	○	○	○	○	○
		文脈把握	○	○	○	○	○	○	○	○	○	○
		段落・文章構成	○	○	○	○						○
		指示語の問題										
		接続語の問題								○	○	○
		脱文・脱語補充	○	○	○	○	○		○	○	○	○
	漢字・語句	漢字の読み書き	○	○	○	○	○	○	○	○	○	○
		筆順・画数・部首										
		語句の意味	○									
		同義語・対義語										
		熟語										○
		ことわざ・慣用句・四字熟語										
		仮名遣い		○		○	○			○	○	○
	表現	短文作成					○	○	○	○	○	○
		作文(自由・課題)	○	○	○	○	○	○	○	○	○	○
		その他										
	文法	文と文節			○							
		品詞・用法		○				○	○	○	○	
		敬語・その他	○					○				○
	古文の口語訳			○								
	表現技法・形式				○	○			○			○
	文学史				○		○					
	書写					○						
問題文の種類	散文	論説文・説明文	○	○	○	○	○	○	○	○	○	○
		記録文・実用文										
		小説・物語・伝記										
		随筆・紀行・日記									○	○
	韻文	詩									○	
		和歌(短歌)				○						○
		俳句・川柳							○			○
	古文			○	○		○			○		
	漢文・漢詩							○				
	会話・議論・発表											
	聞き取り											

— 滋賀県公立高校 —

滋賀県公立高校難易度一覧

目安となる偏差値	公立高校名
75 ~ 73	
	膳所(理数)
72 ~ 70	
	膳所
69 ~ 67	
	石山，守山
	彦根東
66 ~ 64	
63 ~ 61	
	虎姫，米原(理数)
	東大津，八日市
60 ~ 58	米原
	草津東
57 ~ 55	
	大津，水口東
	河瀬
54 ~ 51	玉川
	石山(音楽)
	長浜北，八幡
50 ~ 47	八幡商業(商業／国際経済／情報処理)
	草津東(体育)，甲西
	大津(家庭科学)，高島(文理探究)，彦根翔西館(総合)
	国際情報(総合)，高島，長浜北星(総合)
46 ~ 43	大津商業(総合ビジネス／情報システム)
	伊吹，草津，水口
	彦根工業(機械／電気／建設)
42 ~ 38	堅田，瀬田工業(機械／電気／化学工業)，能登川，八幡工業(機械／電気／環境化学)，日野(総合)，栗東(美術)
	安曇川(総合)，守山北
	伊香，北大津，野洲
	石部，湖南農業(食品／花緑)，八日市南(農業／食品／花緑デザイン)，栗東
37 ~	愛知，甲南(総合)，湖南農業(農業)，信楽(総合)，長浜農業(農業／食品／園芸)

＊(　)内は学科・コースを示します。特に示していないものは普通科(普通・一般コース)，または全学科(全コース)を表します。

＊データが不足している高校，または学科・コースなどにつきましては掲載していない場合があります。

＊公立高校の入学者は，「学力検査の得点」のほかに，「調査書点」や「面接点」などが大きく加味されて選抜されます。上記の内容は想定した目安ですので，ご注意ください。

＊公立高校入学者の選抜方法や制度は変更される場合があります。また，統廃合による閉校や学校名の変更，学科の変更などが行われる場合もあります。教育委員会などの関係機関が発表する最新の情報を確認してください。

滋賀県公立高等学校

2024年度

★★★★★★★★★★★★★★★★★★★★★★★

入 試 問 題

2024年度

●くわしい解説 …… 35ページ

＜数学＞

時間　50分　　満点　100点

【注意】 1　解答は，最も簡単な形で表し，全て解答用紙に記入しなさい。

2　答えに根号が含まれる場合は，根号を用いた形で表しなさい。

3　円周率はπとします。

1　次の(1)から(9)までの各問いに答えなさい。

(1)　$3\times(-4)+7$ を計算しなさい。

(2)　$\frac{1}{5}a-\frac{3}{2}a$ を計算しなさい。

(3)　$(-3x)^2\div\frac{6}{5}xy\times4y^3$ を計算しなさい。

(4)　次の連立方程式を解きなさい。

$$\begin{cases}4x+3y=-5\\5x+2y=6\end{cases}$$

(5)　$\sqrt{8}(4-\sqrt{2})$ を計算しなさい。

(6)　$x=\frac{2}{3}$のとき，式 $(x+1)^2-x(x-2)$ の値を求めなさい。

(7)　下の図は半径3の半球です。この半球の体積を求めなさい。

図

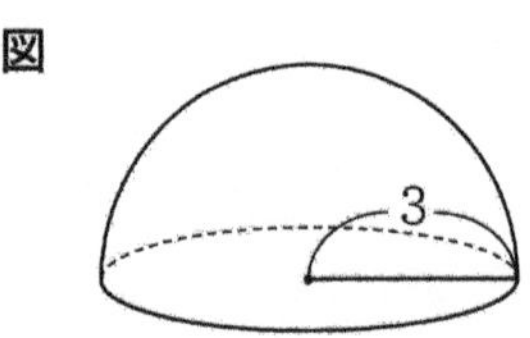

(8)　Aさん，Bさん，Cさん，Dさん，Eさんの5人は，あるゲームをしました。5人がそれぞれ獲得した得点の平均点は，67点でした。下の表は，ある得点を基準とし，5人それぞれの得点から，基準としたある得点をひいた差を表しています。基準とした得点を求めなさい。

表

Aさん	Bさん	Cさん	Dさん	Eさん
＋7	−13	＋5	−9	＋20

(9)　ある時間帯において，X町のA地点，B地点の歩行者の人数を30日間調べました。A地点の

箱ひげ図は，下の図のようになりました。下の表はＢ地点の最大値，範囲，第３四分位数，四分位範囲，中央値をまとめたものです。Ｂ地点の箱ひげ図をかきなさい。

図

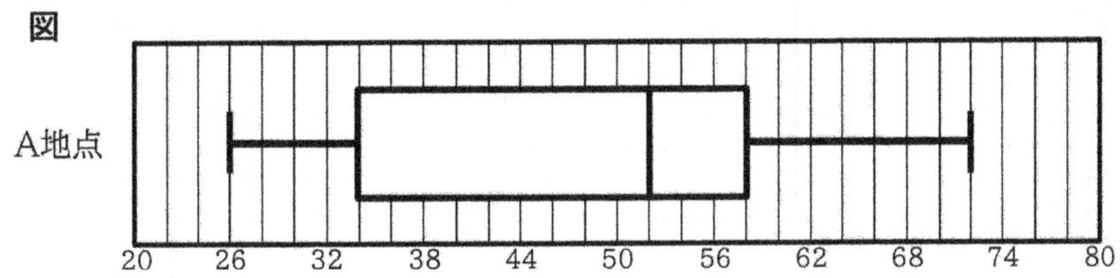

表

	最大値	範囲	第３四分位数	四分位範囲	中央値
Ｂ地点	７６	４８	６２	２０	５４

2　正多面体について，授業で学んだことをノートにまとめています。後の(1)～(4)までの各問いに答えなさい。

まとめ

へこみのない多面体のうち，［１］と［２］のどちらも成り立つものを，正多面体という。
［１］　すべての面が合同な正多角形である。
［２］　どの頂点に集まる面の数も同じである。

(1)　図１のような，２つの合同な正四面体があります。図２は，図１の２つの正四面体の底面にあたる，△BCDと△FGHを，頂点Ｂと頂点H，頂点Ｃと頂点G，頂点Ｄと頂点Ｆで重ねた六面体です。この六面体が正多面体でない理由を説明しなさい。

図１

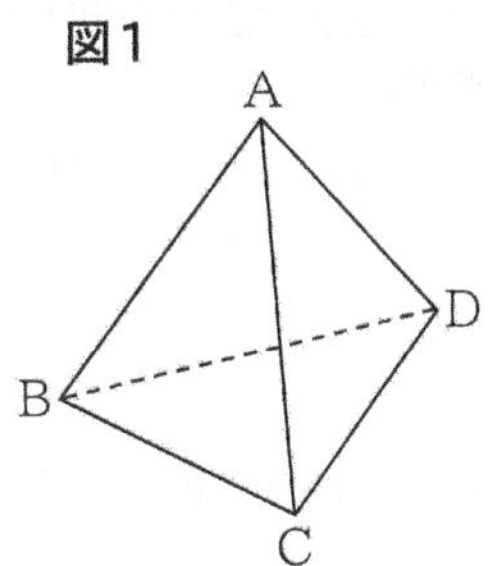

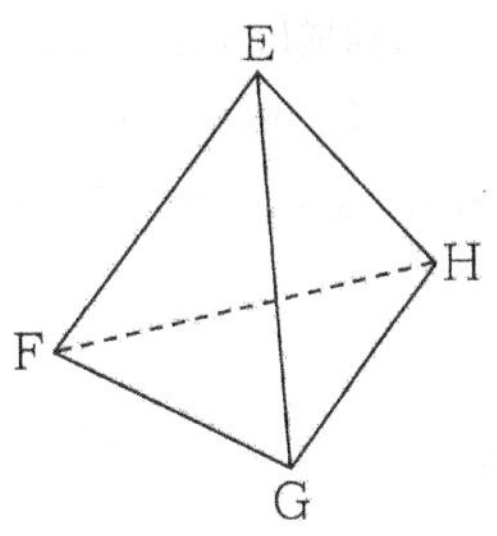

図２

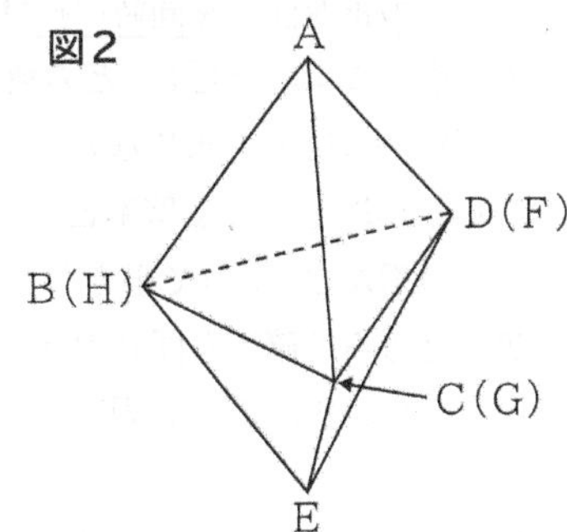

(2)　図３のような正四面体と，図４のような正六面体があります。図３のｈ，図４のh′は，これらの立体の高さとします。高さにあたる線分と底面は垂直な位置関係です。これより，直線と平面が垂直な位置関係であることについて考えます。図５のように，平面Ｐと直線ℓが交わる点をＯとします。このとき，直線ℓが，点Ｏを通る［　　　　］と垂直であるとき，平面Ｐと直線ℓは垂直であるといえます。

［　　］にあてはまる言葉を書きなさい。（図３，図４，図５は次のページにあります。）

図3

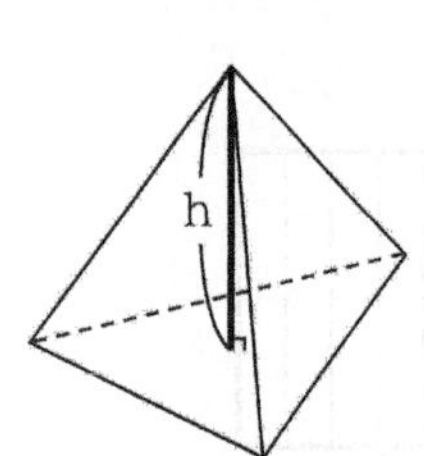

図4

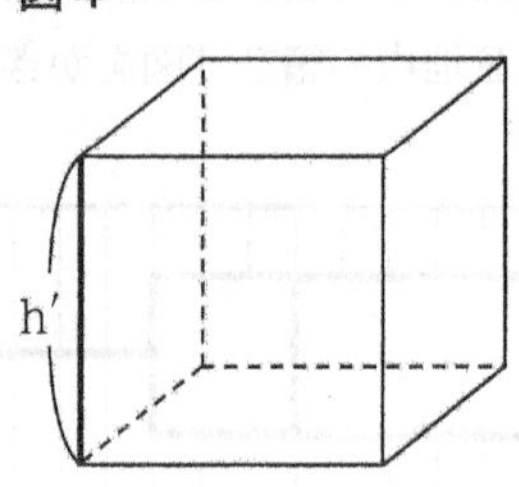

図5

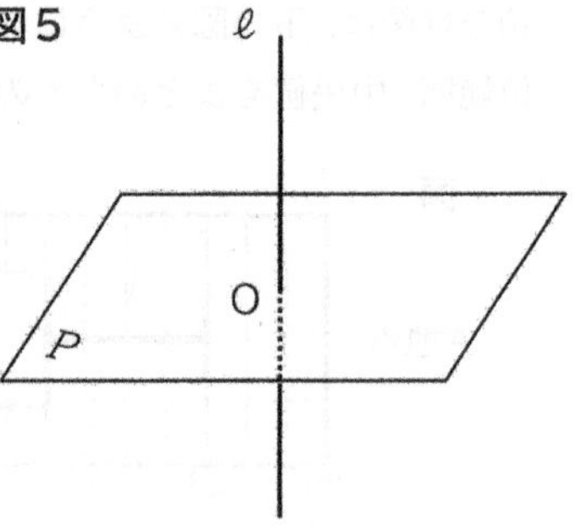

(3) 図6のような正八面体の表面積を求めなさい。ただし，1辺の長さを6とします。

図6

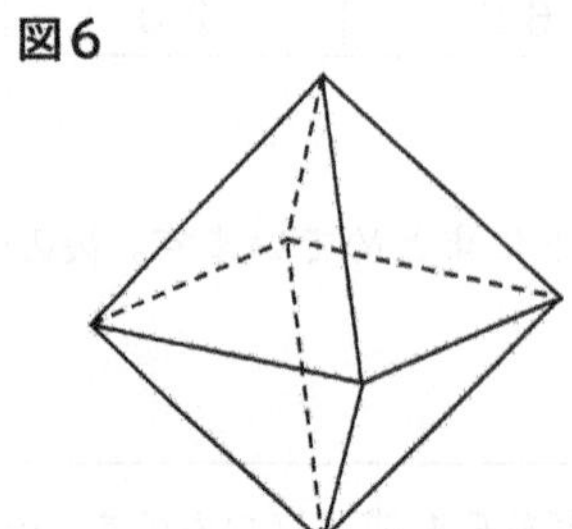

(4) 図7のような正四面体が3つと，図8のような正六面体が2つあります。3つの正四面体それぞれの各面には，1から4までの数字を1つずつ書き，2つの正六面体それぞれの各面には，1から6までの数字を1つずつ書きました。2つの正六面体を同時に投げたとき，上面に書かれた数の和が10以上になる確率は，$\frac{1}{6}$になります。

3つの正四面体を同時に投げたとき，底面に書かれた数の和が10以上になる確率も同じになるか調べます。ただし，どの数が出ることも同様に確からしいとします。

下線部の確率を求めなさい。また，2つの正六面体を同時に投げたとき，上面に書かれた数の和が10以上になる確率と，求めた下線部の確率について，次のアからウのうち，正しいものを1つ選んで，記号で書きなさい。

ア どちらの確率も同じである。

イ 2つの正六面体を同時に投げたとき，上面に書かれた数の和が10以上になる確率の方が高い。

ウ 3つの正四面体を同時に投げたとき，底面に書かれた数の和が10以上になる確率の方が高い。

図7

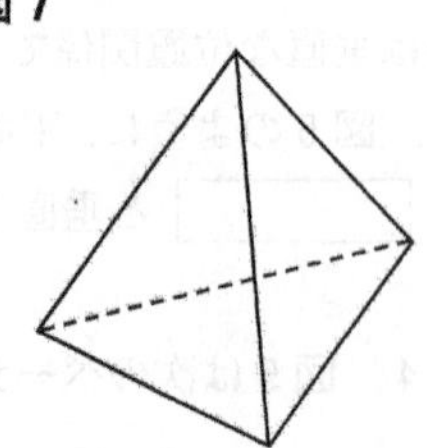

図8

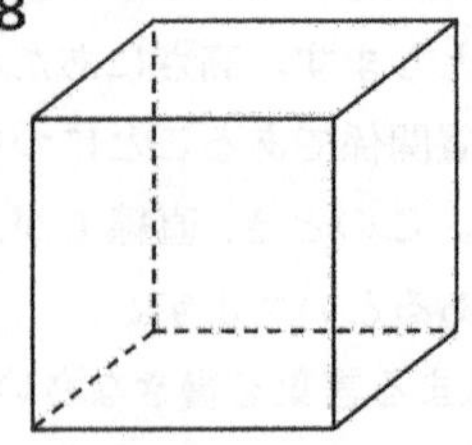

3　Aさんには，弟のBさんと，姉のCさんがいます。**図1**のように，家から西へ800m離れたところに駅があり，家から東へ1600m離れたところに公園があり，公園から東へ300m離れたところに図書館があります。ただし，駅，家，公園，図書館は，一直線の道沿いにあり，Aさん，Bさん，Cさんは，それぞれこの道を移動することとします。後の(1)，(2)の各問いに答えなさい。

図1

(1)　Aさんは駅から公園に向かって歩きました。駅から家までは分速xmで歩き，家から公園までは，駅から家まで歩いた速さの0.8倍の速さで歩いて，全部で28分かかりました。xの値を求めなさい。

(2)　Bさんは家から図書館に向かって歩きました。途中にある公園で友人と出会い，立ち止まって何分か話をした後，図書館に向かいました。**図2**は，Bさんが家を出発してから図書館に着くまでの移動のようすについて，Bさんが家を出発してからx分後の家からの距離をymとして，xとyの関係をグラフに表したものです。ただし，Bさんの家から公園まで歩いた速さ，公園から図書館まで歩いた速さは，それぞれ一定であるとします。後の①，②の各問いに答えなさい。

図2

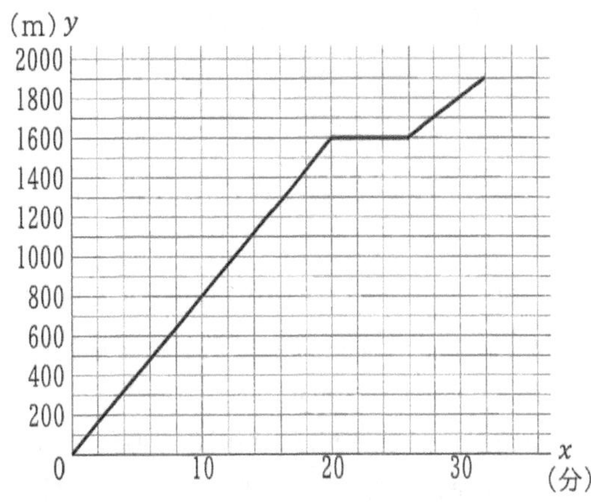

①　**図2**から，xの変域が$26 \leqq x \leqq 32$のときのxとyの関係は，1次関数であり，式$y = ax + b$と表せます。bの値を求めなさい。

②　Cさんは公園にいました。Cさんは，借りていた本を返すために，公園から図書館に行くつもりでしたが，家に本を置いてきたことに気がついたので，家に本を取りに帰ることにしました。Cさんは，Bさんが家を出発してから8分後に公園を出発しました。Cさんは，家に着いて何分か休憩した後，図書館に向かったところ，Bさんが家を出発してから30分後に，図書館に着きました。Cさんは，公園から家，家から図書館まで，それぞれ自転車で分速250mで進みました。

Cさんが公園を出発してから図書館に着くまでの移動のようすをグラフに表しなさい。

また，Cさんが公園を出発してから家に着くまでの間で，BさんとCさんの距離が最も離れたのは，Bさんが家を出発してから何分後か求めなさい。

4 円Oと，円Oの外側にある点Pを通る直線について，次の(1)から(3)までの各問いに答えなさい。

(1) 図1のように，円Oと，この円の外側に点Pがあります。点Pを通る円Oの接線をコンパスと定規を使って1本作図しなさい。ただし，作図に用いた線は消さないこと。

図1

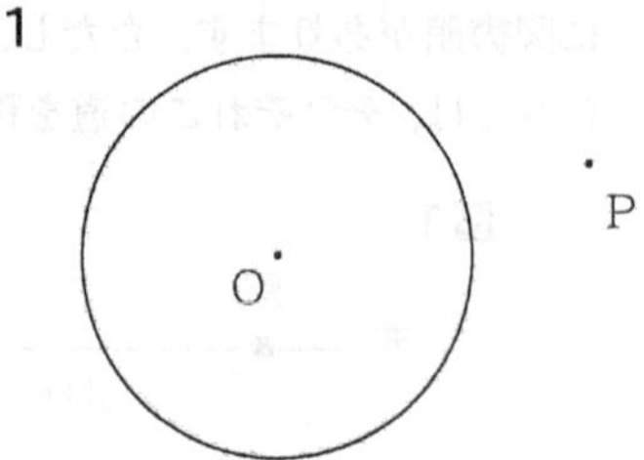

(2) 図2のように，点Pから円Oに交わる直線 ℓ，mを引き，交点をそれぞれ点A，B，C，Dとします。また，線分ACとBDとの交点をEとします。$\overset{\frown}{AB}=\overset{\frown}{BC}$ のとき，AE：BC＝ED：CDとなることを証明しなさい。

図2

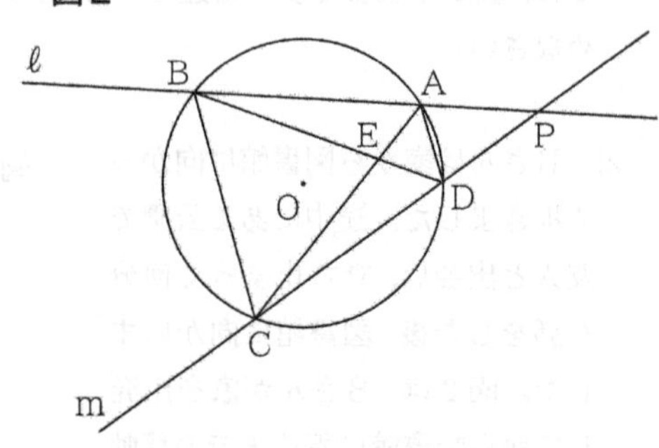

(3) 図3のように，円Oの円周上に2点S，Tをとります。点Pから点S，Tにそれぞれ線分を引くと，円周上にある点U，Vとそれぞれ交わります。三角形PSTが正三角形で，線分STが円Oの直径であるとき，点S，Tを含まない $\overset{\frown}{UV}$ と線分VP，PUで囲まれた斜線部の面積を求めなさい。ただし，直径STの長さを8とします。

図3

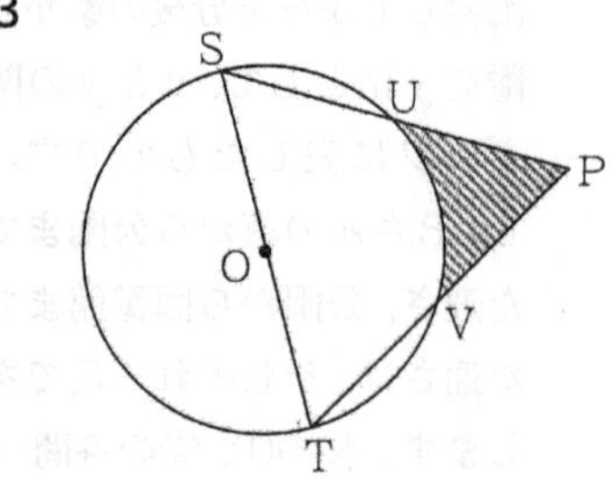

＜英語＞

時間　50分　　満点　100点

1　放送を聞いて答えなさい。

《その１》 話される英語を聞いて，それぞれの後の質問に対する答えとして最も適当なものを，アからエまでの中からそれぞれ１つ選びなさい。

1

ア Math.

イ English.

ウ Math and English.

エ Math and science.

2

ア Ask Jack's phone number.

イ Talk to Jack on the phone.

ウ Tell Emma to call Jack.

エ Send messages to Jack.

3

4

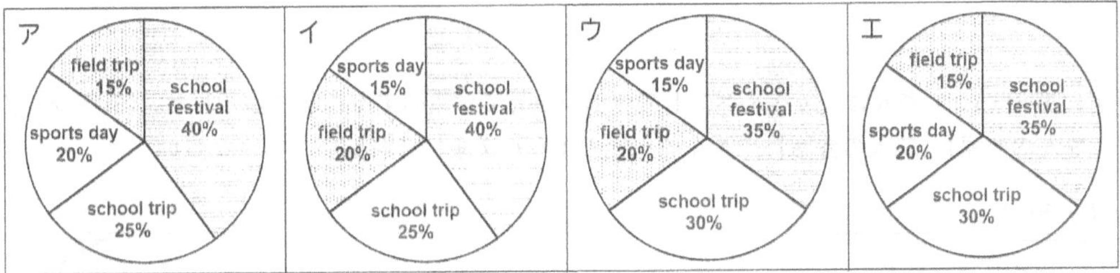

《その２》 ホワイト先生(Ms. White)は英語の授業で話をしています。ホワイト先生は何について話していますか。最も適当なものを，アからエまでの中から１つ選びなさい。

ア How to remove bad chemicals of tea leaves.

イ How to make delicious tea with local tea leaves.

ウ How to use tea leaves after making tea with them.

エ How to make tea leaves dry after using them once.

《その3》 友(Tomo)さんは，アメリカ合衆国のミシガン(Michigan)で過ごした夏休みの思い出について英語のブラウン先生(Mr. Brown)と話しています。放送を聞いて，会話の後の1から3までの質問に対する最も適当な答えを，アからエまでの中からそれぞれ1つ選びなさい。

また，あなたも二人と一緒に話しているとして，あなたなら最後の友さんの質問にどのように答えますか。友さんとブラウン先生のやり取りの内容をふまえて，4の解答欄に5語以上の英語で書きなさい。

1

ア A car museum and a football stadium.
イ A car museum and a football museum.
ウ A car company and a football stadium.
エ A car company and a football museum.

2

ア The history of Michigan Stadium.
イ The meaning of "The Big House."
ウ The names of players.
エ The rules of football.

3

ア In 1903.
イ In 1918.
ウ In 1927.
エ In 1980.

4

あなたも二人と一緒に話しているとして，あなたなら最後の友さんの質問にどのように答えますか。友さんとブラウン先生のやり取りの内容をふまえて，5語以上の英語で書きなさい。

2 ゆり(Yuri)さんは，あるイベントのチラシを見て，参加することにしました。**【チラシ】【ゆりさんの原稿】【二人の会話】**を読んで，後の1から7までの各問いに答えなさい。

【チラシ】

International Exchange Event for Students

If you want to learn about various cultures and meet people from different countries, please join our event. Students from Japan and from overseas will talk and learn together in English.

【Date】 Saturday, August 3
【Place】 Midori Hotel
【Fee】 ¥2,000 (Lunch is included.)
【Age】 13－18 years old

Time	Main Activity
9:00 a.m.	Leave Midori Station
9:30 a.m.	Arrive at Midori Hotel
10:00 a.m.－11:00 a.m.	Activity 1: Introduce yourself and get to know each other
11:00 a.m.－12:00 p.m.	Activity 2: Enjoy traditional Japanese music
12:00 p.m.－1:00 p.m.	Lunch break
1:00 p.m.－2:30 p.m.	Activity 3: Make a speech about famous things of your country
2:40 p.m.－4:00 p.m.	Activity 4: Exchange opinions about the speeches in Activity 3
4:30 p.m.	Leave Midori Hotel
5:00 p.m.	Arrive at Midori Station

【Others】
・Please come to Midori Station by 8:50 a.m. on August 3.
・We will take a bus from Midori Station to Midori Hotel together.
・Please prepare your speech for Activity 3 before the event.
・If you want to join this event, please register on our website by July 31.

Shiga Company
Website https://www.event.shiga-company.com
＊If you have any questions, please call us.
Phone: 123-456-7890

(注)　fee：料金　　get to know：知り合う　　register：登録する

1 【チラシ】について，次の(1)，(2)の質問に対する答えになるように，(　)に入る適当な英語を(1)は３語以上，(2)は５語以上で書きなさい。

(1) Will students speak English in this event?
→(　　　　　　　　　　　　　　　　　　　　).

(2) What will students do in Activity 2?
→(　　　　　　　　　　　　　　　　　　　　).

2 【チラシ】の内容として合っているものを，次のアからエまでの中から１つ選びなさい。

ア It takes students one hour to move from Midori Station to Midori Hotel by bus.
イ This event will be held by Shiga Company on a weekday.
ウ Students have to bring their own lunch.
エ Students can share ideas about the speeches they make.

ゆりさんは午後のスピーチ発表に向けて，新幹線（the Shinkansen train）についての原稿を作成しました。なお，ⅠからⅣはゆりさんが原稿につけた段落の番号を表しています。

【ゆりさんの原稿】

[　①　]

Ⅰ Have you ever taken the Shinkansen train in Japan? I like taking pictures of the Shinkansen trains. I think it's one of the greatest Japanese inventions. The first Shinkansen train ran in 1964. I would like to tell you how the Shinkansen train has been improved since then.

Ⅱ First, the Shinkansen train today runs faster than the first train. Originally, it took people about four hours to move from Osaka to Tokyo. Now, it takes only two hours and twenty-two minutes. Engineers are making efforts to create even (②) Shinkansen trains.

Ⅲ Second, the latest Shinkansen train uses less electricity per trip than the original one. Today, lighter materials such as aluminum are used to make the body of the train, and this change helps the train save electricity.

Ⅳ In addition, the Shinkansen train connects more cities. Thanks to the train, you can travel around Japan very easily. I hope you will take the Shinkansen train in the future.

（注） per trip：1回の走行あたり　material(s)：素材　aluminum：アルミニウム　body：車体

3 ［①］には，**【ゆりさんの原稿】**のタイトルが入ります。最も適当なものを，次の**ア**から**エ**までの中から1つ選びなさい。

ア Shinkansen Engineers in Japan
イ The Progress of the Shinkansen Train
ウ Various Japanese Inventions
エ The Technology of the First Shinkansen Train

4 （②）に入る適当な1語を，**【ゆりさんの原稿】**のⅡの段落から抜き出して書きなさい。

ゆりさんの発表を聞いた台湾出身のジョン（John）さんが話しかけてきました。

【二人の会話】

John: Yuri, I enjoyed your speech. I took the Shinkansen train from Tokyo last week, and I was impressed with the workers cleaning the seats and the floors in the train. [③]. So they completed their job in only seven minutes!

Yuri: They are amazing, aren't they?

John: Actually, some foreign visitors to Japan write about those workers on their blogs.

Yuri: Really? I want to read them.

John: Taiwan has high-speed trains, too. They look like the Shinkansen trains in Japan.

Yuri: I would like to see them. [④]?

John: Sure. I have some of them on my smartphone. Here you are.

Yuri: Oh, this is a nice picture. The colors are different, but the shapes are similar.

John: That's right. The technology of the Japanese Shinkansen train was used to create our high-speed trains.

Yuri: Oh, I didn't know that. It ⑤【 to / me / learn / for / interesting / is 】 not only about other countries, but also about my country. I am glad that I have come here.

（注） high-speed：高速の

5 ［③］に入る最も適当なものを，次のアからエまでの中から1つ選びなさい。

ア They took breaks　　イ They didn't have any skills

ウ They wasted no time　　エ They worked slowly

6 ［④］に入る適当な英語を，4語以上で書きなさい。

7 ⑤【 】内の語を，意味が通るように並べかえなさい。

3 優斗（Yuto）さんは，スピーチコンテストで琵琶湖に生育するヨシ（reed）について発表しました。スピーチを聞いて，大和（Yamato）さんはコメントを書きました。**【優斗さんのスピーチ】【大和さんのコメント】**を読んで，後の1から8までの各問いに答えなさい。

【優斗さんのスピーチ】

Do you know the plants called reeds? They are called *Yoshi* in Japanese. They grow in water and on land. We can see them around Lake Biwa. As the season changes, we can see green reeds in summer and brown ones in winter. These reeds and Lake Biwa together provide beautiful scenery.

Today, I would like to share what I have learned about these plants, and tell you that we have to protect the natural beauty of Lake Biwa together.

First, let me tell you the history of our relationship with reeds. <あ> In the past, people used reeds in many ways in their daily lives. <い> Also, products like *sudare* and *shoji* made with reeds were very popular especially in summer. However, plastic products became common, and also cheaper products began to be imported. [①], the use of reeds from Lake Biwa decreased. In 1992, Shiga made some rules to encourage people to think of effective ways to use reeds. Today, we see various new products such as towels made from reeds. <う> Some people have even made recipes for reed cookies! <え>

In January, I joined a volunteer activity to take care of reeds. There were many people in my group. When I arrived at Lake Biwa, I was surprised to find that the reeds were very tall. First, Mr. Inoue, the group leader, gave us some information about reeds. He told us that cutting reeds in winter is necessary because it helps new reeds grow in the field in spring. He also told us that reeds purify the water. Then, we started cutting reeds. There were so many of them that it took us a long time to finish ② <u>the work.</u> After that, we gathered them and made them dry. It was not an easy task, but I felt good after working hard.

At the end of the activity, Mr. Inoue played the flute made of reeds for us. The sound was beautiful. I enjoyed the music very much. He also gave us a piece of paper made from reeds as a gift and told us that we need to understand the value of Lake Biwa and nature. This piece of paper reminds me of his message.

Thanks to people like Mr. Inoue, the natural beauty of Lake Biwa is protected. If no one took care of the reeds today, [③] such beautiful scenery. I would like to join the activity again next year. I hope more people will work together to pass on this beautiful lake to the future generations.

(注) *sudare*：すだれ　*shoji*：障子（しょうじ）　purify：浄化する　flute：笛

【大和さんのコメント】

Thank you for the interesting speech. I have also learned reeds are homes of some animals living around Lake Biwa. In the museum of Lake Biwa, I saw some cute mice called *Kayanezumi*. They live in fields of reeds. The number of these mice is decreasing because human activities have destroyed ④ <u>their habitats.</u> This is just one of the environmental problems of Lake Biwa. There are many other environmental problems Lake Biwa is facing now. I want to do something to protect the environment of the lake, but I don't know what to do. ⑤ <u>Please tell me what I can do.</u>

(注) *Kayanezuni*：カヤネズミ　mice：mouse（ネズミ）の複数形

1　[①] に入る最も適当なものを，次のアからエまでの中から１つ選びなさい。

ア　At first　イ　For another　ウ　As a result　エ　By the way

2　次の英文を入れるのに最も適当な場所を，**【優斗さんのスピーチ】**の<あ>から<え>までの中から１つ選びなさい。

For example, they made roofs of buildings with reeds.

3　下線部②と同じ内容を表す英語を，**【優斗さんのスピーチ】**から２語で抜き出して書きなさい。

4 【優斗さんのスピーチ】の内容として合っているものを，次のアからエまでの中から１つ選びなさい。

ア Yuto was amazed because the reeds were quite tall.

イ Only a few people joined the volunteer activity.

ウ Mr. Inoue gave Yuto a reed flute as a gift.

エ Yuto joined the volunteer activity in spring.

5 [③] に入る最も適当なものを，次のアからエまでの中から１つ選びなさい。

ア we don't enjoy　　イ we can't enjoy

ウ we didn't enjoy　　エ we couldn't enjoy

6 【優斗さんのスピーチ】の構成を示したものとして，最も適当なものを次のアからエまでの中から１つ選びなさい。

ア

1 The meaning of *Yoshi*
2 Our relationship with Lake Biwa
3 What Yuto experienced in the volunteer activity
4 A gift and a message from Mr. Inoue
5 Yuto's message

イ

1 The meaning of *Yoshi*
2 Our relationship with Lake Biwa
3 Goals to protect the environment for reeds
4 Comments about the flute performance
5 Yuto's message

ウ

1 Introducing plants called reeds
2 Ways to use reeds in the past and today
3 What Yuto experienced in the volunteer activity
4 A gift and a message from Mr. Inoue
5 Yuto's message

エ

1 Introducing plants called reeds
2 Ways to use reeds in the past and today
3 Goals to protect the environment for reeds
4 Comments about the flute performance
5 Yuto's message

7 下線部④と同じ内容を表す英語を，【大和さんのコメント】から３語で抜き出して書きなさい。

8 下線部⑤について，あなたならどのように答えますか。７語以上の英語で書きなさい。

4 次の問いに答えなさい。

次の英文は，英語のジョーンズ先生(Mr. Jones)が問いかけた内容です。これを読んで，あなた自身の考えとその理由を，20語以上35語以内の英語で書きなさい。２文以上になってもかまいません。

【ジョーンズ先生の問いかけ】

I like watching movies at home, but my friend likes watching movies in a theater. How about you?

＜理科＞

時間　50分　　満点　100点

1　動物の分類について調べるため，調べ学習を行いました。後の１から５までの各問いに答えなさい。

【調べ学習１】

図１は，滋賀県に生息している背骨がある動物です。また，表１と表２は，図１の動物をそれぞれ別の観点（特徴）で分類したものです。

図１

表１

体温調節	
イシガメ ニゴロブナ オオサンショウウオ	カヤネズミ カイツブリ

表２

子のうまれ方	
イシガメ ニゴロブナ カイツブリ オオサンショウウオ	カヤネズミ

＜わかったこと＞
観点によって分類の結果が異なる。

1　図１の動物のうち，うまれたばかりの子がえらで呼吸する動物はどれですか。次のアからオまでの中からすべて選びなさい。

ア　イシガメ
イ　カヤネズミ
ウ　ニゴロブナ
エ　カイツブリ
オ　オオサンショウウオ

2　表２について，カヤネズミは，ある程度母親の体内で育ってから子がうまれます。このような子のうまれ方を何といいますか。書きなさい。

【調べ学習２】

図２は，滋賀県に生息している背骨がない動物です。また，表３は，図２の動物を体のつくりで分類したものです。

図2

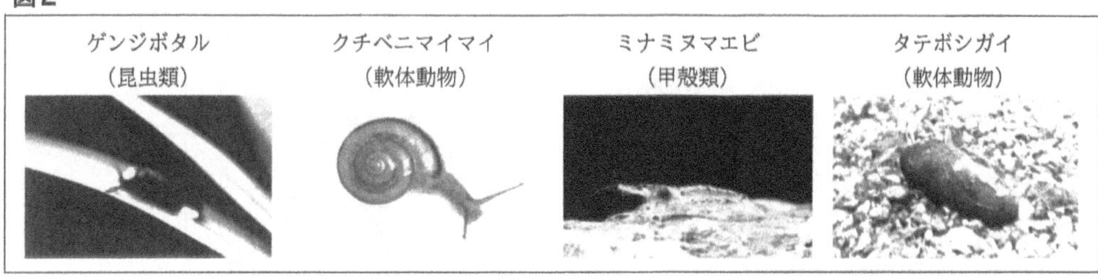

表3

体のつくり	
ゲンジボタル ミナミヌマエビ	クチベニマイマイ タテボシガイ

<わかったこと>

背骨がない動物についても，観点によって分類することができる。

3　**表3**で，ゲンジボタルとミナミヌマエビに共通する体のつくりを，「節」という語を使って，15字以上，30字以内で説明しなさい。

【調べ学習3】

図3は，コウモリの翼，クジラのひれ，ヒトのうでについて調べたものです。

図3

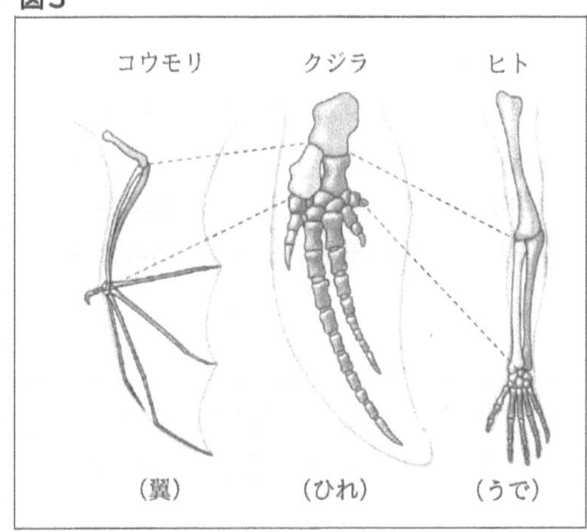

<わかったこと>

コウモリは翼，クジラはひれ，ヒトはうでというように，前あしの形やはたらきは異なっているが，骨格の基本的なつくりには共通点がある。

このことは，生物が共通の祖先から進化した証拠と考えられる。

4　下線部のように，現在の形やはたらきは異なるが，起源が同じものであったと考えられる器官を何といいますか。書きなさい。

5　**図3**のように，前あしの形やはたらきのちがいが生じたのはなぜですか。「遺伝子」「環境」という2つの語を使って，40字以上，60字以内で説明しなさい。

2　日本付近を通過した台風について調べ学習を行いました。後の**1**から**5**までの各問いに答えなさい。

【調べ学習１】

図１は，９月３日９時の天気図を示したものです。図２は，図１の台風を拡大したものです。

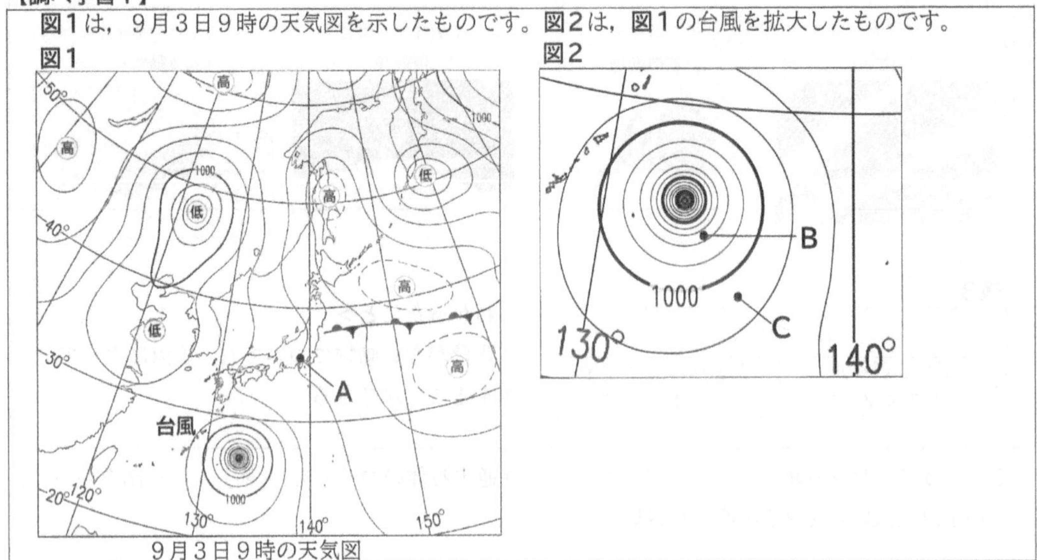

９月３日９時の天気図

1　図１で，地点Ａを通る等圧線が表す気圧は何hPaですか。次のアからエまでの中から１つ選びなさい。

ア　988hPa　　イ　994hPa　　ウ　1006hPa　　エ　1012hPa

2　図２の地点Ｂと地点Ｃで，風が強く吹いているのはどちらですか。風の強さについて正しく説明しているものを，次のアからエまでの中から１つ選びなさい。

ア　地点Ｂの方が，等圧線の間隔が狭く，同じ距離間の気圧の差が大きいため風は強い。
イ　地点Ｂの方が，等圧線の間隔が狭く，同じ距離間の気圧の差が小さいため風は強い。
ウ　地点Ｃの方が，等圧線の間隔が広く，同じ距離間の気圧の差が大きいため風は強い。
エ　地点Ｃの方が，等圧線の間隔が広く，同じ距離間の気圧の差が小さいため風は強い。

【調べ学習２】

９月４日に，図１の台風は，近畿地方を通過し日本海上へ進みました。図３は，この日に滋賀県内のある地点で観測された１時間ごとの風向，気圧，湿度，気温のデータをまとめたものです。

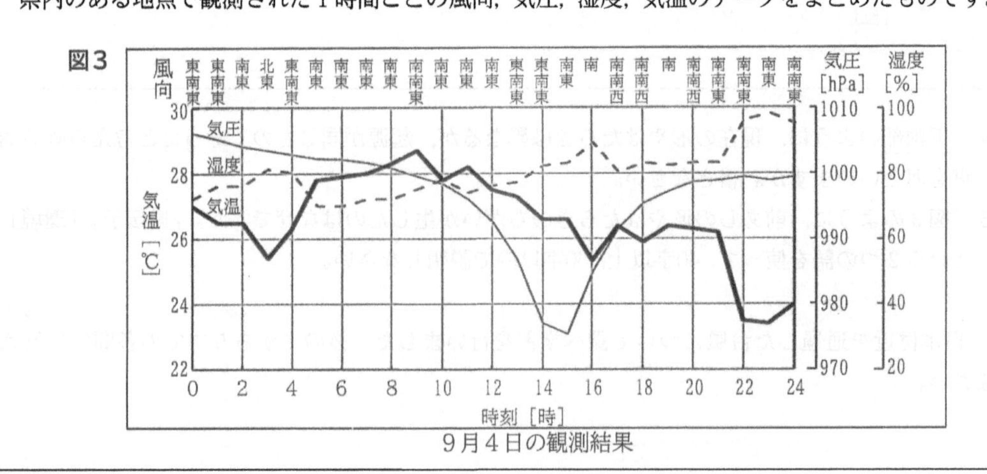

９月４日の観測結果

3　図3の，9月4日の9時の天気は雨，風向は南南東，風力は5でした。このときの天気，風向，風力を天気図記号で表しなさい。

4　図3から，14時から16時の間に，台風の中心は観測した地点に最も近づき，西側を通過したと考えられます。そのように考えられる理由を，35字以上，50字以内で説明しなさい。

5　図4は，調べ学習1と同じ年の7月のある日の天気図です。図4の台風は，このあと日本列島を通過せずに北西に進みユーラシア大陸へ進んでいきました。図4の台風の進路が，図1の台風の進路と異なったのはなぜですか。図1と図4を比較し，説明しなさい。

図4

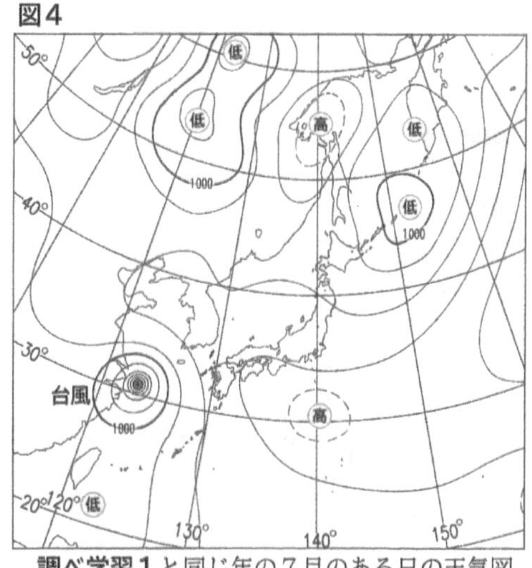

調べ学習1と同じ年の7月のある日の天気図

3　ばねにはたらく力について調べる実験を行いました。後の1から5までの各問いに答えなさい。ただし，100gの物体にはたらく重力の大きさを1Nとします。

【実験1】

図1

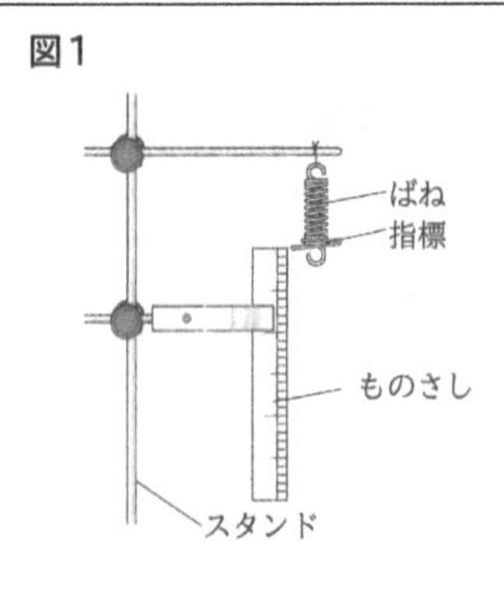

<方法>

①　図1のように，装置を組み立て，ばねをつるす。

②　ばねに指標をとりつけ，指標の位置にものさしの0cmの位置を合わせる。

③　同じ質量のおもりを3個使って，つるすおもりの数をふやしながら，ばねののびをはかる。

<結果>

表1は，③の結果をまとめたものである。

表1

おもりの数〔個〕	0	1	2	3
ばねののび〔cm〕	0	2.0	4.0	6.0

1　実験1で，おもりの数とばねののびには，どのような関係がありますか。書きなさい。

2　実験1で，おもり3個をつるしたとき，ばねを引く力の大きさは何Nですか。ただし，おもり1個の質量を200gとします。

3　図2のように，糸を使ってばねに300gの物体をつるして静止させました。このとき，物体にはたらく力を，力の表し方にしたがって矢印で作図しなさい。ただし，1Nの力の大きさを1目盛りとして作図すること。

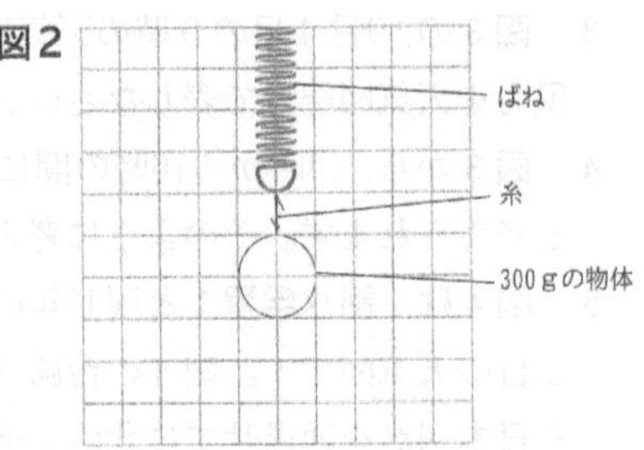

【実験2】

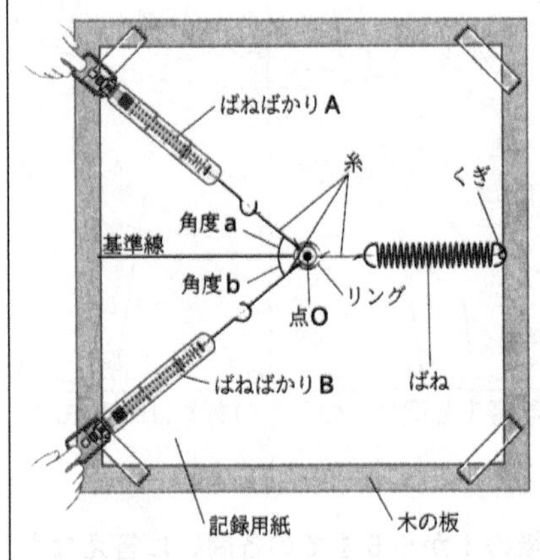

<方法>

① 木の板に記録用紙を貼り，ばねの一方をくぎで固定する。リングに3本の糸を結び，その内の1本をばねのもう一方にとりつける。残りの2本の糸を2つのばねばかりにとりつける。点Oの位置を決め，記録用紙上に印をつけておく。

② 図3のように，リングの中心が点Oと重なるように2つのばねばかりを引く。

③ 角度a，bが30°のとき，ばねばかりの示す値を記録する。

④ 角度a，bが45°のとき，ばねばかりの示す値を記録する。

⑤ 角度a，bが60°のとき，ばねばかりの示す値を記録する。

<結果>

表2は，角度a，bと，ばねばかりA，Bの示す値をまとめたものである。

表2

角度a	角度b	ばねばかりAの示す値〔N〕	ばねばかりBの示す値〔N〕
30°	30°	5.8	5.8
45°	45°	7.1	7.1
60°	60°	10	10

4　実験2で，リングの中心が点Oと重なるとき，ばねがリングを引く力の大きさは何Nですか。整数で書きなさい。

5　図4は，ばねばかりで引く力を基準線の方向と基準線に直交する方向に分解したものです。図4から考えて，表2で，角度が大きくなると，ばねばかりの示す値が大きくなるのはなぜですか。解答欄の「角度が大きくなると,」という書き出しに続けて，60字以上，75字以内で説明しなさい。

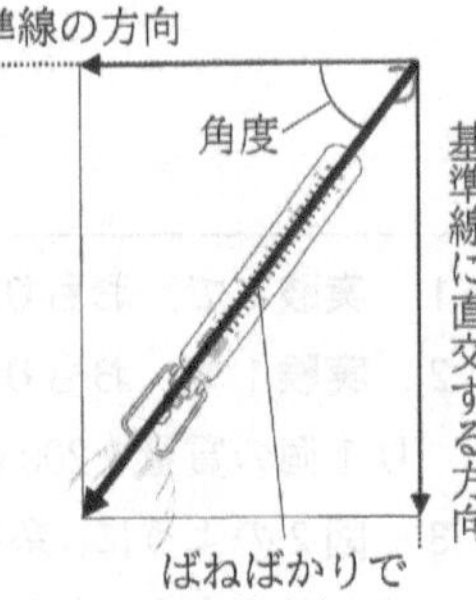

4　物質を加熱したときの変化について調べるため，実験を行いました。後の1から5までの各問いに答えなさい。

【実験】

図1

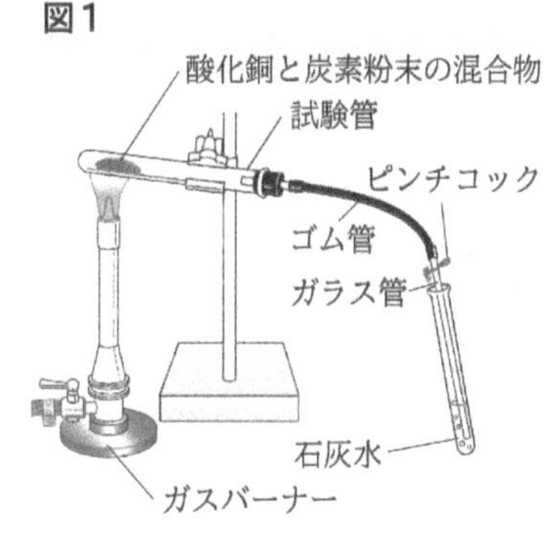

<方法>

① 図1のように，酸化銅1.0gと炭素粉末0.3gの混合物を試験管に入れてガスバーナーで加熱する。

② 気体が発生しなくなったら，石灰水からガラス管をとり出し加熱をやめ，ピンチコックでゴム管を閉じて，試験管をよく冷ます。

③ 試験管内にある固体の質量を測定し，加熱前の酸化銅と炭素粉末の混合物の質量から，加熱後の試験管内にある固体の質量を引いて，発生した気体の質量を求める。

④ 炭素粉末の質量は0.3gのまま変えずに，試験管に入れる酸化銅の質量を2.0g，3.0g，4.0g，5.0g，6.0gと変えて同様の操作を行い，発生した気体の質量を求める。

<結果>

①の結果，化学変化が起こり，気体が発生して石灰水が白くにごった。また，試験管内に赤色の物質ができた。

図2は，③，④の結果をグラフに表したものである。

図2

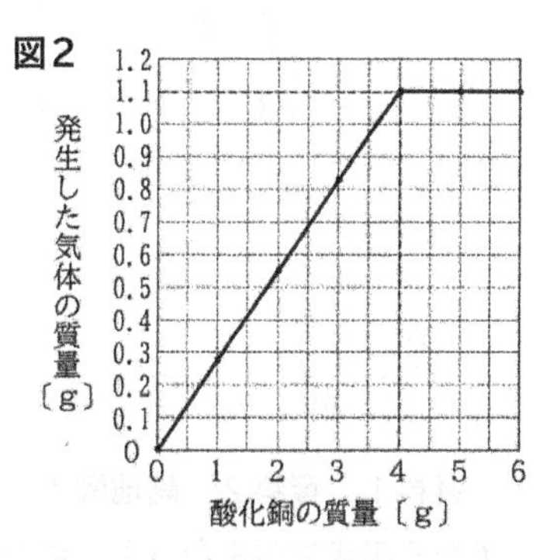

1　実験で，酸化銅と炭素を混合して加熱したときの化学変化を化学反応式で書きなさい。

2　実験で，赤色の物質が金属であることを確認するために，どのような性質を調べればよいですか。1つ書きなさい。

3　方法の②で，加熱をやめた後に，ピンチコックでゴム管を閉じるのはなぜですか。25字以上，35字以内で説明しなさい。

4　方法の③で，下線部のようにして発生した気体の質量を求めることができるのはなぜですか。「原子」「質量」という2つの語を使って，35字以上，45字以内で説明しなさい。

5　実験で，酸化銅5.0gと炭素粉末0.3gの混合物を気体が発生しなくなるまで加熱したとき，次の(1)，(2)の問いに答えなさい。ただし，化学変化は酸化銅と炭素の間でのみ起こるものとします。

(1) 加熱後の試験管内にある固体は何であると考えられますか。次のアからエまでの中から1つ選びなさい。

ア　銅と酸化銅と炭素　　イ　銅と酸化銅　　ウ　銅と炭素　　エ　銅のみ

(2) 加熱後の試験管内にある固体の質量は何gですか。求めなさい。

＜社会＞

時間　50分　　満点　100点

1　大豆の生産や貿易について，資料や略地図をみて，後の１から５までの各問いに答えなさい。

資料１　大豆の国内生産割合（2021 年）

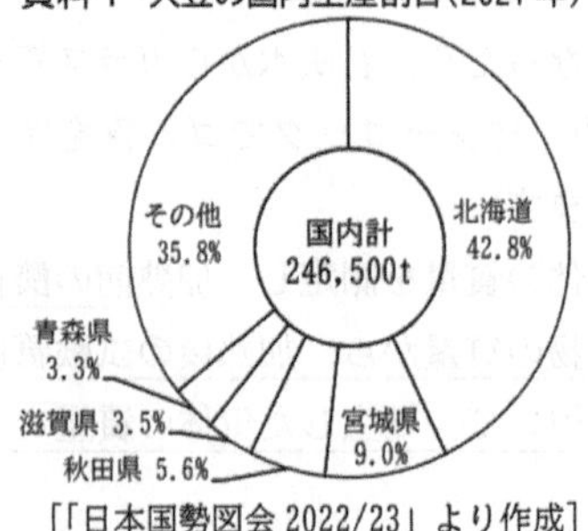

［「日本国勢図会 2022/23」より作成］

資料２　大豆の国別生産割合（2021 年）

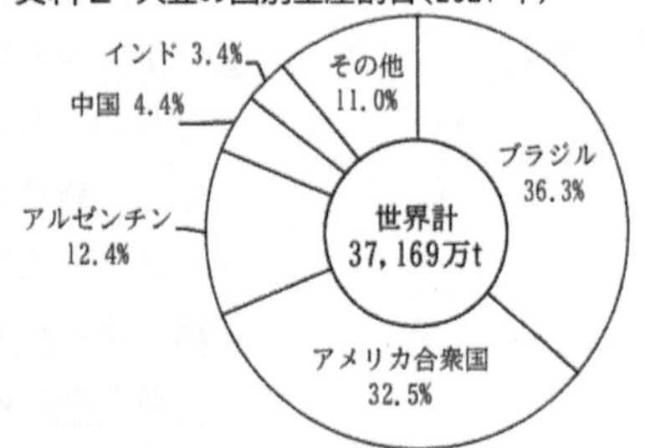

［「世界国勢図会 2023/24」より作成］

略地図１

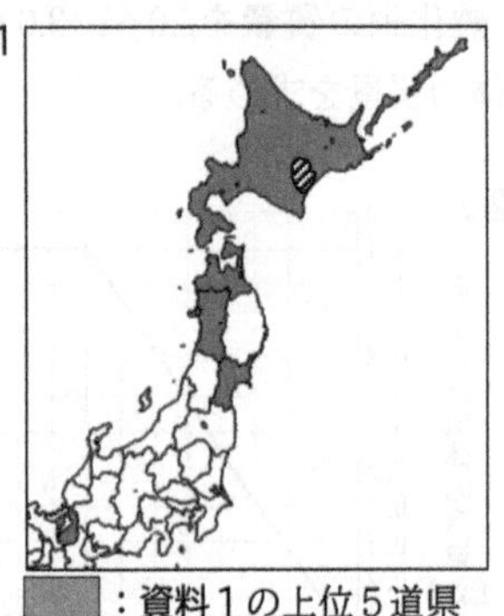

：資料１の上位５道県

略地図２

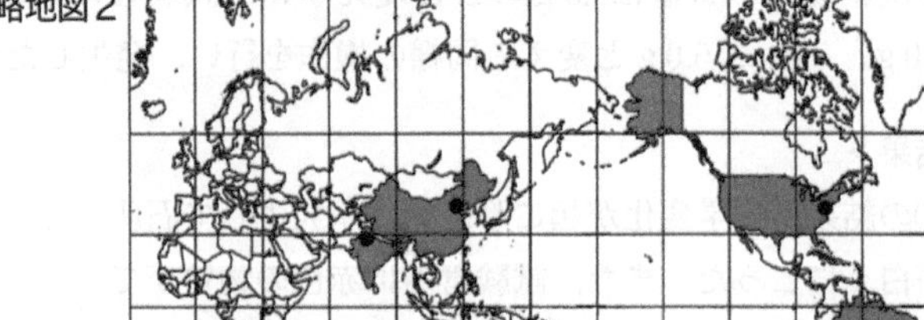

：資料２の上位５か国　●：資料２の上位５か国の首都

1　**資料１**，**資料２**，**略地図１**，**略地図２**から読み取れることとして適切なものはどれか。次の**ア**から**エ**までの中から１つ選び，記号で書きなさい。

ア　国内の大豆の生産上位５道県で，国内の大豆の生産量の80％以上をしめている。

イ　国内の大豆の生産上位５道県のうち，東北地方の３県は日本海に面している。

ウ　国内の大豆の生産量は，世界の大豆の生産量の１％より多い。

エ　世界の大豆の生産上位３か国の首都は，経度が西経で表される西半球に位置している。

2　次の文は，**略地図１**に ▨ で示した地域について説明したものです。この文について，後の(1)，(2)の問いに答えなさい。

> この地域に広がる（　　）は日本有数の畑作地帯です。多くの農家では，耕地をいくつかの区画に分けて，同じ場所で栽培する作物を年ごとに変えることで，地力の低下を防ぐ工夫をしています。

(1)　文の（　）にあてはまる語句を，次の**ア**から**エ**までの中から１つ選び，記号で書きなさい。

ア　仙台平野　　**イ**　石狩平野　　**ウ**　十勝平野　　**エ**　津軽平野

(2)　文の下線部を何というか。漢字２字で書きなさい。

3　**資料３**は，**資料１**の北海道，秋田県，青森県における農業産出額を示したものです。**資料３**

のA，B，Cは，北海道，秋田県，青森県のいずれかです。3道県の組み合わせとして正しいものを，次のアからカまでの中から1つ選び，記号で書きなさい。

資料3　農業産出額の割合(2021年)

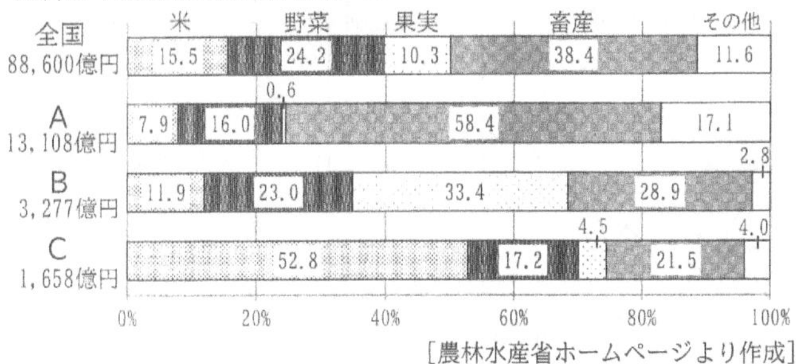

[農林水産省ホームページより作成]

ア　A：北海道　B：秋田県　C：青森県　　イ　A：北海道　B：青森県　C：秋田県
ウ　A：秋田県　B：北海道　C：青森県　　エ　A：秋田県　B：青森県　C：北海道
オ　A：青森県　B：北海道　C：秋田県　　カ　A：青森県　B：秋田県　C：北海道

4　資料2のブラジルとアメリカ合衆国について，次の(1)，(2)の問いに答えなさい。

(1)　資料4は，ブラジル，アメリカ合衆国，日本の3か国について，国土面積と，領海と排他的経済水域をあわせた面積の比率を示したものです。資料4のD，E，Fは，ブラジル，アメリカ合衆国，日本のいずれかです。3か国の組み合わせとして正しいものを，次のアからカまでの中から1つ選び，記号で書きなさい。

資料4

国	国土面積：領海と排他的経済水域をあわせた面積
D	1：11.8
E	1：　0.8
F	1：　0.4

[国土交通省資料などより作成]

ア　D：ブラジル　E：アメリカ合衆国　F：日本
イ　D：ブラジル　E：日本　F：アメリカ合衆国
ウ　D：アメリカ合衆国　E：ブラジル　F：日本
エ　D：アメリカ合衆国　E：日本　F：ブラジル
オ　D：日本　E：ブラジル　F：アメリカ合衆国
カ　D：日本　E：アメリカ合衆国　F：ブラジル

(2)　資料5は，ブラジルとアメリカ合衆国のおもな輸出品と輸出額を示したものです。資料5のアからエは，ブラジルの1965年，ブラジルの2017年，アメリカ合衆国の1965年，アメリカ合衆国の2017年のいずれかです。ブラジルの1965年と，ブラジルの2017年はどれか。資料5のアからエまでの中からそれぞれ1つずつ選び，記号で書きなさい。

資料5

順位	ア		イ		ウ		エ	
	輸出品	輸出額(百万ドル)	輸出品	輸出額(百万ドル)	輸出品	輸出額(百万ドル)	輸出品	輸出額(百万ドル)
第1位	機械類	384,541	コーヒー豆	707	機械類	6,743	大豆	25,718
第2位	自動車	125,737	鉄鉱石	103	自動車	1,980	鉄鉱石	19,199
第3位	石油製品	83,403	綿花	96	航空機	1,096	機械類	17,609
	輸出額の合計	1,545,609	輸出額の合計	1,595	輸出額の合計	27,346	輸出額の合計	217,739

[「数字でみる日本の100年」より作成]

5 資料2のブラジルと中国について，資料6，資料7，表をみて，後の(1)，(2)の問いに答えなさい。

資料6 ブラジルと中国の大豆の生産量と貿易量の推移

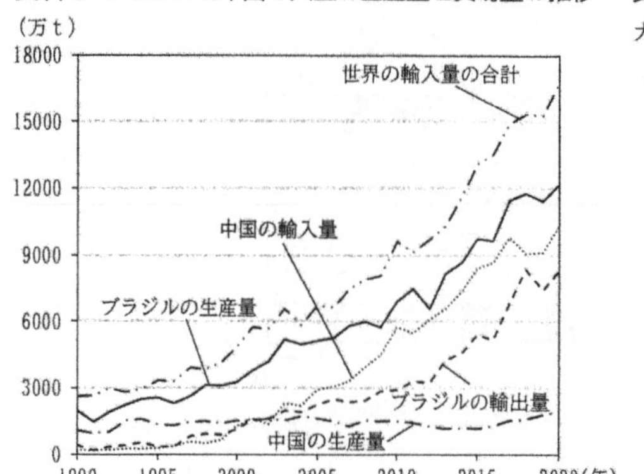

[「世界国勢図会 2023/24」などより作成]

資料7 中国の大豆油，牛肉，ぶた肉の生産量の推移

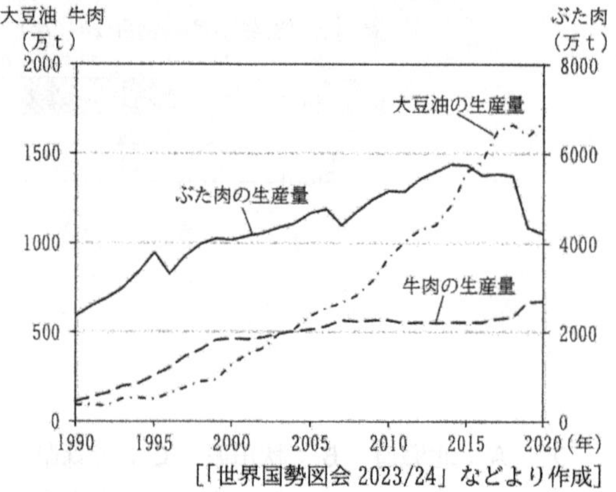

[「世界国勢図会 2023/24」などより作成]

表 ブラジルと中国における1990年以降の大豆の生産と貿易の比較

国	ブラジル	中国
大豆の生産と貿易	世界における大豆の需要が高まり，（ G ）。	大豆の生産量は少し増加しているが，（ H ）。

(1) 表の（G）にあてはまる適切な内容を，資料6を参考にして，次のアからエまでの中から1つ選び，記号で書きなさい。

ア 大豆の生産量が増え，輸出量も増えていった
イ 大豆の生産量が増え，輸出量は減っていった
ウ 大豆の生産量が減り，輸出量は増えていった
エ 大豆の生産量が減り，輸出量も減っていった

(2) 表の（H）にあてはまる適切な内容を，資料6と資料7を参考にして考え，「需要」という語句を用いて，25字以上，40字以内で書きなさい。

2 「日本の歴史上のできごと」と「滋賀県の文化財や史跡」についてまとめた表，略地図1をみて，後の1から8までの各問いに答えなさい。

表

時代区分	日本の歴史上のできごと	関連する滋賀県の文化財や史跡（略地図1）
古代	ヤマト王権（大和政権）の統一が進む	[古保利（こほり）古墳群] ①前方後円墳など130を超える古墳群
	大宝律令が定められる	[近江国府（庁）跡] ②近江国の役所の跡
（ A ）	鎌倉幕府や室町幕府が成立する	[沙沙貴（ささき）神社] 近江国の③守護ゆかりの神社
	戦国大名が争う	[小谷（おだに）城跡] ④戦国大名である浅井氏の城の跡
（ B ）	織田信長が全国統一をめざす	[⑤安土城跡・長浜城跡・坂本城跡・大溝（おおみぞ）城跡] 織田信長らが築いた城の跡
	江戸幕府が成立する	[⑥彦根城] 彦根藩主（大名）による独自の政治が行われた城
（ C ）	明治政府（明治新政府）による改革が進む	[滋賀県庁舎] ⑦滋賀県の政治の中心として建てられた庁舎

1　表の**A**から**C**にあてはまる時代区分の組み合わせとして正しいものを，次の**ア**から**カ**までの中から１つ選び，記号で書きなさい。

ア　A：近世　B：近代　C：中世
イ　A：近世　B：中世　C：近代
ウ　A：中世　B：近代　C：近世
エ　A：中世　B：近世　C：近代
オ　A：近代　B：中世　C：近世
カ　A：近代　B：近世　C：中世

略地図１

古保利(こほり)古墳群
小谷(おだに)城跡
長浜城跡
大溝(おおみぞ)城跡
彦根城
坂本城跡
安土城跡
沙沙貴(ささき)神社
滋賀県庁舎
近江国府（庁）跡

※現在の滋賀県を示す

2　表の下線部①に関連して，前方後円墳などの古墳がさかんに造られた３世紀後半から６世紀の世界のできごととして正しいものを，次の**ア**から**エ**までの中から１つ選び，記号で書きなさい。

ア　オランダがスペインから独立した。
イ　朝鮮半島で高句麗・百済・新羅が争った。
ウ　ナポレオンがヨーロッパの大部分を支配した。
エ　秦の始皇帝が中国を統一した。

3　表の下線部②に関連して，この頃の地方の役人について正しく説明したものを，次の**ア**から**エ**までの中から１つ選び，記号で書きなさい。

ア　国司は都から派遣され，郡司は地方豪族が任命された。
イ　国司と郡司は都から派遣された。
ウ　郡司は都から派遣され，国司は地方豪族が任命された。
エ　国司と郡司は地方豪族が任命された。

4　表の下線部③に関連して，次の文は鎌倉幕府と室町幕府のしくみについてまとめたものです。文には，誤っている語句が１つあります。誤っている語句を下線部**ア**から**ウ**までの中から１つ選び，記号と正しい語句を書きなさい。

> 鎌倉幕府では**ア**執権がおかれ，北条氏がその地位につきました。国ごとにおかれた守護が，**イ**御家人を京都の警備にあたらせるなどの役割を担いました。
> 室町幕府では将軍の補佐として**ウ**老中がおかれました。守護の中には国内の武士を家来として支配する者も現れました。

5　表の下線部④に関連して，**資料１**は，ある戦国大名が定めた分国法の一部です。**資料１**を定めた戦国大名とその支配領域（**略地図２**の**a**または**b**）の組み合わせとして正しいもの

資料１　戦国大名が定めた分国法

> 一　当家の館の他に，国内に城を構えてはいけない。領地をもつ者は，一乗谷に引っ越し，それぞれの領地には代官をおくこと。
> （一部要約）

略地図２

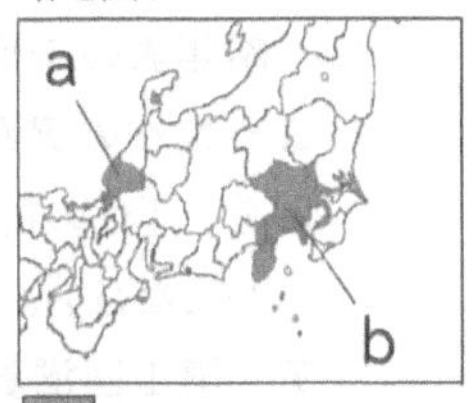

：1560年頃の支配領域

を，次の**ア**から**エ**までの中から１つ選び，記号で書きなさい。

ア 北条氏－a　**イ** 北条氏－b　**ウ** 朝倉氏－a　**エ** 朝倉氏－b

6 **表**の下線部⑤に関連して，**ノート１**，**ノート２**をみて，後の⑴，⑵の問いに答えなさい。

ノート１ 〈安土城に関するノート〉

資料２ 安土城に関する宣教師の記録

> 城の真ん中には塔があり，ヨーロッパの塔より気品があり，壮大な建物です。この塔は，内部，外部ともに驚くほど見事な建築技術によって造営されています。

[ルイス・フロイス「日本史」より一部要約]

資料３ 姫路城

資料２・３のメモ

安土城には資料２に説明されているような（ X ）が築かれ，のちに姫路城などにも築かれました。

ノート２ ＜４つの城に関するノート＞

> **略地図１**をみると，４つの城は，安土などの（ Y ）にあることがわかります。これは，（ Y ）に築くことで，水運や防衛上の利点を活かすためと考えられています。

⑴ **ノート１**の（**X**）にあてはまる語句を書きなさい。

⑵ **ノート２**の（**Y**）にあてはまる，４つの城が築かれた場所の特徴を10字以内で書きなさい。

7 **表**の下線部⑥の彦根城は，世界遺産登録をめざしています。**略地図３**の**ア**から**エ**は，世界遺産に登録された，古代文明に関する遺跡の場所を示しています。また，**ノート３**は古代文明の文字についてまとめたものです。**ノート３**の（**Z**）にあてはまる場所を，**略地図３**の**ア**から**エ**までの中から１つ選び，記号で書きなさい。

略地図３

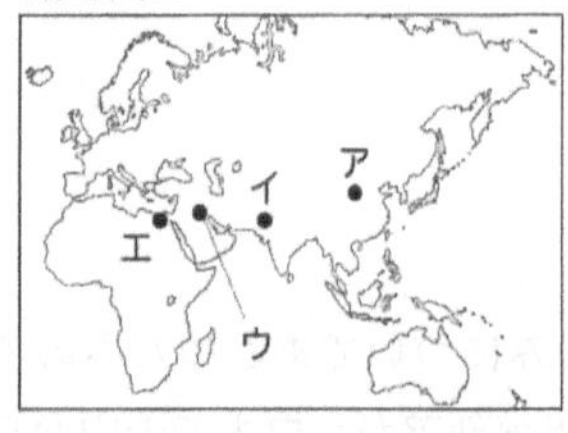

ノート３ 〈古代文明の文字に関するノート〉

資料４

資料４のメモ

・資料４の印には文字が書かれています。
・今から 4000 年以上前，略地図３の（ Z ）に，建物や水路が計画的に配置された都市を中心に文明が生まれ，資料４の文字が使われたとされています。

8 **表**の下線部⑦に関連して，**略年表**と**資料５**をみて，次の⑴，⑵の問いに答えなさい。

⑴ **略年表**の下線部に関連して，廃藩置県による地方の政治の変化について，**表**，**略年表**，**資料５**を参考にして考え，「国家」という語句を用いて，45字以上，60字以内で説明しなさい。

⑵ **略年表**の矢印で示した期間におこった次の**ア**から**ウ**までのできごとを，年代の古い順に，記号でならべかえなさい。

ア 第１回滋賀県知事選挙が行わ

略年表

年	滋賀県のおもなできごと
1871 年	<u>廃藩置県が行われ，いくつかの県が置かれる</u>
1872 年	ほぼ現在の形の滋賀県が誕生する 初代の県令が政府から派遣される
1888 年	滋賀県庁舎が現在の場所に移される
1939 年	現在の滋賀県庁舎本館が完成する
↕	
2022 年	滋賀県政 150 周年をむかえる

資料５ 廃藩置県を命じた詔

> 藩を廃止し，県とする。これは，政策や法令がばらばらになることがないようにするためである。

[「法令全書」より一部要約]

れた。

イ　滋賀県と中華人民共和国の湖南省が友好提携を結んだ。

ウ　滋賀県内を通る東海道新幹線が開通した。

3　地方自治について，次の1から3までの各問いに答えなさい。

1　**資料1**をみて，次の(1)，(2)の問いに答えなさい。

(1)　**資料1**の下線部①について，地方自治は，地域の人々が直接に参加しながら地域のことを合意で決めていく経験を積めることから，何とよばれているか。7字で書きなさい。

(2)　**資料1**の下線部②について，現代社会では情報化が進展しています。情報化の進展にともない，日本国憲法を根拠にして保障されるようになった新しい人権について正しく説明しているものを，次の**ア**から**エ**までの中から1つ選び，記号で書きなさい。

ア　裁判所に法律上の権利の実現を求める「裁判を受ける権利」

イ　労働者が雇用者と対等な立場で交渉できる「団体交渉権」

ウ　国に対して人間らしい生活を求めることができる「生存権」

エ　私生活が他人から干渉されない「プライバシーの権利」

資料1　滋賀県情報公開条例

（前文の一部）
地方分権による真の①自治を確立するためにも，県民と県の相互の信頼関係をより確かなものにし，県民主役の県政を進めていく必要があり，そのためにますます②情報公開の重要性が高まってきている。

［滋賀県ホームページより作成］

2　**資料2**，**資料3**，**メモ**をみて，後の(1)から(3)までの問いに答えなさい。

資料2　日本の地方自治のしくみ

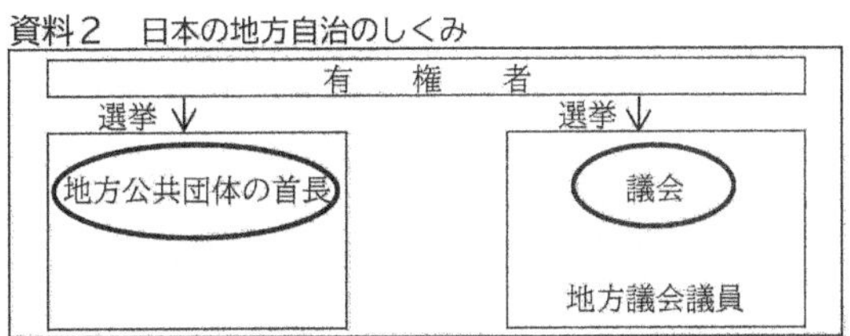

メモ

日本の地方公共団体の首長と，国政における内閣総理大臣の選び方は異なっている。

・地方公共団体の首長は，（　　　　　）。
・内閣総理大臣は，議院内閣制の下で選ばれる。

資料3　法律ができるまで（衆議院が先議の場合）

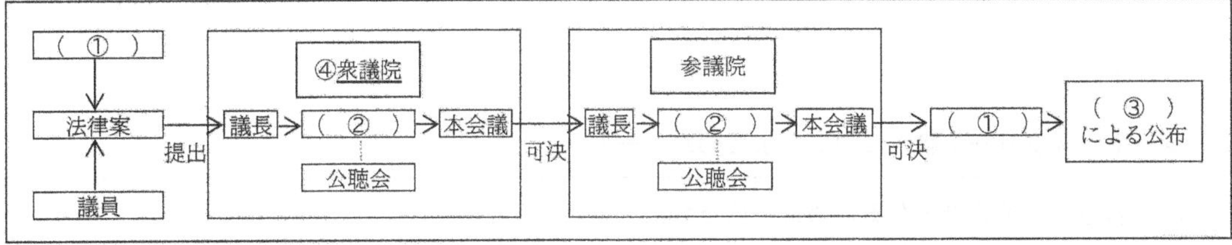

(1)　メモの（　）にあてはまる適切な内容を，**資料2**を参考にして，次の**ア**から**エ**までの中から1つ選び，記号で書きなさい。

ア　有権者が選挙により地方公務員を選び，地方公務員の中から選ばれる

イ　有権者が選挙により選んだ地方議会議員の中から，地方議会で選ばれる

ウ　有権者による選挙で，直接選ばれる

エ　有権者が選挙により選んだ国会議員の中から，話し合いで選ばれる

(2)　**資料3**の（①）から（③）にあてはまる語句を，次の**ア**から**オ**までの中からそれぞれ1つ

ずつ選び，記号で書きなさい。

ア 天皇　イ 委員会　ウ 省庁　エ 裁判所　オ 内閣

(3) **資料3**の下線部④について，正しく説明しているものを，次の**ア**から**エ**までの中から１つ選び，記号で書きなさい。

ア 衆議院だけが，不適任だと思われる裁判官がいれば弾劾裁判を行うことができる。

イ 衆議院は，予算の議決において参議院より優先されることが認められている。

ウ 衆議院は，天皇の国事行為に対して助言と承認を与えることができるが，参議院はできない。

エ 衆議院だけが，法律などに憲法違反がないか判断することができる。

3 **資料4**から**資料7**，**ノート**をみて，後の(1)から(3)までの問いに答えなさい。

資料４　滋賀県の歳入とその内訳（2020年度）

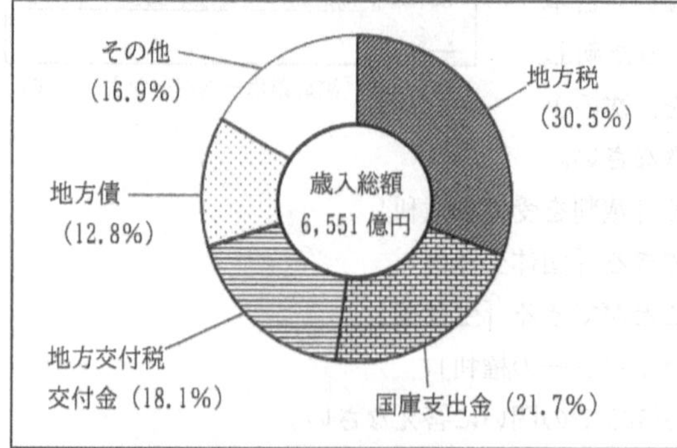

［「データでみる県勢 2023」より作成］

資料５　所得税の税率

課税される所得金額	税率
1,000円 ～ 1,949,000円まで	5%
1,950,000円 ～ 3,299,000円まで	10%
3,300,000円 ～ 6,949,000円まで	20%
6,950,000円 ～ 8,999,000円まで	23%
9,000,000円 ～ 17,999,000円まで	33%
18,000,000円 ～ 39,999,000円まで	40%
40,000,000円以上	45%

※課税される所得金額は，1,000円未満の端数(はすう)金額を切り捨てた後の金額

※（参照例）課税対象になる所得が 300 万円の場合，所得税は，195 万円×0.05＋（300 万円－195 万円）×0.1＝20 万 2,500 円

［国税庁ホームページより作成］

資料６　滋賀県グリーン購入基本方針

（「1　基本的な考え方」の一部）

グリーン購入の推進に当たっての基本的考え方は以下のとおりとし，県は率先してグリーン購入を実行し，関係事業者等にも協力を求めるとともに，県民，事業者による広範な取組の普及を図ります。

（例）・物品等の総量を節減する。　・物品等の必要数量を計画的に調達する。

・物品等の調達に当たっては，資源採取から廃棄に至るライフサイクル全体を考慮する。

［滋賀県ホームページなどより作成］

資料７　商品選択のめやすとなるマーク

ノート　<グリーン購入についてまとめたノート>

（自立した消費者となるために，私たちにできること）
- マイバッグ，マイボトルを活用する。
- 容器や包装が少なくゴミの出にくいもの，リユース，リサイクルできるものを選ぶ。
- 商品を購入する際は，**資料7**のようなマークがついているものを参考にして選ぶ。

(1) **資料4**について，正しく説明しているものを，次の**ア**から**エ**までの中から１つ選び，記号で書きなさい。

ア 地方税と国庫支出金の金額の差は，700億円以上である。

イ 最も多い財源である地方税には，間接税である相続税が含まれている。

ウ　国から支払われ，使いみちが特定される財源は歳入総額の20％以上である。

エ　地方債は国から地方へ配分される財源であり，地方交付税交付金より少ない。

(2)　次の文は，日本の税の公平性について説明したものです。文の（A），（B）にあてはまる語句の組み合わせとして正しいものを，後の**ア**から**エ**までの中から１つ選び，記号で書きなさい。

> 日本の所得税では，税負担の公平性を保つため，**資料５**のようなしくみがとられています。例えば，このしくみで課税対象になる所得が600万円の人の所得税を計算すると，90万円より（　A　）金額となります。
>
> また，消費税は，所得が異なる人でも消費額に応じて同じ割合で税を負担するものです。消費税は，所得が（　B　）人ほど税負担が重くなるという逆進性をもっています。

ア　A：高い　B：高い　　**イ**　A：高い　B：低い

ウ　A：低い　B：高い　　**エ**　A：低い　B：低い

(3)　次の文は，滋賀県が取り組んでいるグリーン購入の目的を説明したものです。文の（　）にあてはまる適切な内容を，**資料６**，**資料７**，**ノート**を参考にして考え，「環境」という語句を用いて，15字以上，25字以内で書きなさい。

滋賀県が取り組んでいるグリーン購入の目的

> 滋賀県が率先して（　　）により，社会全体で環境の保全が進むことを目的としています。また，商品を供給する企業にもグリーン購入の目的に合った製品の開発を促すことで，経済活動全体を変えていくことも目的としています。

② 文章中の空欄［　］にあてはまる言葉として最も適切なものを、次のアからエまでの中から一つ選び、記号で答えなさい。

ア たまらず　イ すかさず
ウ おもわず　エ たゆまず

4 次の【和歌】を読んで、後の①から③までの各問いに答えなさい。

【和歌】

A 父母が頭かき撫(な)で幸(さ)くあれて言ひし言葉(けとば)ぜ忘れかねつる
防人歌(さきもりのうた)（『万葉集』）

B 人はいさ心も知らずふるさとは花ぞ昔の香ににほひける
紀貫之(きのつらゆき)（『古今和歌集』）

① 【和歌】Aから、発言部分を抜き出して書きなさい。

② 【和歌】Bの――線部を**現代仮名遣い**に直し、ひらがなで書きなさい。

③ 【和歌】A・Bの説明として最も適切なものを、次のアからエまでの中から一つ選び、記号で答えなさい。

ア Aは、故郷への切実な思いを素直に詠み出しているのに対して、Bは人と自然の風物を対比させながら、遠回しに自身の意図を表現している。

イ Aは、故郷にいる両親の長寿を願う思いが詠まれているのに対して、Bは昔からの知り合いにも忘れられてしまう人の世の辛さを詠んでいる。

ウ Aは、幸せだった頃の記憶と現在を対比させて詠んでいるのに対して、Bは人と自然を対比させて、梅の花の香りのかぐわしさを詠んでいる。

エ Aは、自身の過去の記憶をもとに歌が作られているのに対して、Bは、他人の過去の体験について聞いたことをもとにして歌が作られている。

ア　季語によって示される風景とまったく同じ風景を目にすることで、自分を取りまく世界を深く理解して新たな俳句を生み出せる
イ　季語が持つイメージどおりに周囲の風景を俳句で表現することで、自分を取りまく世界を好ましく思ってより美しく感じられる
ウ　季語によって示される風景が現実における体験不足を補うことで、自分を取りまく世界をより深く理解できて感情が豊かになる
エ　季語が持つイメージと実際の体験とが結びつく経験をすることで、自分を取りまく世界に対する見方がより細やかなものになる

5　**【話し合いの一部】**の══線部について、あなたがある言葉を人から聞いたり本で読んだりして知ったことで、ものごとの見方や考え方が変わった経験を、次の**条件1**と**条件2**にしたがって書きなさい。
条件1　具体的な言葉の例を挙げ、どのような経験をしたかを書くこと。ただし、**【本の一部】**や**【話し合いの一部】**に出ている具体例以外を用いること。
条件2　原稿用紙の正しい使い方にしたがい、**百字以上、百四十字以内**で書くこと。

三

次の1から4までの各問いに答えなさい。

1　次の①から⑤までの文中の──線部のカタカナを漢字に直して書きなさい。
①　イチョウ薬を飲む。　②　サイバン所を見学する。
③　文化祭のマクが開く。　④　学問をオサめる。
⑤　新セイヒンを開発する。

2　次の①から⑤までの文中の──線部の漢字の正しい読みをひらがなで書きなさい。
①　砂が海に堆積する。　②　クラスの優勝に貢献する。
③　雨の滴が落ちてくる。　④　兄のように慕う。
⑤　曖昧な答えを返す。

3　次の文章を読んで、後の①と②の各問いに答えなさい。

いま、子どもがたまたま発音できるようになった「コップ」ということばを発したとする。すると［　　］、母親がそこにあったコップをさして、「そうね。コップ」という。子どもはこのコップという発音に興味を持ち、もう一度、「コップ」という。

このやりとりで大切なのは、前半部である。そこでは母親が子どものことばをまねており、しかも子どもに模倣することを促している。[A]ところがふつう、この部分は無視され、後半部だけが注目されやすく、子どもが母親のことばをまねる活動として母親に印象づけられる。[B]そして子どもが母親のことばをまねしながら、ことばを覚えていくものだと思い込んでしまうこととなる。しかし実は、母親が子どものことばにたえず注意を向けて、子どもの発音したことば──[C]つまり発音できるようになったことば──を、母親自身が機会あるごとにまねしてみせているからこそ、子どもが母親のことばを模倣することとなるのである。[D]だから、母親が自己本位的で、子どもが現在どんな発音をしたがっているかを考慮しないで、一方的に子どもにことばをかけるだけだったら、子どもはほとんどまねることはない。せいぜい母親のことばに動作で応答するにとどまる。

（滝沢（たきざわ）武久（たけひさ）『子どもの思考力』による。）

①　──線部**A**から**D**までの語について、語と接続の種類の組み合わせが**適切でないもの**を次の**ア**から**エ**までの中から一つ選び、記号で答えなさい。
ア　**A**─逆接　　**イ**　**B**─並立・累加
ウ　**C**─転換　　**エ**　**D**─順接

風」という言葉も出てこなかったでしょう。

歳時記の中には、世界が、いや宇宙が詰まっています。同じことの繰り返しだと思っていたグレーな日々も、季語を知るほどに「今日は何に出会えるだろう」とわくわくします。昨日は凍っていた水たまりが、今日は暖かくぬかるんでいるかもしれない。今日はつぼみだったすみれが、明日は咲いているかもしれない。春になれば、雪が解け水があふれ、星や月はうるみます。俳句という眼鏡をかければ、季語に彩られた世界が、きらきらと輝きはじめます。③ありきたりの日常が、一度きりの瞬間として、カラフルに目の前で動き出すのです。

（神野紗希『俳句部、はじめました―さくら咲く一度っきりの今を詠む』による。）

（注）言いとめた…ものごとの様子を言葉で表した。

【話し合いの一部】

やまとさん：俳句は、授業で習ったね。季語を入れるというのが決まりだったけれど、確か、季語以外にも、俳句によく使われる表現があったよね。

かずささん：ああ、[Ⅰ]だったよね。「いくたびも雪の深さを尋ねけり」や「万緑の中や吾子の歯生え初むる」に用いられているね。句全体のリズムを調整したり、作者の感動の中心を示したりするという働きをするんだったね。

いずみさん：そうだったね。ところで、昔の人の感覚は鋭いね。【本の一部】に「竹の秋」という季語が出ているけど、私が竹林をイメージするなら緑の竹林で、それ以上のイメージは出てこなかったなあ。

かずささん：「竹の秋」に似た季語で、「麦の秋」、「麦秋」もあるよね。あれは[Ⅱ]の季語だったね。同じような考え方だよね。

やまとさん：この【本の一部】で一番印象に残ったのは、数学の授業のところかな。こんなにスッと俳句が作れたら、楽しいだろうなあ。

いずみさん：でも、「その日その瞬間に起きたことを順番に並べただけで、教室の風景をそっくり写し取ることもできる」というけれど、やっぱり季語の知識がないと、こう上手には作れないよね。

やまとさん：そうだね。【本の一部】の――線部②に「歳時記の言葉と現実の風景がつながるとき、世界の解像度がぐっと上がります」とあるけれど、これも、[Ⅲ]ということだね。

かずささん：季語以外でも、今まで知らなかった言葉を人から聞いたり、本で読んだりすることで、世界が違って見えることってあるね。【本の一部】の筆者が――線部③で言っているのも、そういうことかもしれないね。

1　【本の一部】の――線部①について、春の季語である「風光る」と、冬の季語である「風冴ゆる」とは、どのような点で異なりますか。五十字以内で違いが分かるように書きなさい。

2　【話し合いの一部】の空欄[Ⅰ]にあてはまる適切な語を書きなさい。

3　【話し合いの一部】の空欄[Ⅱ]にあてはまる適切な季節を漢字一字で書きなさい。

4　【話し合いの一部】の空欄[Ⅲ]にあてはまる内容として最も適切なものを、次のアからエまでの中から一つ選び、記号で答えなさい。

4　**【本の一部】**の——線部③について、このように一〇日間鏡を見せた理由を、**四十字以内**で書きなさい。

5　**【本の一部】**の——線部④について、このように言える理由を、**百字以内**で書きなさい。

二　やまとさんたちは、国語の時間に、俳句について学んでいます。次は、その時に読んだ**【本の一部】**と、その時の**【話し合いの一部】**です。これらを読んで、後の1から5までの各問いに答えなさい。

【本の一部】

俳句をはじめるとき、母から歳時記をもらいました。歳時記は、季語の辞典です。季節を表す言葉が春夏秋冬に分類され、解説のあとに過去の名句が例として載っています。季語には、桜や水着、紅葉やおでんのようによく知っている身近なものもあれば、初めて出会う言葉もたくさんありました。

たとえば、春の季語である「風光る」もその一つでした。輝く日差しに、見えるはずのない風までまばゆく感じる、春の光量を言いとめた季語です。風光る、風光る、と唱えながら自転車を漕(こ)ぐと、町のビルもお堀の柳も、にぎやかに光りはじめます。「風」つながりでいくと、夏は「風死す」。ぱたりと風がやみ、息苦しい暑さです。ああ風よ、復活せよ、汗だらだらで入道雲を目指します。秋は「色なき風」。スマホの写真機能で、セピア色の加工を加えたイメージです。冬は「風冴(さ)ゆる」。大気が澄んでさえざえと吹き渡る風です。寒い寒いと耐える通学も〈風冴ゆる坂を一直線に漕げ〉と詠(よ)めばまるでヒーローのよう。

風一つとっても、①季語の多様な表現を知れば、季節によってまったく違う表情が見えてきます。今、みなさんのまわりには、どんな風が吹いていますか？　色は？　匂いは？　きっとその風にも、名前があるはずです。

また別の日、歳時記の春のページに「竹の秋」という季語を見つけました。春なのに秋だなんて変だなあ、と思って解説を読むと、竹は春から夏にかけ黄葉・落葉するため、他の木々にとっての秋のようだから、春の竹のさまを「竹の秋」というのだそうです。そういえば、通学途中にいつも通り過ぎる竹やぶの竹が、春に黄ばんではらはらと散っていました。そうか、あれは「竹の秋」なのか。逆に、秋には新しい葉が茂りはじめるので「竹の春」。②歳時記の言葉と現実の風景がつながるとき、世界の解像度がぐっと上がります。

ある俳人の先輩は、かつて「名もなき草」というフレーズを俳句に使ったとき、先生から「名もなき草はありません。あなたが知らないだけです」と指摘されたそうです。風も竹も、木々七草花も、みなそれぞれに名前をもって、生きているのです。

苦手な授業も、俳句を考える時間だと思えば、楽しいものです。教室の風景も、句材＝俳句の材料になります。黒板、机の落書き、窓の青葉、先生のネクタイの柄、風の踊り場、クラスメートの半袖……想像をふくらませてはこっそりノートにメモします。さてさて、次は数学の授業。はじまりの合図に、クラス委員が号令をかけます。「起立、礼、着席」。あ、これ、俳句のリズムにはまりそう。メモしたそのとき、一陣の風が、開け放たれた窓の右から左へ、さあっと抜けてゆきました。

起立礼着席青葉風過ぎた　神野紗希(こうのさき)　『星の地図』

「青葉風」とは、みずみずしい青葉を吹き渡る夏の風のこと。その日その瞬間に起きたことを順番に並べただけで、教室の風景をそっくり写し取ることもできるのです。歳時記を読んでいなかったら「青葉

印を触ったのなら、自分の額にこれまでなかった変なものがついていると認識したことを示している。つまり、鏡像が自分だと認識していることが示されたことになるのだ。

これだけのことであるが、この動きは鏡像が自分であると認識してはじめてできる行動であり、自己認識の証拠になる。印が鏡の中の個体についていると認識したのなら、自分の額ではなく鏡像の印を触ろうとするはずだ。迷わず自分の額を触るのは、鏡像は自分であると認識している、つまり鏡像自己認知している証拠である。

ギャラップ教授は、若くて鏡を見たことのないチンパンジー四個体を対象にこの実験を行った。四頭ともはじめは鏡像に威嚇したり、大声をあげたり、攻撃的であったが、やがてどうやら自分だと認識できるようになったようだ。鏡を覗き込んで自分を観察している。③鏡を見せて一〇日が過ぎ、いよいよ実験を行った。教授はこれらのチンパンジーに麻酔をし、額に赤い印をつけた。目覚めた彼らを観察しても、彼らは額の印に気づいておらず、印を触ることは一切なかった。そこで、いよいよ最終実験である。彼らに鏡を見せたのだ。彼らは鏡が何かを知っており、鏡を見てももう大騒ぎはしない。鏡を覗き込んだあと、なんと四頭すべてが自分の額の印を触ったのである。これは、動物が自分を認識できることを、正確に示すことができた歴史的な瞬間であった。赤い印をつけたこの方法は「マークテスト」や「ルージュテスト」と呼ばれている。

さらに、触った指先をじっと見つめて鼻に近づけ、指についた印の匂いまで嗅ごうとした。これは、自分の額に赤い何かがついており、それを擦って指についた赤いものが何かを調べているのである。④この結果は、チンパンジーが鏡に映る姿が自分であることを正しく認識していることを、はっきりと示している。

（幸田正典『魚にも自分がわかる―動物認知研究の最先端』による。）

（注）認知研究…人間などが自分の外側にあるものをどのように認識したり理解したりするかについての研究。
ギャラップ教授…アメリカ合衆国の心理学者。

【図】

1 【本の一部】の空欄□にあてはまる四字熟語として最も適切なものを、次のアからエまでの中から一つ選び、記号で答えなさい。

ア 自問自答　イ 東奔西走　ウ 四苦八苦　エ 試行錯誤

2 【本の一部】の――線部①について、これはどのようにするということですか。解答欄の「と考えること。」につながるように、【本の一部】から**三十五字**で抜き出し、**最初と最後の四字**を書きなさい。

3 【本の一部】の――線部②について、【図】のAからDまでを【本の一部】の実験においてチンパンジーが見せた行動の順に並べ替えたものとして最も適切なものを、次のアからエまでの中から一つ選び、記号で答えなさい。ただし、一つだけ無関係な図が入っています。

ア C→B→A　イ B→D→A

ウ D→A→C　エ A→B→D

＜国語＞

時間　五〇分　満点　一〇〇点

一　次の【本の一部】を読んで、後の1から5までの各問いに答えなさい。

【本の一部】

鏡に映る姿を自分だと認識できるかどうかを確かめるのは、自己認識ができるかどうかを調べる重要な方法のひとつである。

鏡の姿が自分だとわかること（あるいはわかる能力）である鏡像自己認知の検証を行うときは、ヒトを研究対象とするならば、質問して言葉で答えてもらえばいい。だが、動物ではそうはいかない。動物が認識したのかどうかは、彼らの動きや反応、ときには表情などを注意深く観察し、「行動で返事をさせる」うまい実験を組むしかない。対象個体に感情移入をして、「きっとこう感じている、思っている」のだろう、というのでは説得的でないし科学的ではない。認知研究であっても、きちんと対照実験を行い、疑問の余地のない結果の提示が重要である。

動物を対象とした鏡像自己認知の観察は、古くから行われている。実はダーウィンも行っていた。動物園で飼育されているオランウータンに鏡を見せ、その反応を見るあたりはさすがである。さらに自分の幼児にも鏡を見せ、ヒトの子供がどのように自己認識するかも考察している。しかし観察の記載はあるが、さすがに実験まではしていない。動物の鏡への反応も、しっかり見ればおおよその推測はできる。しかし、鏡像自己認知は、言葉を話さない動物の場合、①擬人化して解釈できても、客観的に評価することは難しい。動物ではじめて説得的な実験により、客観的証拠を示した人物が、これからたびたび登場するギャラップ教授である。先にも述べたように、②この画期的な実験がなされたのは一九七〇年のことで、対象はチンパンジーであった。

チンパンジーにはじめて鏡を見せると、彼らは鏡の中に知らないチンパンジーがいるかのような威嚇や攻撃的な振る舞いをする。鏡の中に他個体がいると勘違いしているのだ。しかし、しばらくすると、鏡に向かって腕を振ったり体を揺すったりなどと、普段はしない不自然な行動をとる。それと同時あるいはしばらく後に、鏡に向かって自分の口を開いて中を調べたり、普段は見えない股間などを調べたりする。ギャラップ教授はこのとき、チンパンジーは不自然な行動をすることで、鏡像と自分との動きの随伴性（＝同調性）を調べ、そして鏡像そのものを自分だと認識していると確信したようだ。しかし、この観察だけでは、研究者がそう思っているだけだと言われれば反論できず、説得力は弱い。

動物が鏡に映る姿を自分だと認識していることを示す方法は何かないか、とギャラップ教授は考えた。（中略）ギャラップ教授が考え出した方法は、そんなことなら私でも考えると思わず言いそうなほど、簡単な方法である。

チンパンジーをイメージしながら考えてみよう。重要なので詳しく説明すると、まずはチンパンジーに、鏡像自己認知ができたと思われるまで、長時間鏡を見せる。次に、気づかれないように本人には直接見えない額に印をつける。本人には額は見えないので、印は見えない。印には匂いも刺激もないので、本人は鏡を見ないと額の印はわからない。印をつけ終わってから、実験個体が額の印に気がつかないことを確認する。確認後、このチンパンジーにもう一度鏡を見せるのである。もし本人が鏡を覗(のぞ)き込んで、［　　］することなく自分の額の

大切なことはメモしておこうネ！

T.G

2024年度

解答と解説

《2024年度の配点は解答用紙集に掲載してあります。》

＜数学解答＞

1　(1)　-5　(2)　$-\frac{13}{10}a$　(3)　$30xy^2$　(4)　$x=4$，$y=-7$　(5)　$8\sqrt{2}-4$

(6)　$\frac{11}{3}$　(7)　18π　(8)　65点　B地点

(9)　右図

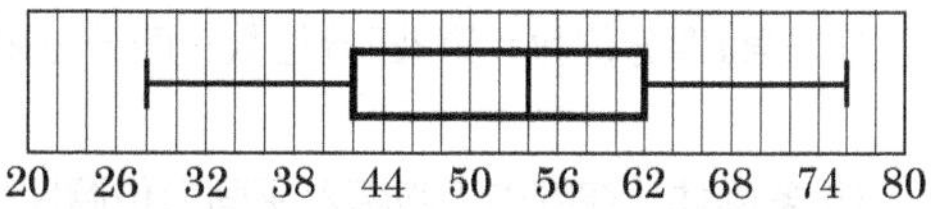

2　(1)　解説参照　(2)　平面P上の2つの直線　(3)　$72\sqrt{3}$　(4)　(確率)　$\frac{5}{32}$　(記号)　イ

3　(1)　$x=100$　(2)　①　$b=300$　②　14.4分後(グラフは下図1)

4　(1)　下図2　(2)　解説参照　(3)　$8\sqrt{3}-\frac{8}{3}\pi$

図1

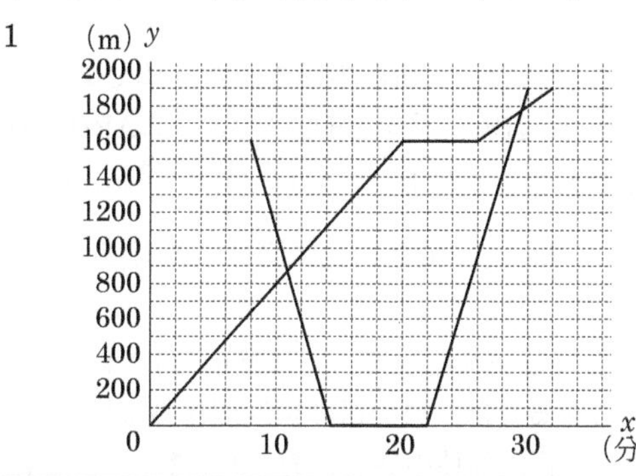

図2

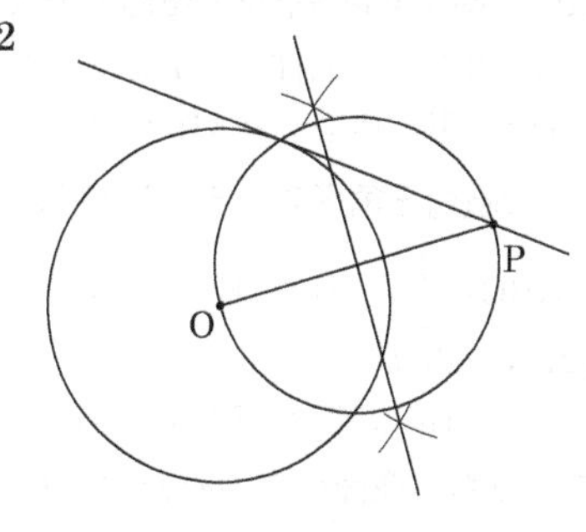

＜数学解説＞

1　(数・式の計算，連立方程式，平方根，式の値，体積，正の数・負の数の利用，資料の散らばり・代表値)

(1)　四則をふくむ式の計算の順序は，乗法・除法→加法・減法となる。$3\times(-4)+7=(-12)+7=(-12)+(+7)=-(12-7)=-5$

(2)　分母を5と2の最小公倍数の10に通分して，$\frac{1}{5}a-\frac{3}{2}a=\left(\frac{1}{5}-\frac{3}{2}\right)a=\left(\frac{2}{10}-\frac{15}{10}\right)a=\left(\frac{2-15}{10}\right)a=-\frac{13}{10}a$

(3)　$(-3x)^2=(-3x)\times(-3x)=9x^2$だから，$(-3x)^2\div\frac{6}{5}xy\times4y^3=9x^2\div\frac{6xy}{5}\times4y^3=9x^2\times\frac{5}{6xy}\times4y^3=\frac{9x^2\times5\times4y^3}{6xy}=30xy^2$

(4)　$\begin{cases}4x+3y=-5\cdots①\\5x+2y=6\cdots②\end{cases}$　とする。①×2－②×3より，$(4x+3y)\times2-(5x+2y)\times3=(-5)\times2-6\times3$　$8x+6y-15x-6y=-10-18$　$-7x=-28$　$x=4$　これを②に代入して，$5\times4+2y=6$　$2y=-14$　$y=-7$　よって，連立方程式の解は，$x=4$，$y=-7$

(5)　$\sqrt{8}(4-\sqrt{2})=\sqrt{8}\times4-\sqrt{8}\times\sqrt{2}=4\sqrt{8}-\sqrt{16}=4\sqrt{2^2\times2}-\sqrt{4^2}=8\sqrt{2}-4$

(6)　$x=\frac{2}{3}$のとき，$(x+1)^2-x(x-2)=x^2+2x+1-x^2+2x=4x+1=4\times\frac{2}{3}+1=\frac{8}{3}+1=\frac{8}{3}+\frac{3}{3}=\frac{11}{3}$

(7)　半径3の半球の体積は，$\frac{4}{3}\times\pi\times3^3\times\frac{1}{2}=18\pi$

(8)　基準とした得点をx点とすると，5人がそれぞれ獲得した得点の平均点は，$x+\frac{(+7)+(-13)+(+5)+(-9)+(+20)}{5}=(x+2)$点と表される。これが67であったから，$x+2=67$　$x=65$　よって，基準とした得点は65点である。

(9)　問題の表より，B地点の**最小値**は，**範囲＝最大値－最小値**より，最小値＝最大値－範囲＝76－48＝28である。また，B地点の**第1四分位数**は，**四分位範囲＝第3四分位数－第1四分位数**より，第1四分位数＝第3四分位数－四分位範囲＝62－20＝42である。

2　**(正多面体，空間内の直線と平面の位置関係，表面積，確率)**

(1)　(理由)　(例)頂点Aに集まる面の数は3であるのに対して，頂点Cに集まる面の数は4であり等しくないから

(2)　一般に，**平面Pと交わる直線ℓが，その交点Oを通るP上の2つの直線m，nに垂直になっていれば，直線ℓは平面Pに垂直である。**

(3)　問題の正八面体は，1辺の長さが6の8つの合同な正三角形で囲まれた立体である。そのうちの1つの正三角形を△ABCとして，頂点Aから底辺BCに垂線AHをひくと，△ABHは**30°，60°，90°の直角三角形で，3辺の比は2：1：$\sqrt{3}$**である。これより，$AH=AB\times\frac{\sqrt{3}}{2}=6\times\frac{\sqrt{3}}{2}=3\sqrt{3}$　$\triangle ABC=\frac{1}{2}\times AB\times AH=\frac{1}{2}\times6\times3\sqrt{3}=9\sqrt{3}$　よって，問題の正八面体の表面積は$9\sqrt{3}\times8=72\sqrt{3}$である。

(4)　3つの正四面体を同時に投げたとき，底面に書かれた数の出方は全部で4×4×4＝64(通り)。このうち，底面に書かれた数の和が10以上になるのは，(1つ目の正四面体の底面に書かれた数，2つ目の正四面体の底面に書かれた数，3つ目の正四面体の底面に書かれた数)＝(2，4，4)，(3，3，4)，(3，4，3)，(3，4，4)，(4，2，4)，(4，3，3)，(4，3，4)，(4，4，2)，(4，4，3)，(4，4，4)の10通り。よって，求める確率は$\frac{10}{64}=\frac{5}{32}$　また，$\frac{5}{32}=\frac{15}{96}<\frac{16}{96}=\frac{1}{6}$より，2つの正六面体を同時に投げたとき，上面に書かれた数の和が10以上になる確率の方が高い。

3　**(関数とグラフ，グラフの作成)**

(1)　Aさんが駅から家まで歩くのにかかった時間は，$800\div x=\frac{800}{x}$(分)　また，Aさんが家から公園まで歩くときの速さは，$x\times0.8=0.8x=\frac{4}{5}x$(m/分)だから，家から公園まで歩くのにかかった時間は，$1600\div\frac{4}{5}x=1600\times\frac{5}{4x}=\frac{2000}{x}$(分)　よって，駅から公園まで全部で$\frac{800}{x}+\frac{2000}{x}=\frac{2800}{x}$(分)かかった。これが28分に等しいから，$\frac{2800}{x}=28$　$28x=2800$　$x=100$である。

(2)　①　求める一次関数$y=ax+b$…①　は，2点(26，1600)，(32，1900)を通るから，それぞれの座標を①に代入して，$1600=26a+b$…②　$1900=32a+b$…③　③－②より，$300=6a$　$a=50$　これを②に代入して，$1600=26\times50+b$　$b=300$

②　問題の条件より，Cさんはグラフ上の点(8，1600)で公園を出発し，点(30，1900)で図書館に着いた。また，Cさんは，公園から家，家から図書館まで，それぞれ自転車で，分速250mで進んだから，公園から家までのグラフは，点(8，1600)を通り，傾きが－250の直線であり，

家から図書館までのグラフは，点(30，1900)を通り，傾きが250の直線である。具体的には，公園から家までのグラフは，点(8，1600)から点(14，100)を通りx軸まで直線を引き，家から図書館までのグラフは，点(30，1900)から点(24，400)を通りx軸まで直線を引く。最後に，引いた2本の直線がx軸と交わった点同士を線分で結べばいい。このグラフより，Cさんが公園を出発してから家に着くまでの間で，BさんとCさんの距離が最も離れたのは，Cさんが公園を出発したときか，家に着いたときのどちらかであることがわかる。Bさんが家から公園まで歩いた速さは，1600÷20＝80(m/分)だから，Cさんが公園を出発したとき，Bさんは家から公園に向かって80×8＝640(m)の距離にいた。そして，このときのBさんとCさんの距離は1600－640＝960(m)である。また，Cさんが家に着いたのは，Bさんが家を出発してから8＋1600÷250＝8＋6.4＝14.4(分)後であり，このときBさんは家から公園に向かって80×14.4＝1152(m)の距離にいた。そして，このときのBさんとCさんの距離は1152－0＝1152(m)である。以上より，BさんとCさんの距離が最も離れたのは，Bさんが家を出発してから14.4分後である。

4 **(作図，図形の証明，面積)**

(1)　(着眼点)点Pを通る円Oの接線と円Oとの接点をQとすると，**接線と接点を通る半径は垂直に交わる**ことと，**直径に対する円周角は90°である**ことから，接点Qは線分OPを直径とする円の周上にある。　(作図手順)次の①～④の手順で作図する。　①　線分OPを引く。　②　点O，Pをそれぞれ中心として，交わるように半径の等しい円を描き，その交点を通る直線(線分OPの**垂直二等分線**)を引き，線分OPとの交点(線分OPの中点)を求める。　③　線分OPの中点を中心として，線分OPを直径とする円を描き，円Oとの交点の1つをQとする。　④　直線PQ(点Pを通る円Oの接線)を引く。(ただし，解答用紙には点Qの表記は不要である。)

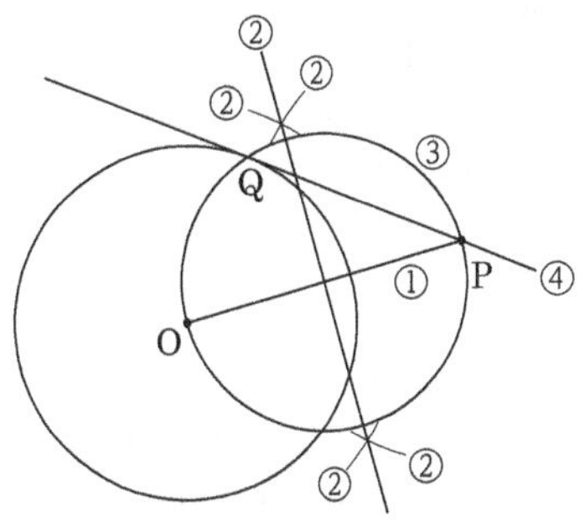

(2)　(証明)　(例)△ADEと△BDCにおいて　弧AB＝弧BCであり，**等しい弧に対する円周角は等しい**ので　∠ADB＝∠BDC…①　また，弧CDに対する円周角は等しいので∠CAD＝∠DBC…②　①，②より，2組の角がそれぞれ等しいので△ADE∽△BDC　よって，対応する辺の比はそれぞれ等しいので　AE：BC＝ED：CD

(3)　△PSTは正三角形より，△PSOは30°，60°，90°の直角三角形で，3辺の比は2：1：$\sqrt{3}$だから，PO＝SO×$\sqrt{3}=\frac{8}{2}\times\sqrt{3}=4\sqrt{3}$　よって，△PST＝$\frac{1}{2}$×ST×PO＝$\frac{1}{2}\times8\times4\sqrt{3}=16\sqrt{3}$　線分UV，UO，VOを引くと，正三角形PSTは4つの合同な正三角形に分割される。以上より，求める斜線部の面積は，(正三角形PUVの面積)＋(正三角形OUVの面積)－(おうぎ形OUVの面積)＝(正三角形PSTの面積)÷2－(おうぎ形OUV)＝$16\sqrt{3}\div2-\pi\times4^2\times\frac{60°}{360°}=8\sqrt{3}-\frac{8}{3}\pi$

<英語解答>

1 《その1》 1　エ　2　ウ　3　イ　4　イ　《その2》 ウ　《その3》 1　ア　2　エ　3　ウ　4　(例)I want to visit Canada.

2 1　(1)　(例)Yes, they will(.)　(2)　(例)They will enjoy traditional Japanese music(.)　2　エ　3　イ　4　faster　5　ウ　6　(例)Do you have any pictures　7　is interesting for me to learn

3　1　ウ　2　<い>　3　cutting reeds　4　ア　5　エ　6　ウ　7　fields of reeds　8　(例)You can clean the beaches around Lake Biwa.

4　(例1)I like watching movies in a theater. When I go to the theater, I can enjoy the latest movie. Also, I can enjoy the powerful sound there.
(例2)I like watching movies at home. I can watch my favorite movies on the internet in my free time. Also, watching movies at home is cheaper.

<英語解説>

1　(リスニング)

放送台本の和訳は，42ページに掲載。

2　(読解問題・チラシ・スピーチ・会話文：英問英答，内容理解，タイトルの選択，適文選択，適語補充，並べかえ)

【チラシ】

(全訳)　国際学生交流イベント

多様な文化について学んだり，さまざまな国の人と交流したりしたいなら，私たちのイベントに参加してください。日本と海外出身の学生たちが英語で会話をして共に学びます。

日時：8月3日(土曜日)　場所：ミドリホテル　料金：2000円(昼食込み)　年齢：13～18歳

時間と主な活動：

時間	活動	時間	活動
9:00 a.m.	ミドリ駅出発	9:30 a.m.	ミドリホテルに到着
10:00 a.m.－11:00 a.m.	活動1：自己紹介をして交流する		
11:00 a.m.－12:00 p.m.	活動2：日本の伝統音楽を楽しむ		
12:00 p.m.－1:00 p.m.	ランチ休憩		
1:00 p.m.－2:30 p.m.	活動3：あなたの国の有名なことについてスピーチをする		
2:40 p.m.－4:00 p.m.	活動4：活動3のスピーチについて，意見を交換する		
4:30 p.m.	ミドリホテルを出発	5:00 p.m.	ミドリ駅到着

その他
・8月3日には8:50 a.m.までにミドリ駅に来てください。
・私たちはミドリ駅からミドリホテルまで一緒にバスに乗ります。
・活動3のためのスピーチをイベントまでに準備してください。
・このイベントに参加を希望する場合，7月31日までに私共のサイトで登録してください。

シガカンパニー　(ウェブサイトのアドレス)

※もし質問があれば，私たちに電話してください。(連絡先の電話番号)

1　(1)　(質問訳)このイベントで学生たちは英語で話しますか？　タイトル下の案内の2番目の文 Students ... talk and learn together in English. とあるので，Yes, they will. と答えればよい。　(2)　(質問訳)活動2で学生たちは何をしますか？　表のActivity 2 を見て答える。What will students ...の質問への答えなので，They will で始めることに注意。

2　ア　「学生たちがミドリ駅からミドリホテルまでバスで移動するには1時間かかる。」(×)　表を見ると，ミドリ駅からミドリホテルまでは30分で行けることがわかる。**<It takes ＋人＋時間＋ to ＋動詞の原形>「(人)が～するのに…(時間)かかる」**　イ　「このイベントは平日にシガカンパニーによって開催される。」(×)　weekdayには土日を含まない。日時を見ると，

Saturdayとあるので間違い。　ウ 「学生たちは自身のランチを持参する必要がある。」(×) 料金のところに「ランチが含まれる」とあるので間違い。　エ 「学生たちは自分のスピーチについて意見交換をすることができる。」(○) 活動4の訳参照。share ideasは exchange opinionsの言いかえ。

【ゆりさんの原稿】

(全訳) ①イ新幹線の進歩

Ⅰ あなたは日本で新幹線に乗ったことがありますか？　私は新幹線の写真を撮ることが好きです。私は，新幹線は日本の最もすばらしい発明の一つだと思います。最初の新幹線は1964年に走りました。それから新幹線がどのようにどのように進歩したかをみなさんに話したいと思います。

Ⅱ 第一に，今日の新幹線は最初の新幹線よりも速く走ります。もとは，人が大阪から東京まで移動するのに約4時間かかりました。今や，2時間20分しかかかりません。技術者たちはさらに②速い新幹線を作ろうと努力しています。

Ⅲ 第二に，最新の新幹線は最初のものより，1回の走行あたりの電力使用量が少ないのです。今日では，アルミニウムのようなもっと軽い素材が車体を作るのに使われていて，列車が電力を節約する助けになっています。

Ⅳ 加えて，新幹線はより多くの都市を結んでいます。電車のおかげで日本中をより簡単に旅行することができます。将来みなさんに新幹線に乗ってほしいなあと思います。

3 最初の段落Ⅰの最後の文で，このスピーチで何を話すかがはっきりと述べられているので，それに合うタイトルはイに決まる。 ア 「日本の新幹線技術者」　イ 「新幹線の進歩」　ウ 「さまざまな日本の発明」　エ 「最初の新幹線の技術」 I would like to tell youのあとに**間接疑問文**<疑問詞 how ＋主語(the Shinkansen train)＋動詞(has been improved)....>がある。

4 段落Ⅱのポイントは，その第1文で述べられている。今の新幹線は最初のものよりruns faster「より速く」走ると言っている。②の前にある**evenは比較級を強めて「さらに，いっそう」の意味**を加える。直前の文の内容からも，②に入るのはfasterが適当だとわかる。

【二人の会話】

(全訳) ジョン：ゆり，あなたのスピーチはとてもよかったよ。僕は先週東京から新幹線に乗って，車内のシートや床を清掃する従業員たちに感動したんだ。③ウ彼らは時間を全くむだにしなかった。だから，たった7分で仕事を完了したんだよ！

ゆり　：彼らはすばらしいわね。

ジョン：実際，日本を訪れた外国人の中には，ブログであの従業員たちについて書いている人たちがいるよ。

ゆり　：本当？　それを読みたいな。

ジョン：台湾にも高速列車があるよ。日本の新幹線にそっくりなんだ。

ゆり　：それを見たいと思うの。④あなたは写真を何枚か持っている？

ジョン：もちろん。僕のスマートフォンに何枚かあるよ。さあ，これだよ。

ゆり　：まあ，これはすてきな写真ね。色は違うけど，形は似ているわ。

ジョン：そのとおり。僕たちの高速列車を作るのに日本の新幹線の技術が使われたんだ。

ゆり　：まあ，私はそれを知らなかったわ。他の国々についてだけではなく自分の国についても⑤学ぶことは私にとっておもしろい。ここに来てよかった。

5 (選択肢訳) ア　彼らは休憩した。　イ　彼らには技能がなかった。　ウ　彼らは時間をむだにしなかった。 エ 彼らはゆっくりと働いた。

直後の文でcompleted their jobs in only seven minutes「たった7分で仕事を完了した」とあるので，ウが適当。

6 直前でゆりが「見たい」と言って，④のあとにジョンが「もちろん。スマートフォンにあるよ」と言っているので，④にはジョンが写真を持っているかどうかをたずねる文を入れると自然な会話になる。（例）Do you have any pictures?「あなたは何枚かの写真を持っていますか？」

7 ⑤の前に主語Itがあるので，カッコ内で動詞をさがすとisが見つかる。さらにforがあるので，**<It is ＋形容詞＋ for ＋人＋ to ＋動詞の原形>**「(人)にとって…するのは～だ」の文にする。It ⑤is interesting for me to learn「私にとって学ぶことはおもしろい」 **not only A, but also B**「Aばかりでなく，Bも」

3 **(長文読解問題・スピーチ・コメント：語句の選択挿入，英文の挿入，内容理解，語句の言い換え，英問英答)**

【優斗さんのスピーチ】

（全訳） みなさんはreedと呼ばれる植物について知っていますか？ 日本語ではヨシと呼ばれています。それは水中と陸上に生えます。琵琶湖の周りで見ることができます。季節が変わるにつれて，夏には緑色のヨシ，冬には茶色のヨシが見られます。これらのヨシと琵琶湖が一緒になって美しい景色を見せてくれます。今日は，僕がこの植物について学んだことをお伝えして，そして僕たちが琵琶湖の自然の美しさを一緒に守っていく必要があるということをお話ししたいと思います。

第一に，ヨシと人との歴史的な関係を話させてください。過去には，人々は日常生活で多くの方法でヨシを使っていました。＜い＞例えば，ヨシを使って建物の屋根を作りました。また，*すだれ*とか*障子*のような製品がとりわけ夏にとても人気がありました。ところが，プラスチック製品が普及して，より安い製品も輸入され始めました。①結果として，琵琶湖産のヨシの使用量が減りました。1992年に滋賀県は，ヨシの効果的な使用方法を人々が考えるのを奨励するために，いくつかのルールを作成しました。今日では，ヨシから作られたタオルのようなさまざまな新製品を目にします。ヨシクッキーのためのレシピを作成した人たちもいます！

1月に，僕はヨシの世話をするボランティア活動に参加しました。僕のグループにはたくさんの人たちがいました。琵琶湖に着いたとき，ヨシがとても背が高いことを知って驚きました。まず，グループリーダーの井上さんが僕たちにヨシについての情報を伝えました。春に野原で新しいヨシが生えやすくなるように，冬にはヨシを短く刈ることが必要だと教えてくれました。またヨシは水を浄化するということでした。そして，僕たちはヨシを刈り始めました。とてもたくさんあったので，②その仕事を終えるのに長い時間がかかりました。その後，僕たちはそれら(刈り取ったもの)を集めて干しました。簡単な作業ではありませんでしたが，一生懸命に働いた後，気持ちよく感じました。

活動の最後に，井上さんがヨシで作った笛を僕たちのために吹いてくれました。音色が美しかったです。その音楽をとても楽しく聴きました。彼はまたおみやげとしてヨシで作った紙をくださり，みんなが琵琶湖と自然の重要性を理解する必要があると話してくれました。この一枚の紙を見ると，僕は彼のメッセージを思い出します。

井上さんのような人たちのおかげで，琵琶湖の自然の美しさが守られています。今日もし誰もヨシの世話をしないなら，そのような美しい景色を③エ僕たちは楽しむことができないかもしれません。僕は来年もまた活動に参加したいと思います。将来の世代にこの美しい湖を渡すために，もっとたくさんの人たちが一緒に活動してくれるといいなあと思います。

【大和さんのコメント】
(全訳)　興味深いスピーチをありがとうございます。ヨシは琵琶湖の周りにすむ動物たちの家であることも知りました。琵琶湖博物館で，私はカヤネズミと呼ばれるかわいいネズミを見ました。それらはヨシの野原にすんでいます。人間の活動が④彼らの生息地を破壊してしまったので，そのネズミたちの数が減っています。これはまさに琵琶湖の環境問題の一つです。琵琶湖が今直面している環境問題はほかにもたくさんあります。私は琵琶湖の環境を守るために何かやりたいのですが，何をやるべきかわかりません。⑤私ができることを教えてください。

1　(選択肢訳)　ア　最初に　イ　さらに　ウ　結果として(○)　エ　ところで　①の直前の文で「プラスチック製品が普及して，より安い製品も輸入され始めた」とあり，①の直後では「琵琶湖のヨシの使用量が減った」とある。これは**原因と結果の関係**なので，①に入るのはウ。**as a result**「結果として」

2　for exampleは「例えば」の意味なので，「ヨシを使って建物の屋根を作った」ことは何の例なのかを考える。<あ>から<え>の各直前の文の内容を見ると，<い>の直前で「ヨシが日常生活で多様に使われていた」とあるので，屋根に使うというのはその1例だと考えてよい。よって<い>が正解。　**<make A with B(＝材料)>「AをBで作る」**

3　直前の文にwe started cutting reeds とあるので，cutting reeds「ヨシを刈ること」を指すとわかる。この**cuttingは動名詞**。

4　(選択肢訳)　ア　優斗はヨシがとても背が高いので驚いた。(○)　第3段落第3文の内容と一致。イ　ほんの少しの人がボランティア活動に参加した。(×)　第3段落第2文の内容と不一致。ウ　井上さんは優斗にヨシの笛を贈り物として渡した。(×)　本文に記述なし。　エ　優斗は春にボランティア活動に参加した。(×)　第3段落でIn Januaryとある。

5　③の前ではIf no one took care of the reeds today と，過去形tookが使われているが，これは過去の文ではなく**仮定法過去の文**である。**<If ＋主語＋動詞の過去形 ～，主語＋助動詞の過去形＋動詞の原形>「もし～すれば，…かもしれないのに」**が基本の形。この場合は主語がno oneなので「もし誰も～ないなら」と否定の意味になる。③には助動詞の過去形を使ったエ we couldn't enjoy「楽しむことができないかもしれない」が入る。

6　優斗のスピーチは5つの段落から成るので，各段落の要点をつかんで順序を考える。第1段落では，最初の文から，優斗がヨシと呼ばれている植物について話すことがわかる。The meaning of *Yoshi* についての話はスピーチにない。よって1 がIntroducing plants called reedsに決まる。そしてここで正解はウかエのどちらかに絞られる。2はウとエに共通で，第2段落の要点を述べているとわかる。そこで，第3段落を見ると，第1文で優斗がボランティア活動に参加したことが述べられている。よって，3がWhat Yuto experienced ... activityに決まる。よって，正解はウである。

7　④のtheir habitatsは「それらの生息地」の意味で，theirはカヤネズミのことを指す。直前の文でThey live in fields of reeds.「それらはヨシの野原にすんでいます」とあるので，この場合のカヤネズミのhabitatsはfields of reeds(3語)である。

8　下線部⑤に対する返答なので，7語以上という条件を守って，琵琶湖の環境を守るために自分ができそうなことを考えて書こう。
(解答例訳)　琵琶湖の周りの浜辺をきれいにすることができます。

4　**(条件英作文)**
【ジョーンズ先生の問いかけ】

（全訳） 私は家で映画を見ることが好きですが，友達は劇場で見ることが好きです。あなたはどうですか？

まず，問いかけの英文を参考にして「家で映画を見ること」と「劇場で映画を見ること」のどちらかを選んで書く。そしてその理由を考えて書くが，20語以上35語以内という条件がある。シンプルに書くことを考えよう。語数の条件を守らないと減点の対象になるので注意。

（解答例訳）（例1） 私は劇場で映画を見ることが好きです。劇場に行くと，最新の映画を楽しむことができます。またそこで迫力のある音を楽しむことができます。（例2） 私は家で映画を見ることが好きです。時間のある時にインターネットで好きな映画を見ることができます。また家で映画を見るほうが安いです。

2024年度英語　聞き取りテスト

〔放送台本〕

ただいまから，第1問の聞き取りテストを行います。問題は《その1》から《その3》まであります。聞いている間にメモをとってもかまいません。まず，《その1》から始めます。これから話される英語を聞いて，それぞれの後の質問に対する答えとして最も適当なものを，問題用紙に示されたアからエまでの中からそれぞれ1つ選びなさい。英語は，それぞれ2回放送します。それでは，始めます。

No.1 A: I really have to study math tonight. How about you, Ken?
B: Me, too. I also have to study science.
Question: What will Ken study tonight?

No.2 A: Hello. This is Jack. May I speak to Emma?
B: This is Kate. I'm her mother. She's out right now.
A: Can you tell her to call me when she comes back? She knows my phone number.
B: OK. I will do that.
Question: What will Emma's mother do?

No.3 A: Tom, it's already 9:00 p.m. Stop playing that game. You have lots of homework today.
B: I know, Mom, but this game is fun.
A: You have to stop it now. You have been playing it for two hours.
B: OK.
Question: What time did Tom start playing the game?

No.4 A: Mike, look at this graph I made. It's about the favorite school events of my classmates.
B: Let me see. The school festival is the most popular, and one quarter of students chose the school trip.
A: Right. Also, the sports day is not as popular as the field trip.
B: I thought it was the most popular.
Question: Which graph are they looking at?

〔英文の訳〕

No. 1 A：今夜は本当に数学を勉強しなければ。ケン，あなたはどう？

B：僕もだよ。理科も勉強しなければならない。
質問：ケンは今夜何を勉強しますか？
答え：エ

No. 2　A：もしもし，こちらはジャックです。エマさんはいらっしゃいますか？
B：こちらはケイトです。私は彼女の母親です。彼女は今出かけています。
A：戻ってきたら，僕に電話をするように伝えていただけますか？　彼女は僕の電話番号を知っています。
B：わかりました。そうします。
質問：エマの母親は何をしますか？
答え：ウ

No. 3　A：トム，もう9時よ。そのゲームをするのをやめて。今日はたくさんの宿題があるでしょ。
B：わかってるよ，ママ。でもこのゲームはおもしろいんだ。
A：もうやめなさい。あなたはそれを2時間ずっとやっているのよ。
B：わかったよ。
質問：トムは何時にゲームを始めましたか？
答え：イ

No. 4　A：マイク，私が作ったこのグラフを見て。私の同級生たちがいちばん好きな学校行事についてです。
B：見せて。学園祭がいちばん人気がある。そして4分の1の生徒が修学旅行を選んだね。
A：そうね。また，体育祭は遠足ほど人気がないわ。
B：僕はそれがいちばん人気があると思ったんだ。。
質問：彼らはどのグラフを見ていますか？
答え：イ

〔放送台本〕

次に，《その2》に入ります。ホワイト先生(Ms.White)は英語の授業で話をしています。ホワイト先生は何について話していますか。最も適当なものを，問題用紙に示されたアからエまでの中から1つ選びなさい。英語は，2回放送します。それでは，始めます。

Many people drink tea. What do you do with the tea leaves after drinking tea? Actually, they're useful. For example, you can use the tea leaves for cleaning some things. They can be used when you clean the tables or tatami mats. They don't have bad chemicals which damage the environment. Before wasting the tea leaves, think about ways to use them.

〔英文の訳〕

多くの人がお茶を飲みます。あなたはお茶を飲んだあと，茶葉をどうしますか？　実は，それらはとても役に立ちます。例えば，ものを掃除するために茶葉を使うことができます。あなたがたがテーブルやたたみを掃除するときに使うことができます。環境にダメージを与える有害な化学物質を含んでいません。茶葉を捨てる前に，それを使う方法について考えてください。

答え：ウ　お茶を淹れたあとの茶葉の使い方について

〔放送台本〕

次に，《その3》に入ります。友(Tomo)さんは，アメリカ合衆国のミシガン(Michigan)で過ごした夏休みの思い出について英語のブラウン先生(Mr.Brown)と話しています。放送を聞いて，会話の後の1から3までの質問に対する最も適当な答えを，問題用紙に示されたアからエまでの中からそれぞれ1つ選びなさい。また，あなたも二人と一緒に話しているとして，あなたなら最後の友さんの質問にどのように答えますか。友さんとブラウン先生のやり取りの内容をふまえて，4の解答欄に5語以上の英語で書きなさい。会話と質問は通して2回放送します。それでは，始めます。

A: Hi, Tomo. How was your summer vacation?

B: I visited Michigan and stayed with a host family.

A: What did you do there?

B: I visited a museum of cars with them. I learned Michigan has many car companies.

A: You're right. Michigan is famous for the car industry. One of the most famous car companies in the world started there in 1903. Did you visit other places?

B: I also visited Michigan Stadium to watch a football game.

A: Great. How was the game?

B: Well, I didn't know anything about football, but my host father explained the rules to me. So I enjoyed the game very much.

A: I'm glad that you had a good time. Do you know Michigan Stadium has a long history? It was built in 1927.

B: Wow, that's about one hundred years ago. Also, I was impressed with the size. I learned it's the largest football stadium in the U.S.

A: That's right. Because of the size, in the 1980s, people started calling it "The Big House."

B: That's interesting. I had such a great time there. Next time, I hope to go to different countries. Why don't you come with me? Which country do you want to visit?

Question 1: Where did Tomo visit in Michigan?

Question 2: What did Tomo's host father teach her?

Question 3: When was Michigan Stadium built?

〔英文の訳〕

A：こんにちは，トモさん。夏休みはどうでしたか？

B：ミシガンを訪れて，ホームステイをしました。

A：そこで何をしましたか？

B：彼ら(ホストファミリーの人たち)と自動車博物館に行きました。ミシガンにはたくさんの自動車工場があることを学びました。

A：その通りです。ミシガンは自動車産業で有名です。世界で最も有名な自動車企業の一つが1903年に起業しました。ほかの場所には行きましたか？

B：フットボールの試合を見るためにミシガンスタジアムにも行きました。

A：すごいですね。試合はどうでしたか？

B：えーと，私はフットボールについて何も知らなかったのですが，ホストファミリーのお父さんが私にルールを説明してくれました。だから，試合をすごく楽しめました。

A：あなたが楽しい時間を過ごせてよかったと思います。ミシガンスタジアムには長い歴史がある

　のを知っていますか？　1927年に建てられたんです。

B：わあ，約100年前ですね。私は大きさにも驚きました。アメリカでいちばん大きなフットボールスタジアムだと知りました。

A：そうです。サイズが理由で，1980年代にはみんなが「ビッグハウス」と呼び始めました。

B：それはおもしろいですね。私はそこでとても素晴らしい時間を過ごしました。次は違う国々に行きたいと思います。私と一緒に来ませんか？　先生はどの国に行きたいですか？

質問1：トモはミシガンでどこを訪れましたか？

答え　：ア　自動車博物館とフットボールスタジアム

質問2：トモのホストファザーは彼女に何を教えましたか？

答え　：エ　フットボールのルール

質問3：ミシガンスタジアムはいつ建てられましたか？

答え　：ウ　1927年

4：(例)私はカナダを訪れたいです。

＜理科解答＞

1　1　ウ，オ　2　胎生　3　外骨格でおおわれており，体とあしに節がある。　4　相同器官　5　長い年月をかけて遺伝子が変化をくり返し，それぞれの動物の生活する環境に適した形やはたらきをもつように進化したから。

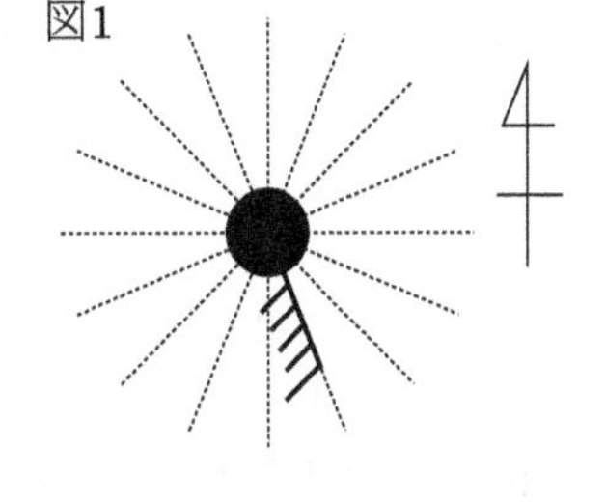

2　1　エ　2　ア　3　右図1　4　14時から16時の間に気圧が最も低くなり，台風が近づくまで東寄りの風が吹いていたから。　5　図4の太平洋上の高気圧は，図1の高気圧より日本列島を広くおおっているから。

3　1　比例　2　6〔N〕　3　右図2　4　10〔N〕　5　ばねばかりで引く力の基準線方向の分力が小さくなるため，ばねののびを同じにするためには，ばねばかりをより大きな力で引かないといけないから。

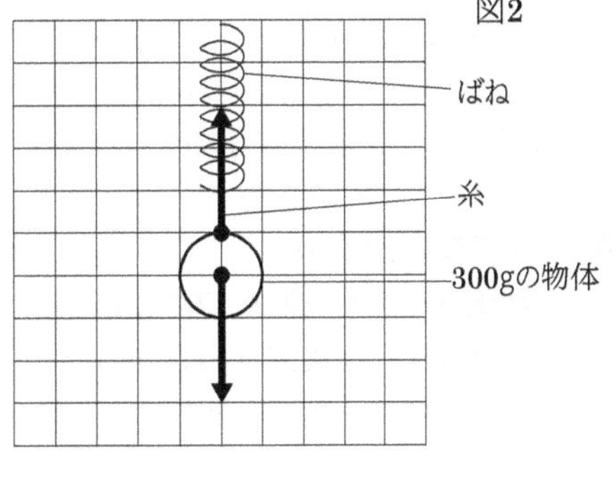

4　1　$2CuO+C \rightarrow 2Cu+CO_2$　2　みがくと，特有の光沢が出る性質。　3　加熱後の試験管に残った物質が，再び酸素と反応しないようにするため。　4　化学変化の前後で原子の組み合わせが変わっても，物質全体の質量は変わらないから。　5　(1)　イ　(2)　4.2〔g〕

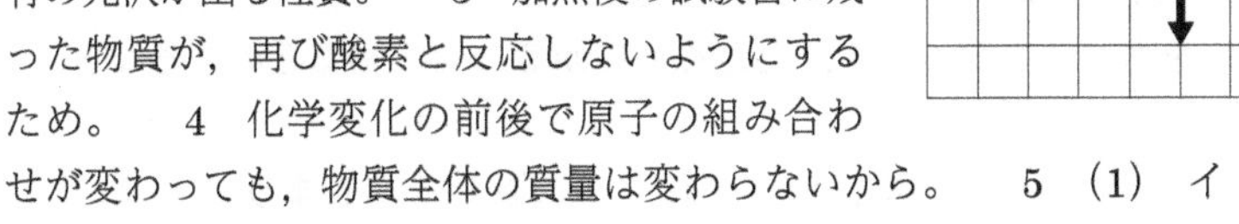

＜理科解説＞

1　(動物の分類と進化)

1　魚類と両生類を選ぶ。

2　卵をうまず，母体内である程度の大きさまで育てた子をうむような子のうまれ方を，**胎生**という。

3　昆虫類と甲殻類に分類される動物は，すべて体が**外骨格**でおおわれているため，体やあしに多数の節をもつ。

4　図の骨格は，基本的なつくりが似ている。このような器官は，もとは同じものであったと考えられている。

5　長い時間をかけて，生物の遺伝子の変化により生活の環境に適した変化が生じることで進化が起こる。

2　**(気象)**

1　等圧線は，**4hPaごと**に引かれている。地点Aは，1000hPaよりも等圧線3本分気圧が高いので，1000＋4×3＝1012〔hPa〕

2　**等圧線の間隔が狭くなる**ほど，風力が強い。

3　雨の天気記号は，●である。風向が南南東なので，風向を表す矢を南南東に立てる。

4　台風は発達した熱帯低気圧であるため，近づくにつれて気圧が下がり，中心に近づいたときに気圧が最も低くなる。

5　図4の日本付近は，図1よりも広く太平洋高気圧におおわれている。この高気圧の勢力が強いため，台風は日本付近に近づくことはない。

3　**(ばねの性質)**

1　ばねを引く力の大きさ(おもりの質量)とばねののびは比例する。これを，**フックの法則**という。

2　200g＝2Nより，おもり3個分では，2〔N〕×3＝6〔N〕

3　3N(3目盛り)の重力と，3Nでばねがおもりを引く力(3目盛り)を作図する。

4　となり合うばねばかり，または，ばねどうしがつくる**角度がそれぞれ120°**のとき，ばねばかりとばねに加わる力の大きさは等しくなる。よって，角度a＋角度b＝120°のとき，ばねばかりA，Bにそれぞれ加わる力の大きさが10Nなので，ばねがリングを引く力の大きさも10Nになる。

5　図4の角度が大きくなると，ばねばかりを同じ大きさの力で引いたとしても，基準線の方向にはたらく分力が小さくなるため，ばねが引く力のほうが大きくなり，リングは点Oに静止させることはできない。点Oの位置から動かないように角度を大きくするには，ばねばかりで引く力を大きくして，基準線方向の力の大きさを変えないようにする必要がある。

4　**(化学変化と質量)**

1　**酸化銅＋炭素→銅＋二酸化炭素**の化学変化が起こる。化学反応式は，矢印の左右で，原子の種類と数が等しくなるようにする。

2　金属には，金属光沢をもつ，電流を通す，たたくと広がる，引っ張るとのびるなど，共通した性質が見られる。

3　加熱直後の物質に酸素がふれると，還元された銅が，再び酸化してしまう。

4　化学変化の前後では，物質全体の質量の合計は変化しない。これを，**質量保存の法則**という。

5　(1)　0.3gの炭素と過不足なく反応する酸化銅の質量は，図2より4.0gである。よって，4.0gよりも多い5.0gの酸化銅を用いると，酸化銅4.0gは還元されて銅に変化するが，5.0－4.0＝1.0〔g〕の酸化銅は未反応のまま残る。　(2)　酸化銅5.0gのうち，4.0gの酸化銅は還元され，1.0gの酸化銅は未反応のまま残る。酸化銅4.0gと炭素粉末0.3gの混合物は反応後，1.1gの気体を発生するので，試験管に残った還元後の銅の質量は，4.0＋0.3－1.1＝3.2〔g〕　よって，未反応の酸化銅の質量を合わせると，加熱した試験管内に残った物質の質量の合計は，3.2＋1.0＝4.2〔g〕

＜社会解答＞

1　1 エ　2 (1) ウ　(2) 輪作　3 イ　4 (1) カ　(2) ブラジルの1965年 イ　ブラジルの2017年 エ　5 (1) ア　(2) (例)大豆油や飼料にするために，大豆の需要が高まり，輸入量が増えていった

2　1 エ　2 イ　3 ア　4 記号 ウ　正しい語句 管領　5 ウ　6 (1) 天守[天守閣]　(2) (例)びわ湖の近く　7 イ　8 (1) (例)中央に権限を集中した国家をめざす政府の方針により，藩の独自の支配から，政府による全国で統一した政治に変わった。　(2) ア→ウ→イ

3　1 (1) 民主主義の学校　(2) エ　2 (1) ウ　(2) ① オ　② イ　③ ア　(3) イ　3 (1) ウ　(2) エ　(3) (例)環境に配慮した商品を選んで購入すること

＜社会解説＞

1　(地理的分野—日本—農林水産業，世界—産業，交通・貿易)

1　資料2から，世界の大豆の生産上位3か国がブラジル，アメリカ合衆国，アルゼンチンであることが読み取れる。　ア　国内の大豆の生産上位5道県の生産割合の合計は64.2%。　イ　資料1中の東北地方の3県のうち，**宮城県**は太平洋岸に位置し，日本海には面していない。　ウ　世界の大豆の生産量が37169万t，国内の大豆の生産量が246500tなので，1%に満たない。

2　(1)　十勝川が流れる十勝平野では，畑作の他に酪農もさかん。　(2)　同じ作物を植え続けると，土から特定の栄養分が失われて生育が悪くなる連作障害が発生することがある。

3　**畜産**の割合が高いAが北海道，**果実**の割合が高いBが青森県，**米**の割合が高いCが秋田県と判断する。

4　(1)　国土の周りを海に囲まれた島国である日本は，国土面積に対する排他的経済水域の割合が大きくなる。ブラジルとアメリカ合衆国を比較したとき，ブラジルは国土の東側しか海に面していないが，アメリカ合衆国はアラスカ州やハワイ州，本土の東西など，海に面している地域が多い。　(2)　ブラジルは**コーヒー豆**や**大豆**，**鉄鉱石**の生産や産出・輸出がさかんで，近年の**経済発展が著しいBRICs**の一つに数えられていることから判断する。アがアメリカの2017年，ウがアメリカの1965年。

5　(1)　資料1から，ブラジルにおける大豆の生産量・輸出量ともに増加していることが読み取れる。　(2)　資料6から，大豆における中国の輸入量の増加が読み取れ，中国国内で大豆の需要が高まったことがわかる。この理由を，資料7から読み取れる中国の大豆油，牛肉，ぶた肉の生産量が増加したことを関連付けて記述する。

2　(歴史的分野—日本史—時代別—古墳時代から平安時代，鎌倉・室町時代，安土桃山・江戸時代，明治時代から現代，日本史—テーマ別—政治・法律，経済・社会・技術，文化・宗教・教育，世界史—政治・社会・経済史)

1　おもに鎌倉・室町時代が中世，安土桃山・江戸時代が近世，明治時代から太平洋戦争までが近代に区分される。

2　古墳時代の頃の朝鮮半島には3つの国と南部の伽耶(加羅，任那)地方が存在した。アが17世紀，ウが19世紀，エが紀元前3世紀のできごと。

3　**国司は中央の貴族**が任命されて任地におもむき，郡司や里長は国司が地方豪族の中から任命した。
4　老中は，江戸幕府の政治を行う常設の最高職。
5　資料1は『朝倉孝景条々』。資料中の「**一乗谷**」は，**越前**(現在の福井県)の戦国大名である朝倉氏の本拠地。
6　(1)　ノート1中の「城の真ん中には塔があり」「安土城」などから判断する。　(2)　琵琶(びわ)湖は古代から交通の要衝とされ，湖周辺の都市に幹線道路の起点や終点がおかれた(江戸時代の東海道，中山道など)。
7　資料4やメモ中の「建物や水路が計画的に配置された都市」などから**インダス文明**と判断する。アが中国文明，ウがメソポタミア文明，エがエジプト文明の場所。
8　(1)　江戸時代の，地方の大名に独立した権力が与えられて**地方分権**が実現していた状態から，明治時代の「県令が政府から派遣され」(略年表)，「政策や法令がばらばらになることがないように」(資料5)**中央集権**化が進められたという変化について述べる。　(2)　アが1947年，イが1983年，ウが1964年のできごと。イに関しては，**日中平和友好条約締結(1978年)以後**と考える。

[3]　(公民的分野―憲法・基本的人権，国の政治の仕組み・裁判，地方自治，財政・消費生活)
1　(1)　イギリス人ブライスの言葉による。　(2)　プライバシーの権利は**個人情報保護法**により保障されている。アは請求権，イ・ウは社会権に分類される。
2　(1)　地方公共団体の首長は，住民による直接選挙で選ばれる。　(2)　資料3には，内閣または国会議員から提出された法案が，衆議院の委員会(必要な場合は公聴会も)を経て衆議院の本会議で可決後，参議院の委員会(必要な場合は公聴会も)を経て参議院の本会議で可決され，内閣の助言と承認によって天皇が法律として公布するまでの流れが示されている。　(3)　予算の議決において，衆議院には**先議権**が与えられている。　ア　弾劾裁判は参議院も行う。　ウ　天皇の国事行為に対して助言と承認を与えるのは**内閣**。　エ　法律などの**違憲審査**を行うのは**裁判所**。
3　(1)　国から支払われ，使いみちが特定される財源とは**国庫支出金**のこと。　ア　地方税が6551(億円)×30.5(%)＝約1998(億円)，国庫支出金が6551(億円)×21.7(%)＝約1422(億円)なので，その差は約576億円。　イ　相続税は**直接税**で**国税**。　エ　地方債は，地方公共団体が行う借金を指す。　(2)　資料5のようなしくみを**累進課税**という。所得が600万円の人の所得税の割合は，資料5より20%であることが読み取れるので，消費税額は600(万円)×20(%)＝120(万円)。
(3)　資料6やノートには**リデュース**に関する取り組みが挙げられ，また，リユース，リサイクルなどの語句やマークも見られることから**循環型社会**の形成に必要な**3R**の具体的な取り組みの一例がグリーン購入であることが考えられる。

＜国語解答＞

一　1　エ　2　対象個体～のだろう　3　イ　4　(例)チンパンジーが十分に鏡像自己認知ができたと考えられる状態を作り出すため。　5　(例)鏡の中の他個体がいると認識すれば鏡を触るはずだが，実験前は鏡を知らないチンパンジーが，迷うことなく，一匹残らず鏡を見て自分の額の印に触れ，自分の指についた赤いものを調べようとしているから。

二　1　(例)「風光る」は春の輝く日差しを表現するのに対して，「風冴ゆる」は冬の大気の冷たさを表現する点。　2　切れ字　3　夏　4　エ　4　先生から「心が変われば行動が変わる，行動が変われば習慣が変わる，習慣が変われば人格が変わる，人格が変われば運命が変わる」という言葉を聞いた。私は，運命は変えられないものだと思っていたが，心の変化によって運命も変えられることを知った。以来，私は自分の心の変化に向き合うようになった。

三　1　①　胃腸　②　裁判　③　幕　④　修(める)　⑤　製品　2　①　たいせき　②　こうけん　③　しずく　④　した(う)　⑤　あいまい　3　①　ウ　②　イ　4　①　幸くあれ　②　においける　③　ア

＜国語解説＞

一　(説明文－内容吟味，文脈把握，文章構成，脱語補充，熟語，短文作成)

1 「試行錯誤」とは**何回もやってみて，失敗を重ねながら**も段々と目的にせまるという方法。チンパンジーが他の箇所を触ることなく，額の印を触ったなら，鏡像を自分自身だと理解したということになる。

2 「擬人化」とは，**人間でないものを人間に見立てて表現すること**。「鏡の姿が」から始まる段落に，人間であれば質疑応答によって認知の検証は可能であるが，動物の場合は動きや反応から判断するしかなく，感情を推測するのでは説得力に欠け，非科学的であるとする。

3 「チンパンジーにはじめて」から始まる段落に，最初，「彼らは鏡の中に知らないチンパンジーがいるかのような威嚇や攻撃的な振る舞いをする」とあるが，しばらくして「鏡に向かって腕を振ったり体を揺すったり」する。その後，「鏡に向かって自分の口を開いて中を調べたり，普段は見えない股間などを調べたりする」とある。

4 「ギャラップ教授は」から始まる段落に，チンパンジー四個体全てに対して，自身の鏡像を見せた。最初は攻撃的であったものの，「やがてどうやら自分だと認識できるようになったようだ。鏡を覗き込んで自分を観察している」とあることから，各々が，鏡に映るものが自身のことと認識できる環境を作り出したのである。

5 ギャラップ教授の実験は，鏡像に映る姿をチンパンジーが自己認知できるかというものであった。額に印をつけたチンパンジーが，鏡を見た後に自分の額に触れれば自己認知できたということになる。**逆に，自己認知できなかった場合は，自分の額ではなく鏡像に映る印を触ることになる**。結果としては，「さらに」から始まる段落に，「触った指先をじっと見つめて鼻に近づけ，指についた印の匂いまで嗅ごうとした。これは，自分の額に赤い何かがついており，それを擦って指についた赤いものが何かを調べているのである」とあり，チンパンジーは鏡像に映る自身の姿を認知することができたということである。

二　(随筆－内容吟味，脱文・脱語補充，作文(課題)，その他，表現技法，俳句)

1 「たとえば」から始まる段落に，「春の季語である『風光る』もその一つでした。輝く日差しに，見えるはずのない風までまばゆく感じる，春の光量を言いとめた季語です。(中略)冬は『風冴ゆる』。大気が澄んでさえざえと吹き渡る風」とそれぞれの言葉の意味について説明している。

2 空欄［ I ］の後に，例で出されている俳句は「尋ねけり」の「けり」や，「万緑の中や」の「や」と**切れ字**が用いられている。

3 「麦秋」は**麦を収穫する季節，初夏の頃**を表すので，夏の季語となっている。

4 「解像度」とは，画像を構成する点の密度を示す数値のこと。解像度が上がれば画素が増え，画像がよりきめ細かになる。つまり，**俳句の季語が自身のことと関連する時，現実の世界がより**

明瞭となって，細やかなものまで見ることできると筆者は述べている。

5　人から聞いたり本を読んだりして知った言葉を通して，ものごとの見方や考え方が変わった経験について，明確に書こう。【本の一部】や【話し合いの一部】では，俳句，歳時記が扱われているので，それ以外の事柄にしよう。また「条件1」にあるように，どのような言葉であったのか，またその言葉とどのような場面で出会ったのか，さらにその言葉を知ったことで自身にどのような変化があったのかを具体的にしつつ，制限字数に気をつけて書こう。

三　(漢字の読み書き，論説文－接続語の問題，脱語補充，古文，和歌－大意，文脈把握，仮名遣い)

1　①「胃腸薬」とは，胃および腸の疾患の治療や，症状の緩和に用いられる医薬品。　②「裁判所」とは，裁判官によって構成され司法権を行使する国家機関，及びその庁舎。③「幕が開く」とは，芝居などが始まること。転じて，物事が始まることをいう。　④「修める」とは，ここでは学問・技芸などを，学んで身につけること。　⑤「新製品」とは，新たに作られた商品のこと。

2　①「堆積」とは，幾重にも高く積み重なること。　②「貢献」とは，ある物事や社会のために役立つように尽力すること。③「滴」とは，したたり落ちる，液体の粒のこと。④「慕う」とは，恋しく思うこと。⑤「曖昧」とは，ここでは態度や物事がはっきりしないこと。

3　①「つまり」は前に述べた事柄を言い換えるような場合に用いられるので，話題転換の意味はない。　②「このやりとりで」から始まる段落に，「子どもに模倣することを促している」「母親が子どものことばにたえず注意を向けて」とあることに注目する。子どもの言葉に片時も目を背けることなく注視しているからこそ，間をおかずに「すかさず」，コップを指さすことができたのである。

4　①【和歌A】を現代語訳すると，「父母が私の頭をなでながら口にした，『幸せでいて』という言葉が頭から忘れられないのです」となる。　②　語頭と助詞以外の「は・ひ・ふ・へ・ほ」は，「わ・い・う・え・お」に置き換える。　③【和歌A】は，防人に行くことになった子どもを，父母が「幸せでいて」と言って送り出す場面を回想したものである。防人として九州へ赴いた際，故郷にいる父母のことを思う子が詠んだ歌である。【和歌B】を現代語訳すると，「他の人の心はよく分かりませんが，この里の梅の花は，昔のままの香りを匂わせていることよ」である。この歌が収録されている『古今和歌集』の詞書には，「久しぶりに長谷寺へ行った際，途中でなじみの家に立ち寄った。するとその家の主が『このように宿はありますのに(あなたは長い間おいでにならなかったですね)』と皮肉を込めて話しかけてきたので，そこに咲いていた梅を一枝折って詠んだ歌である」という旨が記されている。よって，人の心と自然物である梅を対比させつつ，「梅と同じように私の気持ちも変わっていませんよ」という自身の意図も合わせて表現している。

滋賀県公立高等学校

2023年度

★★★★★★★★★★★★★★★★★★★★★★★

入　試　問　題

2023年度

●くわしい解説……37ページ

＜数学＞

時間　50分　　満点　100点

【注意】 1　解答は，最も簡単な形で表し，全て解答用紙に記入しなさい。
2　答えに根号が含まれる場合は，根号を用いた形で表しなさい。
3　円周率はπとします。

1　次の(1)から(9)までの各問いに答えなさい。

(1)　$13+3\times(-2)$ を計算しなさい。

(2)　$\frac{1}{3}a-\frac{5}{4}a$　を計算しなさい。

(3)　次の等式を［　］内の文字について解きなさい。
$3x+7y=21$　［x］

(4)　次の連立方程式を解きなさい。
$2x+y=5x+3y=-1$

(5)　$\frac{9}{\sqrt{3}}-\sqrt{12}$　を計算しなさい。

(6)　次の式を因数分解しなさい。
$x^2-2x-24$

(7)　右の図の△ABCは，辺AB，BC，CAの長さがそれぞれ5，3，4の直角三角形です。この三角形を，直線ℓを軸として1回転させてできる回転体の体積を求めなさい。ただし，辺BCとℓは垂直である。

図

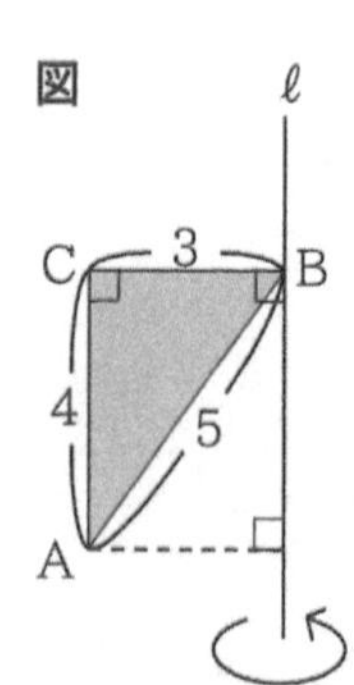

(8)　下のデータは，ある生徒12人の先月読んだ本の冊数を調べ，冊数が少ない順に並べたものです。第3四分位数を求めなさい。

データ

1	2	3	3	4	5	5	6	8	10	10	12

（冊）

(9)　3枚の硬貨を同時に投げるとき，2枚以上裏となる確率を求めなさい。ただし，硬貨は，表と裏のどちらが出ることも同様に確からしいとする。

2　紙でふたのない容器をつくるとき，次の(1)から(4)までの各問いに答えなさい。ただし，紙の厚さは考えないものとする。

(1)　**図1**は正三角柱です。底面にあたる正三角形ＤＥＦの１辺の長さを$10\sqrt{2}$cm，辺ＡＤの長さを10cmとする容器をつくります。**図2**の線分の長さを10cmとするとき，底面にあたる正三角形ＤＥＦをコンパスと定規を使って作図しなさい。ただし，作図に使った線は消さないこと。

図1　　**図2**

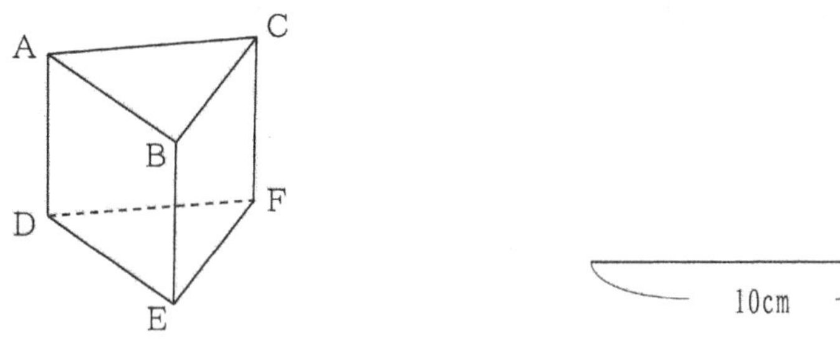

(2)　**図3**のような紙コップを参考に，容器をつくります。紙コップをひらいたら，**図4**のような展開図になります。**図4**において，側面にあたる辺ＡＢと辺Ａ′Ｂ′をそれぞれ延ばし，交わった点をＯとすると，弧ＢＢ′，線分ＯＢ，線分ＯＢ′で囲まれる図形が中心角45°のおうぎ形になります。このとき，弧ＡＡ′の長さを求めなさい。

図3　　**図4**

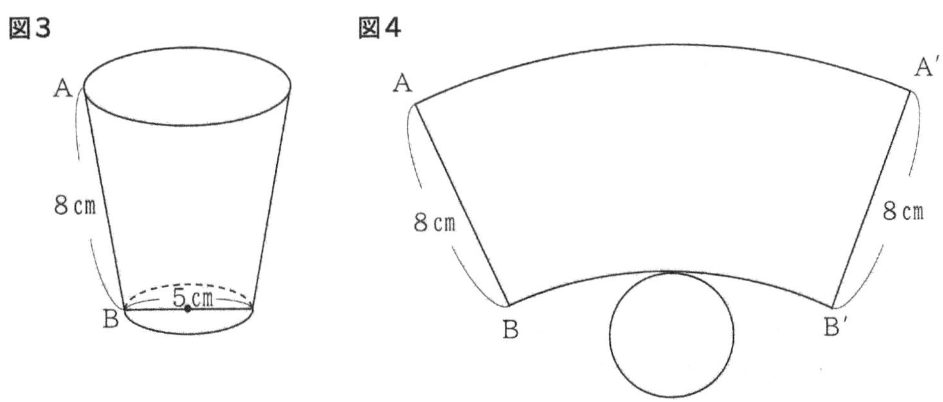

(3)　**図5**のような，長方形の紙があります。この紙の４すみから，**図6**のように１辺が，$x$cmの正方形を切り取り，縦の長さを８cm，横の長さを12cmの長方形を底面とする**図7**のような直方体をつくります。**図5**の長方形の紙の面積と，**図6**の斜線部の長方形の面積の比が，２：１になるとき，xの長さを求めなさい。ただし，xの長さを求めるために方程式をつくり，答えを求めるまでの過程も書きなさい。　（**図5**，**図6**，**図7**は次のページにあります。）

図5

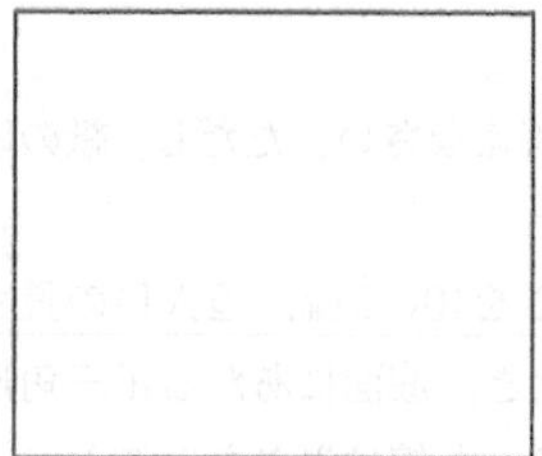

図6

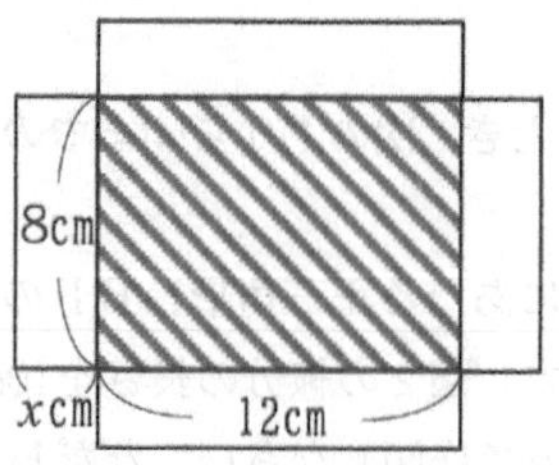

図7

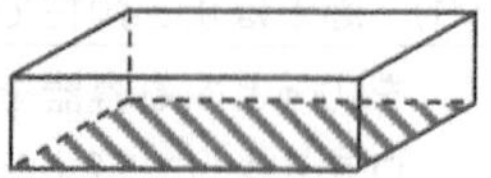

(4) 図8は容器の展開図です。辺AB，ICの長さは，それぞれ6cm，12cmとします。また，DC＝DE＝DG＝DI＝HF，GF＝GH，AI＝HI＝BC＝FE，CG⊥HF，CG⊥IE，AB//ICとします。この展開図を組み立てたとき，辺ABとねじれの位置にある辺をすべて答えなさい。ただし，組み立てたときに重なる辺は，どちらか一方の辺を書くこととします。

図8

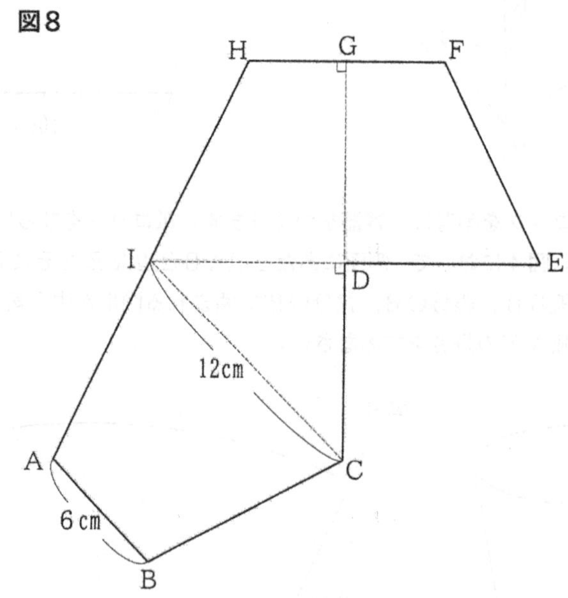

3 yがxの2乗に比例する関数について考えます。次のページの図において，①は関数$y=2x^2$，②は$y=-x^2$のグラフです。点Pはx軸上にあり，点Pのx座標をt（$t>0$）とします。点Pを通り，y軸に平行な直線と①，②のグラフが交わる点を，それぞれA，Bとします。また，y軸について点Aと対称な点をCとします。後の(1)から(4)までの各問いに答えなさい。

(1) 関数$y=-x^2$について，xの値が1から3まで増加するときの変化の割合を求めなさい。

(2) 関数$y=ax^2$のグラフが点（2，2）を通るとき，aの値を求めなさい。また，この関数のグラフをかきなさい。

(3) AB＋ACの長さが1になるときのtの値を求めなさい。

(4)　xの変域が$-1 \leqq x \leqq 3$のとき，関数$y = 2x^2$と$y = bx + c$（$b < 0$）のyの変域が等しくなります。このとき，b，cの値を求めなさい。

図

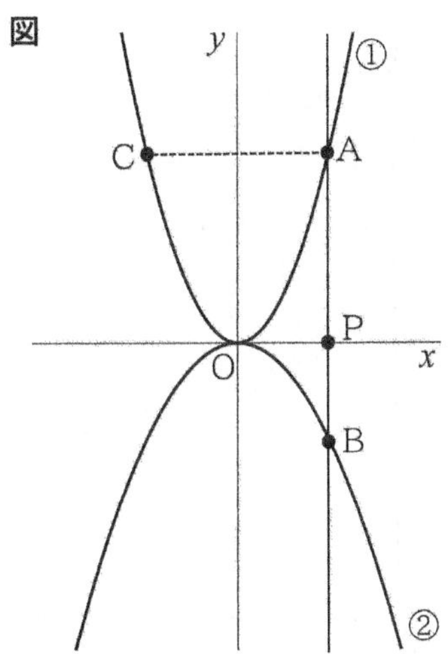

4　∠C＝90°の直角三角形ＡＢＣについて，次の(1)，(2)の各問いに答えなさい。

(1)　**図１**のように，∠Ｂの二等分線と辺ＡＣの交点をＤとするとき，ＢＡ：ＢＣ＝ＡＤ：ＤＣが成り立つことを証明します。**図２**のように，点Ｃを通りＤＢに平行な直線と，辺ＡＢを延長した直線との交点をＥとします。**図２**を使って，ＢＡ：ＢＣ＝ＡＤ：ＤＣを証明しなさい。

図１　　**図２**

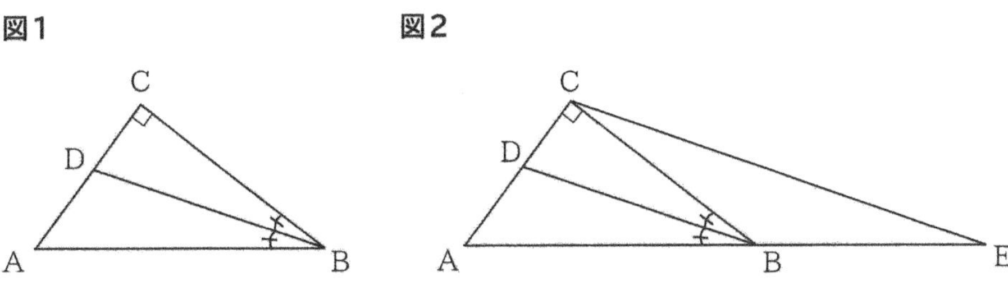

(2)　直角三角形ＡＢＣの辺ＡＢ，ＣＡの長さをそれぞれ10，５とします。後の①，②の各問いに答えなさい。

①　**図３**のように，辺ＡＢの垂直二等分線をひき，辺ＡＢ，ＢＣとの交点をそれぞれM，Ｎとします。このとき，△ＡＢＣと△ＮＢMの面積比を求めなさい。

図３

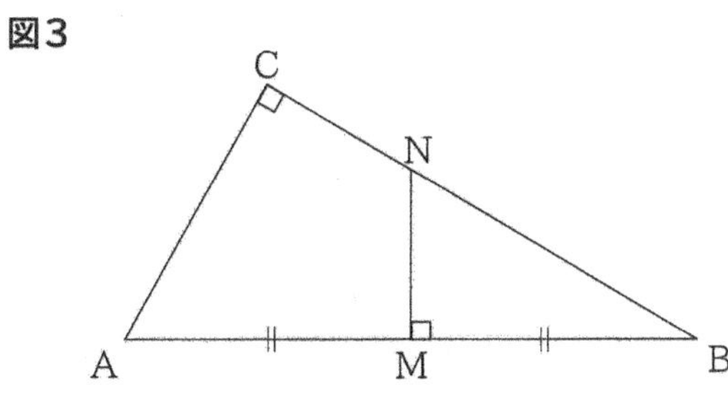

② 図４のように，直角三角形ＡＢＣを頂点Ａを中心に90°回転させます。このとき，辺ＢＣが通過したときにできる斜線部の面積を求めなさい。

図４

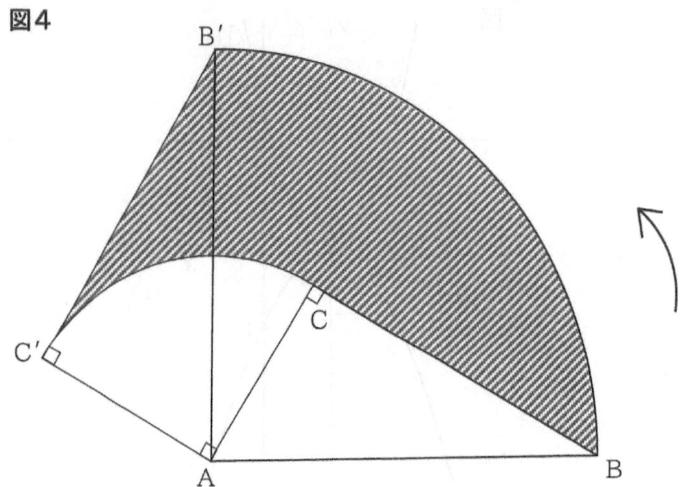

＜英語＞

時間　50分　　満点　100点

1 放送を聞いて答えなさい。

《その1》 話される英語を聞いて，それぞれの後の質問に対する答えとして最も適当なものを，アからエまでの中からそれぞれ1つ選びなさい。

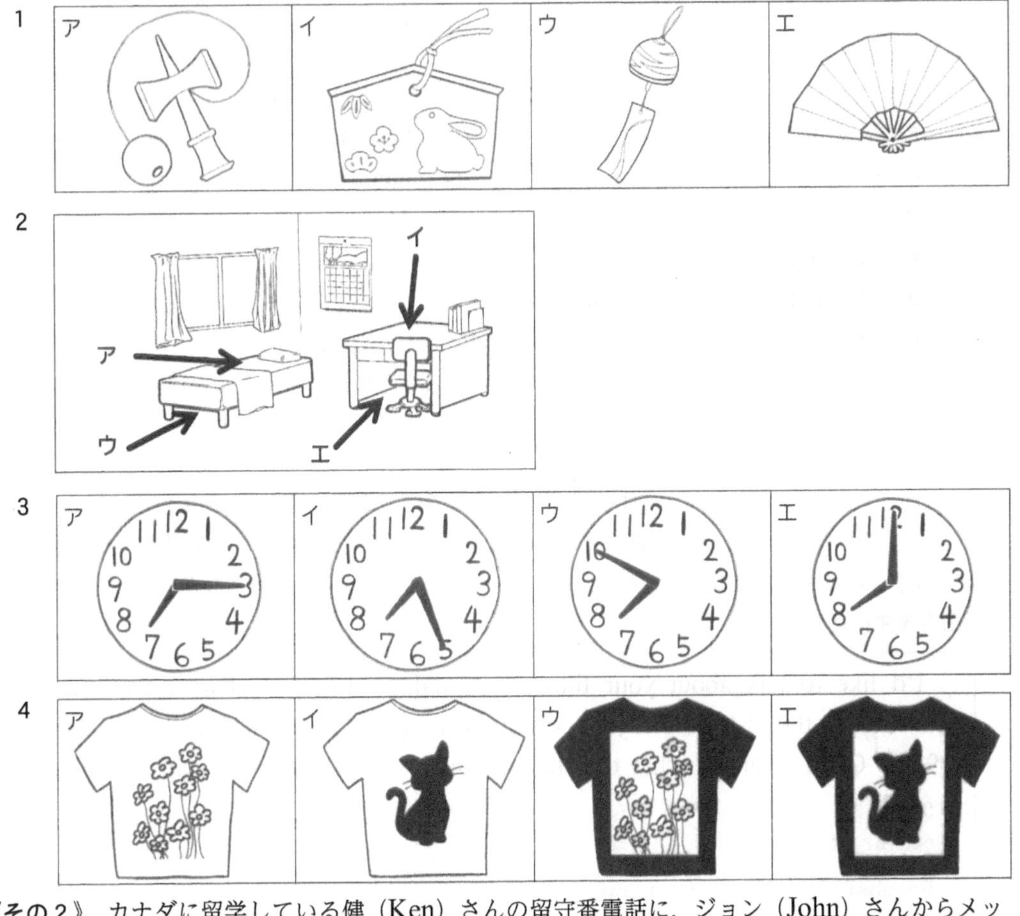

《その2》 カナダに留学している健（Ken）さんの留守番電話に，ジョン（John）さんからメッセージが入っていました。ジョンさんが健さんに伝えたいことは何ですか。最も適当なものを，アからエまでの中から1つ選びなさい。

ア To practice baseball.　　イ To join the game.

ウ To teach baseball.　　エ To buy a ticket for the game.

《その3》 高校に入学した香菜（Kana）さんは，アメリカ合衆国からの留学生であるトム（Tom）さんとどの部活動に入るかを話しています。放送を聞いて，会話の後の1から3までの質問に対する最も適当な答えを，アからエまでの中からそれぞれ1つ選びなさい。

また，あなたも二人と一緒に話しているとして，あなたなら最後の香菜さんの質問にどのように答えますか。香菜さんとトムさんのやり取りの内容をふまえて，4の解答欄に5語以上の英語で書きなさい。

1　ア　Yes, he is.　　イ　No, he isn't.　　ウ　Yes, he does.　　エ　No, he doesn't.

2　ア　One.　　イ　Two.　　ウ　Three.　　エ　Four.

3　ア　She will make a lot of friends.
　　イ　She will watch more club activities.
　　ウ　She will sing songs with Tom.
　　エ　She will practice hard to sing better.

4　あなたも二人と一緒に話しているとして，あなたなら最後の香菜さんの質問にどのように答えますか。香菜さんとトムさんのやり取りの内容をふまえて，５語以上の英語で書きなさい。

2　七海 (Nanami) さんと翔太 (Shota) さんの学級では，英語の授業で，田中先生 (Mr. Tanaka) が次の話をしました。また，翌週の授業で，七海さんが発表をしました。**【田中先生の話】【二人の会話】【七海さんの発表】**を読んで，後の１から７までの各問いに答えなさい。

【田中先生の話】

I'd like to talk about your future jobs today. Look at chart 1 and chart 2. Chart 1 is the list of the jobs which were popular about fifty years ago, in 1970. Chart 2 shows what the students in this class want to be in the future.

<Chart 1>
Popular Jobs in 1970

Baseball Player	Cartoonist
Doctor	Engineer
Fashion Designer	Flight Attendant
Nurse	Pilot
Scientist	Teacher

<Chart 2>
What Do You Want to Be in the Future?

Job	Number of Students
Programmer	5
Illustrator	4
Doctor	4
Game Designer	3
Nurse	3
Athlete	2
Hairstylist	2
Teacher	2
Dancer	1
Fashion Designer	1
Engineer	1
Voice Actor	1
Writer	1
Not Decided Yet	5
Total	35

What do these charts show us? Doctor and nurse are popular in both chart 1 and chart 2, but there are jobs which you can find only in chart 1 or in chart 2. It means that different jobs are popular in different times. Future generations may have different dreams.

According to chart 2, programmer is the most popular job in this class. Illustrator is as popular as doctor. You should make efforts to make your great dreams true.

Some students haven't decided their dreams yet. That's not a problem. You still have many things that you haven't experienced. Your dream may change if you have new experiences. So, it is important to learn more.

Now, your task is to interview a person who has a job and write a report. You have to ask questions about the job, such as "Why have you chosen your job?" You'll make a presentation next week. I'm looking forward to it.

（注） programmer：プログラマー　illustrator：イラストレーター

1 **【田中先生の話】**の内容として合っているものを，次の**ア**から**カ**までの中から２つ選びなさい。

ア Mr. Tanaka will ask students about their dreams in the next lesson,
イ Hairstylist is popular in both chart 1 and chart 2.
ウ Some popular jobs in 1970 are related to airplanes.
エ All the students in the class have decided their future jobs.
オ Mr. Tanaka believes that new experiences may change dreams.
カ Students should interview each other about their dreams by next week.

田中先生の話を聞いて，七海さんと翔太さんが話しました。

【二人の会話】

Nanami: Shota, have you decided your goal?
Shota: Yes. I want to be a nurse.
Nanami: Why do you want to be a nurse?
Shota: When I was a child, I had an operation. While I was in the hospital, I felt lonely and sometimes cried. Then, a nurse came to talk to me, and I felt relieved. I'll never forget his (①), and I want to be a nurse like him.
Nanami: That's wonderful.
Shota: How about you?
Nanami: I haven't found my goal yet. I ②【 find / how / it / to / wonder 】.
Shota: You can find your dream if you learn about people's experiences. (③) will you interview?
Nanami: Well, I will ask my father. He is a police officer, but I don't know why he wanted to be one. I want to know more about his job.

Shota: You may find some hints for your dream. Good luck!

2 (①) に入る語として最も適当なものを，次のアからエまでの中から１つ選びなさい。

ア happiness

イ information

ウ innovation

エ kindness

3 ②【 】内の語を，意味が通るように並べかえなさい。

4 (③) に入る適当な英語１語を書きなさい。

七海さんは，翌週の授業で発表をしました。

【七海さんの発表】

Hello, everyone. I interviewed my father. My father has been a police officer for twenty-five years, but I didn't know why he chose this job.

He said to me, "I feel happy when I can help people who need help. I do this job (④) their smiles always make me happy."

When I said to him, "I haven't found my dream,"he gave some advice to me. "You should get more knowledge, and you can imagine many things. It will give you more choices for your future."

I haven't decided what I will do, but, like my father, I want to help people who need help. I will [⑤] to find my dream. Now, I'm so excited to find a way to my dream. Thank you.

(注) choice(s)：選択肢

5 **【七海さんの発表】**について，次の質問に対する答えになるように，( ) に入る適当な英語を，３語以上で書きなさい。

How long has Nanami's father worked as a police officer?

→ ( ).

6 (④) に入る語として最も適当なものを，次のアからエまでの中から１つ選びなさい。

ア because

イ before

ウ if

エ though

7 [⑤] に入る適当な英語を，３語以上で書きなさい。

3 英語のホワイト先生 (Mr.White) が，授業で次の話をしました。話を聞いた葵 (Aoi) さんは，ホワイト先生の話についてコメントを書きました。**【ホワイト先生の話】【葵さんのコメント】**を読んで，後の１から６までの各問いに答えなさい。

【ホワイト先生の話】

Hello, everyone. What do you do on weekends? Do you play sports? Do you watch TV? I enjoy slow trips by bike. I am interested in local history, so I travel around many places in Shiga.

When I travel by bike, I sometimes experience interesting things. Now, I will talk about one of my experiences. Last month, I rode a bike to visit a small town. During the trip, I enjoyed the sight of mountains, rivers, and the town. They were beautiful. When I was going home, I found an old shrine and stopped to see it. When I was looking at it, two people came and talked to me. They have lived near the shrine for more than sixty years. They told me about the history of the shrine and the town. I was happy to hear the story from the local people. It was a wonderful trip.

Through trips like this, I have found that traveling by bike has some good points. First, we can enjoy slow trips. When we find something interesting, we can easily stop and experience it. If you are lucky like me, you can [①] during your trip. You can learn something new about local towns by talking with them. Second, using bikes is good for the environment. When I was riding a bike last month, I enjoyed beautiful nature. To protect such beautiful nature, I think bikes are good because they don't produce carbon dioxide, CO_2.

By the way, do you know there are interesting services and events for cyclists in Shiga? For example, some areas have maps for cyclists. Some of the maps have information and pictures about popular spots and various routes for cyclists, and they show us how long it takes to reach each place. They are useful when we make plans for trips. (②), some areas have events like tours by bike. On some of these tours, we can travel around local towns and cities with a tour guide. The tour guide explains the places that we visit. These services and events make traveling by bike more exciting.

I hope you will [③] someday.

（注） cyclist(s)：自転車に乗る人　　route(s)：ルート，道筋

【葵さんのコメント】

Slow trips by bike sound interesting. I want to try them with my friends someday. I see some cyclists like you in my town. I hope my town will become more comfortable for cyclists. When I heard your story, I remembered Amsterdam. I heard that the city has more bikes than people and many bikes are used in daily life. The city is safe for cyclists. For example, there are roads for riding bikes, and people cannot drive cars there. Thanks to these roads, cyclists can travel safely. That is an interesting idea. I hope we can get more ideas from other cities.

(注) Amsterdam：アムステルダム（オランダの首都）

1 【ホワイト先生の話】について，次の(1)，(2)の質問に対する答えになるように，（ ）に入る適当な英語を，２語以上で書きなさい。

(1) Why does Mr. White travel around Shiga?
→ (　　　　　　　　　　　　　).

(2) Did Mr. White enjoy seeing mountains during his trip last month?
→ (　　　　　　　　　　　　　).

2 [①] に入る最も適当なものを，次のアからエまでの中から１つ選びなさい。

ア travel to shrines quickly　イ find small shrines
ウ tell local people about the history　エ meet local people

3 (②) に入る最も適当なものを，次のアからエまでの中から１つ選びなさい。

ア Also　イ However　ウ At first　エ After all

4 ホワイト先生が生徒に伝えたいメッセージとして，[③] に入る最も適当なものを，次のアからエまでの中から１つ選びなさい。

ア watch TV with me
イ enjoy traveling by bike
ウ buy a new bike
エ ride a bike for your health

5 ホワイト先生は，スライドで話の流れを示しました。そのスライドとして最も適当なものを，次のアからエまでの中から１つ選びなさい。

ア

My Trip by Bike
1 Experiences from my trip
2 Ways to learn about nature
3 Population of cyclists in Shiga

イ

My Trip by Bike
1 History of the shrine
2 Ways to learn about nature
3 Services and events for cyclists

ウ

My Trip by Bike
1 Experiences from my trip
2 Good points of trips by bike
3 Services and events for cyclists

エ

My Trip by Bike
1 History of the shrine
2 Good points of trips by bike
3 Population of cyclists in Shiga

6 次のページの英文は【葵さんのコメント】を読んで，ホワイト先生が書いた返事の内容です。[④] に３語以上，[⑤] に２語以上の英語を書きなさい。

Thank you for your interesting information, Aoi. I am surprised to know that there are [④] in Amsterdam. So, I want to know how many bikes the city has. The roads for bikes are interesting, too. I have seen them on TV. People can [⑤] because there are no cars on those roads. Someday I want to enjoy traveling by bike in Amsterdam.

4 次の問いに答えなさい。

英語の授業で,「私が大切にしているもの」をテーマにして発表原稿を書くことになりました。あなたが大切にしているものを１つ選び，その大切にしているものについて，15語以上35語以内の英語で書きなさい。なお，次の書き出しで始めることとし，書き出しの文は語数に含めません。

書き出し　I'm going to tell you about something important to me.

＜理科＞

時間　50分　　満点　100点

1　金属の種類によるイオンへのなりやすさと電池のしくみについて調べるため，実験を行いました。後の１から５までの各問いに答えなさい。

【実験１】

＜方法＞

① ３種類の金属片（銅，マグネシウム，亜鉛）と，３種類の水溶液（硫酸銅水溶液，硫酸マグネシウム水溶液，硫酸亜鉛水溶液）を準備する。

② 図１のように，12穴のマイクロプレートを使い，縦の列の穴に同じ種類の水溶液を少量入れ，横の列の穴に，同じ種類の金属片を１枚ずつ入れひたす。右端の３穴は使用しない。

③ 金属片と水溶液の変化を観察する。

図１

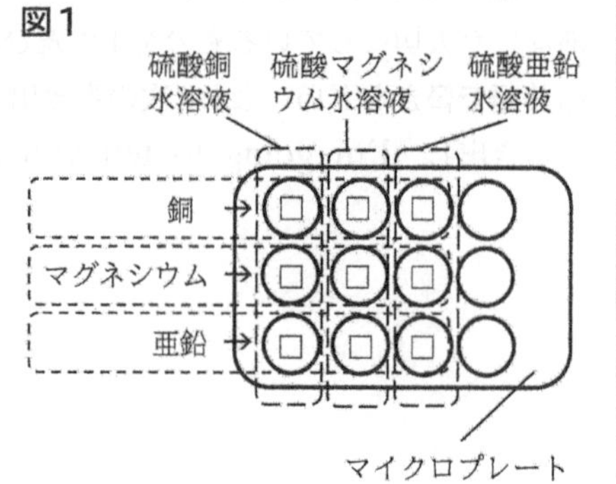

＜結果＞

表は，実験の結果をまとめたものである。

表

	硫酸銅水溶液	硫酸マグネシウム水溶液	硫酸亜鉛水溶液
銅	変化が起こらなかった。	変化が起こらなかった。	変化が起こらなかった。
マグネシウム	マグネシウム片が変化し，赤色の固体が現れ，水溶液の青色がうすくなった。	変化が起こらなかった。	マグネシウム片が変化し，灰色の固体が現れた。
亜鉛	亜鉛片が変化し，ａ赤色の固体が現れ，水溶液の青色がうすくなった。	変化が起こらなかった。	変化が起こらなかった。

1　溶質を水に溶かしたとき，水溶液に電流が流れる物質を何といいますか。書きなさい。

2　下線部ａの化学変化を，金属原子とイオンの化学反応式で書きなさい。ただし，電子はe^-で表しなさい。

3　実験１の結果から，銅，マグネシウム，亜鉛のうち，最も陽イオンになりやすい金属を，化学式で書きなさい。

【実験２】

＜方法＞

① 図２（次のページ）のように，セロハン膜に硫酸銅水溶液と銅板を入れ，亜鉛板，硫酸亜鉛水溶液を使ってダニエル電池をつくり，導線でプロペラ付き光電池用モーターにつなぐ。

② 電池から電流が流れているかどうか，プロペラ付き光電池用モーターの回転で確認する。

③ 電流を流し続けた後，金属板と水溶液の変化を観察する。

図2

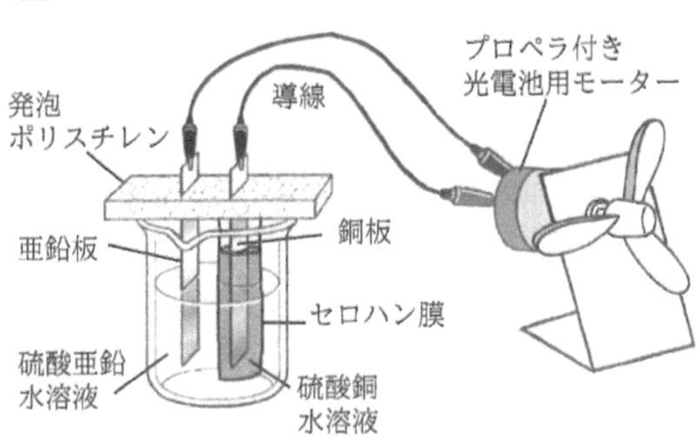

<結果>

・プロペラ付き光電池用モーターは，回転した。

・それぞれの金属板の表面のようすや，硫酸銅水溶液の色の濃さに変化が見られた。

・さらに，ダニエル電池に関して，セロハン膜の役割を調べたところ，**資料**のとおりであった。

> **資料**　セロハン膜の役割
>
> ・電池の２種類の水溶液が簡単に混ざり合わないようにし，亜鉛板と硫酸銅水溶液が直接反応するのを防ぐ。
>
> ・b イオンがセロハン膜を通って，移動することで，電池のはたらきが低下するのを防ぐ。

4　**実験２**で使った硫酸銅水溶液の質量パーセント濃度を15％とします。この水溶液180ｇのうち，溶媒の質量は何ｇですか。求めなさい。

5　下線部ｂについて，次の(1)，(2)の問いに答えなさい。

(1)　**図２**の反応で，ダニエル電池から電流を流し続ける場合，硫酸銅水溶液中の銅イオンの数は，反応前に比べてどうなると考えられますか。次の**ア**から**ウ**までの中から１つ選びなさい。

ア　増加する

イ　減少する

ウ　変化しない

(2)　ダニエル電池から電流が流れているとき，セロハン膜を通る２種類のイオンは，セロハン膜をはさんで，どの電極側に向かって移動しますか。それぞれのイオンの動きについて，イオンの名前と，「＋極側」，「－極側」という語を使って説明しなさい。ただし，水は電離していないものとします。

2 電気について調べる実験を行いました。後の１から５までの各問いに答えなさい。

【実験１】

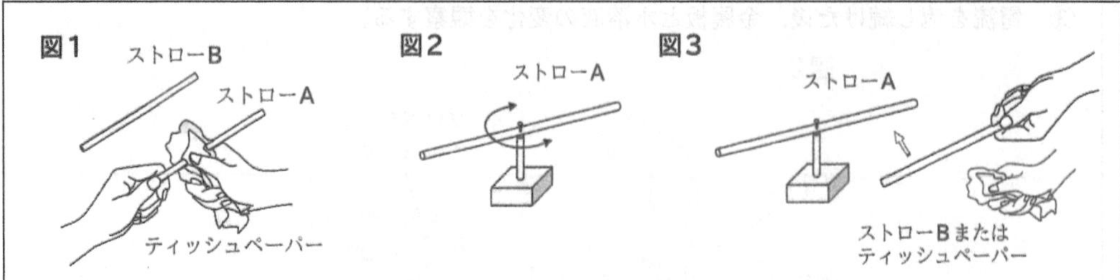

＜方法＞

① 図１のように，ストローAをティッシュペーパーでよくこする。同様にストローBもよくこする。

② 図２のように，台の上でストローAを回転できるようにする。

③ 図３のように，ストローAにストローBを近づけて，ストローAの動きを観察する。同様にティッシュペーパーを近づけて，ストローAの動きを観察する。

＜結果＞

図３で，ストローBまたはティッシュペーパーを近づけたとき，ストローAはどちらも動いた。

1　実験１の結果で，ストローAが引き上せられるのはどれですか。次のアからエまでの中から１つ選びなさい。

ア　ストローB

イ　ティッシュペーパー

ウ　ストローBとティッシュペーパーの両方

エ　ストローBとティッシュペーパーのどちらでもない

2　実験１で，ストローをティッシュペーパーでよくこすることによって，ストローに静電気が生じるのはなぜですか。「電子」という語を使って説明しなさい。ただし，ストローは－（マイナス）に帯電するものとします。

【実験２】

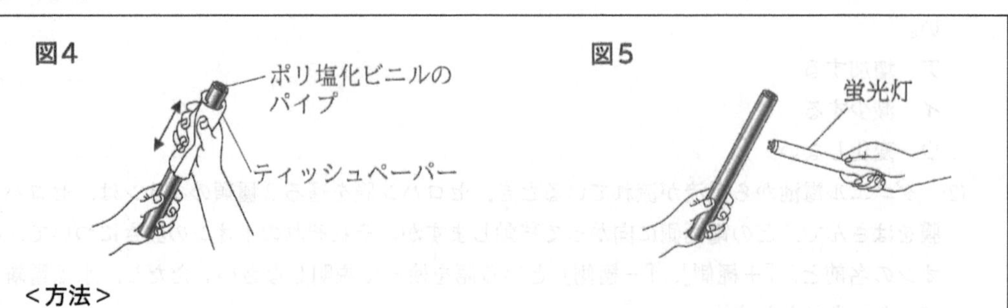

＜方法＞

① 図４のように，ポリ塩化ビニルのパイプをティッシュペーパーでよくこする。

② 図5のように，暗い場所で，帯電したポリ塩化ビニルのパイプに小型の蛍光灯（4W程度）を近づける。

<結果>
小型の蛍光灯が一瞬点灯した。

3 実験2で，ポリ塩化ビニルのパイプを使って蛍光灯を一瞬点灯させることができます。このとき，蛍光灯が点灯したのはなぜですか。「静電気」という語を使って説明しなさい。

【実験3】

<方法>
① 図6のように，十字板の入った放電管に，誘導コイルで大きな電圧を加える。
② 誘導コイルの＋極と－極を入れかえて同様の実験を行う。

図6

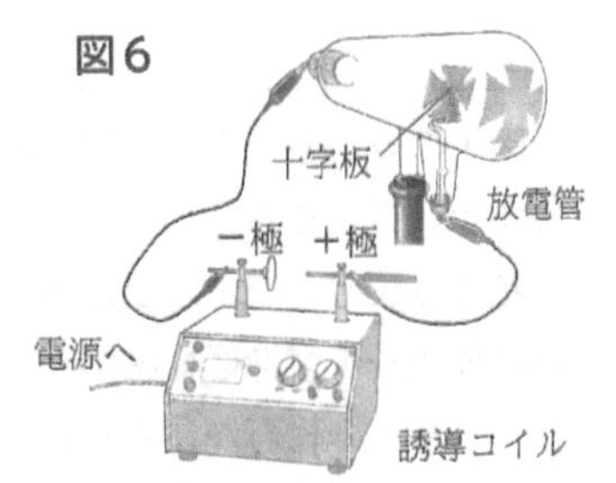

<結果>
①のとき，放電管のガラス壁が黄緑色に光った。また，図6のように十字板の影ができた。
②のとき，ガラス壁の上部は黄緑色に光ったが，十字板の影はできなかった。

4 実験3のように，気体の圧力を小さくした空間に電流が流れる現象を何といいますか。書きなさい。

5 実験3の結果から，電流のもととなる粒子と電流について正しく説明しているものはどれですか。次のアからエまでの中から1つ選びなさい。

ア 電流のもととなる粒子は＋極の電極から－極側に向かい，電流も＋極か－極に流れる。
イ 電流のもととなる粒子は＋極の電極から－極側に向かい，電流は－極から＋極に流れる。
ウ 電流のもととなる粒子は－極の電極から＋極側に向かい，電流は＋極から－極に流れる。
エ 電流のもととなる粒子は－極の電極から＋極側に向かい，電流も－極から＋極に流れる。

3 岩石の種類やマグマについて調べ学習を行いました。後の1から5までの各問いに答えなさい。

【調べ学習】

図1は，川で採集した3つの岩石のつくりを観察してスケッチしたものです。また，表(次のページ）はそれぞれの岩石の特徴を記録したものです。

図1

安山岩

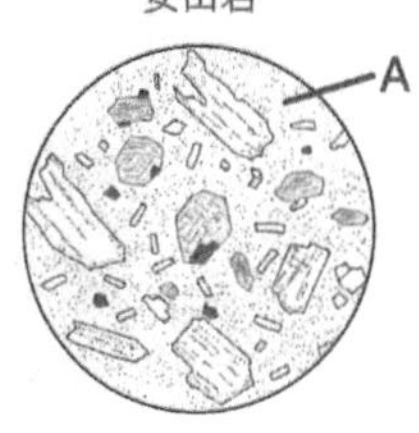

花こう岩

石灰岩

5mm

表

岩石の種類	岩石の特徴
安山岩	やや大きい白色や黒色の鉱物が，粒を識別できない部分の中に散らばっている。
花こう岩	同じくらいの大きさの白色の鉱物や，黒色の鉱物が組み合わさっている。
石灰岩	岩石の中に，大きさの違うフズリナの化石が見られる。

火山の形は，マグマのねばりけによって，3つの形に分類されます。図2は，それらの火山の断面図を模式的に表したものです。

図2

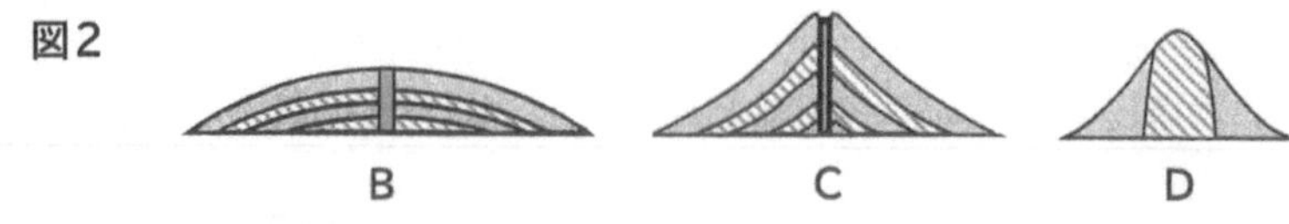

1 図1の安山岩のような岩石のつくりを斑状組織といいます。このとき，Aの部分を何といいますか。書きなさい。

2 花こう岩が，安山岩と比べて白っぽく見えるのはなぜですか。花こう岩にふくまれている鉱物の種類を1つあげて説明しなさい。

3 フズリナの化石が見られた岩石が，石灰岩であることを確かめる方法として，正しいものを，次のアからエまでの中から1つ選びなさい。

ア たたくと，決まった方向にうすくはがれることを確かめる。
イ うすい塩酸をかけると，気体が発生することを確かめる。
ウ 磁石を近づけると，引き寄せられることを確かめる。
エ 鉄くぎでひっかいて，表面に傷がつかないことを確かめる。

4 図2のうち，Bの火山をつくるマグマのねばりけと，噴火活動のようすを説明したものとして，正しいものを，次のアからエまでの中から1つ選びなさい。

ア マグマのねばりけは強く，激しい爆発をともなうことが多い。
イ マグマのねばりけは強く，穏やかに溶岩を流しだすことが多い。
ウ マグマのねばりけは弱く，激しい爆発をともなうことが多い。
エ マグマのねばりけは弱く，穏やかに溶岩を流しだすことが多い。

5 調べ学習で観察した石灰岩のでき方について，安山岩や花こう岩のでき方との違いを説明しなさい。

4 植物が葉以外で光合成や呼吸を行うかを調べるために，緑色のピーマンと赤色のピーマンの果実を用意して，観察や実験を行いました。後の1から5までの各問いに答えなさい。

【観察】

<方法>

① 図1のように，緑色，赤色のピーマンの表面をかみそりでうすく切り，それぞれスライドガラスの上にのせ，プレパラートをつくる。

図1

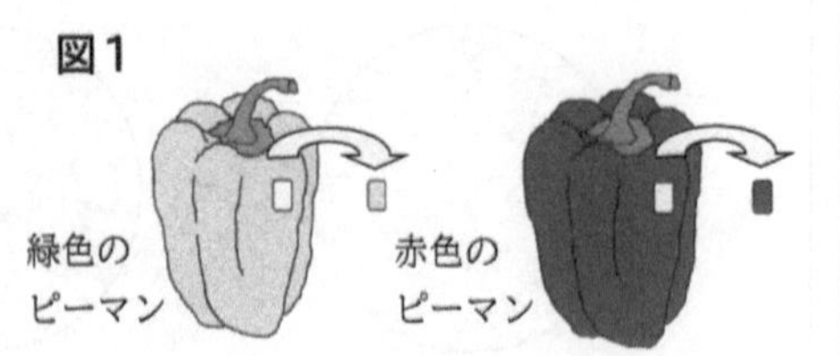

② 作成したプレパラートを a 顕微鏡で観察する。

＜結果＞

図2

緑色のピーマンでは，図2のように観察できた。緑色のピーマンの細胞の中には，b 緑色の粒が見られたが，赤色のピーマンでは緑色の粒は見られなかった。

1 下線部aについて，顕微鏡で観察する際，あらかじめ対物レンズとプレパラートをできるだけ近づけておき，接眼レンズをのぞきながら対物レンズとプレパラートを離していくようにしてピントを合わせます。このようなピントの合わせ方をしなければならないのはなぜですか。説明しなさい。

2 下線部bについて，緑色の粒は何といいますか。書きなさい。

3 動物細胞と植物細胞に共通して見られるつくりはどれですか。次のアからエまでの中からすべて選びなさい。

ア 細胞壁　イ 核　ウ 細胞膜　エ 液胞

【実験】

＜方法＞

① 緑色のピーマン，赤色のピーマンをそれぞれ同じ大きさに切る。

② 青色のＢＴＢ溶液にストローで息を吹き込んで，緑色にしたものを試験管ＡからＦに入れる。

③ 図3のように，試験管Ａ，Ｂには緑色のピーマンを，試験管Ｃ，Ｄには赤色のピーマンを，ＢＴＢ溶液に直接つかないようにそれぞれ入れ，ゴム栓をする。なお，試験管Ｅ，Ｆにはピーマンは入れない。

④ 試験管Ａ，Ｃ，Ｅには十分に光を当てる。試験管Ｂ，Ｄ，Ｆには光が当たらないようにアルミニウムはくでおおう。

⑤ ３時間後，ＢＴＢ溶液がピーマンに直接つかないように試験管を軽く振り，ＢＴＢ溶液の色の変化を観察する。

図3

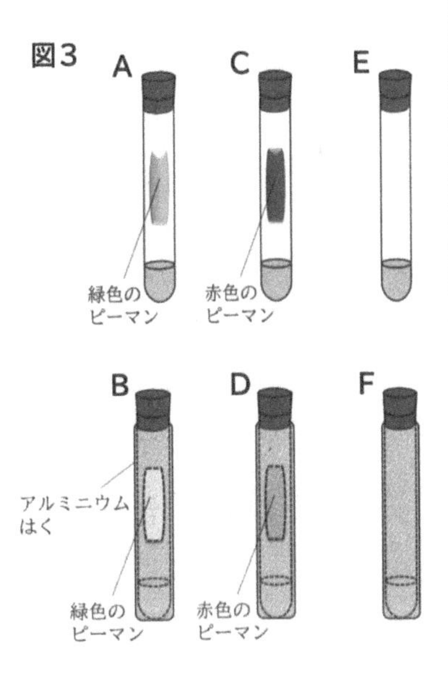

＜結果＞

表（次のページ）は，実験の結果をまとめたものである。

表

試験管	A	B	C	D	E	F
ＢＴＢ溶液の色の変化	緑色→青色	緑色→黄色	緑色→黄色	緑色→黄色	緑色→緑色	緑色→緑色

4　**実験**の**結果**から，緑色のピーマンは光合成をしていると予想できます。そのように予想できるのはなぜですか。説明しなさい。

5　**実験**の**結果**からわかることは何ですか。次の**ア**から**カ**までの中から２つ選びなさい。

ア　光が当たっているときのみ呼吸を行う。
イ　光が当たっていないときのみ呼吸を行う。
ウ　光が当たっているかどうかに関わらず呼吸を行う。
エ　光が当たっているかどうかに関わらず呼吸を行わない。
オ　呼吸を行うかどうかはピーマンの色が関係する。
カ　呼吸を行うかどうかはピーマンの色には関係しない。

＜社会＞

時間　50分　満点　100点

1　天守が国宝に指定されている城がある５つの県に関する資料や略地図について，後の１から５までの各問いに答えなさい。

資料１　天守が国宝に指定されている５つの城

城の名前	所在地	７地方区分
松本城	長野県松本市	（　　　）地方
犬山城	愛知県犬山市	
彦根城	滋賀県彦根市	近畿地方
姫路城	兵庫県姫路市	
松江城	島根県松江市	中国・四国地方

［令和４年１２月現在］

略地図

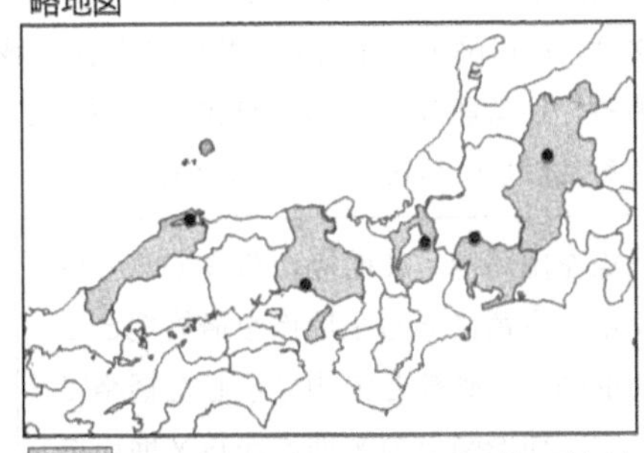

：資料１の５県　●：５つの城の所在地

資料２　製造品出荷額にしめる上位４産業の割合（2019 年）

県名	長野県		愛知県		滋賀県		兵庫県		島根県	
	産業	割合	産業	割合	産業	割合	産業	割合	産業	割合
上位４産業の割合（%）	情報通信機械	17.5	輸送用機械	55.4	輸送用機械	13.5	化学	13.2	電子部品	19.6
	電子部品	11.9	電気機械	5.8	化学	12.8	鉄鋼	12.0	情報通信機械	14.2
	生産用機械	11.4	鉄鋼	5.0	電気機械	9.3	輸送用機械	10.7	鉄鋼	13.4
	食料品	9.5	生産用機械	4.9	はん用機械	9.2	食料品	10.4	輸送用機械	6.7
	その他	49.7	その他	28.9	その他	55.2	その他	53.7	その他	46.1
製造品出荷額（億円）	62,194		481,864		80,754		163,896		12,488	

［「データでみる県勢 2022」より作成］

資料３　雨温図

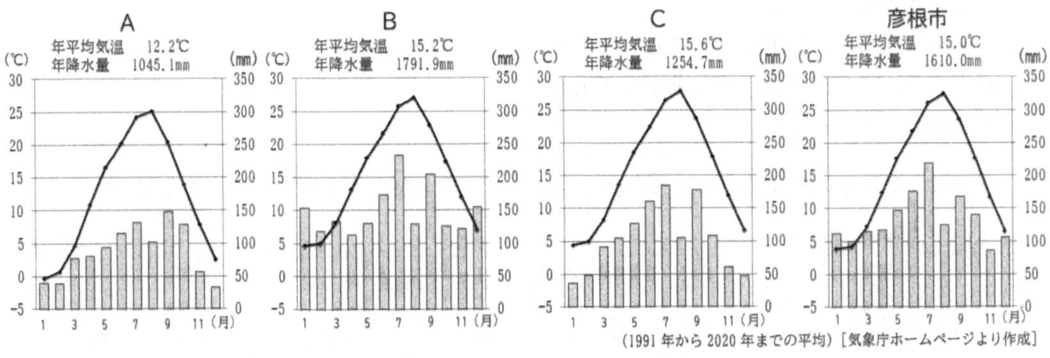

（1991 年から 2020 年までの平均）［気象庁ホームページより作成］

1　**資料１**の（　）にあてはまる地方名を７地方区分によって書きなさい。

2　**資料２**は，５つの県における製造品出荷額と，製造品出荷額にしめる上位４産業の割合を示したものです。**資料２**と**略地図**から読み取れることとして適切なものはどれか。後の**ア**から**エ**までの中から１つ選びなさい。

ア　５つの県のうち太平洋ベルトに位置しているのは，兵庫県だけである。

イ　長野県の電子部品の製造品出荷額は，島根県の電子部品の製造品出荷額より少ない。

ウ 5つの県のうち海に面している県は，製造品出荷額上位4産業に鉄鋼が入っている。

エ 5つの県のうち製造品出荷額が最も多い県は，阪神工業地帯に位置している。

3 資料3について，A，B，Cは，松本市，姫路市，松江市のいずれかです。3つの都市の正しい組み合わせはどれか。次のアからカまでの中から1つ選びなさい。

ア A 松本市 B 姫路市 C 松江市　　イ A 松本市 B 松江市 C 姫路市
ウ A 姫路市 B 松江市 C 松本市　　エ A 姫路市 B 松本市 C 松江市
オ A 松江市 B 姫路市 C 松本市　　カ A 松江市 B 松本市 C 姫路市

4 次の文は，地形図上に示した，松江城と松江城周辺の調査の道順を説明したものです。この文には，誤っている語句が2つあります。誤っている語句を下線部アからオまでの中から2つ選び，それぞれ正しい語句を書きなさい。

X地点を出発地，X地点からみて8方位でア<u>南東</u>の方角にあるY地点を最終地として，地形図上に破線と矢印で示した経路で進みます。地形図上のX地点からY地点までの直線の長さは8㎝であることから，実際のX地点からY地点までの直線距離はイ<u>2㎞</u>です。

X地点を出発してウ<u>市役所</u>の横を通って進み，交差点を左に曲がって松江城に行き，天守を見学します。

天守を見学したあと，Y地点に向かいます。松江城から国道431号までの間には，松江城を出てすぐにエ<u>図書館</u>があり，さらに進むとオ<u>寺院</u>があります。

国道まで行き，国道にそって進むと交差点があり，この交差点を右に曲がって進むとY地点に到着します。

地形図 (縮尺1：25,000)

- - - - ：調査の経路を示す破線
→ ：進む方向を示す矢印

［国土地理院 電子地形図25000より作成］

5 滋賀県と島根県の共通点をまとめた表について，後の(1)から(3)までの問いに答えなさい。

表 滋賀県と島根県の共通点

県名		滋賀県	島根県
天守が国宝に指定されている城		彦根城	松江城
世界遺産（文化）		彦根城の登録を目指している。	①<u>石見銀山</u>遺跡とその文化的景観
世界農業遺産		森・里・湖に育まれる漁業と農業が織りなす琵琶湖システム	奥出雲の農村開発システムの認定を目指している。
大きな湖	湖の名前	琵琶湖	宍道湖(しんじこ)
	②<u>漁業の取組</u>	ニゴロブナの稚魚やセタシジミの稚貝などの放流	ワカサギの稚魚やシジミの稚貝の放流
	③<u>エコツーリズム</u>の例	琵琶湖や琵琶湖に流れ込む川の自然を，小さな船を自分でこぎながら観察する。	宍道湖の生態系や水産資源について学びながら，宍道湖を船でめぐる。

［滋賀県ホームページなどより作成］

(1)　**表**の下線部①に関連して，**資料４**は2019年の銀鉱の生産の多い国，**メモ**はそのうちの１か国について調べたものです。**メモ**はどこの国を調べたものか。**資料４**の**ア**から**カ**までの中から１つ選びなさい。

資料４　銀鉱生産量上位６か国（2019 年）

ア　メキシコ	イ　ペルー
ウ　中国	エ　ロシア
オ　ポーランド	カ　チリ

［「世界国勢図会 2022/23」より作成］

メモ

- キリスト教徒のしめる割合が高い。
- 北半球に位置している。
- かつては，スペインの植民地であった。

(2)　**表**の下線部②に関連して，稚魚や稚貝を放流し，育ってから漁獲する漁業を何というか。書きなさい。

(3)　**表**の下線部③に関連して，**資料５**は滋賀県のエコツーリズムの例，下の文はエコツーリズムの目的を説明したものです。文の（　）にあてはまる適切な内容を，**表**のエコツーリズムの例と**資料５**のエコツーリズムの例を参考にして考え，「理解」という語句を用いて，30字以上，40字以内で書きなさい。

資料５　滋賀県のエコツーリズムの例

- 伝統工芸の職人に教えてもらい，木彫りの体験をして，地域の文化を学ぶ。
- 田んぼの自然観察や農作業の体験をして，地域の自然や文化を学ぶ。

［滋賀県ホームページより作成］

エコツーリズムの目的

観光客が観光を楽しむことだけでなく，体験や学びをとおして，（　　　　　　）を目的としている。また，地域の住民が地域の魅力を見なおすことなどにより，地域が活性化することも目的としている。

2　「木材の利用」，「金の利用」をテーマとしてまとめたノートについて，後の１，２の各問いに答えなさい。

1　「木材の利用」に関連して，**ノート１**，**ノート２**をみて，後の(1)から(5)までの問いに答えなさい。

ノート１　〈木材を利用した建築に関するノート〉

資料１　正倉院

資料２　東大寺南大門

資料１のメモ

奈良時代には，①唐の文化の影響を受けた国際色豊かな文化が栄えました。

資料２のメモ

（　　　　　A　　　　　）

ノート２〈木材を利用した船に関するノート〉

資料３ 貿易に使われた船

資料４ ペリーが率いた黒船

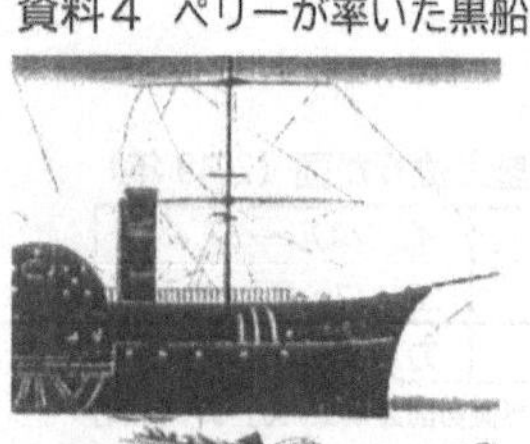

資料３のメモ

江戸時代のはじめ，②大名や商人は大きな船で東南アジアの国々と貿易を行いました。しかし，1635年に日本人の海外渡航は禁止されました。

資料４のメモ

江戸時代の終わりに，ペリーが率いてきた黒船は，日本船より大きく，③動力も日本船と違っていました。この後，④アメリカとの貿易が始まりました。

(1) **ノート１**の下線部①について，この文化を何というか。書きなさい。

(2) **ノート１**の（Ａ）に入る次の文には，誤っている語句が１つあります。誤っている語句を下線部**ア**から**ウ**までの中から１つ選び，正しい語句を書きなさい。

> **ア**鎌倉時代に再建された東大寺南大門は，10世紀に中国を統一した**イ**元の様式を取り入れています。また，門の中には**ウ**運慶がつくった金剛力士像がおかれています。

(3) **ノート２**の下線部②について，徳川家康は，大名や商人に海外渡航を許可する**資料５**のような証書を与えて貿易を行わせました。これを何貿易というか。書きなさい。

資料５

(4) **ノート２**の下線部③について，ペリーが率いた黒船は18世紀にイギリスで改良された動力を使っていました。この動力を何というか。漢字４字で書きなさい。

(5) **ノート２**の下線部④に関連して，アメリカと日本に関する次の**ア**から**エ**までのできごとを年代の古い順にならべかえなさい。

ア アメリカの仲介によって講和会議が開かれ，ポーツマス条約が結ばれた。

イ アメリカの呼びかけで行われたワシントン会議で，日英同盟が解消した。

ウ 岩倉具視を代表とする使節団がアメリカを訪問した。

エ ニューヨークの株価の大暴落をきっかけとして世界恐慌がおこり，その影響が日本に及んだ。

2 「金の利用」に関連して，**ノート３**，**ノート４**をみて，後の⑴から⑸までの問いに答えなさい。

ノート３ 〈金を利用した仏像や絵画に関するノート〉

資料６ 平等院鳳凰堂阿弥陀如来像

資料７ 唐獅子図屏風

資料６のメモ
平安時代，社会が不安定になると，（ Ｂ ），阿弥陀如来に救いを求め，極楽浄土へ生まれ変わることを願う浄土信仰が広まりました。

資料７のメモ
戦国時代には鉱山が開発され金の産出が増えました。戦国大名や⑤商人の豊かな経済力を反映して，力強く豪華な絵がえがかれました。

ノート４ 〈金を利用した貨幣やメダルに関するノート〉

資料８ 小判

資料９ 小判に関する資料

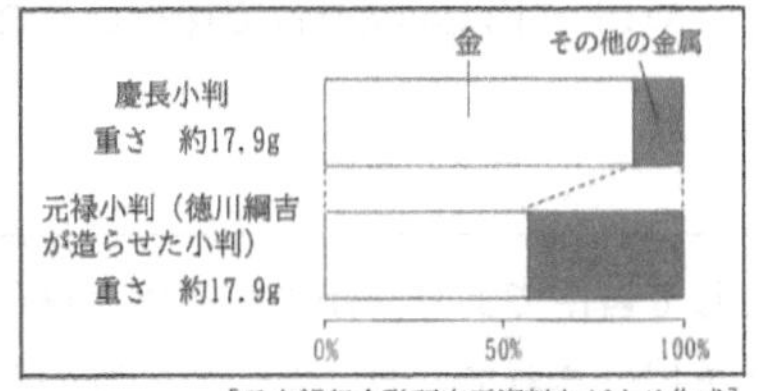

［日本銀行金融研究所資料などより作成］

資料８・資料９のメモ
江戸幕府は貨幣をたびたび造りなおしました。徳川綱吉が造らせた小判は，物価を上昇させました。

資料10・資料11のメモ
2021 年のオリンピック・パラリンピック東京大会では，メダルの材料が人々の協力で集められました。

表のメモ
社会の変化にともない，貨幣の価値や金の生産・調達の方法も変化しています。

資料10 メダルの材料を集めるプロジェクトに関する資料

携帯電話などに含まれる金属

金属	携帯電話	ノートパソコン
金	約 0.05g	約 0.30g
銀	約 0.26g	約 0.84g
銅	約 12.60g	約 81.60g

集められた携帯電話などの基板

［環境省ホームページなどより作成］

資料11 滋賀県出身の金メダリスト

表 貨幣の価値と金の生産

時　代	江戸時代	現代の日本
貨幣の価値	（ Ｃ ）により価値が決まった。	通貨の量や⑥外国の通貨との交換比率などの要因により価値が決まる。
金の生産・調達	戦国大名などが開発した鉱山で採掘した。	鉱山での採掘だけでなく，持続可能な社会の実現を目指す取組として，（ Ｄ ）ことが行われている。

⑴ **ノート３**の（**Ｂ**）にあてはまる適切な内容を，次の**ア**から**エ**までの中から１つ選びなさい。

ア 祈とうをすることによって　　**イ** 座禅をすることによって
ウ 念仏をとなえることによって　　**エ** 題目をとなえることによって

⑵ **ノート３**の下線部⑤に関連して，次のメモは戦国時代のある都市についてまとめたものです。この都市はどこか。書きなさい。

メモ

●自治的な運営が行われた。　●鉄砲がさかんに生産された。
●この都市の商人がわび茶の作法を完成した。

⑶ **ノート４**の**表**の下線部⑥のことを何というか。書きなさい。

(4) **ノート4**の**表**の（**C**）にあてはまる適切な内容を**資料9**を参考にして考え，10字以内で書きなさい。

(5) **ノート4**の**表**の（**D**）にあてはまる適切な内容を**資料10**と**資料11**を参考にして考え，15字以上，30字以内で書きなさい。

3 陽菜さんのクラスでは，公民の授業で学習した内容について，班ごとに表のようなテーマを決めて調べることにしました。後の1から3までの各問いに答えなさい。

表

班	テーマ
A	基本的人権について
B	日本の行政について
C	国際社会について

1 A班はテーマについて調べる中で，**資料1**と**資料2**を見つけました。次の(1)，(2)の問いに答えなさい。

(1) **資料1**は，人類の普遍的な権利を保障するため1948年に国際連合で採択されたものの一部です。これを何というか。書きなさい。

資料1

> 第1条 すべての人間は，生まれながらにして自由であり，かつ，尊厳と権利とについて平等である。人間は，理性と良心とを授けられており，互いに同胞の精神をもって行動しなくてはならない。

(2) 自分の意思を記入した**資料2**のカードを持つことは，日本国憲法第13条を根拠にしている自己決定権が尊重された例です。この自己決定権と同じように，新しい人権として分類されるものはどれか。次の**ア**から**エ**までの中から1つ選びなさい。

資料2

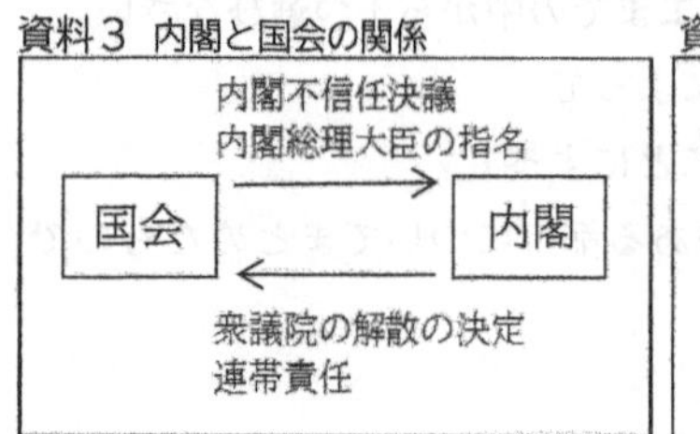

ア 国や地方公共団体に，法律や条例の制定など政治に対する要望をする権利。

イ 誰もが学校に通い，無償の義務教育を受けることができる権利。

ウ 職業選択や居住・移転などの経済活動を自由にできる権利。

エ 正しい政治判断をするために，国や地方公共団体に情報の公開を求める権利。

2 B班ではテーマについて調べ，**資料3**，**資料4**，**発表原稿**を使って発表することにしました。後の(1)から(3)までの問いに答えなさい。

資料3 内閣と国会の関係

国会 →（内閣不信任決議／内閣総理大臣の指名）→ 内閣

内閣 →（衆議院の解散の決定／連帯責任）→ 国会

資料4 規制緩和の例

> 2017年 民泊に関する新しい法律が成立
> ↓
> 日本では民泊が禁止されていたが，この法律により，都道府県への届け出があれば可能となった。

発表原稿

> 国会は，資料3で示される（ ① ）のしくみに基づき②<u>行政</u>を適切に監督しなければなりません。近年，行政の仕事は増加し，政府の役割が大きくなる「行政権の拡大」という状態があるため，行政を効率化する行政改革が進められています。また資料4のような規制緩和の取組を行うことによって，（ ③ ）という効果があると考えられます。

(1) **発表原稿**の（①）にあてはまる，内閣が国会に対して責任を負うしくみを何というか。5字で書きなさい。

⑵　**発表原稿**の下線部②について，正しく説明したものを，次の**ア**から**エ**までの中から１つ選びなさい。

ア　内閣は，内閣の採決で可決し，成立した法律や予算を実施する役割をもつ。
イ　内閣は，住民生活に身近な民主主義を行う場で，「民主主義の学校」とよばれている。
ウ　内閣のもとで各省庁が仕事を分担し，公務員が実際の仕事を行っている。
エ　内閣総理大臣は，国会の２つの議院のうち，衆議院でのみ指名される。

⑶　**発表原稿**の（③）にあてはまる適切な内容を，次の**ア**から**エ**までの中から１つ選びなさい。

ア　自由な経済活動が促される　　**イ**　公務員の人数が増加する
ウ　公共サービスが増加する　　**エ**　バリアフリー化が進む

3　Ｃ班はテーマについて調べ，資料を見ながら話し合いをしました。次のページの⑴から⑶までの問いに答えなさい。

話し合い

陽菜さん：私は日本が国際協調の理念として掲げる，④「人間の安全保障」という考え方に共感しました。

大翔さん：国際連合も「持続可能な開発目標（ＳＤＧｓ）」を採択し，17の目標を掲げていますね。

陽菜さん：17の目標の中で，私は特に「貧困をなくそう」という目標に注目しています。貧困をなくす取組の１つとして，**資料５**，**資料６**のように，先進国の政府を中心に⑤政府開発援助（ＯＤＡ）が行われていることを知りました。

大翔さん：私は日本による社会資本への支援例と，⑥マイクロクレジットへの支援例をノートにまとめました。雇用機会の改善など，農村経済全体の成長を考えた支援があることを知りました。こうした支援により，世界から貧困がなくなることを期待します。

資料５　2020年のＯＤＡ支出総額上位５か国の実績

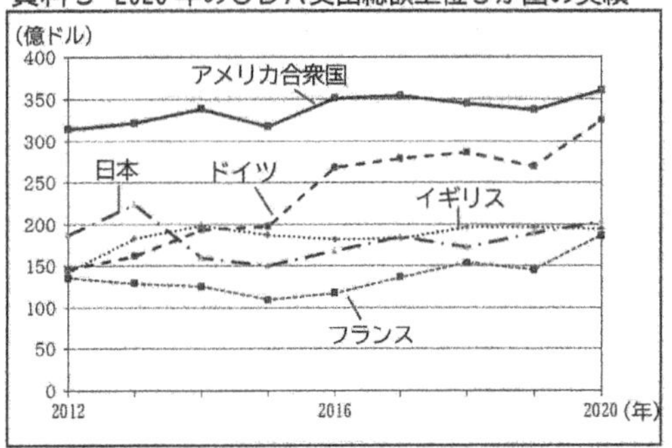

［外務省ホームページより作成］

資料６　資料５の５か国のＯＤＡの国民１人あたり負担額（ドル）

国名	2012年	2020年
ドイツ	176.0	387.5
イギリス	227.2	286.6
フランス	212.0	285.2
日本	146.3	160.5
アメリカ合衆国	98.9	108.9

［外務省ホームページなどより作成］

ノート

社会資本への支援例

対象国	インド
事業の内容	都市の鉄道整備
お金のおもな使い方	地下鉄と地上・高架鉄道からなる大量高速輸送システムの建設など
成果	交通渋滞が緩和され，大気汚染が抑制された。

マイクロクレジットへの支援例

対象国	バングラデシュ
事業の内容	貧困層へのお金の貸し出し
お金のおもな使い方	起業するための物品購入など
成果	家畜の増加，生産資産（かんがい用ポンプなど）の増加，運送業・手工業などの起業の増加や雇用機会の改善など

［外務省ホームページなどより作成］

(1) 下線部④について，正しく説明しているものを，次のアからエまでの中から１つ選びなさい。

ア 国家が，軍事力によって自国の国土と国民を守るという考え方。

イ 人間一人一人に着目して，その生命や尊厳を守るという考え方。

ウ 人々が，仕事上の責任を果たしつつ，仕事と生活の調和を実現するという考え方。

エ 政府や君主が行使する政治権力を，憲法によって制限しようとする考え方。

(2) 下線部⑤に関連して，**資料５**，**資料６**から読み取れることとして正しいものを，次の**ア**から**エ**までの中から１つ選びなさい。

ア 2020年のＯＤＡ支出総額上位２か国は，2020年の国民１人あたり負担額においても上位２か国となっている。

イ 2020年のＯＤＡ支出総額上位５か国は，いずれの国も2012年から2020年にかけてＯＤＡ支出総額が増え続けている。

ウ 2020年のＯＤＡ支出総額上位５か国のうち，ヨーロッパの国はいずれも2012年から2020年にかけて国民１人あたり負担額が50ドル以上増えている。

エ 2020年のＯＤＡ支出総額上位５か国のうち，2020年のＯＤＡ支出総額が2012年と比べて２倍以上に増えている国は３か国ある。

(3) 下線部⑥の目的について，話し合い，ノートを参考にして，「収入」という語句を用いて，35字以上，45字以内で説明しなさい。

―線部AからDまでの中から一つ選び、記号で答えなさい。

② 【詩】の＝＝線部を**現代仮名遣い**に直し、全て**ひらがな**で書きなさい。

③ 次は、【詩】の各連の内容について説明したものです。第三連について説明したものを、次の**ア**から**エ**までの中から一つ選び、記号で答えなさい。

ア　林檎を仲立ちとするやり取りから、相手への思いが強まっている。

イ　少女のふとした何気ない言動すら恋しくてたまらなく感じられる。

ウ　林檎畑で見かけた少女の美しさに魅了される様子が描かれている。

エ　思いがけず漏らした恋心を、少女は優しく受け入れてくれている。

3 次の文章を読んで、後の①と②の各問いに答えなさい。

Aある企業が企画したことに「一人旅委員会」というのがあって、三浦雄一郎(みうらゆういちろう)氏などといっしょにぼくも加わって、子供を、トム・ソーヤーやハックルベリー・フィンのようにひとりで冒険をさせようと提言しました。

ぼくは、Bたんに家の周辺の知らない道を歩くことだって冒険だし、そこで出会うものは、すべて未知のものだ、Cなにも鉄道や車で遠方に出かけなくても、身近なところからひとり歩きやひとり旅を始めさせよう、と言いました。

[I]、旅行は未知の世界を見せてはくれますが、今日のようにパックの安全旅行では、何のためにその土地へ行くのか無意味です。Dいったい何があるのか、どこへ行くのかわからない場所へ、自分の意志で行かせることが、子供の強い意志と冒険心をはぐくむことになり、夢を抱かせるのです。

（手塚(てづか)　治虫(おさむ)『ぼくのマンガ人生』による。）

(注) 三浦雄一郎…日本のスキー選手、登山家、獣医師。
トム・ソーヤー…アメリカの小説家マーク・トウェーンが書いた小説の主人公。ハックルベリー・フィンは、トムの親友。
パック…乗り物・宿・食事・観光などをひとまとめにして旅行会社などが販売する旅行のこと。

① ——線部AからDまでの中で、品詞が異なるものを一つ選び、記号で答えなさい。

② 空欄 [I] にあてはまる言葉として、最も適切なものを、次のアからエまでの中から一つ選び、記号で答えなさい。

ア　つまり　イ　あるいは　ウ　もちろん　エ　しかし

4 次の【詩】を読んで、後の①から③までの各問いに答えなさい。

【詩】

初恋

まだあげ初めし前髪Iの
林檎(りんご)Aのもとに見えしとき
前にさしたる花櫛(はなぐし)の
花ある君と思ひけり

やさしく白き手をのべて
林檎をわれにあたへしは
薄紅(うすくれなゐ)Bの秋の実に
人こひ初めしはじめなり

わがこころなきためいきCの
その髪の毛にかかるとき
たのしき恋の盃(さかづき)を
君が情(なさけ)に酌(く)みしかな

林檎畠(ばたけ)の樹(こ)の下に
おDのづからなる細道は
誰(た)が踏みそめしかたみぞと
問ひたまふこそこひしけれ

（島崎(しまざき)　藤村(とうそん)『若菜集』による。）

① 【詩】の〰〰線部I「の」と同じ働きをしている「の」を、——

なつこ先生：はるなさんも、あきおさんも、たいへん良い着眼点を持っていますね。はるなさんは、「人間の外側にあるものの性質」という視点で考えていますし、あきおさんは「人間の内側にある感覚」という視点で考えています。どちらも、とても大事な視点だと思いますよ。

はるなさん：「人間の外側」と、「人間の内側」って、どういう意味ですか？

なつこ先生：私たちは普段、身の回りにあるものを自分の目的に合わせて使ったり、自分の周りや社会で起きたできごとに対して、自分はどうするべきか、判断したりして生活していますよね。この時、「判断」しているのは、誰ですか？

はるなさん：私自身です。

なつこ先生：そうですね。その「私自身」、つまり「私の心」が、「人間の内側」ということです。「身の回りにあるもの」や「自分の周りで起きたできごと」は、「人間の外側」ということになります。

あきおさん：「ものの性質」は変わらないけれども、自分自身の「心」での受け取り方が変化する、ということですね。

はるなさん：そうして、自分が感じたり考えたりしたことを他の人に伝えるとき、とっさに［Ⅱ］ということが大事で、それには語彙力の豊かさが影響すると、**【本の一部】**の作者は考えているんだね。

1　**【本の一部】**の――線部について、これはどのようなことですか。**【本の一部】**から、説明にあたる**一文**を探し、はじめの**五字**を書きなさい。

2　**【話し合いの一部】**の空欄［Ⅰ］にあてはまる適切な内容を、**【本の一部】**の言葉を用いて、**三十五字以内**で書きなさい。

3　**【話し合いの一部】**の空欄［Ⅱ］にあてはまる適切な内容を、**【本の一部】**から、**十五字**で抜き出して書きなさい。

4　**【本の一部】**の＝＝線部について、ことば（言語）には、「他の人とコミュニケーションをはかる」以外に、どのような働きがあるとあなたは考えますか。次の**条件1**と**条件2**にしたがって書きなさい。

条件1　あなたが考えることば（言語）の働きはどのような場面で見られるものか、**具体例**を挙げて書くこと。ただし、**【本の一部】**に出ている具体例以外を用いること。

条件2　原稿用紙の正しい使い方にしたがい、**百字以上、百四十字以内**で書くこと。

三　後の1から4までの各問いに答えなさい。

1　次の①から⑤までの文中の――線部のカタカナを漢字に直して書きなさい。

①　木造ケンチクの住宅。　②　郵便物がトドく。
③　ショクムを遂行する。　④　社会生活をイトナむ。
⑤　遊園地の巨大メイロ。

2　次の①から⑤までの文中の――線部の漢字の正しい読みをひらがなで書きなさい。

①　賃貸のアパートに住む。　②　寄付で費用を賄う。
③　子どもは好奇心が旺盛だ。　④　富士山の麓のキャンプ場。
⑤　熟れたトマトは甘い。

ことば＝言語によってもう少しきめ細かに表現することによって、おいしさは増し、食事の楽しさも増すかもしれません。テレビ番組では「食レポ」といういいかたがありますが、「食レポ」がうまくできるということは、料理にかかわる語彙力が豊かであるということです。そのことによって、料理がおいしく感じるのだとすれば、語彙力が食事をおいしくするということになります。感覚はむしろ語彙力によって増強されていくといってもいいかもしれません。

ことば＝言語の役割は他の人とコミュニケーションをはかるためだけのものではないと筆者は考えていますが、コミュニケーションをはかるために使うことは事実です。ことば＝言語によって、他の人との関係が始まり、また終わるかもしれません。失言によって、疎遠になってしまう、ということはよくあることです。その「失言」も後から考えれば、「こういう言いかたをすればよかっただけなのに」ということもありそうです。「言いかた」はたしかにあります。同じ「内容」であっても、言いかたによって、聞き手／読み手の受け取りかたが全然異なる場合があります。これは嘘をつくということではまったくありません。どういう視点からことがらをとらえ、それをどのように聞き手／読み手にもちかけるか、ということです。

ここでも語の選択がものをいいそうです。「だめだ」と言うのと「必ずしもよいとは思いにくい」と言うのとではちょっと感じが違いますね。結局は同じ「内容」であるにしても、「言いかた」一つでずいぶんとその後の展開が変わるということだってありそうです。

それは丁寧な話しかたを学べばなんとかなるのではないかと思われる方もいるでしょう。たしかにそういう面もあります。しかし、例えば会話であれば、その場の会話がどのように展開していくかは予測ができません。そういう意味合いではあらかじめ「仕込んでおく」ことができることは限られています。あとは、その場その場で適切な「言いかた」が選択できるか、ということになります。そうなるとやはり語彙力があるかないかに左右されることもありそうです。別の「言いかた」をしようと思っても、どんな語を使えばいいかわからなければ、そもそも「別の言いかた」が浮かばないということです。

（今野(こんの) 真二(しんじ)『大人になって困らない語彙力の鍛えかた』による。）

（注）食レポ…テレビ番組などで、レポーターが料理をその場で食べ、味などについて感想を述べること。

【話し合いの一部】

はるなさん：ことばによって、食べ物のおいしさが増すというのは不思議だね。食べ物の味自体は、変わるはずがないのに。

あきおさん：そうだね。でも**【本の一部】**で、「感覚はむしろ語彙力によって増強されていく」と言っているよ。これは、語彙が増えれば、自分の感じたことを［ Ⅰ ］ということかな。感じ取っていないことを表現することはありえないけれど、もし何かを感じ取っていても、それを上手く表現することばを持たないと、その感覚を理解もできないし、表現することもできないよね。

針葉樹
かたく細い針状の葉やうろこ状の葉を持つ。 
○一年中，緑の葉をつけたまま
＝常緑樹（常緑針葉樹）
〔スギ，マツ，ヒノキなど〕
○秋から冬にかけて葉を落とす
＝落葉樹（落葉針葉樹）
〔カラマツなど〕

広葉樹
平らで広い葉を持つ。 
○一年中，緑の葉をつけたまま
＝常緑樹（常緑広葉樹）
〔ゲッケイジュ，ツバキなど〕
○秋から冬にかけて葉を落とす
＝落葉樹（落葉広葉樹）
〔ケヤキ，サクラ，モミジなど〕

（環境省ホームページより作成）

1　**【本の一部】**の空欄 Ⅰ にあてはまるものとして、最も適切なものを、次の**ア**から**エ**までの中から一つ選び、記号で答えなさい。

ア　しっとり　**イ**　じっくり　**ウ**　しっかり　**エ**　しっくり

2　**【本の一部】**の——線部①について、これはどのようなことですか。最も適切なものを、次の**ア**から**エ**までの中から一つ選び、記号で答えなさい。

ア　これまで、都市計画においては遠距離感覚ばかりが重要視され、触覚は問題にされてこなかったということ。

イ　従来の都市計画では景観の問題ばかりが注目され、人と人との触れ合いの意義は忘れられてきたということ。

ウ　景観や騒音などの問題が特に重要視される都市計画では、視覚と聴覚以外は考慮する必要がないということ。

エ　都市計画では視覚と聴覚への関心が高いため、触覚も遠距離感覚だという事実は無視されてきたということ。

3　**【本の一部】**の——線部②について、筆者がこのように述べているのはなぜですか。その理由として最も適切なものを、次の**ア**から**エ**までの中から一つ選び、記号で答えなさい。

ア　「目ざわり」では五感それぞれが持つ性質を表せないから。

イ　「目ざわり」では「手段・方法」の意味を表せないから。

ウ　「目ざわり」では「邪魔」という意味になってしまうから。

エ　「目ざわり」では「遠距離感覚」を示すことになるから。

4　**【本の一部】**の——線部③について、筆者が「幸い」と言うのはなぜですか。その理由を**【資料】**を参考にしながら、**五十字以内**で書きなさい。

5　**【本の一部】**の——線部④について、これはどのようなことですか。解答欄の「われわれは、」という書き出しに続けて、**五十字以内**で書きなさい。

二　はるなさんたちは、国語の時間に、「ことばの働き」について理解を深めています。次は、その時に読んだ**【本の一部】**と、その時の**【話し合いの一部】**です。これらを読んで、後の1から4までの各問いに答えなさい。

【本の一部】

おいしい料理を食べた時、一緒に食べている人に、「これおいしいね」という。そうやって語り合うことによってその料理はさらにおいしく感じるかもしれません。そんな時に、ただ「おいしいね」と言ってももちろんいいのですが、「この味は春らしい感じがするね」とか、この食感は「雪をなめた時のようだね」とか、

③幸いなことに神山は、スギの山ではなく、ほとんど雑木におおわれている。夏はどうということはないけれど、春先の感じがとてもよい。冬の間じゅう枯れ木同然だった雑木の芽が思い思いにふくらんでくると、山はぼうっと霞(かす)んでいるように見える。しかしただ霞んでいるだけでなく、そこになんとも言えぬ、それこそテクスチュアが生まれてくるのだ。冬とはまるでちがって、なにかやわらかみのある、さわったらふんわりとしているであろう温かいテクスチュアである。

もちろん色合いも変わってくる。灰色だった冬の林が、春先にはほんのり色づいてくる。色づくと言っても、まだ緑ではない。枝先の芽はふくらんだとはいえ、まだ固く、灰褐色の鱗片(りんぺん)に包まれたままだ。しかし、色のあるテクスチュアは明らかに変化しつつある。

これこそvisual textureではないか！　われわれは、この山のテクスチュアに、目で触れて味わっているのである。それは手ざわりではけっしてない。手でさわってみようとしても、不可能だ。手はごつごつした枝先の一本一本にさわるだけで、山全体のテクスチュアなど触れ得るべくもない。それは目で、visualにしか感じることのできないテクスチュアである。

目で見ているのだから、それは「風景」だろう、と思うかもしれない。けれどわれわれはそこにたんなる風景や景色以上のものを感じている。われわれは目でそれにさわっている！　④これは目による触覚の世界なのだ。

（日高(ひだか)　敏隆(としたか)『人間はどういう動物か』による。）

（注）相いれない…互いに受けいれない。
サウンドスケープ…生活や環境の中における、音と人との関係に着目した概念。
織り地…織物の生地の性質。鱗片…生物の表面を覆う、うろこ状の構造物。
べくもない…はずもない。

【資料】

スギは日本中どこに行っても目にする。農村や山村に行けば、家の周りには必ずといっていいほどスギが植えてある。集落の裏山もスギで埋め尽くされているところが多い。（中略）紅葉がきれいな森はスギ林に置き換わり、山の奥に追いやられた。田舎の人も都会の人のようにわざわざ車で出かけて紅葉見物をするようになってしまった。困ったものだ。

ほんのすこし前、それでも50～60年前には、薪炭林(しんたんりん)として里山には広葉樹林が広がっていた。モミジやカエデ、サクラなども混じり、山里の風景を彩(いろど)っていた。淡い若葉も燃えるような紅(くれない)や橙(だいだい)も、ふだん見る風景だったのである。

（清和(せいわ)　研二(けんじ)『スギと広葉樹の混交林　蘇(よみがえ)る生態系サービス』による。）

（注）薪炭林…薪や木炭用の、主として広葉樹で構成される林。雑木林に同じ。

＜国語＞

時間　五〇分　満点　一〇〇点

一　次の【本の一部】と【資料】を読んで、後の1から5までの各問いに答えなさい。

【本の一部】

触覚は、味覚とともに、いわゆる「近距離感覚」とされている。対象物に体表で触れたとき、あるいは対象物を口の中に入れたときに、はじめて生じる感覚だからである。都市空間の緑化とは相いれない面をもっているのではなかろうか？

近距離感覚と対比して「遠距離感覚」とされているのは、視覚、聴覚、嗅覚である。いずれも遠くから感じることができるからであるのは言うまでもない。

この遠距離感覚は、これまでも都市計画でじゅうぶん考慮に入れられてきた。なかでも景観の問題ではきわめて重要視されている。聴覚についても、最近ではサウンドスケープの問題として、おおいに論じられ、研究されている。ぼく自身も、この問題にかかわったことがある。嗅覚についてはまだあまり正面きって検討されているようには見えないが、東南アジアの都市のにおいと、北欧の都市のにおいのちがい、都市と森林、田園のにおいのちがいは、だれでも知っているとおりである。

①このようなこととの関連で、ぼくが以前から考えていたのは、触覚にも遠距離触覚というものがあり得るのではないか、ということだ。

英語でtexture（テクスチュア）ということばがある。辞書をひくと、織り方、織り地、というのが第一義。二として「(皮膚、木材、岩石などの）きめ、手ざわり」とある。

これは翻訳をしているとき、たいへん困ることばのひとつである。布地のテクスチュアとあったら「手ざわり」とか「きめ」と訳せばよい。意味はよくわかる。壁のテクスチュアというときでも、いちおうは手ざわりでよい。

ところが、visual textureという表現がしばしば出てくるのだ。visualだから視覚的。するとvisual textureは「視覚的手ざわり」ということか？　だが、視覚的な、つまり目で見る手ざわりってなんのことだろう？　手ではなくて目だからというので、②「目ざわり」とやったら、ぜんぜん意味がちがってしまう。

どうやらtextureというのは、手でさわってみることにかぎらないことばらしい。目で見て感じるなめらかな感触とか、ざらざらした感じとかいうのは、すべてtextureに含まれるのである。目で見ているのだから、これはvisual textureという言いかたになる。

それではtextureをなんと訳したらいいのだろう？「きめ」というのがかなりあたっていそうだけど、今ひとつ［ I ］こないし、的を射たことばではない。そもそもいつもきめが細かいか粗いかだけを問題にしているわけではない。

このあたりの訳語の問題は英文学者に任せるとして、今、われわれにとって重要なのは、触覚とはけっして手や指先で触れるのにかぎったものではないということである。

京都洛北(らくほく)にあるぼくの家の窓から眺めると、鞍馬街道(くらまかいどう)ごしに神山(こうやま)という低い山並みが見える。京都の町を囲む東山、北山、西山のひとつ、北山のいちばん南のはしにあたる。

大切なことはメモしておこうネ！

2023年度

解 答 と 解 説

《2023年度の配点は解答用紙集に掲載してあります。》

＜数学解答＞

1 (1) 7　(2) $-\frac{11}{12}a$　(3) $x=\frac{-7y+21}{3}$
(4) $x=-2$, $y=3$　(5) $\sqrt{3}$　(6) $(x+4)(x-6)$
(7) 24π　(8) 9冊　(9) $\frac{1}{2}$

2 (1) 右図1
(2) 7πcm
(3) 2cm(求める過程は解説参照)
(4) 辺DI, DG, CD[ED]

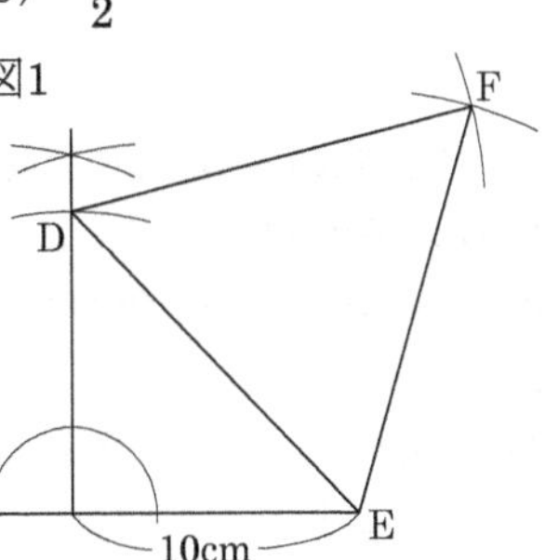

3 (1) -4　(2) $a=\frac{1}{2}$
(グラフは右図2)
(3) $t=\frac{1}{3}$
(4) $b=-\frac{9}{2}$, $c=\frac{27}{2}$

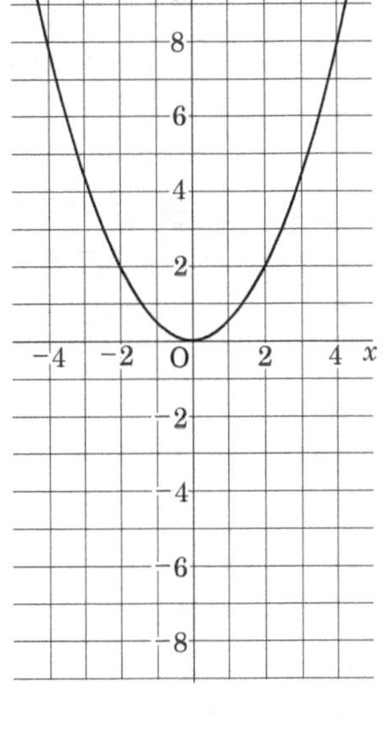

4 (1) 解説参照　(2) ① △ABC：△NBM＝3：1
② $\frac{75}{4}\pi$

＜数学解説＞

1 (数・式の計算，等式の変形，連立方程式，平方根，因数分解，回転体の体積，資料の散らばり・代表値，確率)

(1) 四則をふくむ式の計算の順序は，乗法・除法→加法・減法となる。$13+3\times(-2)=13+(-6)=13-6=7$

(2) 分母を3と4の最小公倍数の12に通分して，$\frac{1}{3}a-\frac{5}{4}a=\left(\frac{1}{3}-\frac{5}{4}\right)a=\left(\frac{4}{12}-\frac{15}{12}\right)a=\left(\frac{4-15}{12}\right)a=-\frac{11}{12}a$

(3) $3x+7y=21$　左辺の項$7y$を右辺に移項して，$3x=-7y+21$　両辺をxの係数の3で割って，$3x\div3=(-7y+21)\div3$　$x=\frac{-7y+21}{3}$

(4) 問題の連立方程式を，$\begin{cases}2x+y=-1\cdots①\\5x+3y=-1\cdots②\end{cases}$ と考える。①×3−②より，$(2x+y)\times3-(5x+3y)=-1\times3-(-1)$　$6x+3y-5x-3y=-3+1$　$x=-2$　これを①に代入して，$2\times(-2)+y=-1$　$y=3$　よって，連立方程式の解は，$x=-2$，$y=3$

(5) $\frac{9}{\sqrt{3}}=\frac{9\times\sqrt{3}}{\sqrt{3}\times\sqrt{3}}=\frac{9\sqrt{3}}{3}=3\sqrt{3}$，$\sqrt{12}=\sqrt{2^2\times3}=2\sqrt{3}$ だから，$\frac{9}{\sqrt{3}}-\sqrt{12}=3\sqrt{3}-2\sqrt{3}=(3-2)\sqrt{3}=\sqrt{3}$

(6) たして-2，かけて-24になる2つの数は，$(+4)+(-6)=-2$，$(+4)\times(-6)=-24$より，

$+4$と-6だから，$x^2-2x-24=\{x+(+4)\}\{x+(-6)\}=(x+4)(x-6)$

(7)　できる回転体は，底面の円の半径が3，高さが4の円柱から，底面の円の半径が3，高さが4の円錐を除いた立体だから，その体積は$\pi\times3^2\times4-\frac{1}{3}\times\pi\times3^2\times4=36\pi-12\pi=24\pi$

(8)　**四分位数**とは，全てのデータを小さい順に並べて4つに等しく分けたときの3つの区切りの値を表し，小さい方から**第1四分位数，第2四分位数，第3四分位数**という。第2四分位数は**中央値**のことである。問題のデータは生徒12人のデータだから，第3四分位数はデータの小さい方から9番目の8冊と，10番目の10冊の**平均値**$\frac{8+10}{2}=9$(冊)である。

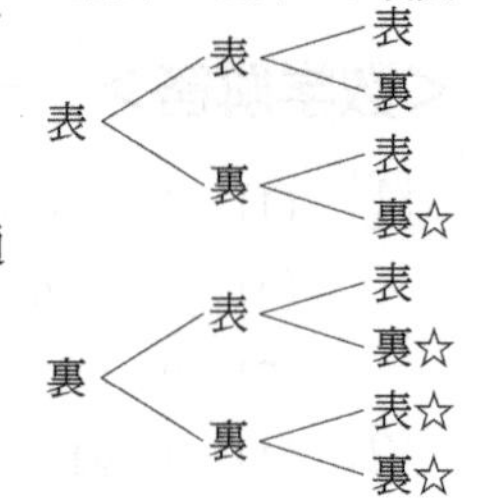

(9)　3枚の硬貨を同時に投げるとき，表と裏の出方は全部で$2\times2\times2=8$(通り)。このうち，2枚以上裏となるのは，右図の☆印を付けた4通りだから，求める確率は$\frac{4}{8}=\frac{1}{2}$

2　**(作図，弧の長さ，方程式の応用，空間内の2直線の位置関係)**

(1)　(着眼点)　**直角二等辺三角形の3辺の比は$1:1:\sqrt{2}$**であることから，等辺の長さが10cmの直角二等辺三角形の斜辺の長さは$10\sqrt{2}$cmであることを利用する。

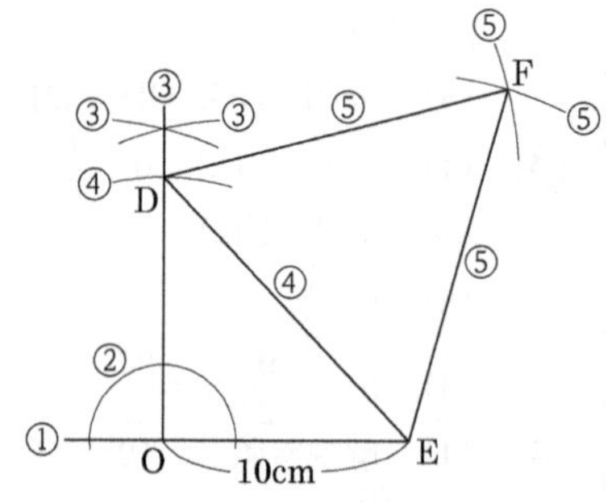

(作図手順)　次の①～⑤の手順で作図する。　①　問題図2の線分をOEとし，線分OEを点Oの方へ延長する。　②　点Oを中心とした円を描き，半直線OE上に交点をつくる。③　②でつくったそれぞれの交点を中心として，交わるように半径の等しい円を描き，その交点と点Oを通る直線(点Oを通る半直線OEの垂線)を引く。　④　点Oを中心として，半径OEの円を描き，点Oを通る半直線OEの垂線との交点をDとし，線分DEを引く。(△ODEは直角二等辺三角形で，$DE=10\sqrt{2}$ cm)　⑤　2点D，Eを中心として，互いに交わるような半径DEの円を描き，交点をFとし，線分DF，EFを引く。(ただし，解答用紙には点Oの表記は不要である。)

(2)　$\overset{\frown}{BB'}$の長さは，紙コップの容器の底の円周の長さに等しいから，$\overset{\frown}{BB'}=5\pi$cm…①　また，**半径$r$，中心角$a°$のおうぎ形の弧の長さは$2\pi r\times\frac{a}{360}$**だから，$\overset{\frown}{BB'}=2\pi\times OB\times\frac{45}{360}=\frac{\pi}{4}OB$(cm)…②　①，②より，$\frac{\pi}{4}OB=5\pi$　OB＝20cm　よって，$\overset{\frown}{AA'}=2\pi\times OA\times\frac{45}{360}=2\pi\times(OB+AB)\times\frac{45}{360}=2\pi\times(20+8)\times\frac{45}{360}=7\pi$(cm)

(3)　(求める過程)　(例)$(2x+8)(2x+12):8\times12=2:1$　$2(x+4)\times2(x+6):8\times12=2:1$　$(x+4)(x+6):8\times3=2:1$　$x^2+10x-24=0$　$(x-2)(x+12)=0$　$x=2,\ -12$　$x>0$より，$x=2$

(4)　**空間内で，平行でなく，交わらない2つの直線はねじれの位置にある**という。問題図8の展開図を組み立てたとき，できる容器は，右図のように，三角錐O－CDIを，辺ODの中点Gを通り底面に平行な平面で切断した形の立体である。これより，辺ABと平行な辺は，辺CIの1本。辺ABと交わる辺は，辺GH，GF，HI(AI)，FC(BE)の4本。辺ABとねじれの位置にある辺は，辺DI，DG，CD(ED)の3本である。

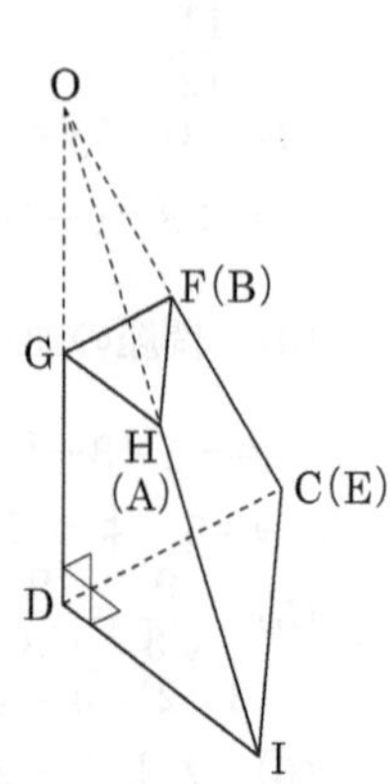

3 (図形と関数・グラフ，グラフの作成)

(1)　$y=-x^2$について，$x=1$のとき$y=-1^2=-1$，$x=3$のとき$y=-3^2=-9$。よって，xの値が1から3まで増加するときの**変化の割合**は，$\frac{-9-(-1)}{3-1}=-4$

(2)　$y=ax^2$は点(2, 2)を通るから，$2=a\times 2^2=4a$　$a=\frac{1}{2}$　また，関数$y=\frac{1}{2}x^2$のグラフは，点(−4, 8)，(−2, 2)，(0, 0)，(2, 2)，(4, 8)を通る，y軸に関して対称な**放物線**となる。

(3)　点A，Bのx座標はそれぞれ点Pのx座標と等しくt　点A，Bはそれぞれ$y=2x^2$と$y=-x^2$上にあるから，$A(t,\ 2t^2)$，$B(t,\ -t^2)$　$y=2x^2$のグラフはy軸に関して**線対称**だから，$C(-t,\ 2t^2)$　よって，$AB+AC=\{2t^2-(-t^2)\}+\{t-(-t)\}=3t^2+2t$　これが1になるとき，$3t^2+2t=1$　$3t^2+2t-1=0$　**解の公式**を用いて，$t=\frac{-2\pm\sqrt{2^2-4\times 3\times(-1)}}{2\times 3}=\frac{-2\pm\sqrt{4+12}}{6}=\frac{-2\pm\sqrt{16}}{6}=\frac{-2\pm 4}{6}$　ここで，$t>0$だから，$t=\frac{-2+4}{6}=\frac{1}{3}$

(4)　関数$y=2x^2$に関して，xの**変域**に0が含まれているから，yの**最小値**は0。$x=-1$のとき，$y=2\times(-1)^2=2$　$x=3$のとき，$y=2\times 3^2=18$　よって，yの**最大値**は18であり，yの変域は$0\leqq y\leqq 18$…①　また，関数$y=bx+c$に関して，$x=-1$のとき，$y=b\times(-1)+c=-b+c$　$x=3$のとき，$y=b\times 3+c=3b+c$　$b<0$より，右下がりの直線だから，yの変域は$3b+c\leqq y\leqq -b+c$…②　関数$y=2x^2$と$y=bx+c$のyの変域が等しくなるとき，①と②より，連立方程式$\begin{cases}3b+c=0\\-b+c=18\end{cases}$が成り立つ。これを解いて，$b=-\frac{9}{2}$，$c=\frac{27}{2}$

4 (図形の証明，面積比，面積)

(1)　(証明)　(例)DB//CEから，**平行線の同位角は等しい**ので，∠ABD＝∠BEC　また，**平行線の錯角は等しい**ので，∠DBC＝∠BCE　仮定より，∠ABD＝∠DBC　したがって，∠BEC＝∠BCE　2つの角が等しいから，△BCEは二等辺三角形であり，BE＝BC…①　△AECで，DB//CEから，AB：BE＝AD：DC…②　①，②からBA：BC＝AD：DC

(2)　①　△ABCに**三平方の定理**を用いて，$BC=\sqrt{AB^2-CA^2}=\sqrt{10^2-5^2}=5\sqrt{3}$　△ABCと△NBMで，∠ACB＝∠NMB＝90°…①　共通な角より，∠ABC＝∠NBM…②　①，②より，2組の角がそれぞれ等しいので，△ABC∽△NBM　その**相似比**は，$BC:BM=BC:\frac{AB}{2}=5\sqrt{3}:\frac{10}{2}=\sqrt{3}:1$　**相似な図形では，面積比は相似比の2乗に等しい**から，$\triangle ABC:\triangle NBM=(\sqrt{3})^2:1^2=3:1$

②　△ABC≡△AB′C′より，△ABC＝△AB′C′だから，(斜線部の面積)＝(おうぎ形ABB′)＋△AB′C′－△ABC－(おうぎ形ACC′)＝(おうぎ形ABB′)－(おうぎ形ACC′)＝$\pi\times AB^2\times\frac{90}{360}-\pi\times CA^2\times\frac{90}{360}=\pi\times 10^2\times\frac{90}{360}-\pi\times 5^2\times\frac{90}{360}=\frac{75}{4}\pi$

<英語解答>

1 《その1》 1 ウ　2 イ　3 エ　4 ア　《その2》 イ　《その3》 1 イ　2 ウ　3 エ　4 (例)I want to join the basketball team.

2 1 ウ，オ　2 エ　3 wonder how to find it　4 Who　5 (例)He has worked for twenty-five years.　6 ア　7 (例)get more knowledge.

3	1 (1) (例)Because he is interested in local history(.)　(2) (例)Yes, he did(.)　2 エ　3 ア　4 イ　5 ウ　6 ④ (例)more bikes than people　⑤ (例)travel safely
4	(例)The most important thing to me is the camera that my father gave me last year. He took wonderful pictures with it. I want to become a good photographer like him.

＜英語解説＞

1 (リスニング)

放送台本の和訳は，43ページに掲載。

2 (長文読解問題・発表：内容真偽，語句補充，語句並べ換え，英問英答)

【田中先生の話】

(全訳)　今日は将来の仕事について話したいと思います。表1と2を見てください。表1は約50年前の1970年に人気だった仕事のリストです。表2はこのクラスの生徒たちが将来なりたいものを表しています。

これらの表は何を私たちに示しているでしょうか？　医者と看護師は表1と2の両方で人気ですが，表1だけ，表2だけで見られる仕事もあります。つまり，違う時代では違う仕事が人気ということです。未来の世代は違う夢を持っているかもしれません。

表2によると，このクラスではプログラマーが一番人気です。イラストレーターは医者と同じくらい人気です。あなたの素晴らしい夢をかなえるために努力をするべきです。

まだ夢が決まっていない生徒もいます。それは問題ではありません。経験していないたくさんのことがまだあるのです。あなたの夢は新しい経験をしたら変わるかもしれません。それなのでもっと学ぶことが大切なのです。

さて，仕事をしている人にインタビューをしてレポートを書くことが皆さんの課題です。「なぜその仕事を選んだのですか？」など，仕事についての質問をしなくてはなりません。来週プレゼンテーションをします。楽しみにしています。

1　ア「田中先生は次の授業で生徒たちに夢を聞くつもりだ」(×)　最終段落参照。　イ「ヘアースタイリストは表1，2両方で人気だ」(×)　表1には入っていない。　ウ「1970年の人気の仕事には飛行機に関連したものがいくつかある」(○)　表1にFlight Attendant「フライトアテンダント」，Pilot「パイロット」がある。　エ「クラスの全ての生徒たちが将来の仕事をもう決めている」(×)　第4段落第1文参照。　オ「田中先生は新しい経験が夢を変えるかもしれないと信じている」(○)　第4段落第4文参照。　カ「生徒たちは来週までに夢についてお互いにインタビューするべきだ」(×)　最終段落参照。

【二人の会話】

(全訳)　七海：翔太，もう目標を決めたの？

翔太：うん。僕は看護師になりたい。

七海：なんで看護師になりたいの？

翔太：子供の時の手術をしたんだ。入院していたとき，さみしくて時々泣いていたんだよ。そうしたら看護師さんが僕のところに話に来てくれて，ほっとしたんだ。僕は彼の①(親切さ)を決して忘れないし，彼のような看護師になりたいんだ。

七海：それはすばらしいね。
翔太：あなたはどう？
七海：私はまだ目標が見つかってない。②【どうやって見つけるのかなって思うの】。
翔太：人の経験について知ると夢を見つけられるよ。③(誰に)インタビューするの？
七海：そうね，お父さんに聞く。警察官なんだけど，なんでそれになりたかったのかを知らないの。お父さんの仕事をもっと知りたい。
翔太：夢へのヒントを見つけられるかもしれないね。グッドラック！

2　ア「幸せ」　イ「情報」　ウ「革新」　エ「親切さ」直前の看護師の話からエがふさわしい。

3　(I) wonder how to find it(.)　wonderに疑問詞を続けて「～だろう(かと思う)」の意味。**how to に動詞の原形を続けて「どのように～すべきか，～する方法」**の意味。

4　直後の七海の返答が「父に聞く」なので，「誰」Who の質問文であると考える。

【ナナミさんの発表】

(全訳)　みなさん，こんにちは。私は父にインタビューをしました。父は25年間警察官をしていますが，なぜ彼がその仕事を選んだのかは知りませんでした。

彼は「助けが必要な人たちを助けたときに幸せを感じるんだ。彼らの笑顔が私を幸せにしてくれる④(から)この仕事をするんだよ」と私に言いました。

私が彼に「まだ夢が見つかっていない」と言ったとき，私にアドバイスをくれました。「もっと知識を得た方がいい，そうしたら多くのことを想像できる。それが将来にもっと選択肢を与えてくれるよ」。

私は何をするのかまだ決めていませんが，父のように，助けが必要な人を助けたいと思います。夢を見つけるために⑤(もっと知識を得)ます。今，私は夢への道を見つけることにワクワクしています。ありがとうございました。

5　「七海の父親はどれくらい警察官として働いていますか」第3文参照。解答例は「彼は25年間働いています」の意味。

6　ア「～なので」　イ「～の前に」　ウ「もし～ならば」　エ「～けれども」

7　第3段落の父親のアドバイスを参考にする。助動詞 will の後ろには動詞の原形が続く。

3　(長文読解問題・スピーチ：英問英答，語句補充，内容真偽)

(全訳)　【ホワイト先生の話】

みなさん，こんにちは。みなさんは週末は何をしますか？　スポーツをしますか？　テレビを見ますか？　私は自転車でのゆっくりとした旅を楽しんでいます。私は地元の歴史に興味があるので，滋賀の多くの場所を旅して回ります。

自転車で旅行するとき，ときどき面白いことを経験します。では私の経験の一つをお話します。先月，ある小さな町を訪れるために自転車に乗りました。その旅行中，山，川，そして町の景色を楽しみました。それはきれいでした。家に向かっているとき，古い神社を見つけて，それを見るために止まりました。それを見ていたら二人の人が来て私に話しかけてきました。彼らはその神社のそばに60年以上住んでいるのです。彼らは私にその神社や町の歴史について話しました。地元の人たちからその話を聞けてとても嬉しかったです。素晴らしい旅行でした。

このような旅行を通して，私は自転車で旅行することにはいい点がいくつかあることがわかりました。まず，ゆっくりした旅行を楽しめます。何か面白いものを見つけたとき，簡単に止まって経験することができます。もし私のようにラッキーだったら旅行中に①[地元の人たちに会う]ことができます。彼らと話すことで地元の町について何か新しいことを知ることができます。2つ目は自転車を使うことは環境にいいです。先月自転車に乗っているとき私は美しい自然を楽しみました。そのような美しい自然を守るために，自転車は二酸化炭素を排出しないので私はいいと思っています。

ところで滋賀には自転車に乗る人たちのためのおもしろいサービスやイベントがあるのを知っていますか？　例えば，自転車に乗る人たち向けの地図がある地域があります。地図には人気の場所や自転車を乗る人たち向けの様々なルートの情報や写真が載っているものもあり，それぞれの場所に行くのにどれくらいかかるかが示されています。それは旅行の計画を立てるときにとても役に立ちます。②(さらに)自転車でのツアーのようなイベントがある場所もあります。これらのツアーの中にはツアーガイドと一緒に地元の町や都市を旅して回れるものもあります。ツアーガイドが訪れる場所を説明してくれます。これらのサービスやイベントは自転車での旅行をもっとワクワクするものにしてくれます。

みなさんがいつか③[自転車での旅行を楽しんでくれる]ことを願っています。

【葵さんのコメント】

自転車でのゆっくりした旅行は面白そうです。いつか友達とやってみたいです。私の町であなたのように自転車に乗る人を見かけます。私の町が自転車に乗る人たちにとってもっと快適になることを願っています。あなたの話を聞いたときアムステルダムを思い出しました。その都市は人よりも自転車の方が多く，日々の生活で多くの自転車が使われていると聞きました。その都市は自転車に乗る人たちにとって安全です。例えば，自転車に乗る専用の道があり，そこでは車を運転することはできません。これらの道路のおかげで自転車に乗る人たちは安全に旅行することができます。これは面白いアイディアです。他の都市からもっとアイディアを得られたらいいと思います。

1　(1)「ホワイト先生はなぜ滋賀を旅してまわるのですか」解答例「なぜなら彼は地元の歴史に興味があるからです」第1段落第6文参照。　(2)「ホワイト先生は先月の旅行中に山を見て楽しみましたか」解答例「はい，楽しみました」第2段落第3，4文参照。

2　空欄を含む文に「私のようにラッキーなら」とあるので，第2段落で述べられている彼の経験と合うエがふさわしい。

3　この段落ではサービスの例を述べており，1つ目が地図の話，空欄以降はイベントの話をしているので，Also「さらに，その上」がふさわしい。　イ「しかし」　ウ「最初は」　エ「結局」

4　自転車での旅行について経験，利点，サービスなどが述べられている文章なのでイがふさわしい。

5　ア「1 旅行の経験，2 自然について知る方法，3 滋賀で自転車に乗る人の数」(×)　イ「1 神社の歴史，2 自然について知る方法，3 自転車に乗る人たちのためのサービスとイベント」(×)　ウ「1 旅行の経験，2 自転車旅行のいい点，3 自転車に乗る人たちのためのサービスとイベント」(○)　エ「1 神社の歴史，2 自転車旅行のいい点，3 滋賀で自転車に乗る人の数」(×)

6　④「アムステルダムには人より多くの自転車があると知って驚きました」葵さんのコメント第5，6文参照。　⑤「これらの道には車が全くないので人々は安全に旅行することができる」第8，9文参照。

4　(条件英作文)

書き出しは「私にとって何か大切なものについてあなたにお話しします」の意味。解答例は「私にとって最も大切なものは昨年父が私にくれたカメラです。彼はそれで素晴らしい写真を撮りました。私は彼のような写真家になりたいです」という意味。自分のことや身近なことについて英語で説明できるように書く練習をしよう。

2023年度英語　聞き取りテスト

〔放送台本〕

ただいまから，第1問の聞き取りテストを行います。問題は《その1》から《その3》まであります。聞いている間にメモをとってもかまいません。まず，《その1》から始めます。これから話される英語を聞いて，それぞれの後の質問に対する答えとして最も適当なものを，問題用紙に示されたアからエまでの中からそれぞれ1つ選びなさい。英語は，それぞれ2回放送します。それでは，始めます。

No.1 A: Kenta, how can I use this?
B: We put it by a window in summer time. We enjoy its sound.
A: That's nice.
Question: What did Kenta explain?

No.2 A: Bob, I found your watch under your bed.
B: Thank you, Mom. Where is it now?
A: It's on the desk in your room.
Question: Where is Bob's watch?

No.3 A: Ms. Smith, I'm sorry I'm late.
B: What happened, David?
A: I usually take the bus at 7:50, but it was late today.
B: How long did you wait at the bus stop?
A: I had to wait for 10 minutes.
Question: What time did the bus come this morning?

No.4 A: Excuse me. I want to buy a present for my sister.
B: How about these T-shirts? The black one is 22 dollars and the white one is 18 dollars.
A: I only have 20 dollars. My sister will like the one with flowers. I will take that one.
Question: Which T-shirt will the girl buy for her sister?

〔英文の訳〕

No.1 A：ケンタ，これはどうやって使えばいいですか？
B：私は夏に窓のそばにそれを置きます。私たちはその音を楽しみます。
A：それはいいですね。
質問：ケンタは何を説明しましたか？
答え：ウ

No.2 A：ボブ，あなたの時計をベッドの下で見つけたわよ。
B：ありがとう，お母さん。今どこにあるの？
A：あなたの部屋の机の上よ。
質問：ボブの時計はどこにありますか？
答え：イ

No.3 A：スミス先生，すみません，遅れました。
B：何があったの，デイビッド？

A：いつも7時50分のバスに乗るんですが，今日は遅れました。
B：バス停でどれくらい待ったんですか？
A：10分待たないといけませんでした。
質問：今朝は何時にバスが来ましたか？
答え：エ

No.4 A：すみません，姉[妹]にプレゼントを買いたいんです。
B：これらのTシャツはいかがでしょうか？　黒いのが22ドルで白いのが18ドルです。
A：20ドルしかないんです。姉[妹]は花のついた白いのを気に入るでしょう。それを買います。
質問：女の子は姉[妹]にどちらのTシャツを買いますか？
答え：ア

〔放送台本〕

次に，《その2》に入ります。カナダに留学している健(Ken)さんの留守番電話に，ジョン(John)さんからメッセージが入っていました。ジョンさんが健さんに伝えたいことは何ですか。最も適当なものを，問題用紙に示されたアからエまでの中から1つ選びなさい。英語は，2回放送します。それでは，始めます。

Hello, Ken. This is John. We need your help. We are going to have a baseball game this Sunday, but one of our players cannot come to the game. We are looking for a person to play with us. I heard you like baseball. If you can come to the game, please call me.

〔英文の訳〕

もしもし，ケン。ジョンです。あなたの助けが必要です。この日曜日に野球の試合をするつもりだけど選手の一人が試合に来られません。僕たちと一緒にできる人を探しているところです。きみは野球が好きだと聞きました。もし試合に来られるなら電話してください。

答え：イ　試合に参加すること。

〔放送台本〕

次に，《その3》に入ります。高校に入学した香菜(Kana)さんは，アメリカ合衆国からの留学生であるトム(Tom)さんとどの部活動に入るかを話しています。放送を聞いて，会話の後の1から3までの質問に対する最も適当な答えを，問題用紙に示されたアからエまでの中からそれぞれ1つ選びなさい。また，あなたも二人と一緒に話しているとして，あなたなら最後の香菜さんの質問にどのように答えますか。香菜さんとトムさんのやり取りの内容をふまえて，4の解答欄に5語以上の英語で書きなさい。会話と質問は通して2回放送します。それでは，始めます。

A: Tom, are you interested in a club?
B: I watched two club activities yesterday, but I haven't decided yet.
A: How were they?
B: The volleyball team looked hard for me, and the tennis team looked fun.
A: Then, you are interested in the tennis team, right?
B: Yes, but I'm worried because I've never played tennis.
A: You should try a new thing. It's good to start something new in high school.
B: That's right.

A: Were you a member of a club in America?
B: In America, we often play a different sport in each season. I played soccer in fall, basketball in winter, and baseball in spring.
A: Really? I am surprised to hear that.
B: Well, which club activities are you interested in, Kana?
A: I am interested in the chorus. I like singing with other people. I will practice hard to improve my performance in the chorus.
B: Great. I'd like to watch more club activities before I choose one.
A: How about you? Which club do you want to join?
Question 1: Is Tom on the tennis team?
Question 2: How many sports did Tom play in America?
Question 3: What will Kana do in the chorus in high school?

〔英文の訳〕
A：トム，部活に興味ある？
B：昨日部活動を2つ見たけどまだ決めてない。
A：それはどうだった？
B：バレーボールチームは僕には大変そうだったけど，テニスチームは楽しそうだったよ。
A：じゃあテニスチームに興味があるのよね？
B：うん，でも今までテニスをしたことがないから心配なんだ。
A：新しいことを試してみるべきだよ。高校で何か新しいことを始めるのはいいよ。
B：その通りだね。
A：アメリカでは何か部活のメンバーだったの？
B：アメリカではそれぞれの季節で違うスポーツをするんだよ。秋にはサッカーをして，冬にはバスケットボール，そして春には野球をしたよ。
A：本当？　それを聞いて驚いたわ。
B：じゃあ，どの部活動に興味があるの，香菜？
A：合唱部に興味があるの。私は他の人たちと歌うのが好きなの。合唱部で私のパフォーマンスを良くするために一生懸命練習するわ。
B：いいね。僕は一つを選ぶ前にもっと部活動を見たいな。
A：あなたはどう？　どの部活に入りたい？
質問1：トムはテニスチームに入っていますか？
答え　：イ　いいえ，入っていません。
質問2：アメリカでトムはいくつのスポーツをしましたか？
答え　：ウ　3つ。
質問3：高校の合唱部で香菜は何をしますか？
答え　：エ　より上手に歌うため一生懸命練習します。
4：(例)私はバスケットボール部に入りたいです。

＜理科解答＞

1　1　電解質　2　$Cu^{2+}+2e^{-}\rightarrow Cu$　3　Mg　4　153〔g〕　5　(1)　イ
(2)　セロハン膜を通り，亜鉛イオンは＋極側に，硫酸イオンは－極側に向かって移動する。

2　1　イ　2　ティッシュペーパーからストローに電子が移動したから。　3　ポリ塩化ビニルのパイプに蓄えられた静電気が蛍光灯の中を通ることで，電流が流れたから。
4　真空放電　5　ウ

3　1　石基　2　チョウ石などの無色鉱物の割合が多く，有色鉱物の割合が少ないため。
3　イ　4　エ　5　安山岩や花こう岩は，マグマが冷え固まってできた岩石であるのに対し，この石灰岩は，フズリナの死がいが水中に堆積して固まってできた岩石である。

4　1　対物レンズとプレパラートがぶつかることを避けるため。　2　葉緑体　3　イ，ウ
4　緑色のピーマンに光をあてたものでは，BTB溶液の色が緑色から青色に変化したことから，光合成によってピーマンが二酸化炭素を吸収したと考えられるため。　5　ウ，カ

＜理科解説＞

1　(金属イオン，電池)

1　電解質の物質を水に溶かすと水溶液中にイオンを生じるため，電解質の水溶液には電流が流れる。

2　銅イオン(Cu^{2+})が2個の電子($2e^{-}$)を受け取り，銅原子(Cu)になる変化が起こっている。

3　金属イオンをふくむ水溶液に金属片を入れたら金属片が溶けた場合，水溶液中の金属イオンよりも金属片の元素のほうがイオンになりやすい。よって，マグネシウム片と硫酸銅水溶液の結果より，イオンへのなりやすさは，**マグネシウム＞銅**となる。また，硫酸亜鉛水溶液とマグネシウム片の結果より，イオンへのなりやすさは，**マグネシウム＞亜鉛**となる。同様に硫酸銅水溶液と亜鉛片の結果より，イオンへのなりやすさは，**亜鉛＞銅**となる。これらをまとめると，**マグネシウム＞亜鉛＞銅**となる。

4　180gのうち，溶質が15％なので，溶質の質量は180〔g〕×0.15＝27〔g〕　よって，水(溶媒)の質量は，180－27＝153〔g〕

5　ダニエル電池において，亜鉛板が－極，銅板が＋極となる。硫酸亜鉛水溶液中に増加した亜鉛イオンは，＋極側にある硫酸銅水溶液へ移動する。硫酸銅水溶液中で濃度が濃くなった硫酸イオンは，－極側にある硫酸亜鉛水溶液へ移動する。

2　(電気)

1　ストローAとストローBは，同じ電気を帯びている。ストローAとティッシュペーパーは異なる電気を帯びている。よって，ストローAとストローBは退け合い，ストローAとティッシュペーパーは引き合う。

2　異なる物体をこすり合わせると，一方から他方へ，－の電気を帯びた電子が移動するため，電子を失ったほうの物体は＋の電気を帯び，電子を受け取ったほうの物体が－の電気を帯びる。

3　ポリ塩化ビニルにたまっていた電子が蛍光灯内へ移動するときに点灯する。

4　気圧を低くした空間を電流が流れる現象を，真空放電という。

5　真空放電では，電流のもととなる電子は**－極から＋極**に向かって移動する。電流の流れは電子の流れとは反対になるため，**＋極から－極**である。

3 （火山と火成岩）

1　斑状組織とは，比較的大きな鉱物の結晶(斑晶)と，均一なつくりの石基からなる。

2　岩石の色は，無色鉱物・有色鉱物の割合によって決まる。花こう岩は安山岩よりも無色鉱物を多くふくむ岩石であるため，花こう岩は安山岩よりも白っぽく見える。

3　石灰岩にうすい塩酸を加えると，気体(二酸化炭素)が発生する。

4　Bの火山のもととなったマグマのねばりけは弱いため，マグマが流れやすく，**傾斜のゆるやかな火山**となる。ねばりけが弱いマグマからなる火山が噴火するときは，マグマが流れ出るような穏やかな噴火となり，火山弾や火山灰を多く噴き上げる噴火のしかたは見られにくい。

5　安山岩，花こう岩は火成岩なので，マグマからなる岩石である。石灰岩は生物の遺がいをもとにしてできた堆積岩である。

4 （植物のはたらき）

1　ピントを合わせる際，対物レンズとプレパラートを近づけながら操作すると，対物レンズがプレパラートに当たり，器具が破損するおそれがある。

2　植物の細胞の中にある緑色の粒を，葉緑体という。

3　細胞壁，液胞は，植物の細胞のみに見られるつくりである。

4　BTB溶液は，溶液中にふくまれる**二酸化炭素の量が多いと黄色に，少ないと青色**に変化する。緑色のピーマンを用いた実験では，溶液中の二酸化炭素が減少していることがわかる。これは，緑色のピーマンが二酸化炭素を吸収したためと考えられる。

5　CとDを比べると，光を当てても当てなくても溶液中の二酸化炭素量が増加していることから，どちらも呼吸を行っていることがわかる。また，BとDを比べることで，ピーマンの色がちがっていても水溶液中の二酸化炭素が増加していることから，ピーマンは色にかかわらず呼吸を行っていることがわかる。

＜社会解答＞

1　1　中部　　2　ウ　　3　イ　　4　ア　北東　　エ　博物館　　5　(1)　ア
(2)　栽培漁業　　(3)　(例)自然や文化についての理解を深めて，その保全に取り組むようになること

2　1　(1)　天平文化　　(2)　イ　宋　　(3)　朱印船貿易　　(4)　蒸気機関
(5)　ウ→ア→イ→エ　　2　(1)　ウ　　(2)　堺　　(3)　為替相場　　(4)　(例)含まれる金の量　　(5)　(例)不要になった携帯電話などから金を取り出し再利用する

3　1　(1)　世界人権宣言　　(2)　エ　　2　(1)　議院内閣制　　(2)　ウ　　(3)　ア
3　(1)　イ　　(2)　ウ　　(3)　(例)貧しい人々が起業や仕事に従事し収入を得ることで，自立した生活ができるようにすること。

＜社会解説＞

1 （地理的分野―日本―地形図の見方，日本の国土・地形・気候，農林水産業，工業，世界―人々のくらし・宗教）

1　資料1の長野県や愛知県から判断する。

2　5つの県のうち海に面しているのは愛知，兵庫，島根の3県。　ア　太平洋ベルトに位置しているのは，兵庫県と愛知県。　イ　電子部品の製造品出荷額について，長野県は62194(億円)×11.9％＝約7401(億円)，島根県は12488(億円)×19.6％＝約2448(億円)となり，長野県は島根県より多い。　エ　製造品出荷額が最も多い愛知県は，**中京工業地帯**に位置している。

3　1月の気温が低いAが内陸の松本市，A・Cと比べて冬の降水量が多いBが日本海側の松江市，残ったCが姫路市と判断する。

4　イ　地形図の縮尺が2万5千分の1なので，実際の直線距離は8cm×25000＝200000cm＝2000m＝2(km)。

5　(1)　メモの「**スペイン**の植民地」から**ラテンアメリカ**に位置すると判断する。ラテンアメリカに属するメキシコ，ペルー，チリのうち，ペルーとチリは南半球に位置している。　(2)　育てる漁業のうち，大きくなるまでいけすの中で育てた魚介類を出荷する漁業を**養殖業**という。
(3)　表や資料5の例から，地域の自然や文化についての理解を深めることが目的の一つになっていることを読み取る。

2　**(歴史的分野—日本史—時代別—古墳時代から平安時代，鎌倉・室町時代，安土桃山・江戸時代，明治時代から現代，日本史—テーマ別—経済・社会・技術，文化・宗教・教育，外交，世界史—政治・社会・経済史)**

1　(1)　奈良時代の**聖武天皇**の頃の文化を**天平文化**という。　(2)　**チンギス＝ハン**によってモンゴル帝国が建国され，孫の**フビライ＝ハン**が国号を**元**と改めたのは，いずれも13世紀。
(3)　資料5は**朱印状**。東南アジアとの貿易は，豊臣秀吉の頃から行われていた。　(4)　**蒸気機関**は，イギリスの**ワット**が改良し，紡績機などの動力として実用化された。　(5)　アが1905年，イが1921年，ウが1871年，エが1930年のできごと。

2　(1)　**浄土信仰**では，南無阿弥陀仏と念仏をとなえることで極楽浄土に生まれ変わることを願う。　(2)　鉄砲は**堺**(現在の大阪府)や**国友**で大量生産された。わび茶の作法を完成させたのは**千利休**。　(3)　為替レートともいう。現在では，そのときの各国の経済状況に応じて交換比率が変動する**変動相場制**が採用されている。　(4)　財政難に悩まされた**徳川綱吉**が質の悪い小判を発行したため，社会が混乱した。　(5)　資料10から，携帯電話やノートパソコンには金が使用されており，不要になった携帯電話を回収していること，また，メダルの原料にそれらが用いられていることがわかる。

3　**(公民的分野—憲法・基本的人権，国の政治の仕組み・裁判，国際社会との関わり)**

1　(1)　1966年に**国際人権規約**が採択され，**世界人権宣言**の内容に法的拘束力を持たせた。
(2)　**知る権利**に関する内容。アは請願権，イは社会権，ウは自由権に分類される。

2　(1)　内閣は国会の信任のもとに成立するため，衆議院から内閣不信任を決議された場合は，**10日**以内に**総辞職**するか**衆議院を解散**しなければならない。　(2)　ア　法律や予算を成立させるのは，内閣ではなく国会。　イ　地方自治に関する内容。　エ　内閣総理大臣は衆議院と参議院それぞれで指名される。　(3)　**規制緩和**を進めることで，「大きな政府」から「小さな政府」への転換を図ろうとしている。

3　(1)　アは国家安全保障，ウはワークライフバランス，エは法の支配の説明。　(2)　2020年のODA支出総額上位5か国のうち，ヨーロッパの国はドイツ，イギリス，フランス。　ア　ODA支出総額上位2か国はアメリカ合衆国とドイツだが，国民1人あたり負担額上位2か国はドイツとイギリス。　イ　5か国とも減少している時期がある。　エ　2020年のODA支出総額が2012年と比べて2倍以上に増えている国はドイツのみ。　(3)　**マイクロクレジット**とは貧困などで一般の銀行から融資を受けられない人々を対象にした制度で，無償援助ではなく返済義務のある融資を行うことによって，自助努力による貧困からの脱出を促そうとしている。

＜国語解答＞

一　1　エ　2　ア　3　ウ　4　(例)神山は，常緑樹のスギばかりの山ではないため，四季ごとに訪れる変化を目にすることができるから。　5　(例)(われわれは,)ものの見た目だけでなく，手で触った時に感じるようなことまで，目で見て感じ取ることができるということ。

二　1　どういう視　2　(例)ことばできめ細かに表現することによって，感覚が豊かになっていく　3　適切な「言いかた」が選択できる　4　言語の働きには，「思考の整理の促進」があると思う。頭の中で考えていることを言語化すれば，思考と自分を切り離すことができるので，自分の考えを客観的に見られるようになる。例えば，漠然と不安な状態の時に，何に対して不安に思っているかを書き出すことで，解決策を考えられるようになる。

三　1　①　建築　②　届(く)　③　職務　④　営(む)　⑤　迷路　2　①　ちんたい　②　まかな(う)　③　おうせい　④　ふもと　⑤　う(れ)　3　①　A　②　ウ　4　①　C　②　といたもうこそこいしけれ　③　エ

＜国語解説＞

一　**(説明文－内容吟味，文脈把握，脱語補充，短文作成)**

1　空欄の後にある「的を射た」とは，ことの要点を正確についているということ。「的を射ていない」と同義語なのは，「しっくりこない」である。

2　「触覚は」から始まる段落に，対象物に触れたり，口の中に入れた時に初めて生じる感覚である触覚は「近距離感覚」なので，都市計画から度外視されていた事が述べられている。対して，「近距離感覚」並びに「この遠距離感覚」から始まる段落に，視覚・聴覚・嗅覚はいずれも「遠距離感覚」とされ景観の問題を含めた都市計画で十分に考慮に入れられてきたと書かれている。

3　「目ざわり」とは，物を見るのに邪魔になること。「目で見る手ざわり」という事を，「目ざわり」とするならば，全く異なった意味になってしまうと主張している。

4　「幸いなことに」から始まる段落に，筆者は**「春先の感じがとてもよい」「冬とはまるでちがって，なにかやわらかみのある，さわったらふんわりとしているであろう温かいテクスチュア」**と神山が雑木におおわれている事を肯定的に捉えている。【資料】の「スギは」から始まる段落に，スギは日本中どこにでもあって，**「紅葉がきれいな森はスギ林に置き換わり，山の奥に追いやられた」**とあり，また「ほんのすこし前」から始まる段落に，**「50～60年前には，薪炭林として里山には広葉樹林が広がっていた。モミジやカエデ，サクラなども混じり，山里の風景を彩っていた」**とある。つまりスギはどこにでも植えられ，季節を感じる事のできるサクラやモミジなどの広葉樹は，簡単に見る事ができなくなってしまった。季節を感じる事のできる，広葉樹を含めた雑木が植わっている神山を筆者は気に入っているのである。

5　神山の例を挙げた後，「これこそ」から始まる段落に，**「われわれは，この山のテクスチュアに，目で触れて味わっているのである。それは手ざわりではけっしてない。手でさわってみようとし**

ても，不可能だ。(中略)それは目で，visualにしか感じることのできないテクスチュアである」と，見た目だけでなく，触ってみたらどのように感じるかまで目で見て感じ取る事ができると述べている。

二 (論説文－内容吟味，脱文補充，作文(課題))

1 「ことば」から始まる段落に，**「同じ『内容』であっても，言いかたによって，聞き手／読み手の受け取りかたが全然異なる場合があります。(中略)どういう視点からことがらをとらえ，それをどのように聞き手／読み手にもちかけるか，ということ」**と，言いかたによって受け取りかたに相違がある事を示している。

2 「おいしい」から始まる段落に，料理を食べた際に単に「おいしいね」というより，具体的に何がおいしのかを述べた方が良い事を例に挙げ，**「ことば＝言語によってもう少しきめ細かに表現することによって」**，食事のおいしさも増すのではないかとしている。またテレビ番組の「食レポ」を取り上げ，レポーターの語彙力が豊かであればあるほど，おいしそうに感じさせることができるとしている。よって，感覚の認知と語彙力の豊富さを関連付けていることを読み取る。

3 「それは」から始まる段落に，会話はその場その場によって展開されていくため，予め「仕込んでおく」ことはできないので，ケースバイケースで「適切な『言いかた』が選択できる」事が重要であるとしている。

4 言語の働きについて，コミュニケーションをとること以外に，どのようなものがあるのかを明確に書く。そして，なぜそのような働きが言語にあるのかという理由を説明する。また「条件1」にあるように，自身が考えた言語の働きがどのような場面で見られるのか，具体例と結びつけつつ，制限字数に気をつけて書く。

三 (漢字の読み書き，随筆－脱語補充，品詞・用法，詩－内容吟味，仮名遣い，品詞・用法)

1 ① 「建築」とは，建物や橋などを建てること。また，その建てたもの。 ② 「届く」とは，ある所にまで達する，送った品物や郵便物が相手の所に着く，注意などが十分に行きわたる，願い事がかなうこと。 ③ 「職務」とは，その人が担当している仕事。 ④ 「営む」とは，忙しく物事をする，怠る事なく励む，生活のための仕事をする，神事・仏事などを行う，準備すること。 ⑤ 「迷路」とは，入り込むと迷って出られなくなるような道。

2 ① 「賃貸」とは，賃料を取り，物を相手方に貸すこと。 ② 「賄う」とは，神に捧げ物をする，また贈り物をすること。 ③ 「旺盛」とは，活動力が非常に盛んであること。 ④ 「麓」とは，山の下の方の部分。 ⑤ 「熟れる」とは，果実や穀物などが十分実ること。

3 ① A「ある」は連体詞，他は副詞となる。 ② 空欄の前で一人旅を提案し，後では「旅行は未知の世界を見せてはくれます」と，旅行の定義について筆者の考えを明確に示しているので，ウ「もちろん」が適当。

4 ① 波線部の「の」は主格の用きをしている。これと同じ用きをしているのは，Cの「の」である。 ② 語頭と助詞以外の「は・ひ・ふ・へ・ほ」は，「ワ・イ・ウ・エ・オ」となる。また**ア列音(－a)＋「う(ふ)」は，オ列長音(－ou)**となる。 ③ 前半の「わがこころなきためいきの その髪の毛にかかるとき」は，作者と少女の間の距離がどれだけ縮まったかを，ため息を用いながら表現している。間接的にも**作者の恋心を，少女は受け入れ，二人の恋が成就したこと**が読み取れる。また後半の「たのしき恋の盃」は**隠喩**であり，その後に続く「君が情けに酌みしかな」は，お互い恋に酔っていると解釈することができる。文末に「かな」という切れ字を用いることで，作者は自身の詠嘆を表現している。

滋賀県公立高等学校

2022年度

★★★★★★★★★★★★★★★★★★★★★★★★

入　試　問　題

2022年度

●くわしい解説……43ページ

＜数学＞

時間 50分 満点 100点

【注意】 1 解答は，最も簡単な形で表し，全て解答用紙に記入しなさい。
2 答えに根号が含まれる場合は，根号を用いた形で表しなさい。
3 円周率はπとします。

1 次の(1)から(9)までの各問いに答えなさい。

(1) $12-6\div(-3)$ を計算しなさい。

(2) $\frac{1}{2}a-\frac{4}{3}a$ を計算しなさい。

(3) $A=4x-1$，$B=-2x+3$ とするとき，次の式を計算しなさい。
$-4A+3B+2A$

(4) $-15a^2b\div3ab^2\times(-2b)^2$ を計算しなさい。

(5) $(\sqrt{2}-\sqrt{3})^2+\sqrt{6}$ を計算しなさい。

(6) 次の２次方程式を解きなさい。
$x^2=x+12$

(7) 関数 $y=-3x^2$ について，xが-4から３まで増加したときの，yの変域を求めなさい。

(8) ３，４，５，６，７の数字が書かれたカードが１枚ずつある。この５枚のカードから同時に２枚のカードを引くとき，2枚のカードの数字の積が２の倍数でなく，３の倍数でもない確率を求めなさい。ただし，どのカードを引くことも同様に確からしいとします。

(9) 下の**表１**は，Ａ中学校におけるハンドボール投げの記録を度数分布表に整理したものです。**表１**をもとに，**表２**のＢ中学校の度数分布を推定します。Ａ中学校とＢ中学校の10m以上20m未満の階級の相対度数が等しいとしたとき，**表２**の（ア）にあてはまる度数を求めなさい。

表１
Ａ中学校

階級(m)	度数（人）
以上　未満 ０～１０	４４
１０～２０	６６
２０～３０	７５
３０～４０	３５
合計	２２０

表２
Ｂ中学校

階級(m)	度数（人）
以上　未満 ０～１０	
１０～２０	（ア）
２０～３０	
３０～４０	
合計	６０

2　優さんは，コンピュータを使って，関数のグラフや図形について調べました。このコンピュータでは，１次関数 $y = ax + b$ の a と b に値を代入すると画面に直線が表示されます。後の(1)から(4)までの各問いに答えなさい。

はじめに，優さんは，a と b にある値を代入すると**図１**の直線が表示されました。

図１

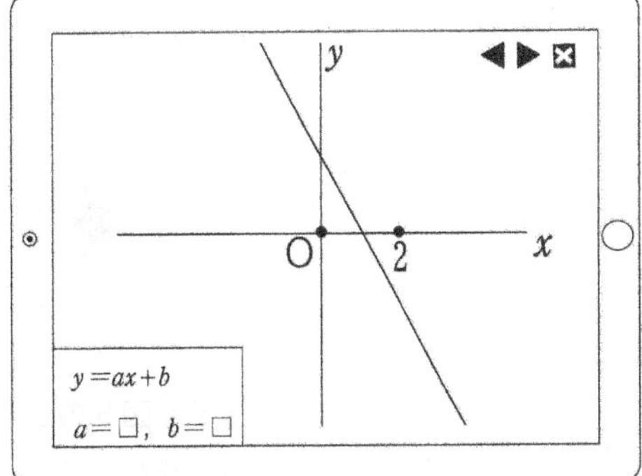

(1)　優さんが代入した a の値は，正の値，負の値，０のいずれになりますか。また，$3a + b$ の値は，正の値，負の値，０のいずれになりますか。それぞれ答えなさい。

さらに，優さんは，a と b の値をいろいろと変えました。

優さん

まず，<u>a の値は変えずに b の値は大きくする</u>と，**図１**の直線を y 軸の正の方向へ平行に移動した**図２**の直線①が表示されました。次に，a と b の値を変えると，**図２**の直線②が表示されました。

(2)　**図２**の②の直線を表示するには，**図１**の直線とくらべて，a と b の値をどのように変えましたか。下線部のように「a の値は～ b の値は～」の形式で答えなさい。

図２

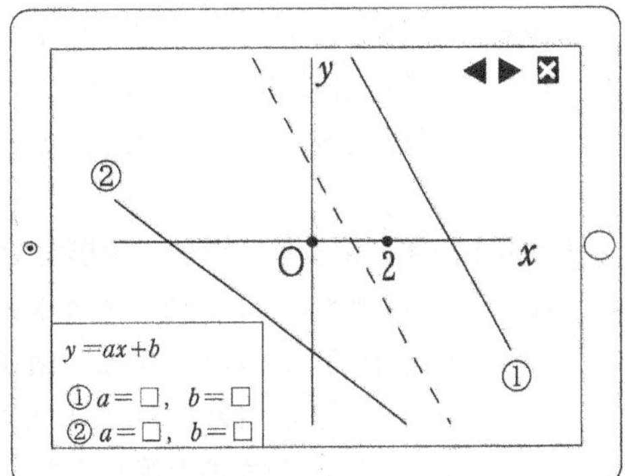

次に優さんは，コンピュータの画面上に４点A，B，C，Dをとり，四角形ABCDを表示しました。そして，**図３**のように，点B，C，Dは動かさず，点Aは点線上を動かすことにしました。

次のページの**図４**は，点Aが①，②，③，④の順に点線上を動くとき，点AとB，BとC，CとD，DとAを線分で結んでできる図形が変化していく様子を表しています。

図３

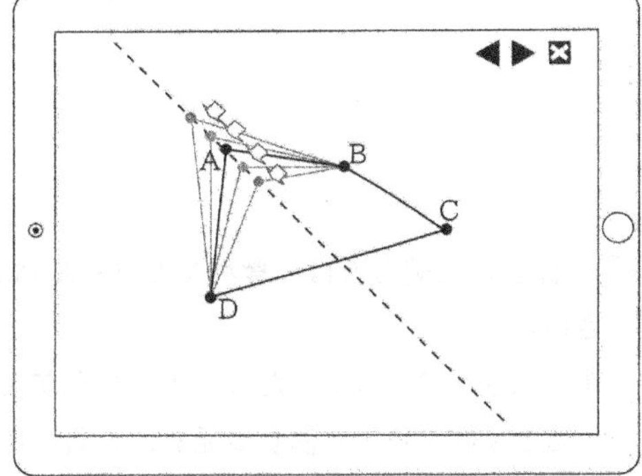

図4

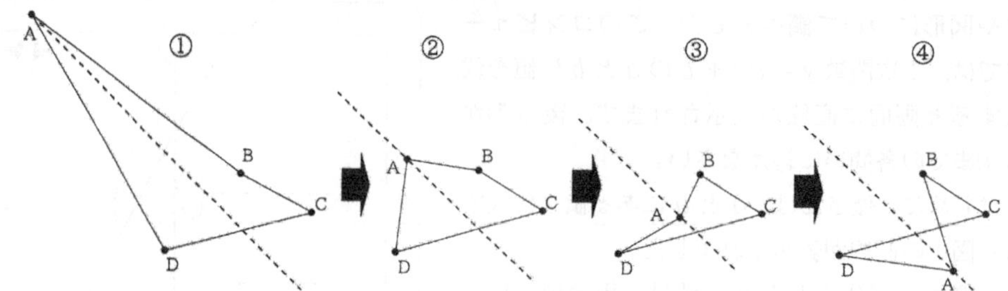

優さんは，この変化の様子を図5のように座標平面で考えました。3点の座標を，B（1，2），C（4，0），D（−3，−2）とし，点Aは点線で示された直線$y=-x$上を動くこととします。

図5

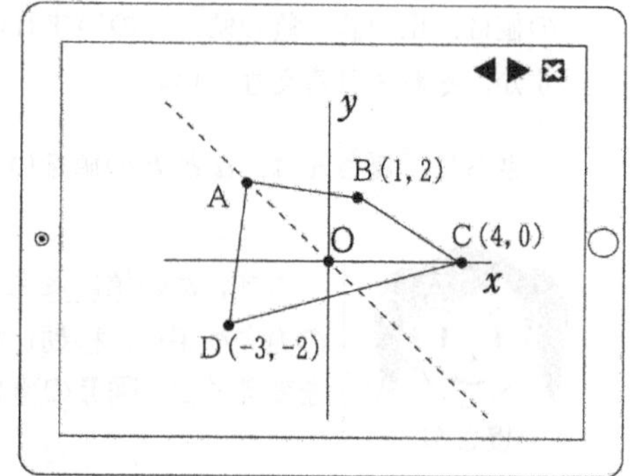

(3)　図4の①から④まで点Aのみを動かしたとき，点AとB，BとC，CとD，DとAを線分で結んでできる図形が1つの三角形になる点Aの座標は，2つありました。このときにできる2つの三角形をS，Tとしたとき，SとTの面積比を求めなさい。ただし，S≦Tとします。

(4)　図4の④のような2つの三角形ができる場合，点Aの座標が（2，−2）のときに2つの三角形の面積が等しくなりました。図6のように，線分ABと線分CDの交点をRとすると，△RADと△RBCの面積が等しくなることを説明しなさい。

図6

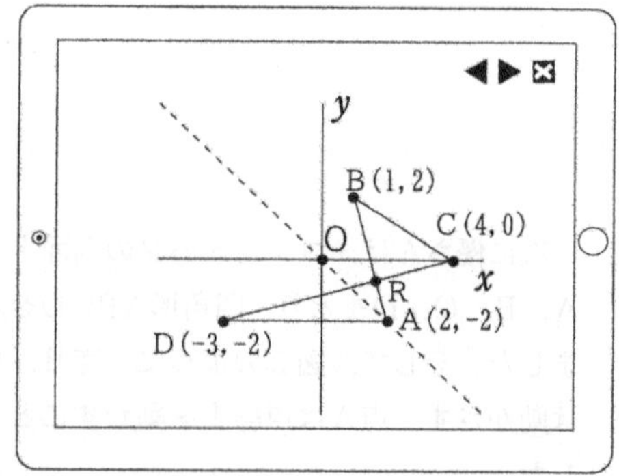

3　涼さんと純さんは，食パンとロールパンをつくります。次の(1)から(3)までの各問いに答えなさい。

(1)　涼さんは，つくったロールパンを友人に同じ個数ずつ配りたいと考えています。4個ずつ配ると9個余り，6個ずつ配ると5個たりません。友人の人数を求めなさい。

食パン1斤とロールパン6個をつくるために使う**小麦粉とバターの分量**は，次のページのとおりです。

小麦粉とバターの分量

○　食パン１斤・・・小麦粉　３００g，バター　１０g
○　ロールパン６個・・・小麦粉　１５０g，バター　１０g

(2)　純さんは食パンとロールパンをつくるために，小麦粉1.5kg，バター80gを用意しました。用意した小麦粉とバターは残さずに使います。純さんは，食パンとロールパンをそれぞれいくつつくる予定ですか。方程式をつくり，答えを求めなさい。ただし，答えを求めるまでの過程も書きなさい。

２人は，**図１**のような食パン１斤を焼き上げたあと，食パンを２つに切って２人で分けました。**図２**は，純さんの食パンを表し，**図３**は，**図２**の食パンの大きさを表しています。

ただし，食パン１斤を直方体とみて，頂点Ｅ，Ｆ，Ｇ，Ｈが同じ平面上にあるとします。

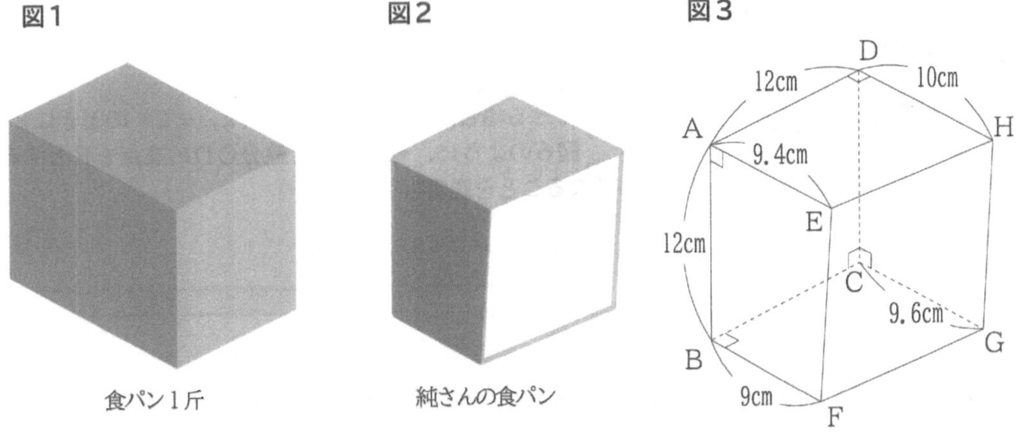

(3)　純さんは**図３**の四角形EFGHが平行四辺形であることに気づきました。このときの，対角線FHの長さを求めなさい。

4　涼さんと純さんは，体育の授業中に３人で行うダンスの隊形移動について考えています。３人の位置を点Ａ，Ｂ，Ｃとします。後の(1)から(4)までの各問いに答えなさい。

はじめに，点Ａ，Ｂ，Ｃを**図１**の①から②，②から③の順に動かすことにしました。

ただし，①において，点Ａ，Ｂ，Ｃは一直線上にあり，AB＝AC＝２ｍとします。

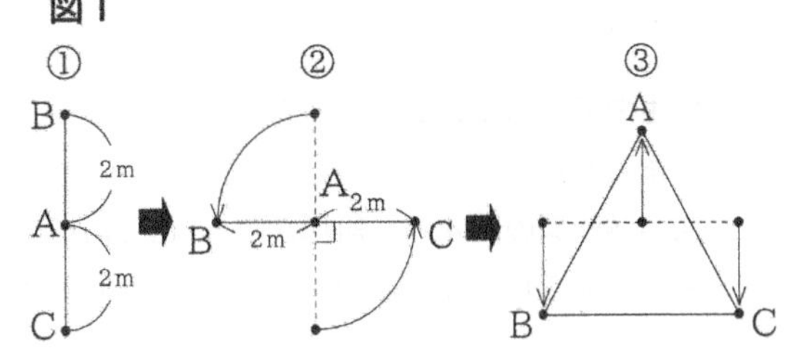

(1)　図１の②のように，点Ｂ，Ｃは点Ａを中心とする半径２ｍの円周上を反時計回りに90°それぞれ動きます。点Ｂ，Ｃがそれぞれ動くとき，点Ｂ，Ｃの２点が動く距離の合計を求めなさい。

次に，２人は，図１の③から点A，B，Cを動かすことを考えています。

考えていること

Ⅰ　図２の③のように，
AB＝BC＝CA＝４mとする。

Ⅱ　点A，B，Cは，③の位置から④のように，点Pに集まる。点Pまでは，それぞれ一直線に動く。

図２

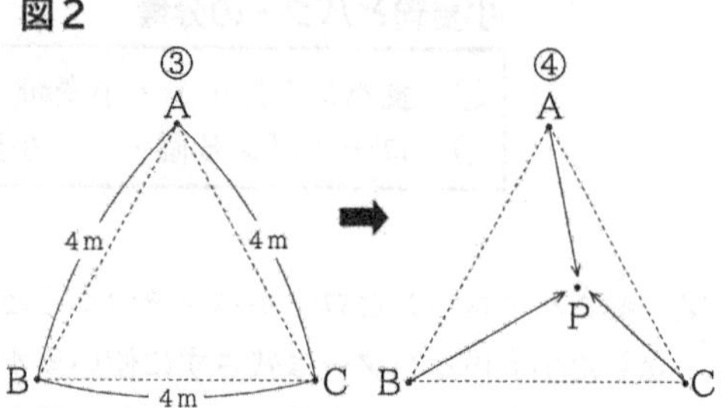

２人は，点A，B，Cが動く距離の合計が，最も短くなる点Pの位置を求めるにはどうしたらよいか先生に質問したところ，アドバイスをもらいました。

先生のアドバイス１

① 図３のように線分APを点Aを中心に反時計回りに60°回転させた線分をAQとします。このとき，△APQは正三角形になり，AP＝PQであることがわかります。

② 点Aから辺BCと平行で，AD＝BCとなる点Dをとると，<u>CP＝DQ</u>になります。

③ ①，②よりAP＋BP＋CP＝BP＋PQ＋QDであることがわかりますので，BP＋PQ＋QDが最も短くなるときの値を求めてみましょう。

図３

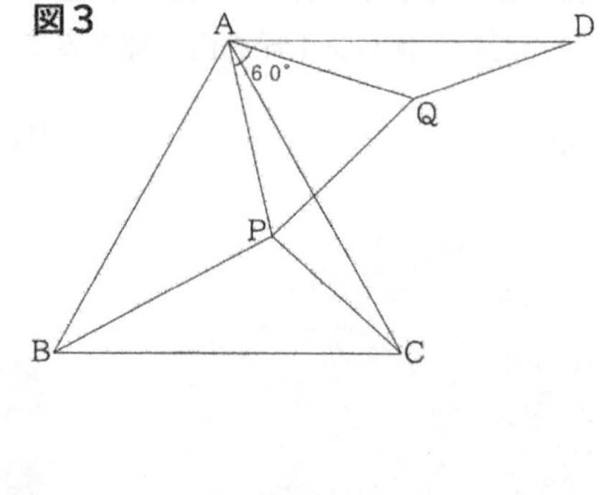

(2) 下線部のCP＝DQであることを証明しなさい。

(3) 点A，B，Cが動く距離の合計が最も短くなるときの値を求めなさい。

さらに２人は，先生から次のアドバイスをもらいました。

先生のアドバイス２

① 正三角形ABCの３つの頂点からの距離の合計が最も短くなる点Pは，三角形の内側にあり，∠APB＝∠BPC＝∠CPA＝120° となります。点Pを作図してみましょう。

② ①のことは，三角形が正三角形のときだけではなく，３つの角の大きさがすべて120°未満の三角形のときに成り立ちます。

先生のアドバイス２の①をもとに作図すると，点Pは，３つの頂点から等距離にあることがわかりました。

次のページの図４の三角形ABCは正三角形で，点Pは正三角形ABCの３つの頂点からの距離の合計が最も短くなる点です。また，△BCTは，CB＝CTの二等辺三角形でBC＝２BTです。

(4) **先生のアドバイス2**をもとに，3点B，C，Tからの距離の合計が最も短くなる点Rをコンパスと定規を使って作図しなさい。ただし，作図に使った線は消さないこと。

図4

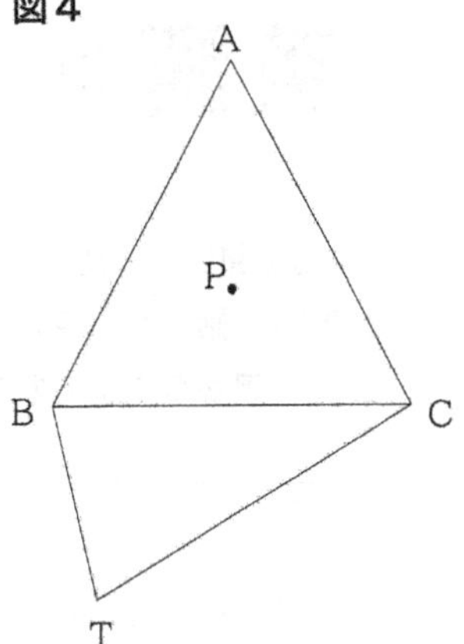

＜英語＞

時間　50分　　満点　100点

1　放送を聞いて答えなさい。

《その１》　話される英語を聞いて，それぞれの後の質問に対する答えとして最も適当なものを，アからエまでの中からそれぞれ１つ選びなさい。

《その２》　かおる（Kaoru）さんは，英語の授業でスピーチをしています。かおるさんがクラスメートに伝えたいことは何ですか。最も適当なものを，アからエまでの中から１つ選びなさい。

ア　We should get up and leave home early every morning.

イ　We should collect the garbage in our town every week.

ウ　We should have roles in our own family at home.

エ　We should ask our own family to cook breakfast every day.

《その３》　聡（Satoshi）さんは市役所で働いているマリア（Maria）さんにインタビューをしています。放送を聞いて，会話の後の１から３までの質問に対する最も適当な答えを，アからエまでの中からそれぞれ１つ選びなさい。

また，あなたも聡さんと一緒にマリアさんにインタビューをしているとして，あなたならマリアさんに何を尋ねたいですか。聡さんとマリアさんのやり取りの内容をふまえて，4の解答欄に5語以上の英語で書きなさい。

Satoshi　　You　　Maria

1　ア　After she decided to tell Satoshi about her work.
　イ　When she was a junior high school student.
　ウ　After she decided to work in Japan.
　エ　When she was a university student.

2　ア　She usually helps foreign people facing troubles in the city.
　イ　She usually tells Japanese people how to live in Brazil.
　ウ　She usually works for students joining festivals in the city.
　エ　She usually teaches Japanese people English.

3　ア　She wants foreign people to plan the international food festival.
　イ　She wants to build a new bridge over the river in the city.
　ウ　She wants to connect foreign people and Japanese people.
　エ　She wants Satoshi to make hazard maps in different languages.

4　あなたも聡さんと一緒にマリアさんにインタビューをしているとして，あなたならマリアさんに何を尋ねたいですか。聡さんとマリアさんのやり取りの内容をふまえて，5語以上の英語で書きなさい。

2　直也 (Naoya) さんとみゆき (Miyuki) さんの学級の英語の授業で，ミラー先生 (Mr. Miller) は，授業のきまり (class rules) について生徒の意見を聞くために，**【アンケート】** (questionnaire) を配りました。また，その後の授業で，**【アンケートの結果】** を見ながら，学級で話し合いが行われました。後の1から7までの各問いに答えなさい。

【アンケート】

English Class Questionnaire

"Let's improve our English. What can we do?"

English is a useful tool. If you can use it, you can communicate with people in many countries and areas. In our English class, I hope everyone tries to use English more, so we can enjoy English communication activities more.

I believe that it is good for us to have some class rules to improve our English. Will you write your ideas and reasons? I'm looking forward to hearing your ideas.

Example: Always speak to each other with good eye contact because you can understand other people's feelings.

Please write here.　:
:
:

I'll collect this questionnaire on September 10.　Thank you.

（注）communicate with ～：～とコミュニケーションをとる

【アンケートの結果】

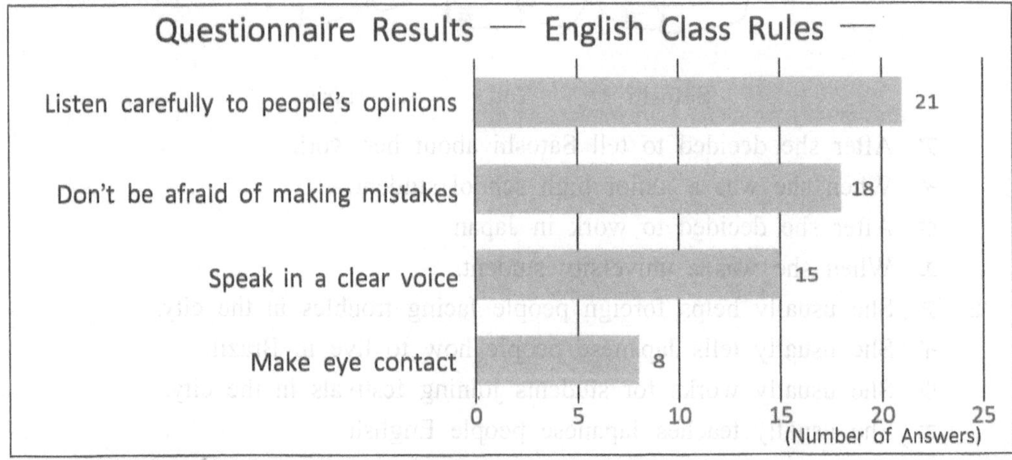

（注）making mistakes：間違えること　　make eye contact：アイコンタクトをとる

1 【アンケート】と【アンケートの結果】の内容として合っているものを，次のアからカまでの中から２つ選びなさい。

ア This questionnaire will be collected in the last class of the year.

イ The most popular idea from students is to listen carefully to people's opinions.

ウ Mr. Miller hopes these class rules may help students enjoy club activities at school, too.

エ According to the results, most students think eye contact is very important.

オ Students have to write their own ideas with reasons.

カ Fifty students think it is important to speak in a clear voice.

直也さんは，ミラー先生と【アンケートの結果】を見ながら話しています。

【直也さんとミラー先生の会話】

Mr. Miller: What do you think about these questionnaire results, Naoya?

Naoya: I really liked learning about the ideas given by my classmates. I think all of the ideas in the questionnaire results are important.

	The graph ①【 are / that / interested / us / we / shows 】 in becoming better English speakers.
Mr. Miller:	Well, I'm glad that everyone expressed his or her ideas. First, I want you to make groups of four people. Then, choose your group leader. Each group will choose their favorite idea from the questionnaire results. Remember the reason should be included. Please think carefully. （ ② ）, your group leader will talk about your group's favorite class rule.
Naoya:	OK. I think it is necessary for us to talk together, so everyone can become more active in English class.
Mr. Miller:	That's right. I hope everyone will take part in my English class positively and have more and more chances to try English.

（注） take part in ～：～に参加する　positively：積極的に

2 ①【 】内の語を，意味が通るように並べかえなさい。

3 （②）に入る語として最も適当なものを，次のアからエまでの中から１つ選びなさい。

ア Actually　イ Surprisingly　ウ Finally　エ Usually

直也さんは，自分のグループを代表して，話し合った結果を発表します。

【直也さんのスピーチ】

Let me tell you about my group's opinion. It was easy to know （ ③ ） we （ ④ ） choose as our class rule. We think that "Don't be afraid of making mistakes" is the most important. I would like to tell you about one of my experiences. When I was in the first year, speaking English made me nervous. I was very worried about making mistakes. After I began to speak English with gestures, I became more and more active in class. Now, I feel more comfortable with using English. I think that ⑤ they are very useful for communication. There is one more important thing. It is good to smile when we speak to each other because it keeps us positive. Thank you for listening.

（注） comfortable with ～：～が心地よい

みゆきさんは，直也さんのスピーチに対する意見を発表します。

【みゆきさんの意見】

Thank you, Naoya. I was impressed by your group's ideas. We were very （ ⑥ ） to think about class rules for English class. In our group, we think that we should ［ ⑦ ］ in every class, because the ideas of other people are quite important. We think it is necessary to build good relations with classmates, so we should try very hard to understand their English. Thank you.

4 （③）および（④）に入る英語の組み合わせとして正しいものを，次のアからエまでの中から１つ選びなさい。

ア who / may　　イ which / should

ウ where / could　　エ when / will

5 下線部⑤は何を指していますか。英語で書きなさい。

6 （⑥）に入る語として最も適当なものを，次のアからエまでの中から１つ選びなさい。

ア kind　イ interesting　ウ popular　エ excited

7 ［⑦］に入る適当な英語を，３語以上で書きなさい。

3 知美（Tomomi）さんと健太（Kenta）さんの学級では，英語の授業で興味のある社会的な問題についての意見発表を行いました。次は，【知美さんの発表】【知美さんの発表資料】【健太さんの感想】です。これらを読んで，後の１から６までの各問いに答えなさい。

【知美さんの発表】

Hello, everyone. Have you ever thought about the food you eat every day? Where does it come from? How does it come to you? I believe food and the environment are important.

Look at graph 1. Japan's food self-sufficiency rate is 37%. It means that Japan imports more than 60% of its food. I didn't know that, but I understood it when I thought about my breakfast. I ate rice, grilled fish, and miso soup. The rice was grown in Japan, but the fish was（ ① ）in a foreign country. The miso and tofu are made from soybeans. However, most of the soybeans are imported from other countries. The breakfast was *washoku*, traditional Japanese cooking, but it was international.

Look at graph 2. Do you know how far your food traveled to get to you? You can see the food mileage here. Food mileage is calculated by multiplying weight and distance and it tells how much fuel is used to transport food. Japan's food mileage is higher than the other countries' food mileage in the graph. Japan buys a lot of food from many countries and a lot of fuel is used when the food is transported. Using too much fuel is not good for the environment, so we need to think about this. If we buy locally produced food, we don't use much fuel. I think buying locally produced food is one of the good ways to solve this problem.

There is another problem. There are ②【 around / from / hunger / many / suffer / people / who 】the world. However, food waste in Japan is more than six million tons a year. According to graph 3, [③]. I think we should do something to solve this problem. If we reduce food waste from home, it can make all the difference. When I opened the refrigerator last week, I found some food that was too old to eat. I had to throw it away and I felt very sorry. We should buy only the food we will eat.

Food is very important for us. We should think about the food we eat every day. I believe that we can find answers to our environmental problems. What is your opinion?

Thank you.

(注) food mileage：フード・マイレージ（単位は t・km（トン・キロメートル））
calculate(d)：計算する　multiplying：multiply（かける）の ing 形　weight：重さ
distance：距離　fuel：燃料　locally produced food：地元でつくられた食べ物
refrigerator：冷蔵庫

【知美さんの発表資料】

[Graph 1]

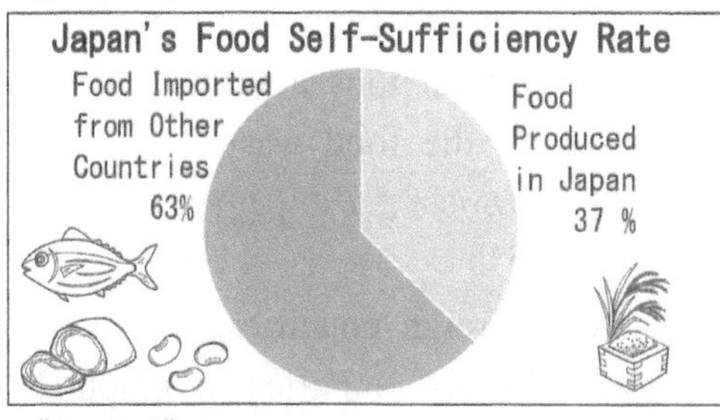

[Graph 2]

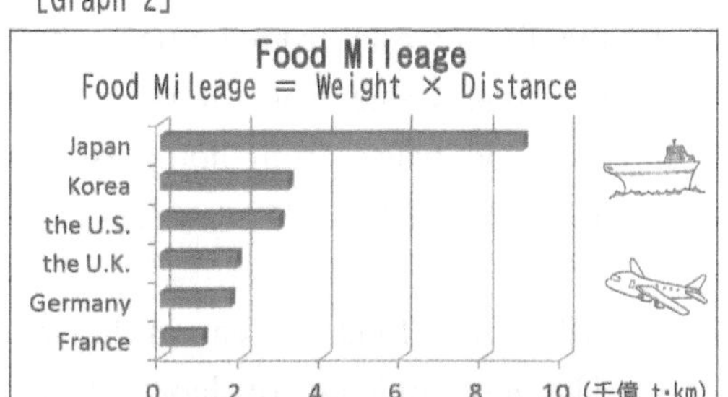

[Graph 3]

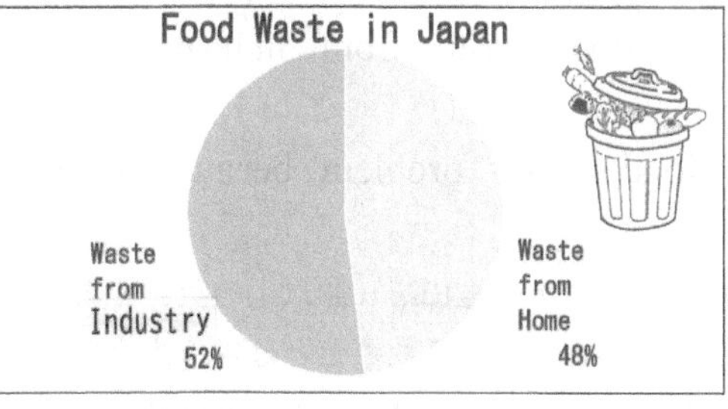

グラフ1は農林水産省「平成30年度食料自給率・食料自給力指標について」，グラフ2はウェブサイト「フード・マイレージ」資料室（データは2001年），グラフ3は農林水産省「食品廃棄物等の利用状況等（平成25年度推計）」より作成

【健太さんの感想】

Thank you, Tomomi. Your presentation is great. You say that buying locally produced food is good for the environment and it has other good points, too. A few days ago, I went to the market near my house. A lot of vegetables grown in my town are sold there. The vegetables are fresh and we can get them in season. Sometimes the farmers who grew the vegetables come to the market to sell them. I met a farmer and enjoyed talking with him. He also taught me how to cook the vegetables. I ate them for dinner and they were delicious. If I know who grows the vegetables, I feel safe about my food. ④ I think it is good to buy the food produced in our local area not only for the environment but also for us.

1 【知美さんの発表】について，次の⑴，⑵の質問に対する答えになるように，（ ）に入る適当な英語を２語以上で書きなさい。

⑴ Does Japan import more than 60% of its food from foreign countries?
→ （ ）.

⑵ What food in Tomomi's breakfast was produced in Japan?
→ （ ）.

2 （①）に入る最も適当なものを，次のアからエまでの中から１つ選びなさい。

ア caught イ eaten ウ swum エ thought

3 ②【 】内の語を，意味が通るように並べかえなさい。

4 ［③］に入る最も適当なものを，次のアからエまでの中から１つ選びなさい。

ア the food waste from home is larger than the food waste from industry
イ the food waste from home is half of the food waste from industry
ウ the food waste from home is more than six million tons a year
エ the food waste from home is almost half of all the food waste

5 【知美さんの発表】の内容として合っているものを，次のアからオまでの中から１つ選びなさい。

ア All of the food we eat in Japan comes from foreign countries.
イ The food mileage of Japan is the lowest of the six countries in graph 2
ウ Tomomi says locally produced food needs less fuel than imported food.
エ Tomomi believes that reducing the food waste from industry is more important.
オ We can do nothing to solve the food waste problem because it is too serious.

6 下線部④の健太さんの意見について，あなたの考えとその理由を10語以上の英語で書きなさい。２文以上になってもかまいません。ただし，知美さんが話したこととは違う内容で，書き出しは次のどちらかを用いることとし，書き出しの語句は語数に含めるものとする。

書き出し I agree / I disagree

4 次の問いに答えなさい。

次のページの英文は，真（Makoto）さんの学級で英語のグリーン先生（Mr. Green）が問いかけた内容です。これを読んで，あなた自身の考えとその理由を，15語以上35語以内の英語で書きなさい。２文以上になってもかまいません。

【グリーン先生の問いかけ】

My American friend who is a photographer will visit Shiga in spring. I want to take her to a nice place in Shiga to take pictures, but I don't know where to go. Could you give me good advice?

＜理科＞

時間　50分　　満点　100点

1　夏希さんと千秋さんは，植物が成長することに興味をもち，観察を行いました。後の1から4までの各問いに答えなさい。

多くの植物は，みるみるうちに大きく成長するように感じるね。植物の体は，どの部分でも同じように成長していくのかな。

前にタマネギを使って根の伸びるようすを学習したね。他の植物でも根は同じように伸びるのかな。種子から育てて，観察してみよう。

夏希さんと千秋さんは，いくつかのエンドウの種子を使って，成長のようすを観察することにしました。水を含ませた脱脂綿にエンドウの種子をまくと，数日後，根が出てきたので，**観察1**を行いました。

【観察1】

＜方法1＞

① 根が出てきた種子から，根の長さが1㎝程度に伸びた種子を選び，根に図1のように等間隔に印（・）をつける。

② 翌日に変化を観察する。

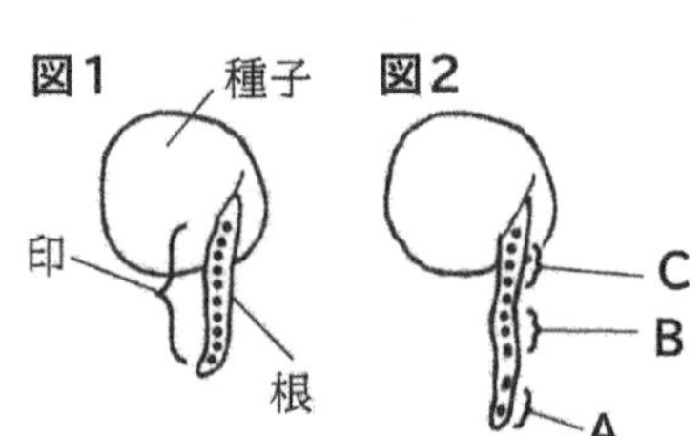

＜結果1＞

図2のように印の間隔が変わった。

＜方法2＞

① 図2のAの部分を切り取り，スライドガラスにのせる。

② スライドガラス上の切り取った根に，うすい塩酸を1滴かけて5分間おく。

③ ろ紙で，うすい塩酸を吸い取る。

④ 酢酸カーミン液をかけて，さらに5分間おく。

⑤ カバーガラスをかけ，ろ紙をのせて押しつぶす。

⑥ B，Cの部分についても，①から⑤と同様の操作を行い，作成したプレパラートを顕微鏡で観察する。

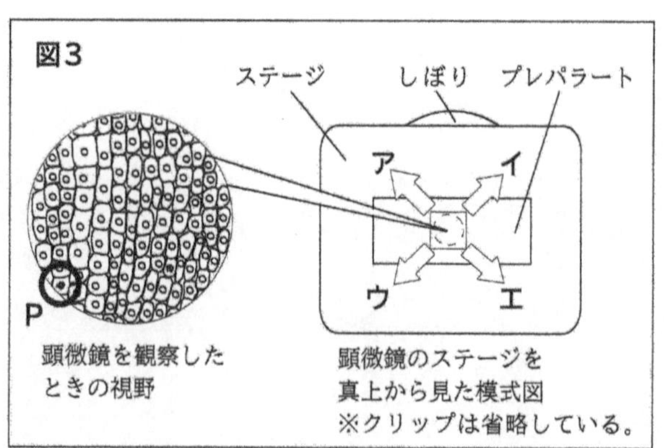

<結果２>

図４のような細胞をそれぞれ観察することができた。顕微鏡の倍率は，すべて同じである。

図４

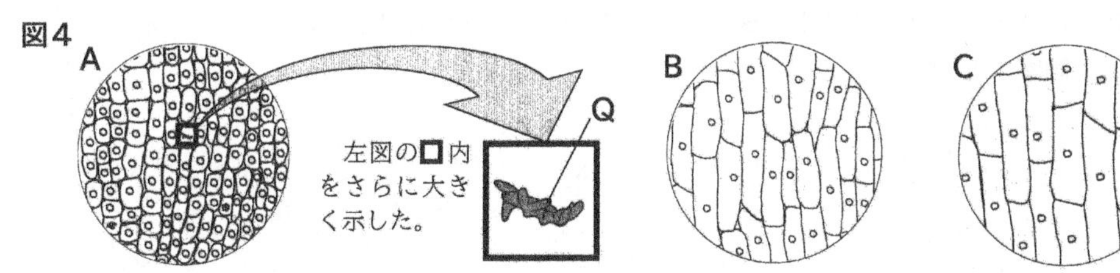

1　顕微鏡でプレパラートを観察したとき，前のページの**図３**のＰの位置に観察したいものが見えました。Ｐを視野の中央に移動させて観察するとき，プレパラートはどの向きに動かせばよいですか。適切なものを，**図３**の**ア**から**エ**までの中から１つ選びなさい。

【話し合い】

夏希さん：**結果１**から，根の先端付近がよく伸びていて，種子の近くは根の先端付近と比べると伸びていないことがわかるね。
千秋さん：**結果２**では，ａ細胞の形がはっきり見えるね。
夏希さん：ｂＱの部分を見ると，細胞分裂が起こっている途中だとわかるね。
千秋さん：観察に使わなかった種子の根は，今後さらに伸びていきそうだね。

2　下線部ａについて，植物の細胞には細胞膜の外側を囲むつくりがあります。このつくりの名前は何ですか。書きなさい。また，その役割は何ですか。「植物の体」という語を使って書きなさい。

3　下線部ｂのように，夏希さんが判断したのはなぜですか。説明しなさい。

観察を数日間続けていると，今度は茎が伸びてきたよ。茎は，種子に近い側が伸びるのかな。それとも茎の先端の葉に近い側が伸びるのかな。

茎の中央あたりが伸びるのかもしれないよ。茎も根と同じように茎全体に印をつけて，観察を続けてみよう。

夏希さんと千秋さんは，茎がどのように成長するかを調べるために，**観察２**を行いました。

【観察２】

<方法>

①　**観察１**で使用しなかった種子を続けて育てる。
②　種子から茎が伸びてきたほぼ同じ状態の個体を選び，そのうちのいくつかの個体の茎に，**図５**のように等間隔に印（・）をつける。
③　３日後と10日後に変化を観察する。

図５　　**図６**

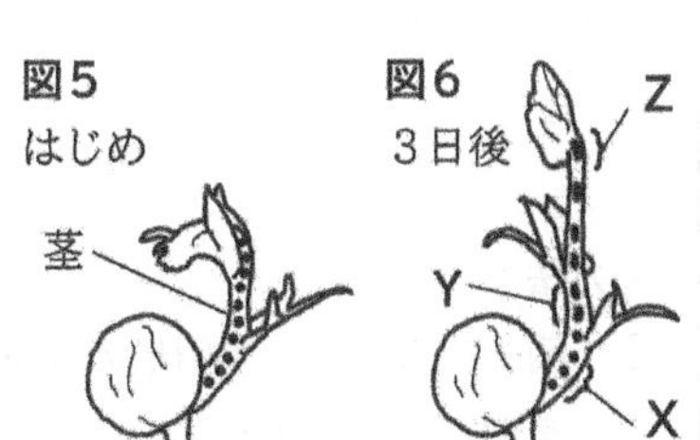

＜結果＞

3日後には，茎が伸びて前のページの図6のようになった。

また，図6の状態のX，Y，Zの各部分について，**観察1**の**方法2**と同様の操作を行い観察すると，図7のようであった。なお，顕微鏡の倍率は，**観察1**と同じである。

図8

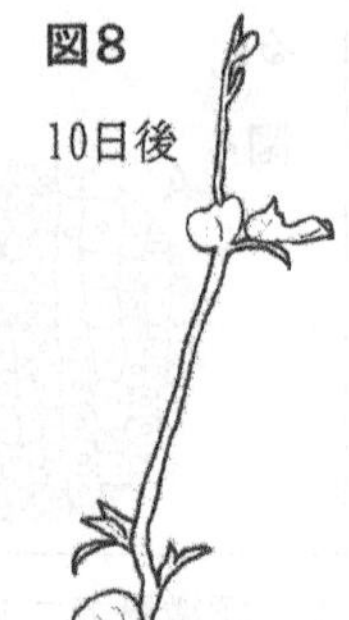

図7

X

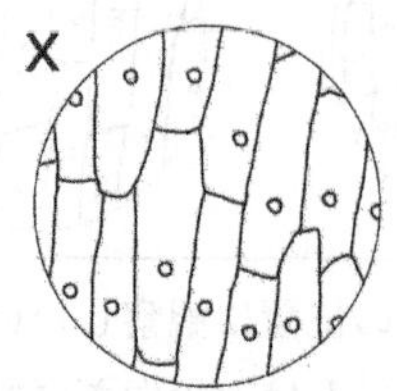

Y

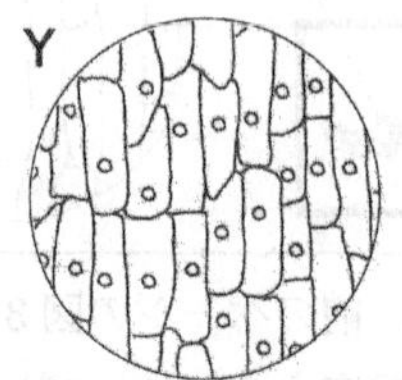

Z

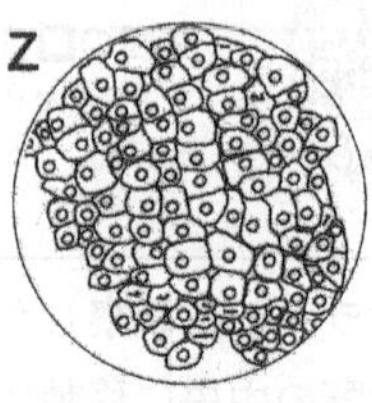

10日後には，印をつけなかった個体は図8のようになった。

4　**観察1**と**観察2**から考えて，エンドウの根や茎が伸びるのは，根や茎の先端に近い部分の細胞でどのような変化が起こるためですか。説明しなさい。

2　千秋さんと夏希さんは，光の進み方や凸レンズのはたらきについて興味をもち，実験を行いました。後の1から5までの各問いに答えなさい。

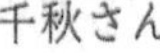

虫眼鏡のレンズを通すと，物体が大きく見えたり，さかさに見えたりするね。また，遠くの景色を紙にうつすこともできるね。

レンズはガラスなどでできているけれど，光がガラスに出入りするとき，どのような進み方をしているのかな。

光がガラスの境界面でどのように進むのかを観察したり，凸レンズのはたらきを調べる実験をしたりしてはどうかな。

レンズのはたらきを応用した機器にカメラがあるね。カメラのしくみについても調べてみよう。

【実験1】

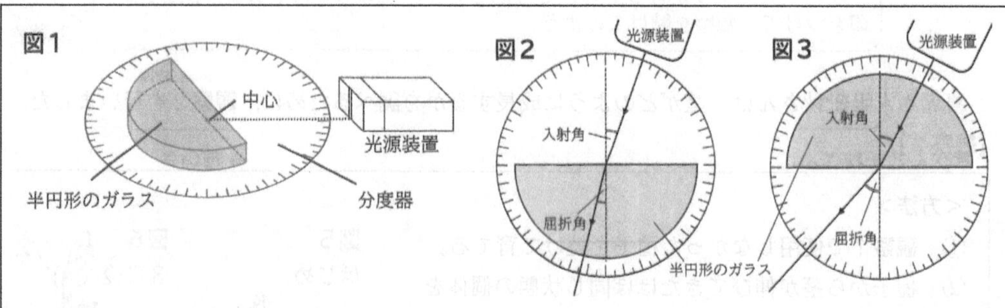

＜方法＞

① 図1のように，半円形のガラスを分度器の上に中心をかさねて置き，光源装置の光が中心を通るようにする。

② **図2**のように，空気中から半円形のガラスに光を当てて真上から光の道すじを観察して，入射角と屈折角の大きさをはかる。光源装置を動かし，入射角を変えて同様に入射角と屈折角をはかる。

③ **図3**のように，半円形のガラスから空気中に光を当てて真上から光の道すじを観察して，入射角と屈折角の大きさをはかる。光源装置を動かし，入射角を変えて同様に入射角と屈折角をはかる。

＜結果＞

表1，**表2**は，光が空気中からガラスに入るときと，光がガラスから空気中に入るときの入射角と屈折角の測定値である。

表1 光が空気中からガラスに入るとき

	1回目	2回目	3回目
入射角	20°	34°	43°
屈折角	13°	22°	27°

表2 光がガラスから空気中に入るとき

	1回目	2回目	3回目
入射角	27°	34°	40°
屈折角	43°	57°	75°

1 **実験1の結果**から考えて，光が空気中からガラスに入るときと，光がガラスから空気中に入るときの光の進み方を正しく説明しているものを，次の**ア**から**エ**までの中から1つ選びなさい。

ア **表1**では，入射角は屈折角よりも小さく，入射角が大きくなると屈折角は小さくなる。

イ **表2**では，入射角は屈折角よりも小さく，入射角が大きくなると屈折角は小さくなる。

ウ **表1**で入射角をさらに大きくすると，ある角度からガラスの表面で屈折せずにすべて反射する。

エ **表2**で入射角をさらに大きくすると，ある角度からガラスの表面で屈折せずにすべて反射する。

2 **図4**のAの位置に鉛筆を立て，矢印（➡）の方向から観察しました。鉛筆の見え方を正しく表したものを，次の**ア**から**エ**までの中から1つ選びなさい。

図4

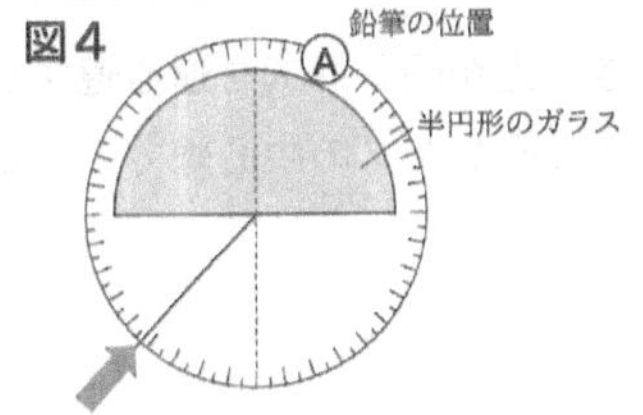

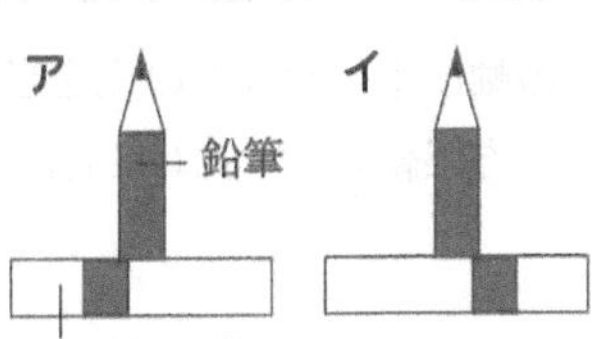

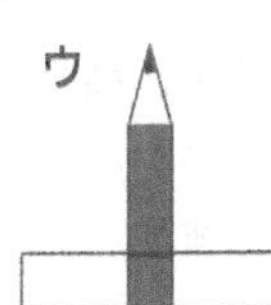

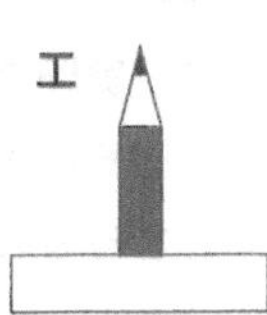

【話し合い】

夏希さん：カメラのしくみを調べるために段ボールと，薄紙のスクリーンを用いて簡易カメラをつくったよ。

千秋さん：中づつにあるスクリーンをのぞくと周りの景色が上下左右逆にうつるね。

夏希さん：中づつの位置を変えると像がぼやけることに気づいたよ。

千秋さん：凸レンズから物体までの距離と，物体の像がはっきりとうつるときの凸レンズからスクリーンまでの距離との関係を調べてみよう。

【実験2】

＜方法＞

① 凸レンズの軸に平行な光を当てて焦点を調べ，焦点距離をはかる。

② ①で焦点距離を調べた凸レンズ，段ボール，薄紙でつくったスクリーンを用いて図5のような簡易カメラをつくる。また，凸レンズからスクリーンまでの距離は，0cmよりも大きく36cmよりも小さい範囲で移動できるようにする。

③ 物体を図5のア，イ，ウの位置に置き，中づつを動かしながら，像がはっきりとうつるときの凸レンズからスクリーンまでの距離を調べる。

図5

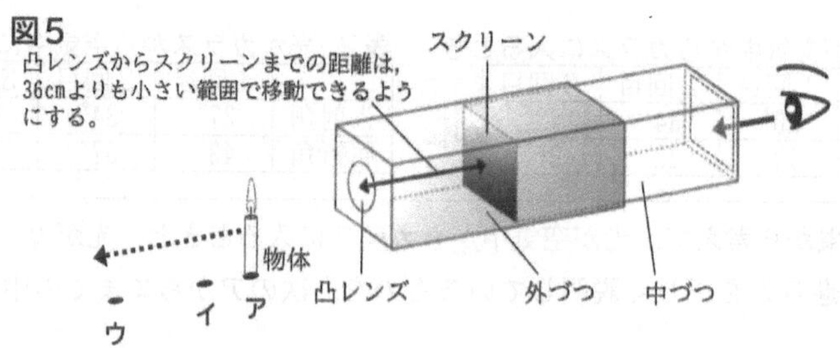

＜結果＞

①の結果，実験で使用した凸レンズの焦点距離は，12cmであることがわかった。

表3は，実験の結果をまとめたものである。

表3

物体の位置	凸レンズから物体までの距離	像がはっきりとうつるときの凸レンズからスクリーンまでの距離
ア	焦点距離の1.5倍	焦点距離の3倍
イ	焦点距離の2倍	焦点距離の2倍
ウ	焦点距離の3倍	焦点距離の1.5倍

3　実験2の①で，凸レンズの軸に平行な3本の光を当てたとき，光が凸レンズを通る道すじを図6に表しなさい。ただし，方眼紙の1マスは1cmとし，屈折は凸レンズの中心線で1回だけするものとします。

図6

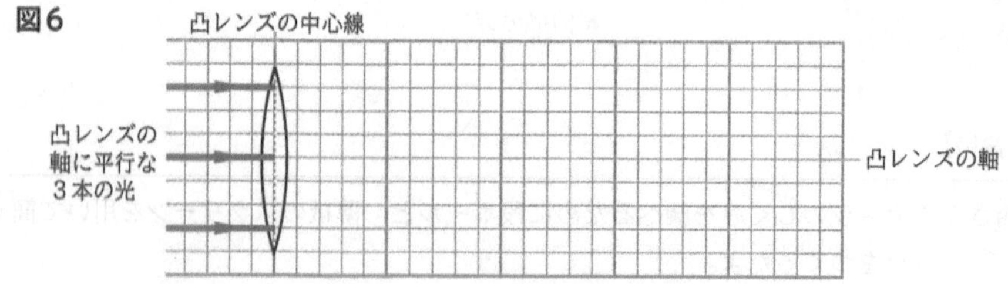

4　実験2で，凸レンズからスクリーンまでの距離が焦点距離よりも短いとき，スクリーンにはっきりとした像をうつすことはできません。その理由を書きなさい。

5　千秋さんは図5の簡易カメラを使って，物体の像をスクリーンにはっきりとうつしたいと考えました。次のページの(1)，(2)の問いに答えなさい。

(1)　凸レンズから物体を遠ざけていくとき，物体の像をはっきりとうつすためには，スクリーンの位置を変える必要があります。物体をしだいに遠ざけていくと，スクリーンは凸レンズから何cmのところに近づいていきますか。整数で答えなさい。

(2)　この簡易カメラを使って，物体よりも大きい像をスクリーンにはっきりとうつすためには，凸レンズからスクリーンまでの距離は，何cmよりも大きく，何cmよりも小さい範囲となりますか。整数で答えなさい。

3　千秋さんと夏希さんは，地震に興味をもち，調べ学習を行いました。後の1から5までの各問いに答えなさい。

千秋さん

地震は身の回りにいろいろな影響をおよぼす現象だね。a 地形が変化することもあるね。

夏希さん

地震が起こると，震央や，震源の深さ，b 地震の規模を表すマグニチュードと各地の震度が伝えられるね。

1　下線部aについて，地震などで土地がもち上がることを何といいますか。書きなさい。

2　下線部bについて，震央と震源の深さがほぼ同じ地震を比べたとき，マグニチュードの値が大きい地震は，マグニチュードの値が小さい地震と比べてどのような違いがありますか。ゆれの伝わる範囲について書きなさい。

千秋さんと夏希さんは，ある地震（**地震ア**）について，インターネットを使って**調べ学習**をしました。

【調べ学習】

<地震ア>

次のページの**図1**の略地図に，**地震ア**の震央と，地震計の記録などが得られた地点を示した。

表に，地震発生から各地点でゆれが観測されるまでの時間をまとめた。

次のページの**図3**に，**地点A**，**地点B**，**地点C**の地震計の記録をまとめた。記録の左端が地震の発生時刻である。

表

地点	震源からの距離(km)	地震発生から小さなゆれが観測されるまでの時間(秒)	地震発生から大きなゆれが観測されるまでの時間(秒)
地点A	13.7	2.4	4.0
地点B	37.8	6.5	11.1
地点C	31.2	5.4	9.2

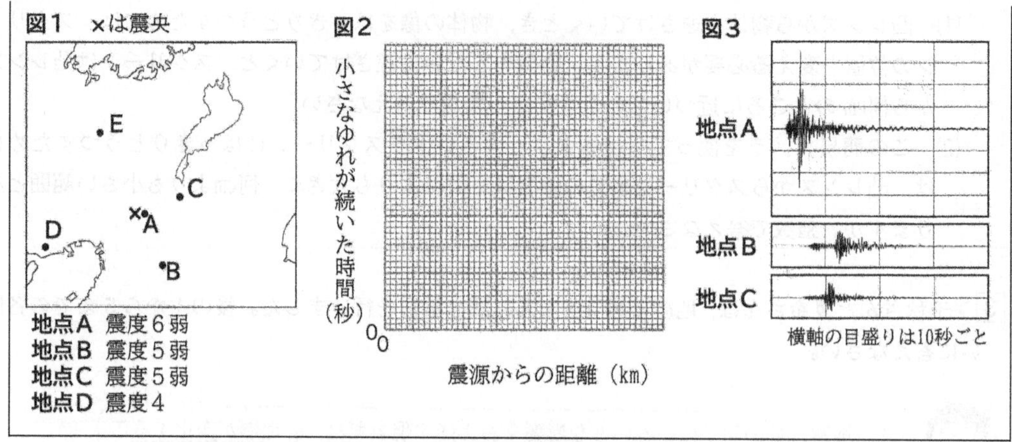

3　**調べ学習**で，図1の地域の土地の性質は一様であるとしたとき，**地点E**の震度として考えられる階級はどれですか。最も適切なものを，次の**ア**から**エ**までの中から1つ選びなさい。

ア　震度4　　**イ**　震度5強　　**ウ**　震度6弱　　**エ**　震度6強

4　**調べ学習**の表をもとに，**地震ア**について，震源からの距離と小さなゆれが続いた時間の関係を表したグラフを，図2にかきなさい。ただし，グラフの縦軸，横軸の目盛りには適切な値を書きなさい。

【話し合い】

夏希さん：図3を見ると，初めに小さなゆれが続いてから大きなゆれが観測されているね。
千秋さん：小さなゆれが続く時間はそれぞれ違っているね。
夏希さん：ゆれの伝わり方を利用した，緊急地震速報というものがあるね。震源に近い地震計で観測された初めの小さなゆれをコンピュータによって短い時間で分析し，震度5弱以上のゆれが予想された地域に発表されるそうだよ。
千秋さん：c震源からある程度離れたところでは，大きなゆれを事前に知ることができるものだね。

5　**話し合い**の下線部cについて，震源からある程度離れたところには，緊急地震速報によって，大きなゆれを事前に知らせることができます。「P波」と「S波」という2つの語を使って，その理由を説明しなさい。

4　夏希さんと千秋さんは，物質が何からできているかに興味をもち，物質を分解する実験を行いました。後の1から6までの各問いに答えなさい。

【実験】

＜方法＞

①　炭酸水素ナトリウム3.0ｇを乾いた試験管に入れ，次のページの図のような装置を組み立てる。

②　試験管を弱火で加熱して，発生した気体を水上置換法で試験管に集める。ただし，1本

目の試験管に集めた気体は使わずに捨てる。

③　気体が発生しなくなったら，aガラス管を水そうから取り出し，加熱をやめる。

④　②の操作で，試験管に集めた気体が何かを調べる。

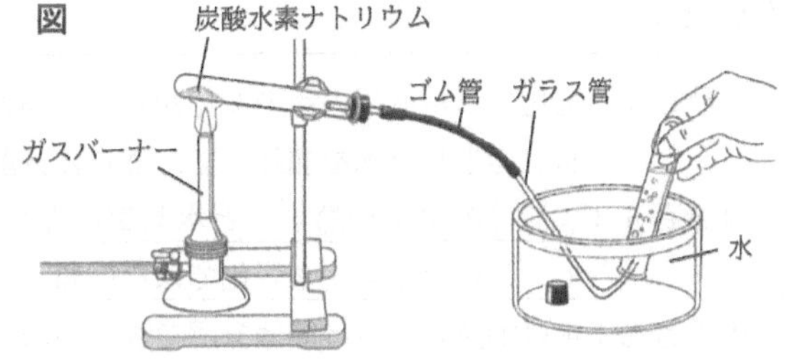

⑤　加熱後の試験管の内側についた液体とb残っている白い固体，および炭酸水素ナトリウムの性質を調べる。

＜結果＞

表1は⑤で加熱した試験管の内側についた液体と残っている白い固体，および炭酸水素ナトリウムの性質を調べるための操作と，その結果をまとめたものである。

表1

	操作	結果
試験管の内側についた液体	青色の塩化コバルト紙をつける。	赤色に変わる。
試験管に残っている白い固体	水に溶かす。 フェノールフタレイン溶液を加える。	水によく溶ける。 溶液は赤色に変わる。
炭酸水素ナトリウム	水に溶かす。 フェノールフタレイン溶液を加える。	水に少し溶ける。 溶液はうすい赤色に変わる。

1　下線部aについて，このような操作をする理由として適切なものはどれですか。次の**ア**から**エ**までの中から1つ選びなさい。

ア　試験管内の気圧が高くなり，ゴム管やガラス管が外れることを防ぐため。

イ　試験管内の気圧が高くなり，水そうの水が試験管に流れ込むことを防ぐため。

ウ　試験管内の気圧が低くなり，ゴム管やガラス管が外れることを防ぐため。

エ　試験管内の気圧が低くなり，水そうの水が試験管に流れ込むことを防ぐため。

2　下線部bについて，**実験の結果**から，試験管に残っている白い固体は，炭酸水素ナトリウムとは別の物質であることがわかります。なぜそのように判断できるのですか。2つの物質の性質を比較して理由を書きなさい。また，試験管に残っている白い固体の物質名を書きなさい。

夏希さん：**実験**で炭酸水素ナトリウムを加熱すると，固体と液体と気体に分解したね。

千秋さん：炭酸水素ナトリウムの化学式は$NaHCO_3$だね。ここから試験管に集めた気体が，何であるかを予想できそうだね。

3　**実験**で，試験管に集めた気体と同じ気体を発生させるためには，どのような実験を行えばよいですか。**表2**から必要な薬品などを選んで書きなさい。

表2

薬品など
亜鉛　石灰石　二酸化マンガン　うすい塩酸 うすい過酸化水素水　うすい水酸化ナトリウム水溶液

【話し合い】

千秋さん：塩化コバルト紙の色の変化から，試験管の内側についた液体は水であるとわかるね。発生した水を加熱して，さらに分解できないかな。
夏希さん：c液体の水を加熱すると水蒸気になり，水蒸気を冷やすと液体の水にもどるので，この変化は化学変化ではないね。
千秋さん：水は加熱しただけでは分解できないね。
夏希さん：d水に電流を流せば水素と酸素に分解することができたね。
千秋さん：炭酸水素ナトリウムの熱分解によって得られた水は，さらに分解することができたけれど，水の電気分解によって得られる水素と酸素は，それ以上分けられないのかな。

4　話し合いの下線部cのように，水を加熱すると水蒸気になる変化が，化学変化ではない理由を「水分子」という語を使って説明しなさい。

5　話し合いの下線部dについて，水を電気分解して水素と酸素を集める実験をしたとき，その結果を正しく説明しているものを，次のアからエまでの中から１つ選びなさい。

ア　陰極側に集まった気体は酸素で，陽極側に集まった気体の体積の約半分になっている。
イ　陽極側に集まった気体は酸素で，陰極側に集まった気体の体積の約２倍になっている。
ウ　陰極側に集まった気体は水素で，陽極側に集まった気体の体積の約２倍になっている。
エ　陽極側に集まった気体は水素で，陰極側に集まった気体の体積の約半分になっている。

6　次の(1)，(2)の実験で，反応後に得られる物質について正しく説明しているものはどれですか。後のアからエまでの中からそれぞれ１つ選びなさい。

(1)　炭酸水素ナトリウムを熱分解したとき。
(2)　水を電気分解したとき。

ア　すべて単体ができる。　　イ　すべて化合物ができる。
ウ　単体と化合物ができる。　エ　単体も化合物もできない。

＜社会＞

時間　50分　　満点　100点

1　里奈さんのクラスでは，地理の授業で，「身近なものの原料と海外とのつながり」について調べることになり，里奈さんのグループは机とイスについて発表することになりました。後の１から４までの各問いに答えなさい。

机とイスのおもな原料

資料１　鉄鉱石・石炭・原油・木材の国内消費量に対する輸入量の割合（%）（2019年）

鉄鉱石	石炭	原油	木材
100.0	99.6	99.7	62.2

［「日本国勢図会 2021/22」より作成］

1　里奈さんのグループは，**資料１**の鉄鉱石と石炭について調べていく中で，**写真**をみつけ，**資料２**，**資料３**，**略地図１**，**略地図２**を作成しました。後の(1)から(4)までの問いに答えなさい。

写真　オーストラリアの鉱山

資料２　日本の鉄鉱石・石炭の輸入先上位４か国と輸入量（万ｔ）（2019年）

鉄鉱石		石炭	
国名	輸入量	国名	輸入量
オーストラリア	6,852	オーストラリア	10,926
ブラジル	3,148	インドネシア	2,814
カナダ	744	ロシア	2,018
南アフリカ	343	アメリカ	1,326
その他	869	その他	1,534
合計	11,956	合計	18,618

［「データブック オブ ザ ワールド 2021」より作成］

資料３　鉄鋼業生産割合上位６府県の全国にしめる割合（%）の推移（2019年）

府県名	1960年	1970年	1980年	2019年
A	4.4	9.5	11.1	13.5
B	17.4	13.9	11.6	11.0
千葉県	4.0	8.0	9.9	9.2
大阪府	14.5	14.4	11.3	8.1
C	2.5	5.3	4.9	6.7
D	14.5	7.2	6.3	5.5

［「工業統計調査」より作成］

略地図１

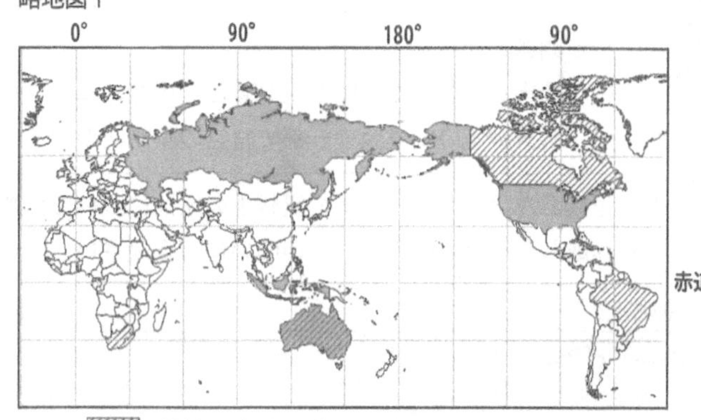

※ ▨：資料２の鉄鉱石の輸入先上位４か国
※ ■：資料２の石炭の輸入先上位４か国

略地図２

※ ■：資料３のAからDの４県

(1)　**写真**のように，鉱産物を地表から直接けずり取りながら，うずを巻くようにして，地下にほり進んで採掘する方法を何というか。書きなさい。

(2) 前のページの**資料２**，**略地図１**から読み取れることとして適切なものはどれか。次の**ア**から**エ**までの中から１つ選びなさい。

ア 鉄鉱石の輸入先上位４か国は，いずれも大西洋に面している。

イ 石炭の輸入先上位４か国のうち，東経135度の経線が通るのはロシアだけである。

ウ 鉄鉱石・石炭のいずれも，輸入量の合計にしめるオーストラリアの割合は50％以下である。

エ 鉄鉱石・石炭のいずれも，輸入量の合計にしめる輸入先上位４か国の割合は90％以上である。

(3) 前のページの**資料３**の６府県には人口が50万人を超える都市がそれぞれ１都市または２都市あり，これらの都市は，都道府県の一部の業務を分担して行うことを国から認められています。このような都市を何というか。書きなさい。

(4) 里奈さんは，鉄鋼業の生産がさかんなＸ市について調べ，次の**メモ**を作成しました。Ｘ市は，**資料３**のＡからＤのいずれかの県にあります。Ｘ市がある県はどこか。**メモ**，**略地図２**を参考にして，**資料３**のＡからＤまでの中から１つ選び，その県名を書きなさい。

メモ

Ｘ市について
○ 1960年代，活発な工業生産の一方で，工場から出るけむりによる大気汚染などの公害が問題となった。
○ 公害を克服した経験を生かして，現在はエコタウンの取組が進められている。
○ 日清戦争の賠償金の一部で官営の製鉄所がつくられ，鉄の生産を中心に発展した。

2 里奈さんは，前のページの**資料１**の原油について，**略地図３**，**資料４**をもとにして，**説明文**を作成しました。後の(1)，(2)の問いに答えなさい。

略地図３

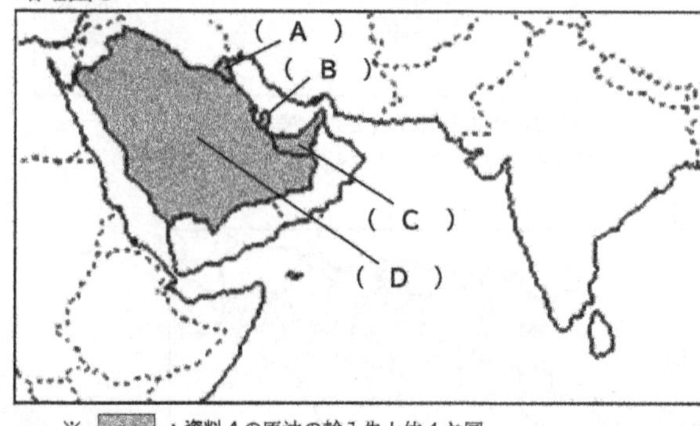

※ ■：資料４の原油の輸入先上位４か国

資料４　日本の原油の輸入先の割合（2019年）

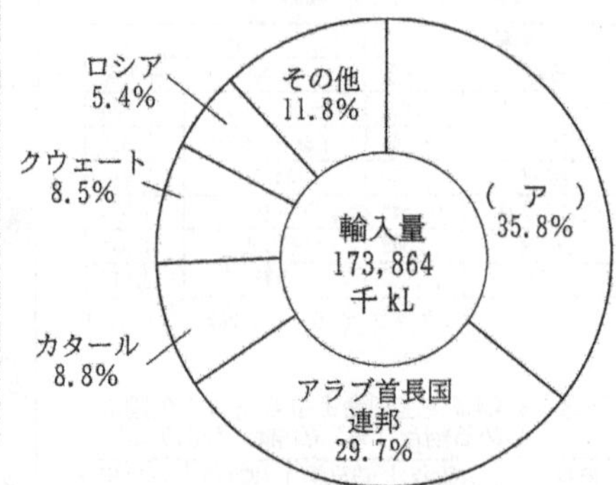

［「データブック オブ ザ ワールド 2021」より作成］

説明文

日本の原油の輸入先上位４か国は，①西アジア地域に位置しています。これらの国々には，重要なエネルギー原である原油が大量に存在していて，世界の多くの国々がこの地域から生産される原油にたよっています。この地域で生産される原油の量は世界のおよそ３割，埋蔵量は世界のほぼ半分をしめています。②ペルシア（ペルシャ）湾沿岸の産油国は，原油を輸出することで経済を成長させてきました。1960年には，イラクなどの産油国が③APECをつくり，世界の原油価格への影響力を強めるようになりました。

(1) 前のページの**略地図3**の（A）から（D）は，**資料4**にある日本の原油の輸入先上位4か国の位置をあらわしたものです。**資料4**の（ア）にあてはまる国を**略地図3**の（A）から（D）までの中から1つ選び，その国名を書きなさい。

(2) **説明文**には，誤っている語句が1つあります。誤っている語句を下線部①から③までの中から1つ選び，正しい語句を書きなさい。

3 里奈さんは，25ページの**資料1**の木材について，**資料5**，**資料6**をみつけました。**資料6**の**ア**から**オ**には，5つの気候帯のいずれかがあてはまります。**資料5**の4か国に広く分布する気候帯である亜寒帯（冷帯）にあてはまるものを，**資料6**の**ア**から**オ**までの中から1つ選びなさい。

資料5　日本の木材の輸入先上位4か国（2019年）

国名	輸入額(億円)	割合(%)
カナダ	858	24.0
アメリカ	625	17.5
ロシア	508	14.2
フィンランド	288	8.1

［「データブック オブ ザ ワールド 2021」より作成］

資料6　5つの気候帯がしめる大陸別の面積の割合（%）

気候帯	陸地全域	ユーラシア	アフリカ	北アメリカ	南アメリカ	オーストラリア	南極
ア	26.3	26.1	46.7	14.4	14.0	57.2	0
イ	21.3	39.2	0	43.4	0	0	0
ウ	19.9	7.4	38.6	5.2	63.4	16.9	0
エ	17.1	9.8	0	23.5	1.6	0	100
オ	15.4	17.5	14.7	13.5	21.0	25.9	0

［「データブック オブ ザ ワールド 2021」より作成］

4 里奈さんのグループは，びわ湖材（滋賀県産の木材）で作られた机とイスを使っている学校のことを知り，びわ湖材について調べて，次の**発表原稿**を考えました。次のページの**発表スライド**をもとに，「森林に関する課題とその克服に向けた取組」について，**発表原稿**の（①），（②）にあてはまる適切な内容を考え，書きなさい。

発表原稿

○ 森林の機能　**（スライド1）**
木材は，国内で再生産が可能な資源です。また，木材の利用は森林を守ることにつながります。「琵琶湖森林づくり条例」をみると，森林にはさまざまな機能があり，私たちはその恩恵を受けていることがわかります。

○ 森林に関する課題**（スライド2）**
課題の1つとしては，林業就業者の減少などにより，（　　①　　）ことが考えられます。

○ 森林に関する課題の克服**（スライド3）**
課題の克服のために，（　　②　　）に取り組んでいます。

○ 森林に対する理解を深めること**（スライド4）**
「全国植樹祭」の開催などの機会を通じて，滋賀県は森林に対する理解を広めることに努めています。

発表スライド 「森林に関する課題とその克服に向けた取組」

スライド１　森林の機能

「森林は，生命の源である清らかな水をたくわえ，県土を保全して洪水などから私たちの暮らしを守るとともに，多様な動植物の生息または生育の場を提供するなど様々な役割を果たしてきた。」

［「琵琶湖森林づくり条例」より］

スライド２　森林に関する課題

日本の林業就業者の推移

(万人)

年	1980	1990	2000	2010	2015

［「数字でみる日本の100年」より作成］

整備が不十分な森林のようす

暗くて下草も生えない森林では，森林の機能が十分に発揮されません。

スライド３　森林に関する課題の克服

「びわ湖材」とは 産地証明された県産材です。

地域の木を使うことは，地域の森林を手入れすることにつながります。

滋賀県の取組の例
・びわ湖材を用いた製品の購入について支援しています。
・びわ湖材を活用した建築などについて支援しています。

企業の取組の例

企業が開発した机やイス

スライド４　森林に対する理解を深めること

全国植樹祭

・豊かな国土の基盤である森林・緑に対する国民の理解を深めるために，毎年開催されている国土緑化運動の中心行事です。
・令和４年は滋賀県で開催されます。

［滋賀県のホームページなどより作成］

2　直子さんのグループは，歴史の学習のまとめとして「各時代の人々と社会との関わり」という課題を設定しました。直子さんのグループがまとめた**表**，次のページの**略地図**，**資料**をみて，後の１から５までの各問いに答えなさい。

表

時代区分	おもな政治のうごき	人々と社会との関わりに関連すること
古代	律令国家の成立	班田収授法の制定 ・６歳以上の男女に農地があたえられ，<u>人々には税が課せられる</u>。
中世	武士による政権の成立	農業や商業など諸産業の発展 ・有力な農民による村の自治や裕福な商工業者による都市の自治が進む。
近世	幕藩体制の確立	新田開発や農具の発達による農業生産力の高まり ・商品作物の栽培が広がり，農村にも貨幣経済が広がる。
近代	近代国家の成立	文明開化による新しい制度や文化の広まり ・自由民権運動がさかんになる。
現代	民主化の進展	日本国憲法の制定（国民主権・平和主義・基本的人権の尊重） ・成年者による普通選挙が保障される。

略地図

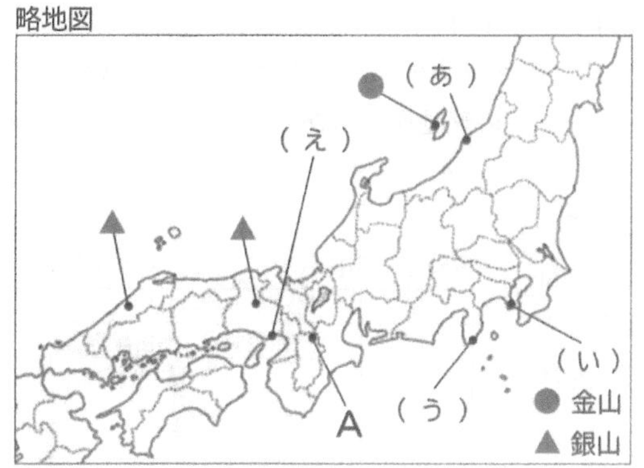

資料１　土一揆の成果を記した碑文

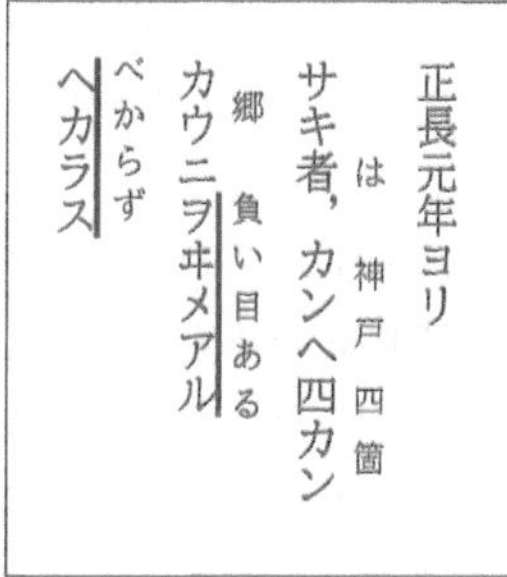
正長元年ヨリ
サキ者（は），カンへ（神戸）四カン（四箇）
カウ（郷）ニヲヰメアル（負い目ある）
ヘカラス（べからず）

1　古代について，前のページの**表**の下線部の税のうち収穫量の約３％の稲で納める税を何というか。漢字１字で書きなさい。

2　中世について，次の(1)，(2)の問いに答えなさい。

(1)　中世の経済や人々の活動について，正しく説明しているものを，次の**ア**から**エ**までの中から１つ選びなさい。

ア　農業の発達とともに，商業が盛んになり，定期市が開かれた。

イ　市では，日本国内で初めてつくられた銅銭が使われるようになった。

ウ　都市では，米の買いしめをした商人に対する打ちこわしが行われた。

エ　商人は株仲間という同業者組織をつくり，独占的に営業を行う特権を得た。

(2)　直子さんは，**略地図**のＡの地域に残されている**資料１**をみつけました。この土一揆をおこした人々の要求について，**資料１**の傍線部からわかることを書きなさい。

3　近世について，次の(1)から(3)までの問いに答えなさい。

(1)　江戸時代の産業について，正しく説明しているものを，次の**ア**から**エ**までの中から１つ選びなさい。

ア　稲の収穫に石包丁などの農具が使われ始めた。

イ　紡績，製糸などの軽工業を中心に産業革命の時代をむかえた。

ウ　牛馬を使った耕作や同じ田畑で交互に米と麦をつくる二毛作が始まった。

エ　いわしは肥料に加工され，近畿地方などの綿の生産地に売られた。

(2)　直子さんは，**略地図**にある鉱山（●金山，▲銀山）で採掘された金や銀に関して，開国の影響を**ノート１**にまとめました。**ノート１**の（Ｘ），（Ｙ）にあてはまる語句の組み合わせとして正しいものを，後の**ア**から**エ**までの中から１つ選びなさい。

ノート１

> ペリーの来航をきっかけに欧米各国と通商条約を結び，日本は開国しました。外国との貿易が始まると，外国との金銀の交換比率の違いから，（　Ｘ　）が大量に国外に持ち出されました。そのため，幕府は（　Ｘ　）の質を落として流出を防ごうとしました。しかし，このことが一因となり，物価は急速に（　Ｙ　）し，結果として生活にいきづまる民衆が増えました。

ア　Ｘ　金貨　Ｙ　下落　　**イ**　Ｘ　金貨　Ｙ　上昇

ウ　X　銀貨　Y　下落　　エ　X　銀貨　Y　上昇

(3) 前のページの**ノート１**の下線部について，アメリカの東インド艦隊司令長官ペリーが，1853年に軍艦を率いて来航した場所を前のページの**略地図**の（あ）から（え）までの中から１つ選びなさい。

4 近代について，次の(1)，(2)の問いに答えなさい。

資料２　自由民権運動に関連する年表

年	おもなできごと
1874年	民撰議院設立の建白書の提出
	↕
1889年	大日本帝国憲法の発布
1890年	第１回衆議院議員総選挙の実施

(1) 直子さんは，**資料２**の年表の矢印で示した部分に次の**ア**から**ウ**のできごとを書き加えようとしています。次の**ア**から**ウ**までのできごとを年代の古い順にならべかえなさい。

ア　西南戦争の開始

イ　内閣制度の創設

ウ　国会期成同盟の結成

資料３　投票所のようす（ビゴー画）

(2) 直子さんは，第１回衆議院議員総選挙の投票所のようすをあらわした**資料３**をみつけました。投票に対して，当時の人々の関心は高かったのですが，このとき選挙権が与えられた人は，総人口の約1.1％でした。直子さんは，第１回衆議院議員総選挙で選挙権が与えられた人はどのような人であったかについて**ノート２**にまとめました。**ノート２**の（あ）から（う）にあてはまる語句や数を書きなさい。

ノート２

> 衆議院議員の選挙権が与えられたのは，直接国税（　あ　）円以上を納める満（　い　）歳以上の（　う　）でした。そのため，有権者は裕福な地主や都市に住む人々などに限られていました。

5 現代について，次の(1)，(2)の問いに答えなさい。

(1) **資料４**の2014年と2017年の有権者数を比較すると，有権者数が約200万人増加しています。これは2015年に改正された公職選挙法の影響があると考えられます。その改正の内容について書きなさい。

(2) 直子さんは，人々が選挙権を獲得するまでに長い歴史があったことを学習しました。直子さんは，衆議院議員総選挙の投票率の推移について**資料５**にまとめました。**資料５**から読み取れる課題について，「若者の意見」と「政治参加」という語句を用いて説明しなさい。

資料４　衆議院議員総選挙の有権者数の推移

年	有権者数（人）
1890年	450,872
1946年	36,878,420
1980年	80,925,034
1990年	90,322,908
2000年	100,492,328
2012年	103,959,866
2014年	103,962,785
2017年	106,091,229

［総務省資料より作成］

資料５　衆議院議員総選挙の投票率の推移

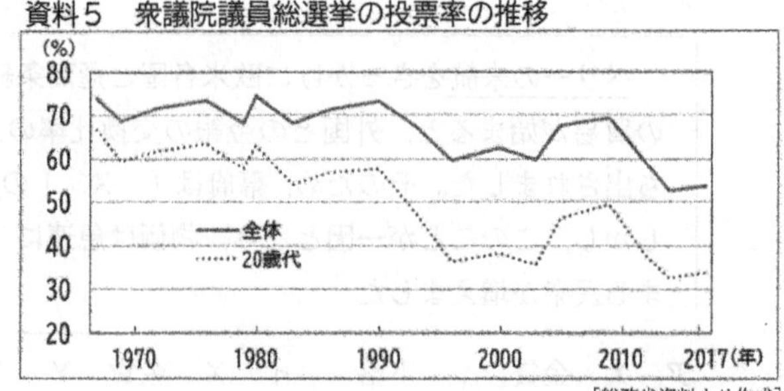

［総務省資料より作成］

3　健太さんのグループは，「持続可能な社会」について公民の授業で学習したあと，滋賀県の取組を調べる中で，「滋賀県基本構想」をみつけました。後の１から４までの各問いに答えなさい。

滋賀県基本構想（2019年策定）の一部と表紙

> この「滋賀県基本構想」は，みんなの力を合わせ滋賀の未来をつくっていくための将来ビジョンです。県は，その実現に向け，一緒に取組を進めます。
>
> この基本構想では，目指す2030年の姿として，自分らしい未来を描くことができる生き方と，その土台として，将来にわたり持続可能な滋賀の姿を描きます。その実現のため，「経済」，「社会」，「環境」のバランスを図る統合的な取組であるSDGsの特徴を生かします。

1　健太さんは，「滋賀県基本構想」の中から，将来の人口を推定して計算した**資料１**，**資料２**をみつけました。**資料１**，**資料２**から読み取れることとして適切なものはどれか。後の**ア**から**エ**までの中から１つ選びなさい。

資料１　全国と滋賀県の総人口

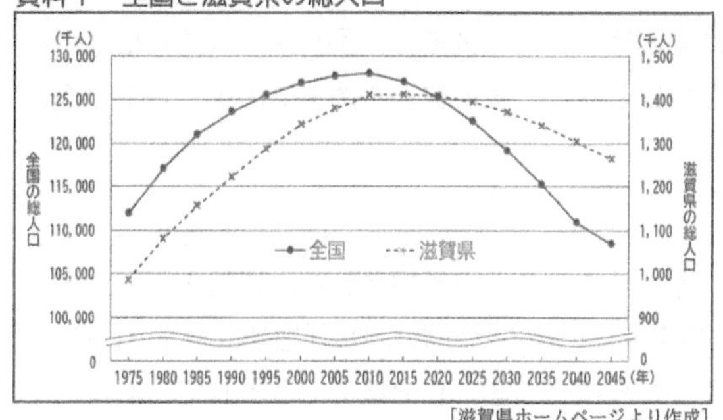

［滋賀県ホームページより作成］

資料２　滋賀県の年齢３区分別人口

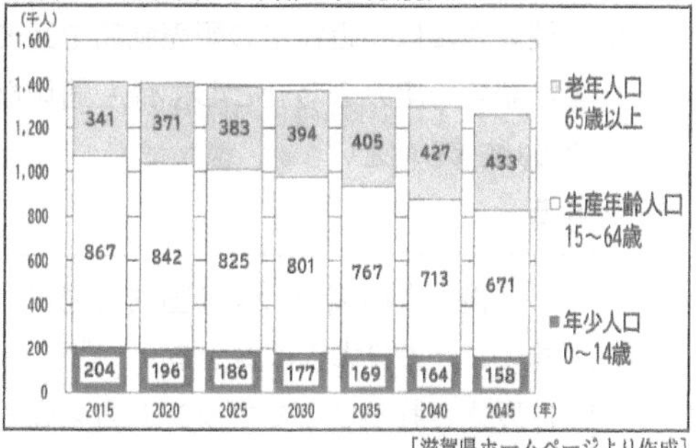

［滋賀県ホームページより作成］

ア　1975年と2045年とを比べると，総人口は全国，滋賀県ともに増加する見込みである。

イ　2015年に比べ2045年は，滋賀県は，総人口が減少しているが，生産年齢人口は増加する見込みである。

ウ　2025年には，全国の総人口は１億2500万人より少なく，滋賀県は老年人口が年少人口の２倍を超える見込みである。

エ　2035年には，滋賀県の総人口は140万人より少なく，老年人口が総人口の３分の１を超える見込みである。

2　健太さんは，「滋賀県基本構想」の「経済」の視点から，商品が消費者に届くまでの流れに関わって，近江牛の販売について注目し，**資料３**を作成し，**資料４**，**資料５**（次のページ）をみつけました。後の(1)から(3)までの問いに答えなさい。

資料３　商品が消費者に届くまでのおもな流れ

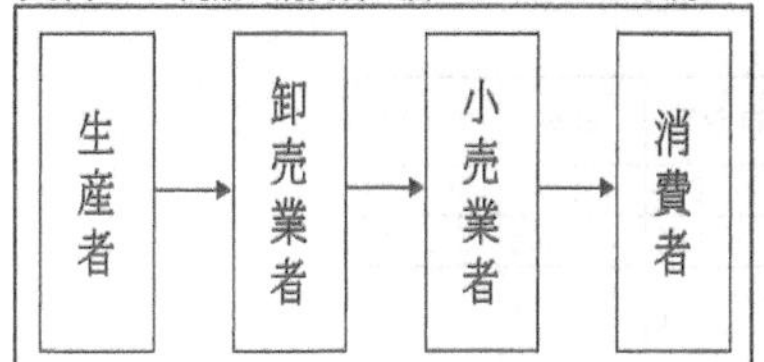

資料４　地理的表示（ＧＩ）

・生産地の特性と品質の特性が結びついた産品について，農林水産省がその名称（地理的表示）を知的財産として登録し，保護する制度。
・2017年，近江牛が「地理的表示（ＧＩ）」に登録された。
・ブランドや<u>消費者の利益保護</u>，輸出拡大などの効果が期待される。

［農林水産省ホームページなどより作成］

資料５　海外における日本食レストラン数の推移

地域	2013年（店）	2015年（店）	2017年（店）	2019年（店）
アジア	約27,000	約45,300	約69,300	約101,000
オセアニア	約700	約1,850	約2,400	約3,400
欧州	約5,500	約10,550	約12,200	約12,200
北米	約17,000	約25,100	約25,300	約29,400
中南米	約2,900	約3,100	約4,600	約6,100

［農林水産省ホームページより作成］

(1) 前のページの**資料３**について，このような商品の流れを何というか。書きなさい。

(2) 前のページの**資料４**の下線部に関連して，契約と消費者保護について説明している次の文のうち適切なものはどれか。次の**ア**から**エ**までの中から１つ選びなさい。

ア　商品の売買等で，買い手と売り手の間で契約書を交わしたものだけを契約という。

イ　一度契約が成立しても，一方的に契約を取り消すことができることを契約自由の原則という。

ウ　2004年に改正された消費者の自立支援を基本理念とした法律を製造物責任法という。

エ　訪問販売で商品を購入した場合，一定の期間内（８日以内）であれば，契約を解除できることをクーリング・オフという。

(3) 健太さんは，近江牛の販売戦略を**メモ**にまとめました。**メモ**の（①）から（③）にあてはまる語句の組み合わせとして最も適切なものはどれか。後の**ア**から**エ**までの中から１つ選びなさい。

メモ

> 今後，人口減少により国内市場が（　①　）することが予想される。**資料５**から，海外における日本食に対する（　②　）が高まっていることがわかり，「地理的表示（GI）」に登録されることでブランド力を高めて，さらに（　③　）を増やそうとしている。

ア　①　縮小　②　需要　③　輸出　　**イ**　①　縮小　②　供給　③　輸入
ウ　①　拡大　②　需要　③　輸出　　**エ**　①　拡大　②　供給　③　輸入

3　次に健太さんは，「環境」の視点から，主要国の二酸化炭素排出量を調べ，**資料６**，**資料７**を作成しました。後の(1)，(2)の問いに答えなさい。

資料６　二酸化炭素排出量上位６か国

国名		中国	アメリカ	インド	ロシア	日本	ドイツ
世界の二酸化炭素総排出量にしめる各国の排出量の割合（％）（2018年）		28.4	14.7	6.9	4.7	3.2	2.1
二酸化炭素排出量（百万ｔ）	2008年	6,551	5,596	1,428	1,594	1,151	804
	2018年	9,528	4,921	2,308	1,587	1,081	696
2008年から2018年までの二酸化炭素排出量の増減率（％）		45	-12	62	0	-6	-13

［「世界国勢図会 2011/12」「世界国勢図会 2021/22」より作成］

資料７　国内総生産（GDP）の推移

国名		中国	アメリカ	インド	ロシア	日本	ドイツ
国内総生産（GDP）（億ドル）	2008年	44,161	143,694	12,813	16,676	48,870	36,345
	2018年	138,949	206,119	27,737	16,685	49,548	39,638
2008年から2018年までの国内総生産の増減率（％）		215	43	116	0	1	9

［「世界国勢図会 2011/12」「世界国勢図会 2021/22」より作成］

(1)　前のページの**資料６**に関連して，二酸化炭素やメタンなど，地球温暖化の原因とされる気体を何というか。書きなさい。

(2)　健太さんは，石油や石炭の消費量を減らすなど環境保全に熱心に取り組んでいるドイツに注目しました。**資料６**，**資料７**（前のページ）からわかるドイツの特徴について，書きなさい。

4　さらに健太さんは，「社会」の視点から，地域の生活を支える公共交通機関であるバスに注目し，**資料８**から**資料11**をみつけ，過疎化の進む地域の課題と解決方法を考えています。後の(1)，(2)の問いに答えなさい。

資料８　一般路線バスの輸送人員の推移(三大都市圏を除く)

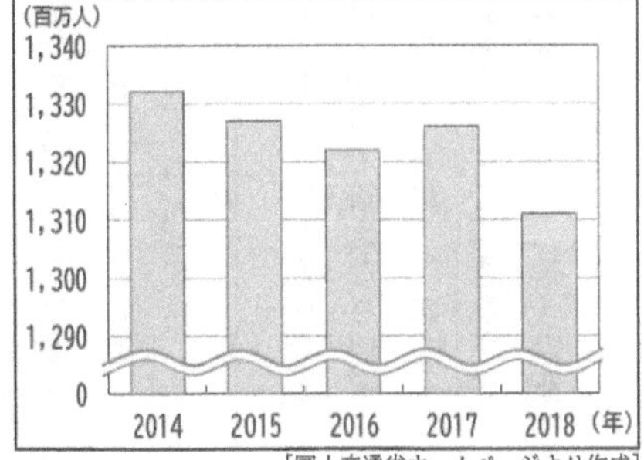

［国土交通省ホームページより作成］

※三大都市圏には，埼玉県，千葉県，東京都，神奈川県，愛知県，三重県，岐阜県，京都府，大阪府，兵庫県が含まれる。

資料９　一般路線バスの路線廃止状況（全国）

年	廃止路線（km）
2014年	1,590
2015年	1,312
2016年	883
2017年	1,090
2018年	1,306

［国土交通省ホームページより作成］

資料10　宅配便取扱個数の推移

年	取扱個数（百万個）
2014年	3,614
2015年	3,745
2016年	4,019
2017年	4,251
2018年	4,307

［国土交通省ホームページより作成］

資料11　宮崎県の一部の地域で運行されている貨客混載バス

・バス利用者と宅配便の荷物を一緒に運ぶことができるバスを貨客混載バスといいます。
・バス会社は，宅配便の荷物を運ぶことで，輸送料を宅配業者から得ています。

［国土交通省ホームページなどより作成］

(1)　健太さんは，バスの運行に関わって道路や橋などの公共施設の老朽化が課題であると気づきました。道路や河川，上下水道など地域社会を支える基盤としての公共施設などのことを何というか。書きなさい。

(2)　健太さんは，今後，少子高齢化と人口減少が進行することにより，特に過疎地域においては交通手段の確保が課題となると考えました。貨客混載バスの導入により，過疎地域の住民，バス会社，宅配業者それぞれにどのような利点があるかについて，**資料８**から**資料11**を参考にして，「交通手段の確保」と「経営の効率化」という語句を用いて説明しなさい。

ような条件の惑星があれば、私たちと同じような生きものがいるかもしれません。（中村桂子『科学は未来をひらく〈中学生からの大学講義〉3』による。）

① 空欄 I にあてはまる言葉として、最も適切なものを、次のアからエまでの中から一つ選び、記号で答えなさい。

ア つまり　イ だから　ウ さらに　エ しかし

② ――線部「たくさん」の品詞名を漢字で書きなさい。

4 次は、『竹取物語』の【文章の一部】とその【現代語訳】です。これらを読んで、後の①と②の各問いに答えなさい。

【文章の一部】

今は昔、竹取の翁といふものありけり。野山にまじりて竹を取りつつ、よろづのことに使ひけり。名をば、さぬきのみやつことなむいひける。その竹の中に、もと光る竹なむ一筋ありける。あやしがりて、寄りて見るに、筒の中光りたり。それを見れば、三寸ばかりなる人、いとうつくしうてゐたり。

【現代語訳】

今ではもう昔のことだが、竹取の翁とよばれる人がいた。野や山に分け入って竹を取っては、いろいろな物を作るのに使っていた。名前を、さぬきのみやつことといった。（ある日のこと、）その竹の中に、根もとの光る竹が一本あった。不思議に思って、近寄って見ると、筒の中が光っている。それを見ると、三寸ほどの大きさの人が、たいへんかわいらしい様子で座っている。

① 【文章の一部】の中の――線部は、だれの動作ですか。【文章の一部】の中から八字で抜き出して書きなさい。

② 【文章の一部】の中の～～～線部を現代仮名遣いに直して、全て書きなさい。

【ゆうきさんの振り返り】

> 短歌を作る学習を通じて、三十一音という限られた中で表現するために、適切に言葉を選ぶことが大切だと感じた。
> これからの学習や生活の中で、語いを豊かにすることに取り組んでいきたい。

1　**【本の一部】**の――線部について、短歌において文語を用いる効果は、どのように述べられていますか。最も適切なものを、次の**ア**から**エ**までの中から一つ選び、記号で答えなさい。

ア　口語で作ることが当たり前だと考えられている短歌に、仰々しい感じをもたせることができる。

イ　短歌に落ち着いた雰囲気をもたせたり、伝えたいことを鮮やかに表現したりすることができる。

ウ　『万葉集』の時代から明治時代にいたるまで使われていた言葉に、新しい風を吹かせることができる。

エ　すぐれた文語の助動詞の意味を知ることができ、今と昔の言葉の違いを理解することができる。

2　**【話し合いの様子】**の空欄 Ⅰ にあてはまる適切な内容を、**【本の一部】**の言葉を用いて、**四十字以内**で書きなさい。

3　**【話し合いのまとめ】**の空欄 Ⅱ にあてはまる適切な内容を、**【本の一部】**と**【話し合いの様子】**をふまえて、**四十字以上、五十字以内**で書きなさい。

4　**【ゆうきさんの振り返り】**の〰〰線部について、語いを豊かにするために、あなたはどのような方法が有効だと考えますか。次の**条件1**から**条件3**にしたがって書きなさい。

条件1　語いを豊かにするとはどういうことかがわかるように書くこと。

条件2　あなたが有効だと考える方法と、そのように考える理由を具体的に書くこと。

条件3　原稿用紙の正しい使い方にしたがい、**百字以上、百四十字以内**で書くこと。

三　次の1から4までの各問いに答えなさい。

1　次の①から⑤までの文中の――線部のカタカナを漢字に直して書きなさい。

①　店舗をカクチョウする。　②　彼女の努力には舌をマく。

③　友人を家にショウタイする。　④　食後にお皿をアラう。

⑤　偉大なコウセキを残す。

2　次の①から⑤までの文中の――線部の漢字の正しい読みをひらがなで書きなさい。

①　旅行の計画を練る。　②　校内に憩いの場を作る。

③　閑静な住宅街に住む。　④　抑揚をつけて話す。

⑤　穏やかな毎日を過ごす。

3　次の文章を読んで、後の①と②の各問いに答えなさい。

> 地球以外に生きものが存在する惑星は、今のところ見つかっていません。 Ⅰ 、宇宙には、太陽と同じような恒星はたくさんありますし、その周りをまわっている地球のような惑星も最近の観測で次々と見つかってきました。もしも地球と同じ

【話し合いの様子】

ゆうきさん：【本の一部】の後半「ささて、」以降の内容から短歌を作るポイントを話し合いましょう。

かおるさん：筆者は、Aの短歌の結句「七色の虹」がしっくりと来ずに、Bのように「虹の青色」と作り直しているね。最初は、よく観察しないまま「虹なら七色」と決めつけたけれど、もう一度虹を思い描いて、一番印象に残った青色を使って表現したんだよね。

つばささん：そうだね。【本の一部】の内容から、「七色の虹」という表現より「虹の青色」の方がよい理由は、「［Ⅰ］から」とまとめることができるね。

かおるさん：Cの短歌は、作者の秋葉さんがじっくりと観察した結果、その時その場所でしか受けとめることのできない「黄と藍」を選ぶことができたと、筆者は述べているよ。

ゆうきさん：短歌を作るときには、適切に言葉を選ぶことも重要なんだね。筆者は、Cの短歌から「毅然とした美しさ」を感じているけれど、それも秋葉さんが選んだ言葉から伝わってきたんだね。その理由を、言葉について調べてまとめてみよう。

かおるさん：まず「毅然」の意味を確認しよう。「意志が強く、物事に動ぜずしっかりしている様子」という意味だよ。

つばささん：「時雨」は、国語辞典を調べると「冬の初め頃の、降ったりやんだりする雨」と書いてあるよ。

ゆうきさん：「映える」は、「①光を受けて輝く ②目立って、鮮やかに見える」と説明されているよ。

つばささん：「虹」を調べたら、夏の季語になっているよ。だから、わざわざ「冬の虹」と表現したと思うんだ。「虹立つ」という季語もあるよ。

かおるさん：虹は「かかる」という表現だけでなく、「立つ」という言葉を使うこともできるんだね。

ゆうきさん：これらの言葉の意味や特徴をもとに、筆者が「毅然とした美しさ」と感じた理由をまとめてみよう。

【話し合いのまとめ】

○短歌を作るポイント
①じっくりと観察して表現する。
②適切に言葉を選ぶ。

・筆者は、虹をよく観察しないまま「七色の虹」としたが、もう一度思い描くことで青色がきれいだったことを思い出し、「虹の青色」と表現した。

・Cの短歌に使われている言葉の意味や特徴に注目すると、

［Ⅱ］

という情景が思い描かれることから、筆者は「毅然とした美しさ」を感じている。

てゆきます。

　文明開化から一五〇年近くたった現在でも、短歌の世界には文語表現を好んで使う作者がいます。私もその一人。別に時代劇のヒーローに憧れているからではなく、文語の持つ重厚な雰囲気に惹かれるからです。

　たとえば、さきほどの虹の歌の「かがやけり」の「り」は文語の助動詞で、この場合は継続の意味を表します。「かがやけり」とすると、「ずっとかがやいているんだなあ」と深々と思いを込めた言い方になるのです。口語で「かがやいているなあ」とするよりも格段に鮮やか。文語の助動詞は「すぐれもの」です。

　さてさて、話があちこちしましたが、新幹線の中で詠んだ虹の歌にもどります。浜名湖を見ながら会心の一首を得て大満足の私だったのですが、列車が名古屋駅に着くころに、ふつふつと疑問が湧き上がってきました。

「結句はこれでいいの？　どうもしっくりと来ない」

　そう思えてならなくなったのです。「七色の虹」ときれいにまとめたつもりだけど、本当に七色だったの？　実際に数えてみたの？　数えなかったとしても、七色だとそのとき確かに感じたの？　そんなふうに自分自身に問いかけてみました。

　その結果、恥ずかしいことに、私はよく観察しないまま「虹なら七色でしょ」と決め付けて詠んでいたことに気付いたのです。出来合いの言い回しを安易に持ってきただけ。これはいけません。大いに反省しました。そして、もう一度目をつぶって浜名湖上空の虹を思い描いてみたのです。すると、ああ青色がきれいだった、と思い出しました。上のほうへゆくにつれて赤みが増していったけれど、虹の半円形の内側の濃い青色が際立っていたなあ、と。

　目的地の京都に着くまでいろいろと結句を考えた末、ついに私は次のように改作をしました。

B　呼び掛けてみたき近さにかがやけり浜名湖またぐ虹の青色

　心に残った「青色」だけに限定して表すことにしたのです。七色が一色になりましたが、数の多い少ないは関係ありません。一色であっても、確かな実感に支えられていれば七色よりも強いのです。これで本当に一首完成。めでたし、めでたし。

　後日、ある先輩から頂戴した歌集を読んでいましたら、このような作品がありました。

C　黄と藍とことさら映えて冬の虹時雨過ぎたる
　琵琶湖より立つ　（秋葉四郎『東京二十四時』）

　滋賀県の琵琶湖の上に立った虹を詠んでいます。しかも冬の虹。毅然とした美しさを感じさせます。黄色と藍色が「ことさら」（特に、という意味）目立ってきれいなことを作者は表しています。青色一色の私の歌より、「黄と藍」のこちらの歌のほうがずっといいなあ、と脱帽しました。作者はじっくりと虹と向き合ったからこそ、その時その場所でしか受けとめることのできない「黄と藍」を選び取ることができたのです。

（栗木　京子『短歌をつくろう』による。）

れば究極の美を心の中に描き出すことができるということ。

イ　あらゆる包む対象に対応できるため、ふろしきはこの時代にまで残っており、今後も永遠に存在し続けていくということ。

ウ　ふろしきが正方形という野暮な形であるので、粋な持ち物になるよう包み方のパターンが無数に考え出されたということ。

エ　単純な形態で留められたふろしきだからこそ、表面に様々な文様や色彩など際限なく美しく豊かに創作できるということ。

5　**【本の一部】**に――線部③とありますが、どのようなことですか。次の**条件1**と**条件2**にしたがって書きなさい。

条件1　「ほどほど」とはどのような状態であるのか、**【本の一部】**の言葉を用いて書くこと。

条件2　**【本の一部】**と**【資料2】**をふまえて書くこと。

二　短歌を作る学習に取り組んでいるゆうきさんたちは、次の**【本の一部】**を読んで、「短歌を作るポイント」について理解を深めています。**【本の一部】**、**【話し合いの様子】**、**【話し合いのまとめ】**、**【ゆうきさんの振り返り】**を読んで、後の1から4までの各問いに答えなさい。

【本の一部】

先日、用事があって京都に行くことになり、東京駅から新幹線に乗りました。出発したときはかなり激しく雨が降っていたのですが、富士山が見えてくるあたりから雨が上がり、浜名湖にさしかかったころにはすっかり晴天に。そして、うれしいことに湖の上にくっきりと掛かった虹を車窓から眺めることができたのでした。わっ、感激！　というわけで、早速この光景を歌に詠んでみようと思い立ちました。できたのが、次の一首です。

A　呼び掛けてみたき近さにかがやけり浜名湖またぐ七色の虹

野原に掛かる虹や、街の上にかがやく虹は見たことがありますが、湖の上空の虹と出合ったのは初めてでした。浜名湖を見下ろすように立つ虹は、大らかにゆったりとしているのですが、それでも意外にすぐ近くにあるように感じられました。そんな驚きを託してみたのが、「呼び掛けてみたき近さに」という表現です。新幹線に乗っているのを忘れて、「おーい」と呼び掛けてみたくなったのでした。うん、なかなかの自信作ができました。

満足満足、とうぬぼれたところで、この歌の言葉遣いについて簡単に説明したいと思います。「呼び掛けてみたき」「かがやけり」といった表現に対して、古めかしい感じを持った人がいることでしょう。

これは「文語」という言葉の体系にあたります。文語では「〇〇けり」「〇〇ぬ」「〇〇せむ」などの、やや仰々しい感じの言葉が出てきます。それに対して、現代の私たちが使っているのが「口語」で、「〇〇した」「〇〇です」「〇〇しよう」などのおなじみの表現がそうです。今では私たちが日常生活で文語を使うことはほとんどありません。一つ心当たりがあるとすれば、時代劇でしょうか。正義の味方の主人公が悪代官に向かって、

「罪なき人を苦しめたる悪事の数々、断じて許すまいぞ」

と格好よく言い放ちますが、このときの「罪なき」「苦しめたる」「許すまい」が文語に相当します。『万葉集』の昔から明治時代に至るまで、歌は文語で詠まれていました。明治の文明開化とともに和歌の世界にも新たな風が吹き込んで、次第に口語化へと傾い

食事用の箸だけでも木箸、塗箸、竹箸、割箸と種類が豊富にあり、取り箸や調理箸なども発展させてきました。これだけ多彩な箸食文化を築き上げた国は、ほかに類をみません。

（髙橋隆太『おはしのおはなし　自分の箸と出会うため』による。）

【資料2】

新しさや便利さという進歩はうれしいものであり、そのすべては、僕たち自身が望んだものだけど、それと同時に、つい昨日まで当たり前のようにあった平凡なものが、もうどこにもなくなっていくことに、ある日気がついた。

新聞配達の足音で目を覚ます朝や、知らない街で迷子になることや、遠い国で暮らす恋人が、今日、何をしているのかを想像する日々など、それらは本当になくなっていいものなのか。

時代とともにいつの間にか、困ったり、苦労したり、味わったり、楽しんだり、工夫をしたり、考えたりという経験がなくなっているということは、ただなくなるだけのことではなく、無意識的に自分が心の拠り所にしていたものが、霞のように消えてしまうことでもある。安心してそこにいつまでもあると思い込んでいたものが。

テクノロジーの進歩を否定するつもりはないが、せめて、自分の頭で考えること、自分の心で判断すること、自分の身体で体験することなど、ありきたりの平凡で、当たり前なものを、僕は守っていきたい。守っていくために決して忘れないようにしたい。そういうものが自分をつくってきたと思うからだ。

（松浦弥太郎『なくなったら困る100のしあわせ』による。）

1　「西洋のフォークとナイフ」と「日本の箸」のデザインの特徴について、次のように、本文中の対照的な表現をまとめました。空欄にあてはまる適切な言葉を、【本の一部】から二十五字で抜き出して書きなさい。

西洋のフォークとナイフのデザインの特徴		日本の箸のデザインの特徴
（　　　　）	⟷	見掛けは「どうぞご自由に」とやや素っ気ない

2　【本の一部】の——線部①について、筆者がこのように述べているのはなぜですか。理由を書きなさい。

3　【本の一部】と【資料1】を読み比べ、【資料1】からのみわかることはどれですか。最も適切なものを、次のアからエまでの中から一つ選び、記号で答えなさい。

ア　日本では箸の材質選びに木の文化の伝統が活かされてきた。
イ　日本の箸は日本人の振る舞いに準じて育まれてきたものだ。
ウ　日本は箸と匙を併用せず、純粋な箸食文化といわれている。
エ　中国・韓国の箸はほぼ棒状であるが、日本の箸は先が細い。

4　【本の一部】の——線部②を説明したものとして最も適切なものを、次のアからエまでの中から一つ選び、記号で答えなさい。

ア　ふろしきは原型を保ったままのものであるが、想像力を働かせ

る。我々が何もかもを便利至上に走っていたのであれば、すでに息絶えてしまってもおかしくなかった道具の一つなのかもしれません。しかし人間の側に備わっている「考える」力や「適応する」力を引き出す余地をたっぷり残した「ふろしき」という一枚の布が、宅配便で何でも便利に届くこの時代にまでちゃんと残っていること自体が注目に値します。これも、やり過ぎないほどほどのデザインの典型なのです。改めて申しあげるまでもなく、一枚の正方形の布であるがゆえに、「ふろしき」に施されるグラフィックデザインは無限の可能性に満ちている。今の時代、もっともっと便利さを求めてその場その場に合わせた様々な形態をつくり出しているのですが、ある意味で不便な一枚の布が、ほどほどなところで留められたことによって、②無限と言いたいほど表現可能なキャンバスになっている。また、少しばかり昔の日本の生活を思い出してみるなら、普段は折り畳んで仕舞い、使う時だけパタパタと広げて、必要なところに置けば室内の間仕切りとなる「屏風」などにも、「箸」や「ふろしき」と同じ「ほどほど」が見えてくるはずです。今後甦るべき道具を、多く日常生活文化史に発見できるのではないでしょうか。

デザインを考えることは、人の豊かさとは何かを考えることに他なりません。日常を少し見回してみただけでも、箸やふろしきや屏風のように日本人の振る舞いに準じて育まれてきた素晴らしいものが残っているのだと気づかされます。そしてそれらが体現しているのが「ほどほどを極める」なのです。人間の身体どころか心までを使わないで済むようにしてきてしまった必要以上の間違った便利さを見直して、③ほどほどを極めるレベルを今一度模索しなければならない時が来ているようです。それこそは資源の問題、エネルギー問題、そしてこの国の文化的価値の問題などと密接に繋がってくると思われてなりません。

心と身体を使わないで済むような便利さが、果たして人を本当に豊かにするのか。昔から普段よく言われてきた「ほどほど」や「いい塩梅」などの言葉が、実は日本人が忘れてはならない大切な感性をしかと伝えているのです。（佐藤卓『塑する思考』による。）

（注）ヘンリー・ペトロスキー＝アメリカ合衆国の工学者。
グラフィックデザイン＝印刷を媒体とした、視覚情報伝達のためのデザイン。
体現＝抽象的な事柄を具体的な形に表わすこと。

【資料1】

地球上に暮らす人類の食事の方法を大別すると、「手食」「ナイフ・フォーク・スプーン食」「箸食」に分けられます。

（中略）

日本の箸食は、やはり世界的にみても興味深い文化のひとつではないでしょうか。世界で約二〇億人いる箸食の人たちのなかで、日本人だけが純粋な箸食といわれています。

その昔、日本は中国からの文化的影響を多大に受けていましたが、その中国では箸と匙が併用されるのに対し、日本では箸のみで食されています。

これは日本の独特の米食文化、木の文化が関係していますが、奈良・平安時代に碗が発達したことが、匙を使わない純粋な箸食文化を生み出したともいわれています。片手に箸、片手に器を持って食事をするのは、日本ならではのスタイルです。日本は、

＜国語＞

時間　五〇分　満点　一〇〇点

一　次の【本の一部】と【資料1】、【資料2】を読んで、後の1から5までの各問いに答えなさい。

【本の一部】

私たちの日常生活の中で何気なく使われている道具を人との関係で観察し直してみると、日本ならではのデザインが見えてきます。例えば、使う人の能力を前提に成立しているもの。ご飯を食べる時に使う「日本の箸」はその代表格です。先を細くした二本の棒を使いこなすだけで、小さな米粒や豆や、けっこう大きなジャガイモまで挟むことができるばかりか、この単純きわまる道具で肉を切り離したり柔らかいものを刺して割ったり、みそ汁をかき混ぜたり具のツルツル滑るワカメをつまみ上げて口へと運んだり、海苔で白米を包んだりと、用途は多様で、小さな頃から経験を積んだ我々は、毎日のように二本の棒を無意識に使いこなしているのです。ここには西洋のフォーク、ナイフとは全く異なる「関係のデザイン」が見られます。フォーク、ナイフの進化について、ヘンリー・ペトロスキーが『フォークの歯はなぜ四本になったか』に詳しく書いていて、それはそれで微笑ましく、フォークとナイフが共に進化（共進化）した経緯は大変興味深い。現代のフォーク、ナイフには取手の部分があり、握りやすいように膨らんでいて、膨らみ具合がデザインの特徴になっている場合も多いでしょう。対するに、箸には取手にあたる部分がなく、取手どころか、どの指はどこに当てて、といったデザインは一切施されていません。ものの側から「このように使ってください」と教え示すデザインではなく、素材のままそこに在って、見掛けは「どうぞご自由に」とやや素っ気ないくらいですから、箸を初めて目にした他国の人は、いったいこれをどう使うつもりなのか？　と面食らうに違いありません。しかし使用法をマスターしてしまえば、食べるための道具としてのこの使い勝手の良さは他に代えがたいものになることでしょう。つまりは、二本の棒である単純さが、人の本来持っている能力をむしろ引き出しており、そこには人の所作さえもが生まれます。①箸において日本人は、それ以上の進化による利便は求めてきませんでした。ですから西洋のフォークとナイフのような目に見える進化はしなかったものの、日本の箸は、ほぼ棒状のままの中国、韓国のそれとは異なり、かつ金属ではなく主に木や竹を使い、先をかなり細くすることで、より繊細な動きに対応できるよう微妙に進化したのみならず、漆塗りのような丁寧な表面仕上げや材質選びにも伝統が活かされてきました。このように当たりまえの日常の中に、ほどほどのところで留めておきながら徹底的に突き詰めようとする日本らしさを見出すことができます。

（中略）

もう一つ、忘れてならないのが「ふろしき」です。何十通りもの包み方があり、あらゆる包む対象に合わせた対応が可能なばかりか、使わない時には小さく畳んでおける。つまり自由自在に変化できる一枚の布の状態に留めてあるわけで、それ以上はデザインしていません。バッグのように持手を付けたり袋状に縫ったりは敢えてせずに、どこまでも原型を保ったまま使われ続けてい

大切なことはメモしておこうネ！

T.G

2022年度

解　答　と　解　説

《2022年度の配点は解答用紙集に掲載してあります。》

＜数学解答＞

1　(1)　14　　(2)　$-\frac{5}{6}a$　　(3)　$-14x+11$　　(4)　$-20ab$　　(5)　$5-\sqrt{6}$

(6)　$x=-3,\ 4$　　(7)　$-48\leqq y\leqq 0$　　(8)　$\frac{1}{10}$

(9)　(ア)　18

2　(1)　(aの値)　負の値　　($3a+b$の値)　負の値　　(2)　aの値は大きくする，bの値は小さくする　　(3)　S：T＝1：4

(4)　解説参照

3　(1)　7人　　(2)　(食パン)　2斤　　(ロールパン)　36個(求める過程は解説参照)　　(3)　17cm

4　(1)　2π m　　(2)　解説参照　　(3)　$4\sqrt{3}$ m　　(4)　右図

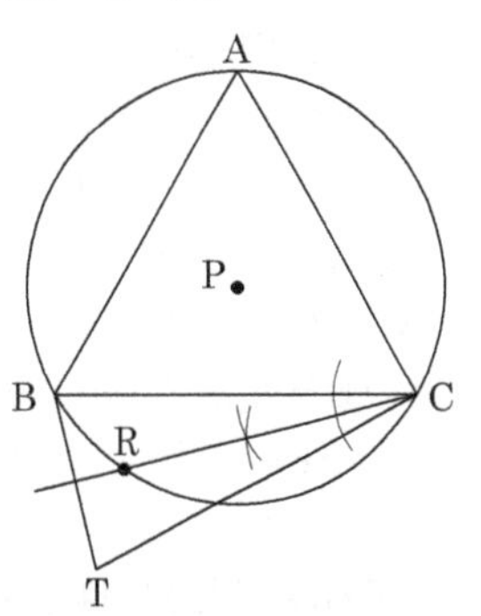

＜数学解説＞

1　**(数・式の計算，平方根，2次方程式，関数$y=ax^2$，確率，数の性質，資料の散らばり・代表値)**

(1)　**四則をふくむ式の計算の順序は，乗法・除法→加法・減法となる。**$12-6\div(-3)=12-(-2)=12+(+2)=12+2=14$

(2)　分母を2と3の**最小公倍数**の6に通分して，$\frac{1}{2}a-\frac{4}{3}a=\left(\frac{1}{2}-\frac{4}{3}\right)a=\left(\frac{3}{6}-\frac{8}{6}\right)a=-\frac{5}{6}a$

(3)　$A=4x-1$，$B=-2x+3$とするとき，$-4A+3B+2A=-4A+2A+3B=-2A+3B=-2(4x-1)+3(-2x+3)=-8x+2-6x+9=-8x-6x+2+9=-14x+11$

(4)　$(-2b)^2=(-2b)\times(-2b)=4b^2$だから，$-15a^2b\div 3ab^2\times(-2b)^2=-15a^2b\div 3ab^2\times 4b^2=-\left(15a^2b\times\frac{1}{3ab^2}\times 4b^2\right)=-\frac{15a^2b\times 4b^2}{3ab^2}=-20ab$

(5)　**乗法公式$(a-b)^2=a^2-2ab+b^2$**より，$(\sqrt{2}-\sqrt{3})^2=(\sqrt{2})^2-2\times\sqrt{2}\times\sqrt{3}+(\sqrt{3})^2=2-2\sqrt{6}+3=5-2\sqrt{6}$だから，$(\sqrt{2}-\sqrt{3})^2+\sqrt{6}=5-2\sqrt{6}+\sqrt{6}=5-\sqrt{6}$

(6)　2次方程式$x^2=x+12$より，$x^2-x-12=0$　たして-1，かけて-12になる2つの数は，$(+3)+(-4)=-1$，$(+3)\times(-4)=-12$より，$+3$と-4だから，$x^2-x-12=\{x+(+3)\}\{x+(-4)\}=(x+3)(x-4)=0$　$x=-3$，$x=4$

(7)　関数$y=-3x^2$について，xが-4から3まで増加したとき，xの**変域**は$-4\leqq x\leqq 3$　これより，xの変域に0が含まれているから，yの**最大値**は0。$x=-4$のとき，$y=-3\times(-4)^2=-48$　$x=3$のとき，$y=-3\times 3^2=-27$　よって，yの**最小値**は-48　yの変域は，$-48\leqq y\leqq 0$

(8)　5枚のカードから同時に2枚のカードを引くとき，全てのカードの引き方とそのそれぞれにおける2枚のカードの数字の積は，(1枚目のカード，2枚目のカード，2枚のカードの数字の積)＝(3，4，12)，(3，5，15)，(3，6，18)，(3，7，21)，(4，5，20)，(4，6，24)，(4，7，28)，(5，6，30)，(5，7，35)，(6，7，42)の10通り。このうち，2枚のカードの数字の積が2の倍数でなく，3の倍数でもないのは～～を付けた1通り。よって，求める確率は$\frac{1}{10}$

(9)　相対度数$=\frac{\text{各階級の度数}}{\text{度数の合計}}$より，A中学校の10m以上20m未満の階級の相対度数は$\frac{66}{220}=0.3$　これと，B中学校の10m以上20m未満の階級の相対度数$\frac{(ア)}{60}$が等しいとき，$\frac{(ア)}{60}=0.3$より，(ア)$=60\times0.3=18$

2　(図形と関数・グラフ，1次関数，面積比)

(1)　1次関数$y=ax+b$のグラフは傾きがa，切片がbの直線である。グラフは，$a>0$のとき，xが増加するとyも増加する右上がりの直線となり，$a<0$のとき，xが増加するとyは減少する右下がりの直線となる。また，切片bは，グラフがy軸と交わる点$(0,\ b)$のy座標になっている。図1より，グラフは右下がりの直線で，y軸の正の部分と交わっているから，$a<0$，$b>0$。また，$x=3$のときのyの値は，$y=a\times3+b=3a+b$で，これは右図より負の値である。

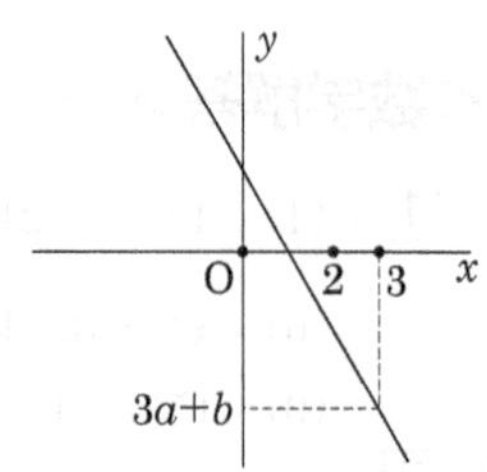

(2)　図1の直線の式を$y=a_1x+b_1$，図2の②の直線の式を$y=a_2x+b_2$とすると，どちらも右下がりの直線だから，$a_1<0$，$a_2<0$…㋐　また，y軸との交点はそれぞれ$(0,\ b_1)$，$(0,\ b_2)$　一次関数$y=ax+b$の傾きぐあいは，aの値の絶対値が大きいほど大きい。図2の②の直線の傾きぐあいは，図1の直線の傾きぐあいより小さいから，(a_2の値の絶対値)<(a_1の値の絶対値)…㋑　**負の数は，絶対値が大きいほど小さい**から，㋐，㋑より，$a_2>a_1$　よって，aの値は大きくする。また，図2の②の直線のy軸との交点と，図1の直線のy軸との交点を比べると，$b_2<b_1$　よって，bの値は小さくする。

(3)　できる図形が1つの三角形になる点Aは，右図の点A_Sと点A_Tの2つある。このときにできる2つの三角形をS，Tとしたとき，△Sは点Aが点A_Sのときの△BDCであり，△Tは点Aが点A_Tのときの△A_TDCである。直線BCの傾き$=\frac{0-2}{4-1}=-\frac{2}{3}$　よって，直線BCの式を$y=-\frac{2}{3}x+b$とおくと，点Cを通るから，$0=-\frac{2}{3}\times4+b$　$b=\frac{8}{3}$　直線BCの式は$y=-\frac{2}{3}x+\frac{8}{3}$

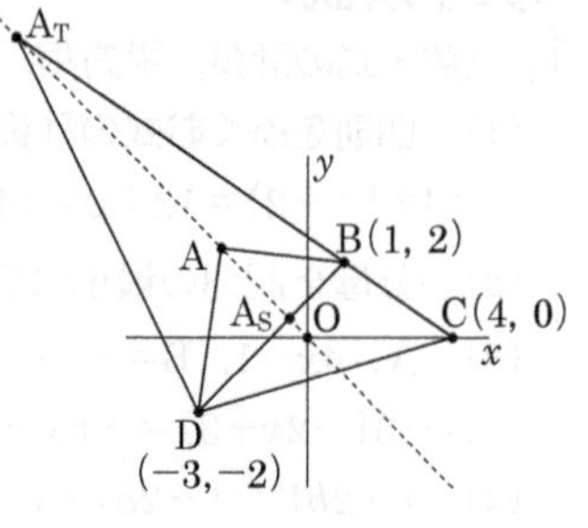

点A_Tのx座標は，連立方程式$\begin{cases} y=-x\cdots㋒ \\ y=-\frac{2}{3}x+\frac{8}{3}\cdots㋓ \end{cases}$の解。㋒を㋓に代入して，$-x=-\frac{2}{3}x+\frac{8}{3}$　これを解いて，$x=-8$　これより，点A_Tのx座標は-8　△Sと△Tで，**高さが等しい三角形の面積比は，底辺の長さの比に等しい**から，△S：△T＝BC：A_TC＝(点Cのx座標－点Bのx座標)：(点Cのx座標－点A_Tのx座標)$=(4-1):\{4-(-8)\}=3:12=1:4$

(4)　(説明)　(例)直線ACの傾きは1，直線DBの傾きも1　よって　AC//DB…①　△ADCと△ABCについて，ACを底辺とすると①より△ADC＝△ABC…②　△RAD＝△ADC－△ARC，△RBC＝△ABC－△ARC　②より△RADと△RBCの面積は等しい

3　(方程式の応用，直方体の対角線の長さ)

(1)　友人の人数をx人とする。つくったロールパンを4個ずつ配ると9個余るから，ロールパンの数は$4\times x+9=(4x+9)$個…①　また，6個ずつ配ると5個たりないから，ロールパンの数は$6\times x-5=(6x-5)$個…②　①＝②より，$4x+9=6x-5$　$x=7$　これより，友人の人数は7人

(2)　(求める過程)　(例)食パンをx斤，ロールパンをy個つくるとすると　小麦粉が1.5kgだから

$300x+\frac{150}{6}y=1500$…①　バターが80gだから$10x+\frac{10}{6}y=80$…②　①より$12x+y=60$…③，②より$6x+y=48$…④，③－④より$6x=12$　$x=2$　④より$y=36$

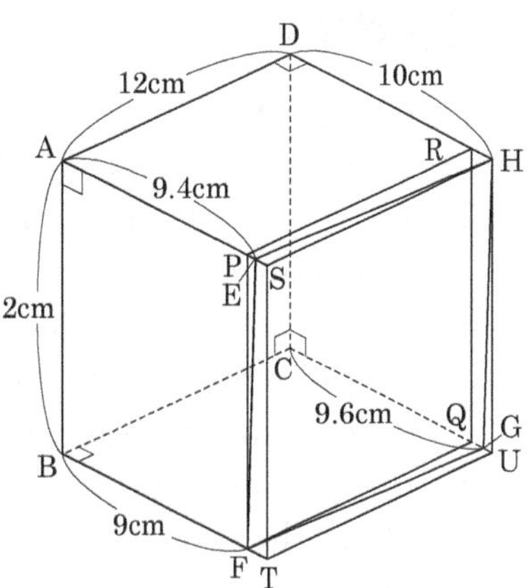

(3)　2人で分ける前の食パン1斤の直方体を，それぞれ2点F，Hを通り面ABCDに平行な平面で切ってできる直方体PFQR－STUH(右図)を考えると，対角線FHは直方体PFQR－STUHの対角線でもある。△PFRは**直角二等辺三角形で，3辺の比は1：1：$\sqrt{2}$**であることを考慮すると，**三平方の定理**を用いて，$FH=\sqrt{FR^2+HR^2}=\sqrt{(\sqrt{2}PF)^2+(DH-BF)^2}=\sqrt{(\sqrt{2}\times12)^2+(10-9)^2}=\sqrt{289}=17$(cm)

4　(弧の長さ，図形の証明，線分和の最短の長さ，作図)

(1)　点B，Cの2点が動く距離はそれぞれ半径が2m，中心角が90°のおうぎ形の弧の長さに等しいから，点B，Cの2点が動く距離の合計は$2\pi\times2\times\frac{90^\circ}{360^\circ}\times2=2\pi$(m)

(2)　(証明)　(例)△APQ，△ABCは正三角形より$AP=AQ$…①　$AC=BC$…②　$\angle PAQ=\angle BCA=60^\circ$…③　AD//BCだから$\angle BCA=\angle DAC$(錯角)　よって　③より$\angle DAC=60^\circ$…④　△APCと△AQDについて，③より$\angle PAC=\angle PAQ-\angle CAQ=60^\circ-\angle CAQ$　④より$\angle QAD=\angle CAD-\angle CAQ=60^\circ-\angle CAQ$　よって$\angle PAC=\angle QAD$…⑤　また$AD=BC$だから②より$AC=AD$…⑥　①，⑤，⑥より2組の辺とその間の角がそれぞれ等しいので△APC≡△AQD　合同な2つの三角形の対応する辺の長さは等しいので$CP=DQ$

(3)　点A，B，Cが動く距離の合計$AP+BP+CP$が最も短くなるのは，$AP+BP+CP=BP+PQ+QD$より，$BP+PQ+QD$が最も短くなるときであり，これは点P，Qが線分BD上にあるとき。このとき，$BP+PQ+QD$の長さは，線分BDの長さに等しい。点Bから直線ADへ垂線BHを引くと，$\angle BAH=180^\circ-\angle BAC-\angle DAC=180^\circ-60^\circ-60^\circ=60^\circ$より，△ABHは**30°，60°，90°の直角三角形で，3辺の比は2：1：$\sqrt{3}$**だから，$AH=\frac{1}{2}AB=\frac{1}{2}\times4=2$(m)，$BH=\sqrt{3}AH=\sqrt{3}\times2=2\sqrt{3}$(m)　△BDHに三平方の定理を用いると，$BD=\sqrt{DH^2+BH^2}=\sqrt{(AD+AH)^2+BH^2}=\sqrt{(4+2)^2+(2\sqrt{3})^2}=\sqrt{36+12}=4\sqrt{3}$(m)

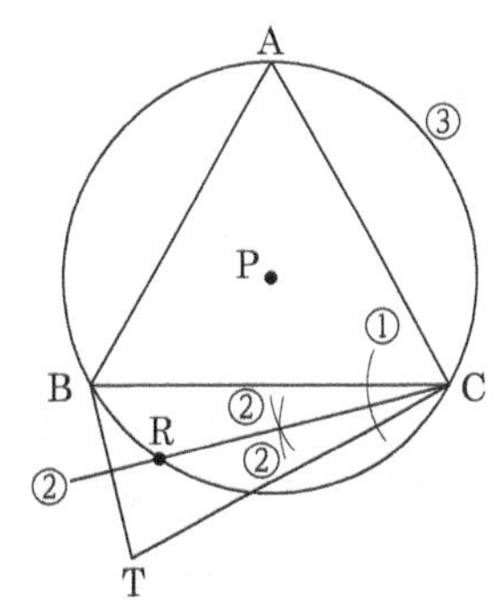

(4)　(着眼点)　点Pは正三角形ABCの3つの頂点からの距離の合計が最も短くなる点であり，つまり，3つの頂点A，B，Cから等距離にあり，3点A，B，Cを通る円の中心である。また，△BCTの3つの角の大きさは，明らかにすべて120°未満であるから，先生のアドバイス2②より，$\angle BRC=\angle TRC=120^\circ$　これより，△BCR≡△TCRであることがいえるから，点Rは∠BCTの二等分線上にある。また，$\overset{\frown}{BAC}$に対する中心角をa°とすると，$a=360-\angle BPC=360-120=240^\circ$　これより，$\overset{\frown}{BAC}$に対する**中心角と円周角の関係**$\angle BRC=\frac{1}{2}a^\circ$が成り立つから，4点A，B，C，Rは円P上にある。
(作図手順)　次の①～③の手順で作図する。　①　点Cを中心とした円を描き，辺BC，CT上に交点をつくる。　②　①でつくったそれぞれの交点を中心として，交わるように半径の等しい円を描き，その交点と点Cを通る直線(∠BCTの二等分線)を引く。　③　点Pを中心として，3点A，B，Cを通る円を描き，∠BCTの二等分線との交点をRとする。

＜英語解答＞

1 《その1》 1 ウ　2 ア　3 エ　4 イ　《その2》 ウ　《その3》 1 エ　2 ア　3 ウ　4 (例)How long have you lived in Japan?

2 1 イ，オ　2 shows us that we are interested　3 ウ　4 イ　5 gestures　6 エ　7 (例)listen carefully to people's opinions

3 1 (1) (例)Yes, it does(.)　(2) (例)The rice was(.)　2 ア　3 many people who suffer from hunger around　4 エ　5 ウ　6 (例)I agree with Kenta because we can get fresh vegetables in season.

4 (例)You should take your friend to Omihachiman. You can see old houses along the streets and enjoy a boat tour. I am sure that she can take nice pictures.

＜英語解説＞

1 (リスニング)

放送台本の和訳は，49ページに掲載。

2 (短文読解問題：内容真偽，語句並べ換え，語句補充)

【アンケート】

(全訳)　英語の授業のアンケート

「英語を上達させましょう。私たちに何ができますか？」

英語は役に立つ道具です。もしそれを使えば多くの国々や地域の人たちとコミュニケーションを取れます。私たちの英語の授業ではみんながもっと英語を使おうとしてくれることを願っています。そうすれば私たちは英語のコミュニケーション活動をもっと楽しむことができます。

私たちの英語を上達させるために授業のきまりがあるといいと私は信じています。あなたの考えとその理由を書いてもらえますか？　みなさんの考えを聞くのを楽しみにしています。

例：他の人の気持ちを理解できるので，常にいいアイコンタクトをしてお互いに話をする。

ここに書いてください。

このアンケートを9月10日に集めます。ありがとうございます。

1 ア「このアンケートは今年の最後の授業で回収される」(×)　9月10日に集める。　イ「生徒たちの一番人気の考えは人の意見を注意深く聞くことだ」(○)　グラフによると21人いる。　ウ「ミラー先生はこの授業のきまりが学校での部活動を楽しむことにも役立つかもしれないと期待している」(×)　そのような記述はない。　エ「結果によるとほとんどの生徒がアイコンタクトがとても重要だと思っている」(×)　グラフによると8人がそう思っているが，ほとんどの生徒というわけではない。　オ「生徒たちは理由とともに自分の考えを書かなくてはならない」(○)　本文第2段落参照。　カ「50人の生徒がはっきりした声で話すことが大切だと考えている」(×)　15人がそう思っている。

【直也さんとミラー先生の会話】

(全訳)　ミラー先生：このアンケート結果についてどう思いますか，直也？

直也　：クラスメイトから出た考えについて知るのが本当に好きでした。アンケート結果の全ての考えが大切だと思います。グラフは私たちがより良い英語話者になる①【ことに興味を持っていることを表しています】。

ミラー先生：そうですね，みんなが自分の考えを表してくれて嬉しいです。まず，4人グループに分かれてもらいたいです。そしてグループリーダーを選びます。それぞれのグループがアンケート結果から好きな考えを選びます。理由を含むことを覚えておいてください。よく考えてください。②(最後に)，グループリーダーがグループの好きな授業のきまりについて話します。

直也　　：はい。私たちが一緒に話すことが必要だと思います。それならみんな英語の授業でもっとアクティブになれます。

ミラー先生：その通り。みんなが英語の授業に積極的に参加して，もっともっと英語に挑戦するチャンスがもてたらと思います。

2 (The graph)shows us that we are interested(in becoming better English speakers.) show は「～を見せる，表す，明らかにする」の意味。**be interested in** は「～に興味がある」。

3 actually「実際は，実は」surprisingly「驚いたことに，意外に」finally「最後に，ついに」usually「ふつうは，いつもは」

【直也さんのスピーチ】

(全訳)　私のグループの意見について話します。授業のきまりとして③(どれを)私たちが選ぶ④(べきか)を知るのは簡単でした。私たちは「間違えることを恐れない」が一番大事だと思いました。私の経験について話したいと思います。私が1年生のとき，英語を話すことは緊張するものでした。間違えることをとても心配していました。ジェスチャーを使って英語を話し始めたあと，私は授業でどんどんアクティブになりました。今私は英語を使うことをもっと心地よく感じています。私は⑤それらはコミュニケーションにとってとても役に立つと思います。もう一つ大事なことがあります。私たちは積極的でいつづけられるのでお互いに話すときは笑顔でいることがいいです。聞いてくれてありがとうございました。

【みゆきさんの意見】

ありがとうございます，直也。あなたのグループの考えに感心しました。私たちは英語の授業での授業のきまりについて考えることにとても⑥(ワクワクしました)。私たちのグループでは他の人たちの考えはとても大切なので全ての授業において⑦[人の意見をよく聞く]べきだと思いました。クラスメイトといい関係を築くことが必要なので，彼らの英語を理解しようと一生懸命努めるべきだと思いました。ありがとうございます。

4 空欄④直後の choose「選ぶ」と as「～として」から「授業のきまりとして私たちが選ぶ」という内容とわかる。授業のきまりは人でも時間でも場所でもないので which「どれ」のイがふさわしい。

5 they は複数の名詞を指す代名詞。前述されている複数の名詞で，コミュニケーションに役立つものは gestures である。

6 kind「親切な」interesting「興味を引きおこす，面白い」popular「人気の」excited「興奮して，わくわくして」

7 直後の because 以降の内容からアンケート結果の一番上の内容であることがわかる。

3 **(長文読解問題・スピーチ：英問英答，語句補充，内容真偽，条件英作文)**

(全訳)　【知美さんの発表】

みなさん，こんにちは。みなさんは毎日食べる食べ物について考えたことがありますか？　それはどこから来ているのでしょうか？どのようにしてあなたのもとに来るのでしょうか？私は食べ物と環境は大切だと信じています。

グラフ1を見てください。日本の食料自給率は37％です。これは日本は食料の60％以上を輸入しているということです。私はこれを知りませんでしたが，私の朝食について考えたとき理解しました。私はご飯と焼き魚とお味噌汁を食べました。米は日本で作られますが，魚は外国で①(獲られました)。味噌と豆腐は大豆から作られています。しかし大豆のほとんどは他国から輸入されています。朝食は伝統的な日本料理の和食でしたが，国際的でした。

グラフ2を見てください。食べ物があなたのところにくるのにどれくらいの距離を移動しているか知っていますか？　ここでフード・マイレージがわかります。フード・マイレージは重さと距離をかけて，食べ物を輸送するのにどれくらいの燃料を使ったかを表します。グラフでは日本のフード・マイレージは他の国よりも高いです。日本は多くの国からたくさんの食べ物を買い，その食べ物を輸送するのに多くの燃料が使われています。燃料を使いすぎることは環境によくないので，私たちはこのことについて考える必要があります。地元で生産された食料を買えば，多くの燃料を使いません。地元で生産された食料を買うことはこの問題を解決する1つの方法だと私は考えています。

もう1つの問題があります。世界には②【飢餓で苦しんでいる人たちがたくさんいます】。しかし日本の食品廃棄は1年で600トン以上なのです。グラフ3によると，③[家庭からでる食品廃棄は食品廃棄全体のほぼ半分を占めています]。この問題を解決するために何かをしなくてはなりません。家庭からの食品廃棄を減らせば，状況は一変します。先週冷蔵庫を開けたとき，食べるには古すぎる食べ物をいくつか見つけました。それを捨てないといけなくて，とても申し訳なく思いました。私たちは食べる分だけ買うべきです。

食べ物は私たちにとってとても大事です。毎日食べる食べ物について考えるべきです。私たちの環境問題への答えを見つけられると信じています。あなたの意見は何ですか？

ありがとうございました。

【健太さんの感想】

ありがとうございました，知美。あなたの発表は素晴らしいです。あなたは地元でつくられた食べ物を買うことが環境に良く，他にもいい点があると言っています。数日前に私は家の近くのマーケットに行きました。そこではこの町で育てられたたくさんの野菜が売られています。その野菜は新鮮で，旬の野菜を手に入れることができます。時々その野菜を育てた農家の人がマーケットに売りに来ます。農家の人と会って，話すことを楽しみました。彼はまた私に野菜の料理の方法を教えてくれました。夕飯でその野菜を食べたら美味しかったです。もしその野菜を誰が育てたかを知っていたら，自分の食べ物について安心します。④<u>自分の地元で作られた食べ物を買うのは，環境にだけでなく私たちにとってもいいと思います</u>。

1　(1)「日本は外国から食料の60％以上を輸入していますか」解答例「はい，しています」第2段落第3文参照。　(2)「知美の朝食のどの食べ物が日本で作られていましたか」解答例「米でした」第2段落第6文参照。

2　**<be動詞＋動詞の過去分詞形>で「～される，られる」**の意味となる。caught は catch「捕まえる」，eaten は eat「食べる」，swum は swim「泳ぐ」，thought は think「考える」の過去分詞形。

3　(There are)many people who suffer from hunger around(the world.)　**There are に複数名詞を続けて「～がある，いる」**の意味。who は人を先行詞とする関係代名詞。suffer from ～で「(病気など)にかかる，で苦しむ」の意味。

4　グラフを説明するときは比較の表現がよく使われるので覚えておくこと。　ア「家庭からの食品廃棄は産業からの食品廃棄より多い」，イ「家庭からの食品廃棄は産業からの食品廃棄の半分だ」は共にグラフ3と合わず，ウ「家庭からの食品廃棄は一年に6百万トン以上だ」は第4段落第3文と合わない。

5 ア「日本で私たちが食べる全ての食べ物は外国から来ている」(×)　第2段落第2，3文参照。
イ「日本のフード・マイレージはグラフ2の6か国の中で一番低い」(×)　第3段落第5文参照。
ウ「地元でつくられた食べ物は輸入された食べ物よりも少ない燃料が必要だと知美は言っている」(○)　第3段落最後から2文目参照。　エ「知美は産業からの食品廃棄を減らすことがより重要であると信じている」(×)　第4段落後半参照。　オ「食品廃棄問題は深刻すぎて私たちがそれを解決するためにできることは何もない」(×)　第4段落後半参照。

6　解答例は「私は旬の新鮮な野菜を手に入れられるので健太に賛成です」の意味。身近なことについての自分の考えやその理由を書けるように練習しよう。

4　(条件英作文)

先生の問いかけは「カメラマンである私のアメリカ人の友達が春に滋賀を訪れてきます。私は写真を撮るために滋賀のいい場所に彼女を連れて行きたいのですが，どこへ行くべきかわかりません。いいアドバイスをもらえませんか」の意味。解答例は「友達を近江八幡へ連れて行くといいです。道沿いの古い家を見たり，ボートツアーを楽しんだりできます。彼女はいい写真を撮れると思います」という意味。会話表現や教科書の例文などを参考にして英作文を書く練習をしよう。

2022年度英語　聞き取りテスト

〔放送台本〕

ただいまから，第1問の聞き取りテストを行います。問題は《その1》から《その3》まであります。聞いている間にメモをとってもかまいません。まず，《その1》から始めます。これから話される英語を聞いて，それぞれの後の質問に対する答えとして最も適当なものを，問題用紙に示されたアからエまでの中からそれぞれ1つ選びなさい。英語は，それぞれ2回放送します。それでは，始めます。

No. 1　A: Mom, look. Grandmother bought me these for my birthday.
B: Wow, how beautiful!
A: I'm very happy because I can use these to draw pictures.
Question: What is the boy showing to his mother?

No. 2　A: Excuse me. I'm looking for books about flowers.
B: OK. We have this one with many pictures and some more here.
A: Let's see. Oh, I like this smaller one. I can bring it when I go hiking. I'll take it.
Question: Where are they talking?

No. 3　A: Tom, where are you going? Have you finished your math homework?
B: No, but I want to play tennis with my friends.
A: You cannot go out now. Do your homework first.
B: OK. I'll do it now.
Question: What is the boy's mother telling him to do before he goes out?

No. 4　A: Ms. Suzuki, how many students will come to the event as volunteers tomorrow?

B: I asked five students to come, but two of them cannot.
A: I said I couldn't come. But if you need more help, I can come, too.
B: Can you? You're a kind student, John. Please meet us here at three.
Question: How many students will come to help Ms. Suzuki tomorrow?

〔英文の訳〕

No.1 A：お母さん，見て。おばあちゃんがこれを誕生日に買ってくれたよ。
B：わあ，なんてきれいなんでしょう！
A：絵を描くときに使えるからとても嬉しいよ。
質問：少年は母親に何を見せていますか？
答え：ウ

No.2 A：すみません。花についての本を探しているんですが。
B：はい。たくさん写真があるこの本があって，さらにここにもっとありますよ。
A：ええっと。ああ，この小さい方が気に入りました。ハイキングに行くときに持って行けますね。これを買います。
質問：彼らはどこで話をしていますか？
答え：ア

No.3 A：トム，どこへ行くの？　数学の宿題は終わった？
B：まだだけど，友達とテニスをしたいんだ。
A：今出かけることはできません。宿題を先にやりなさい。
B：はい。今やるよ。
質問：母親は少年に出かける前に何をするように言っていますか？
答え：エ

No.4 A：スズキ先生，明日ボランティアで何人の生徒がイベントに来るんですか？
B：5人の生徒に来るように言いましたが，2人は来られません。
A：私は行けないと言いました。でももっと手伝いが必要ならば，私も行けます。
B：来られますか？　あなたは親切な生徒ですね，ジョン。3時にここで会いましょう。
質問：明日スズキ先生を手伝いに何人の生徒が来ますか？
答え：イ

〔放送台本〕

次に，《その2》に入ります。かおる(Kaoru)さんは，英語の授業でスピーチをしています。かおるさんがクラスメートに伝えたいことは何ですか。最も適当なものを，問題用紙に示されたアからエまでの中から1つ選びなさい。英語は，2回放送します。それでは，始めます。

In my family, each member has a role. I get up early and take out the garbage every Monday. I also walk our dog when I come home early. My brother is good at cooking, so he cooks our breakfast with my father. Do you help your family at home? I think we should help each other at home to make our own family happier. What do you think?

〔英文の訳〕

私の家族ではそれぞれが役割を持っています。私は毎週月曜日早起きしてゴミを出します。また早く家に帰るときは犬を散歩します。兄[弟]は料理が上手なので，父と朝食を作ります。みなさんは家で家族の手伝いをしますか？　私は自分たちの家族をより幸せにするために，家でお互いを助け合うべきだと思います。どう思いますか？

答え：ウ　家で家族の中での役割を持つべきだ。

〔放送台本〕

次に，《その3》に入ります。聡(Satoshi)さんは市役所で働いているマリア(Maria)さんにインタビューをしています。放送を聞いて，会話の後の1から3までの質問に対する最も適当な答えを，問題用紙に示されたアからエまでの中からそれぞれ1つ選びなさい。また，あなたも聡さんと一緒にマリアさんにインタビューをしているとして，あなたならマリアさんに何を尋ねたいですか。聡さんとマリアさんのやり取りの内容をふまえて，4の解答欄に5語以上の英語で書きなさい。会話と質問は通して2回放送します。それでは，始めます。

A: Nice to meet you, Maria. I'm Satoshi.
B: Hi, Satoshi. Nice to meet you, too.
A: Maria, you are from Brazil, right? I hear you can speak Portuguese and English.
B: Yes. I can also speak Japanese because I learned it at university in Brazil. So I decided to work in Japan.
A: I see. Could you tell me about your work?
B: Sure. I usually support foreign residents in this city when they have troubles in their daily lives.
A: How do you support them?
B: I give them some information in different languages, like hazard maps.
A: Great. What else do you do?
B: Well, I help to plan festivals for foreign people. I want them to make friends with Japanese people.
A: What festival is the most popular?
B: The international food festival is. Everyone enjoys that festival together.
A: Sounds interesting. It will be a good chance for both foreign people and Japanese people to meet each other.
B: That's right. My goal is to be a bridge between them.
A: That's wonderful, Maria. Thank you very much for today.

Question 1　When did Maria learn Japanese?
Question 2　What does Maria usually do for her work?
Question 3　What is Maria's goal?

〔英文の訳〕

A：初めまして，マリア。私は聡です。
B：こんにちは，聡。始めまして。
A：マリア，あなたはブラジル出身ですよね？　あなたはポルトガル語と英語を話すと聞いています。
B：はい。ブラジルの大学で日本語を勉強したので日本語も話せます。それなので，日本で働こうと決心しました。

A：なるほど。あなたのお仕事について教えていただけますか？
B：もちろんです。この町の外国人の住民が日々の生活でトラブルがあったときに彼らをサポートしています。
A：どのようにサポートするんですか？
B：ハザードマップのような情報を様々な言語で与えています。
A：素晴らしいですね。他には何をしますか？
B：そうですね，外国人のためのお祭りの計画を手伝います。私は彼らに日本人と友達になって欲しいんです。
A：どのお祭りが一番人気ですか？
B：国際的な食事のお祭りです。みんなそのお祭りを一緒に楽しむんです。
A：面白そうですね。外国人と日本人の両方がお互いに会えるいいチャンスになりますね。
B：その通りです。私の目標は彼らの架け橋になることです。
A：それは素晴らしいですね，マリア。今日はありがとうございました。
質問1：マリアはいつ日本語を学びましたか？
答え　：エ　彼女が大学生のとき。
質問2：マリアは普段仕事で何をしますか？
答え　：ア　町で困難に直面している外国人を手伝います。
質問3：マリアの目標は何ですか？
答え　：ウ　彼女は外国人と日本人をつなげたいと思っています。
4：(例)あなたはどれくらい日本に住んでいますか？
以上で，聞き取りテストの放送を終わります。

＜理科解答＞

1　1　ウ
2　つくりの名前　細胞壁
つくりの役割　植物の体を支える役割　3　染色体が，ひも状に見えるようになっているから。
4　細胞分裂によって細胞の数が増え，その新しくできた小さな細胞の1つ1つが大きくなるため。

図1
凸レンズの中心線
凸レンズの軸に平行な3本の光
凸レンズの軸

2　1　エ　2　イ　3　上図1　4　焦点距離よりも近い位置にスクリーンを置いたときは，レンズを通った光は一点で交わることがないため。
5　(1)　12cm　(2)　(24)cmよりも大きく，(36)cmよりも小さい範囲

3　1　隆起　2　マグニチュードの大きい地震の方が，大きなゆれの伝わる範囲が広い。　3　ア
4　右図2　5　P波はS波より早く伝わるため，最初に観測されたP波を分析することで，大きな

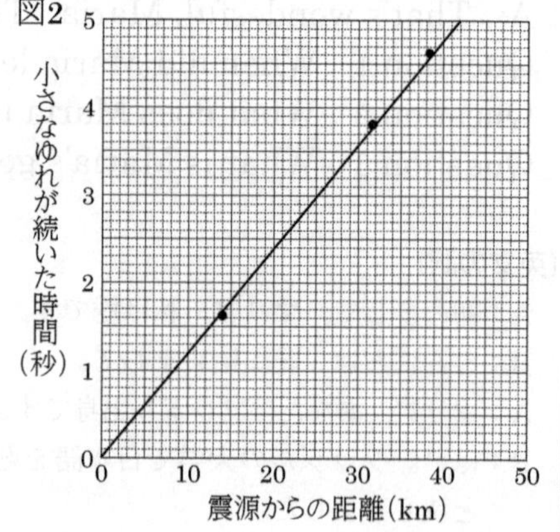

ゆれを起こすS波の到着を予測することができるから。

4　1　エ　2　理由　試験管に残った物質は炭酸水素ナトリウムと比較して水に溶けやすく，水溶液は強いアルカリ性を示すようになったから。　物質名　炭酸ナトリウム
3　石灰石にうすい塩酸を加える。　4　液体として集まっていた水分子が，加熱によって1つ1つがばらばらに動くようになっただけで，水分子そのものには変化がないから。
5　ウ　6　(1)　イ　(2)　ア

＜理科解説＞

1　(生物の成長)

1　顕微鏡で見える像は，実物と上下左右が逆になっているので，視野の中で観察したいものを動かす場合，動かしたい方向と逆の方向にプレパラートを動かす。

2　植物の細胞に見られる細胞膜の外側にあるつくりを細胞壁という。細胞壁は，骨格をもたない植物の体を支える役割をしている。

3　核の丸い形が失われ，染色体が集まっているようすが観察できる。細胞分裂が始まると，核が染色体に変化する。

4　観察から，細胞分裂によって**細胞の数を増やしている**ことがわかる。また，顕微鏡は同じ倍率で観察していることから，新しくできた多くの小さな**1つ1つの細胞が，大きくなっている**こともわかる。

2　(光の性質)

1　表2では，**入射角＜屈折角**となっていることから，入射角が大きくなっていくと，あるところで屈折角が90°以上となり，全反射が起こると考えられる。

2　Aから出た光はガラスの中を通り，境界面で入射角＜屈折角のように屈折する。矢印の方向から見ると，**屈折光を境界線から逆方向にまっすぐ延長した方向から光が出ているように見える**ため，ガラスを通して見える像は，Aの位置よりも右側にずれて見える。

3　凸レンズの軸に平行な状態で凸レンズに入射した光は，凸レンズから出た後，焦点(焦点距離12cm)を通る。

4　物体からはいろいろな向きに光が出ているが，この光が凸レンズを通過した後，再びもとのように交わることで実像ができる。実像ができるときの光が交わる位置は，必ず焦点よりも外側になる。

5　(1)　実像ができる位置は，焦点よりも内側にはならない。よって，焦点距離の12cmに近づいていく。　(2)　焦点距離の2倍の位置に物体を置くと，凸レンズに対し反対側の**焦点距離の2倍の位置に，実物と同じ大きさの実像ができる**。よって，実際の物体よりも大きい像をうつすには，焦点距離の2倍(12×2＝24〔cm〕)よりも大きくする。また，中づつの動かせる上限が36cmなので，24cmより大きく36cmよりも小さい範囲となる。

3　(地震)

1　土地がもちあがることを，隆起という。

2　マグニチュードが大きくなると，地震の規模が大きくなるので，地震の波が伝わる範囲が広くなる。

3　震央を中心にした同心円をかいた場合，地点Eは地点Dとほぼ同じ円周付近に位置する。よって，地点Dとほぼ同じ震度となると考えられる。

4　**初期微動継続時間をそれぞれの地点で求める**と，地点Aが4.0−2.4＝1.6〔s〕，地点Bが11.1−6.5＝4.6〔s〕，地点Cが9.2−5.4＝3.8〔s〕となる。それぞれの初期微動継続時間と震源からの距離を用いて打点すると，原点を通るほぼ直線状のグラフとなる。

5　震源の近くに設置された地震計によって，速さの速いP波を観測すると，そのデータをもとに，S波の到達時刻，主要動の大きさなどを推測し，被害が大きくなると推測される地点を対象に緊急地震速報が発表される。このとき，震源からはなれた地域では，S波がまだ到達していない場合も多い。地震の主な被害は主要動によるものなので，S波の到達時刻がわかることで，被害を抑えることができる。

4　(化学変化)

1　ガラス管を水につけたまま火を消すと，装置内の気体の体積が小さくなることで気圧が低くなり，水が加熱した試験管の方に逆流して器具を破損するおそれがある。

2　もとの物質(炭酸水素ナトリウム)と，試験管に残った白い固体(炭酸ナトリウム)では，水溶液の性質(アルカリ性の強弱)や，水へのとけ方が大きく異なっている。よって，まったく別の物質であると推測できる。

3　**炭酸水素ナトリウム→炭酸ナトリウム＋水＋二酸化炭素**の反応が起こっている。二酸化炭素は，石灰石とうすい塩酸を混合することによって発生する。

4　水の状態(分子の集まり方)は変化するが，加熱によって水そのものは変化しないため，化学変化ではない。

5　水の電気分解では，陽極に集まった酸素の体積を1とすると，陰極に集まった水素の体積は2の割合で発生する。

6　(1)　炭酸水素ナトリウムを加熱すると，炭酸ナトリウム(Na_2CO_3)，水(H_2O)，二酸化炭素(CO_2)が発生する。いずれも2種類以上の元素からなる**化合物**である。　(2)　水を電気分解すると，水素(H_2)と酸素(O_2)が発生する。いずれも1種類の元素からなる**単体**である。

＜社会解答＞

1　1 (1)　露天掘り　(2)　エ　(3)　政令指定都市　(4)　記号　D　県名　福岡県　2 (1)　記号　(D)　国名　サウジアラビア　(2)　誤っている語句の記号　③　正しい語句　OPEC[石油輸出国機構]　3　イ　4　①　森林の整備が不十分となり，森林の機能が発揮されなくなる　②　滋賀県や企業が，びわ湖材[県産材]の利用の促進

2　1　租　2 (1)　ア　(2)　借金の帳消し　3 (1)　エ　(2)　イ　(3)　(い)　4 (1)　ア→ウ→イ　(2)　(あ)　15　(い)　25　(う)　男子[男性]　5 (1)　選挙権が18歳以上に引き下げられた。　(2)　投票率は下がる傾向にあり，特に20歳代の投票率が低くなっている。若者の意見が政治に反映されるためには，投票を通じた若者の積極的な政治参加を促すことが課題である。

3　1　ウ　2 (1)　流通　(2)　エ　(3)　ア　3 (1)　温室効果ガス　(2)　ドイツは，2008年から2018年までにかけて二酸化炭素排出量を削減しつつ，国内総生産が増加している。　4 (1)　社会資本[インフラ]　(2)　バスの利用者が減り，路線廃止が増える中で，過疎地域の住民にとっては交通手段の確保ができ，バス会社と宅配業者にとっては，双方の経営の効率化を図ることができる。

＜社会解説＞

1　(地理的分野－身近なものの原料と海外とのつながりを切り口にした問題)

1 (1) **鉱床が露出**していることから，すぐに鉱石の採掘をすることができ，作業が単純で機械類の導入も容易な経済的な採掘法である。 (2) 資料2のその他の割合は，鉄鉱石で7.3%，石炭で8.2%である。したがって，上位4か国の割合は鉄鉱石で92.3%，石炭で91.8%になることから判断すれば良い。 (3) 1956年から運用が始まった日本の大都市等に関する特例制度の一つである。区の設置が認められ，都道府県に準じる権限の行使が可能になるメリットがある。
(4) **日清戦争の賠償金の一部を利用**してつくられたのは**八幡製鉄所**であることから判断すれば良い。八幡製鉄所は福岡県八幡に建設されたが，門司・小倉・戸畑・若松・八幡が合併して，現在の北九州市となっていることから判断すれば良い。

2 (1) **日本の原油輸入の最大の相手国**はアラビア半島の大部分を占める**サウジアラビア**である。Aはクウェート，Bはカタール，Cはアラブ首長国連邦である。 (2) **APECはアジア太平洋経済協力**のことである。**産油国の集まりは，OPEC(石油輸出国機構)**であることから判断すれば良い。

3 亜寒帯は，アフリカ・南アメリカ・オーストラリア・南極には存在しないことから判断すれば良い。

4 ① スライド2では，林業就業者が減少していることと，森林整備が不十分であることが示されている点に注目して説明すれば良い。 ② スライド3では，びわ湖材の説明と，県・企業の取り組みが示されていることに注目して説明すれば良い。

2　(歴史的分野－各時代の人々と社会の関わりを切り口にした問題)

1 **6歳以上の男女に与えられた口分田**に対してかけられ，国司の収入にあてられた税である。口分田は，**女子は男子の3分の2**の面積であり，租の負担も女子は男子の3分の2であった。

2 (1) **鎌倉時代**になると，**三斎市と呼ばれる定期市**が月3回開かれるようになったことから判断すれば良い。**鎌倉時代・室町時代に国内で流通した銅銭は中国から輸入**されたものであったことから，イは誤りである。**打ちこわし・株仲間は江戸時代**のものであることから，ウ・エは誤りである。 (2) 資料1に**負い目，すなわち借金**，がなくなると書かれていることに注目して説明すれば良い。

3 (1) 銚子で大量に獲れた**いわし**は，乾燥した後，**金肥の一つである干鰯**として流通したことから判断すれば良い。**石包丁は弥生時代**の道具であることから，アは誤りである。**軽工業の産業革命は日清戦争の頃**に起きていることから，イは誤りである。**二毛作は鎌倉時代に近畿地方で始まった**ことから，ウは誤りである。 (2) 略地図にも銀山が多く描かれていることから分かるように，江戸時代は銀本位制であったことに注目すれば良い。金と銀の交換比率は，幕末では，日本が1：5であるのに対して，海外では1：15であったことから，海外から銀を持ち込まれ，日本からは金が流出したことが分かるはずである。 (3) **浦賀は三浦半島**に位置していることから判断すれば良い。

4 (1) アは1877年，イは1885年，ウは1880年であることから判断すれば良い。
(2) 大日本帝国憲法の附属法令である衆議院議員選挙法の内容から判断すれば良い。

5 (1) 2015年の公職選挙法の改正では，有権者は満18歳以上の男女とされたことに注目して説明すれば良い。(2) 資料5から，20歳代の投票率の低下が全体の投票率の低下を下回っていることが読み取れる。その結果，若者の意見は政策に反映されにくくなり，さらに若者の政治離れが進むことになる点に注目して説明すれば良い。

3 (公民的分野－持続可能な社会に関する問題)

1　資料1から，2015年の全国の人口は1億2500万人を下回っていることが，資料2から，同年の滋賀県の年少人口は18万6000人，老年人口は38万3000人となり，老年人口が年少人口の2倍を超えていることが読み取れるはずである。

2 (1)　場所的に離れている生産者と消費者を，**卸売業者や小売業者が間に入り，商品を輸送すること**である。 (2)　訪問販売など一定の契約に関して，契約後の一定期間であれば無条件で申し込みの撤回または契約解除ができるしくみである。ただし，申込者が商人である場合や，契約が開業準備行為である場合などは適用されないことになっていることから判断すれば良い。

(3)　①は，人口が減少することから判断すれば良い。②は，資料5から海外における日本食レストランが増加していることから判断すれば良い。③は，国内で売り上げが減少する部分をどのようにカバーするのかを考えれば良い。

3 (1)　**光は通すが熱は吸収する性質を持つ気体**のことである。 (2)　ドイツの数値に注目すると，資料6からは二酸化炭素排出量が減少していることが，資料7からはGDPが増加していることが読み取れるので，これらを併せて説明すれば良い，

4 (1)　**インフラストラクチャー**の略で，国民福祉の向上と国民経済の発展に不可欠な公共施設のことである。 (2)　資料8・9から，バスの利用者や路線が減少していることが分かる。資料10・11から，宅配便の取扱数の増加と，貨客混載バスの取り組みが行われていることが分かる。これらを併せて，増加している貨物を混載することで，バス路線を確保することが可能であることを説明すれば良い。

＜国語解答＞

一　1　ものの側から「このように使ってください」と教え示す　2　(例)箸を使いこなすことができるようになれば，二本の棒という形態のままで，様々な食材に十分対応できるから。　3　ウ　4　エ　5　(例)ほどほどとは，「考える」力や「適応する」力を引き出す余地を，人間の中に残した状態のことである。テクノロジーの進歩を否定するわけではないが，自分で考え，判断し，身体で体験することなどを大切にし，どの段階がちょうどよいほどほどなのかを改めて考え直すべきだということ。

二　1　イ　2　(例)虹への感動を，出来合いの言い回しではなく，確かな実感を込めて伝えることができる　3　(例)時雨の後の琵琶湖の上に，特に黄色と藍色を鮮やかに目立たせた虹が，冬の寒さの中，堂々と立っている　4　(例)語いを豊かにするとはたくさんの言葉を知り，また言い換えの言葉や同義語を知ることでもある。そのためには，たくさんの本を読み，言葉に触れる機会をたくさん持たなければならない。そうすることで，一つの言葉だけではなく，多岐にわたる言葉を駆使することになり，語いの範囲が広がるからである。

三　1　①　拡張　②　巻(く)　③　招待　④　洗(う)　⑤　功績　2　①　ね(る)　②　いこ(い)　③　かんせい　④　よくよう　⑤　おだ(やかな)　3　①　エ　②　副詞　4　①　さぬきのみやつこ　②　うつくしゅうていたり

＜国語解説＞

一　(説明文－内容吟味，文脈把握，短文作成)

1 「私たちの日常生活」から始まる段落で，西洋のフォーク，ナイフと日本の箸を対比している。ヘンリー・ペトロスキーの『フォークの歯はなぜ四本になったか』を挙げ，現代のフォーク，ナイフには取手の部分があり，握りやすいように膨らんでいて，膨らみ具合がデザインの特徴になっている場合も多いと指摘している。つまり**ものの側に使いやすいような工夫が施されている**ということである。

2 「私たちの日常生活」から始まる段落で，日本人は箸を使いこなし，小さな米粒や豆，大きなジャガイモまで挟み，また肉を切り離したり柔らかいものを刺したり，みそ汁をかき混ぜたりツルツル滑るワカメをつまみ上げたり，海苔で白米を包んだりとすることができるとある。それらに対し小さい頃から経験を積んで，今では無意識に使いこなしているので，**使用法を熟達すれば，この使い勝手の良さは他に代えがたい**と筆者は述べている。

3 【本の一部】では日本ならではのデザインとして「日本の箸」を代表格と表し，また【資料1】では「日本人だけが純粋な箸食」「日本では箸のみで食されています」とある。

4 「もう一つ」から始まる段落内，傍線部②の前に「一枚の正方形の布であるがゆえに，『ふろしき』に施されるグラフィックデザインは無限の可能性に満ちている」とあり，傍線部の内容に対応する。ふろしきは形状として一枚の布の状態に留めてはいるが，**それに彩られるデザインには限りがなく，あらゆるものが表現できる場**となっている。

5 「ほどほど」とは，度が過ぎないでちょうどよい加減であること。【本の一部】で言えば，「もう一つ」から始まる段落でふろしきを例に挙げ，**「人間の側に備わっている『考える』力や『適応する』力を引き出す余地をたっぷり残した」**と述べてている。また【資料2】では**自分の頭で考えることや心で判断すること，自分の身体で体験することなどを守りたいし，忘れないようにしたい**と述べているので，それらの内容をつなぎ合わせる。

二　(論説文－内容吟味，脱文・脱語補充，作文(自由・課題))

1 筆者が，文語を好んで短歌に使う理由として，「文明開化から」から始まる段落に，**「文語の持つ重厚な雰囲気に惹かれるから」**とある。「重厚な」とは，人や事物の性質や状態などが重々しくて落ち着いていることである。また，文語の「かがやけり」と口語の「かがやいているなあ」を比較し，**文語の方が格段に鮮やかに表現できている**としている。

2 「その結果」から始まる段落に，筆者は最初「虹なら七色でしょ」と決め付けて詠んでいたことに気付いたこと，出来合いの言い回しを安易に持ってきただけだったこと，もう一度思い描いた時に，「七色」ではなく「青色」と一色に変更したこと，一色であっても確かな実感に支えられていれば七色よりも強いことが述べられている。

3 【話し合いの様子】で出た「毅然」「時雨」「映える」という言葉の意味，また「冬の虹」であること，かかるではなく「虹立つ」としたことを踏まえて，短歌の内容をまとめる。

4 「語い」とはある言語，ある地域や分野，ある人，ある作品などそれぞれで使われる単語の総体のこと。それらを豊かにするというのはどういうことなのかを説明する。次に「語い」を豊かにするためにはどのような方法をすれば良いかを理由とともに述べる。字数制限や原稿用紙の使い方に気をつけて，まとめること。

三　(接続語の問題，漢字の読み書き，品詞，古文－文脈把握・仮名遣い)

1 ①「拡張」とは，規模や範囲を大きく広げること。　②「舌を巻く」とは，相手に言いこめられたり威圧されたりして沈黙するさま，また驚きや恐れ，感嘆して言葉も出ないさまをいう。 ③「招待」とは，客を招いてもてなすこと。 ④「洗う」とは，水や湯などで不要な汚れをおとすこと。 ⑤「功績」とは，国や社会，団体に貢献した業績。

2 ①「練る」とは，精神・技術・計画・文章などを立派にするため，努力を重ねる。他にも堅い物や粗い物を，こねたりたたいたりすったりして，柔らかくきめ細やかにするという意味がある。 ②「憩いの場」とは，休息が得られる落ち着く場所のこと。 ③「閑静」とは，環境などがひっそりとして静かなこと。 ④「抑揚をつける」とは，話す時や音楽，文章などで，調子を上げたり下げたりすること。 ⑤「穏やか」とは，何事もなく落ち着いて静かなさまを表す。

3 ① 空欄の前後で「地球以外に生きものが存在する惑星は，見つかってない」「宇宙には太陽と同じような恒星はたくさんある」「地球のような惑星も次々と見つかってきた」と**真逆の内容**を述べているので，逆説の接続詞が入る。 ②「たくさん」は名詞・形容動詞・副詞があるが，**数量が多い様子を表す場合は副詞**となる。

4 ① 傍線部の【現代語訳】は「近寄って見る」である。近寄って見たものは根もとの光る竹一本であり，近寄って見たのは竹取の翁(さぬきのみやつこ)である。 ②「しう」は「シュー」と読み，現代仮名遣いで表す場合は「しゅう」と書く。また「ゐ」は「イ」と読み，「い」と書く。

2021年度

★★★★★★★★★★★★★★★★★★★★★★★★

入　試　問　題

●くわしい解説……39ページ

2021年　滋賀県公立高校入試　出題範囲縮小内容

令和2年5月13日付け2文科初第241号「中学校等の臨時休業の実施等を踏まえた令和3年度高等学校入学者選抜等における配慮事項について（通知）」を踏まえ，出題範囲について以下通りの配慮があった。

○出題範囲から除く内容。

数学	【特色選抜】 ・三平方の定理 ・標本調査 【一般選抜】 ・標本調査
英語	関係代名詞のうち ・主格の that、which、who ・目的格の that、which の制限的用法 ※ただし、本文の読み取りやリスニングの聞き取りなど、検査問題中で使用することはある。
理科	○第1分野 ・科学技術と人間 ○第2分野 ・自然と人間
社会	○公民的分野 ・私たちと国際社会の諸課題
国語	書写に関する事項

＜数学＞　時間　50分　満点　100点

【注意】 1　解答は，最も簡単な形で表し，全て解答用紙に記入しなさい。
2　答えに根号が含まれる場合は，根号を用いた形で表しなさい。
3　円周率はπとします。

1　次の(1)から(9)までの各問いに答えなさい。

(1)　$2\times(-3)+1$　を計算しなさい。

(2)　$\frac{5}{3}a-\frac{3}{4}a$　を計算しなさい。

(3)　次の連立方程式を解きなさい。

$$\begin{cases} x-3y=6 \\ 2x+y=5 \end{cases}$$

(4)　$\frac{6}{\sqrt{2}}+\sqrt{8}$　を計算しなさい。

(5)　次の２次方程式を解きなさい。

$x^2+x=6$

(6)　$15a^3b^2\div\frac{5}{2}ab^2$　を計算しなさい。

(7)　右の**表**は，関数$y=ax^2$について，xとyの関係を表したものです。このとき，aの値および**表**のbの値を求めなさい。

表

x	…	-6	…	4	…
y	…	b	…	6	…

(8)　大小２個のさいころを同時に投げたとき，大きいさいころの出た目を十の位の数，小さいさいころの出た目を一の位の数として２けたの整数をつくる。このとき，２けたの整数が素数となる確率を求めなさい。ただし，さいころは，１から６までのどの目が出ることも同様に確からしいとします。

(9)　右の**度数分布表**は，ある学級の生徒の自宅から学校までの通学時間を整理したものです。この表から通学時間の平均値を求めると20分であった。**(ア)**，**(イ)**にあてはまる数と最頻値を求めなさい。

度数分布表

通学時間(分)	度数(人)
以上　未満 0 ～ 10	5
10 ～ 20	10
20 ～ 30	**(ア)**
30 ～ 40	4
合計	**(イ)**

2　太郎さんは，花子さんと体育大会で使う応援用のメガホンを学級の人数分作ることにしました。後の⑴から⑷までの各問いに答えなさい。

まず，ボール紙に**図１**の展開図をかき，母線の長さが60㎝の円すいの形を作ると**図２**のようになりました。

点Ａは頂点，線分ＢＣは底面の直径を表しています。また点Ｄ，Ｅは，母線ＡＢを３等分する点です。

⑴　**図２**の直径ＢＣの長さを求めなさい。

図１　　　**図２**

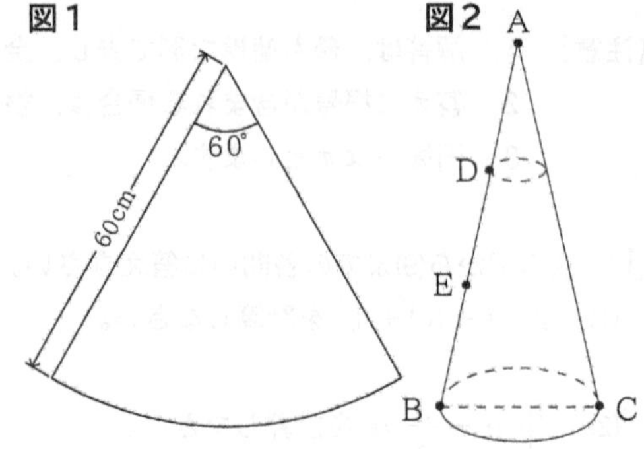

次に，点Ｄを通り，底面に平行な平面でこの円すいを切って**図３**のメガホンを作りました。線分ＤＦはメガホンの上面の円の直径を表しています。**図４**の実線は，**図３**のメガホンの展開図です。このメガホンに**図５**のような飾りのついたひもを側面に巻きながら貼りつけて完成となります。

２人は飾りのついたひもをどのように巻きつけるか，またどれぐらいの長さのひもが必要かを考えました。ただし，ボール紙の厚さとひもの太さは考えないものとします。

図３　　**図４**　　**図５**

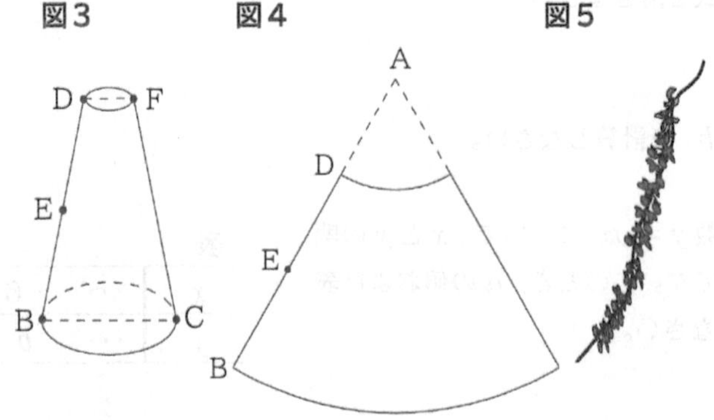

考えたこと

○　**図３**のメガホンに，**図６**のように飾りのついたひもを点Ｅから側面に沿って点Ｅまで１周巻きつけたとき，どのように巻きつけるとひもの長さが最も短くなるのかを考えました。

図６

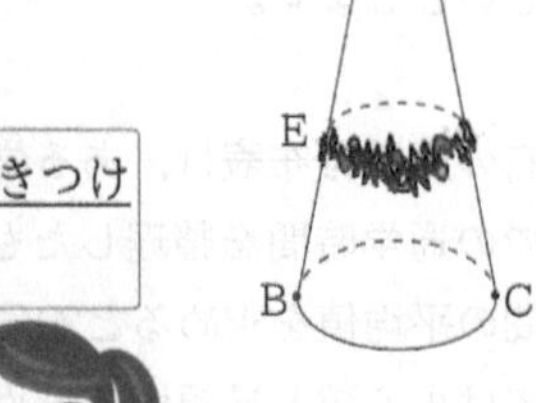

太郎さん：①<u>ひもを底面の円周と平行になるように１周巻きつけたとき</u>に，ひもの長さが最も短いのではないかな。

花子さん：メガホンのままではわからないね。メガホンに飾りのついていないひもを巻きつけて展開図で確かめてみましょう。

○　２人は，**図７**の展開図で考えてみました。

太郎さん：点線㋐のようにひもを巻きつければ短くなるね。

花子さん：**図７**のように，展開図でひもの巻きつけ始める点と巻きつけ終わる点を直線で結べばよさそうね。

図７

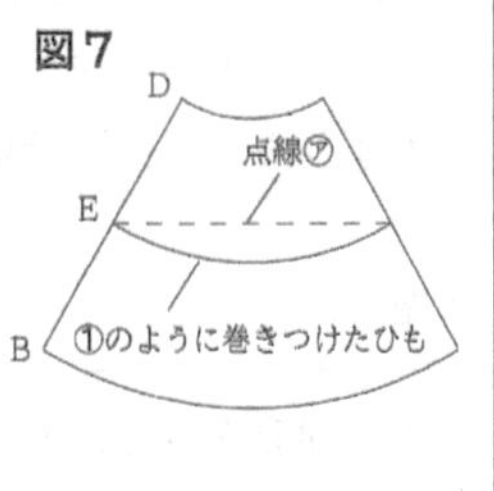

(2)　下線部①のように太郎さんがひもを巻きつけたとき，ひもと線分ＦＣとの交点Ｐをコンパスと定規を使って作図しなさい。ただし，作図に使った線は消さないこと。

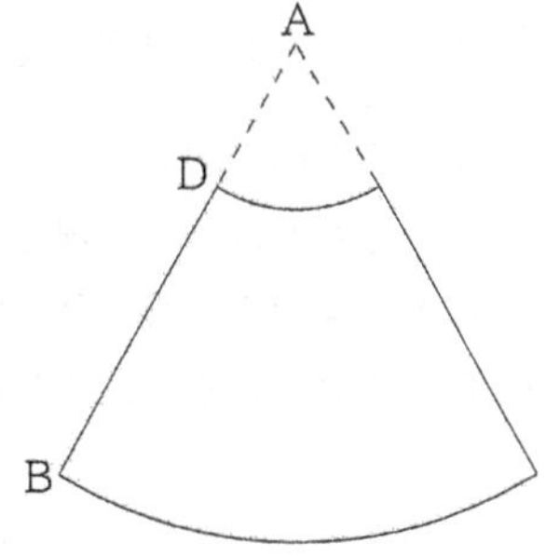

(3)　次に太郎さんは，**図８**のようにひもを点Ｅから側面に沿って線分ＦＣを横切って点Ｄまで巻きつけようと考えました。巻きつけるひもの長さが最も短いときのひもの長さを求めなさい。

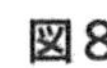

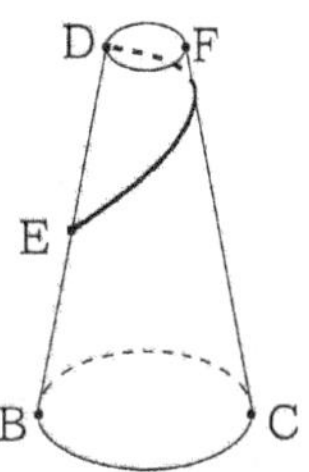

(4)　さらに太郎さんは，ひもを点Ｂから側面に沿って線分ＦＣを２回横切って点Ｅまで巻きつけようと考えました。**図９**は，花子さんと考えたことを応用して，ひもの長さが最も短くなるように巻きつける様子を表したものです。巻きつけるひもの長さを求めなさい。

図９

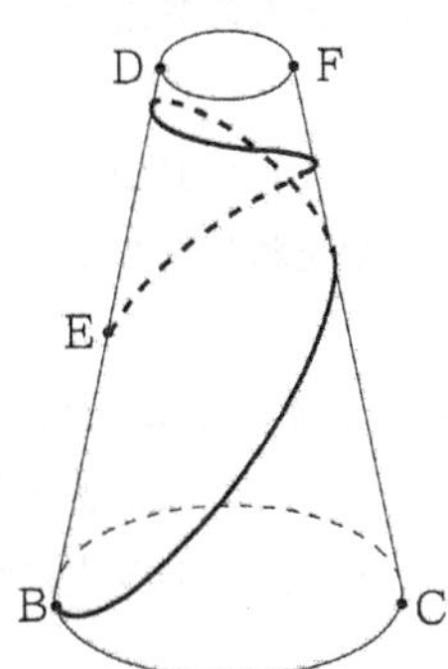

3　太郎さんと花子さんは，数学の授業で円について学習した後，２点で交わる２つの円について調べることにしました。

太郎さんは，次の手順でノートに右の図をかきました。後の(1)から(3)までの各問いに答えなさい。

手順

①　線分をひき，線分の両端をＡ，Ｂとする。
②　線分ＡＢにおいて，点Ａと点Ｂをそれぞれ中心として，等しい半径の円をかき，この２つの円の交点をＰ，Ｑとする。
③　線分ＡＢと直線ＰＱとの交点をＣとする。

図

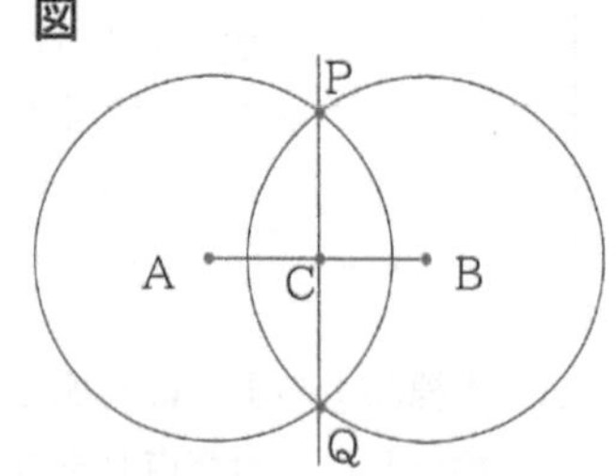

①から③の手順で，線分ＡＢの長さや円の半径をいろいろ変えて調べます。

(1)　太郎さんは，まず線分ＡＢの長さを８cmにして，円の半径をいろいろ変えて調べました。すると，４点Ａ，Ｂ，Ｐ，Ｑが，点Ｃを中心とする円周上にある場合がありました。このとき，線分ＡＰの長さと∠ＡＰＢの大きさを求めなさい。

太郎さんと花子さんは，図を見て気づいたことを話しています。

２人の会話

２つの円の半径は等しいので，△ＡＢＰはＰＡ＝ＰＢの二等辺三角形だね。二等辺三角形の頂角の二等分線は底辺と垂直に交わることは教科書に書いていたね。

四角形ＡＱＢＰはひし形だから，太郎さんの言ったことは，<u>ひし形ＡＱＢＰの対角線ＰＱが∠ＡＰＢを二等分し，直線ＰＱと線分ＡＢは垂直に交わる</u>ことと同じだね。

花子さんの言ったことは，<u>三角形の合同条件を利用したら証明できそうだね。</u>

(2)　**２人の会話**の中にある太郎さんの言った波線部の考え方を使って，下線部を証明しなさい。

(3)　ＡＰ＝ＰＱ＝５cmのとき，線分ＡＰの延長線が点Ｂを中心とする円と，点Ｐ以外にもう１点で交わりました。その交点をＤとしたとき，線分ＰＤの長さを求めなさい。

4　太郎さんは，寒かったので衣類に貼るカイロを貼ろうとしました。裏紙（剥離紙（はくり））をはがすとき，カイロの粘着部分の形や面積が変化していくことに気がつき，次のページのような**考え方**をもとに，その変化について考えました。後の(1)から(4)までの各問いに答えなさい。

考え方

○　縦６㎝，横10㎝の長方形のカイロを，左下側から一定方向に向かって裏紙をはがします。

○　**図１**のように，カイロの各頂点をＡ，Ｂ，Ｃ，Ｄとし，ＡＥ＝４㎝，ＡＦ＝３㎝となる点Ｅ，Ｆをそれぞれ辺ＡＢ，ＡＤ上にとります。

○　**図１**のように，カイロの粘着部分**ア**，裏紙のはがした部分**イ**の境界線の両端をＰ，Ｑとします。

○　線分ＥＦと線分ＰＱが，平行を保つようにしながら裏紙をはがします。

○　点Ｐが頂点Ａから移動した距離を x ㎝とします。

図１

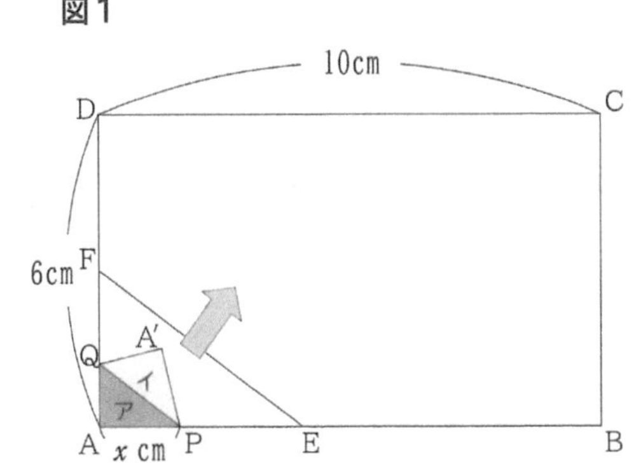

(1)　裏紙をはがし始めてから，はがし終えるまでの x の変域を表しなさい。

(2)　$0 \leqq x \leqq 10$ のとき，カイロの粘着部分**ア**の面積を y ㎠とする。x と y の関係をグラフに表しなさい。

(3)　裏紙をはがしていくと，カイロの粘着部分**ア**の面積が，長方形ＡＢＣＤの面積の $\frac{5}{8}$ になりました。このときの x の値を求めなさい。

(4)　**図２**のように，辺A′B′上に頂点Ｃが重なるまで裏紙をはがしました。このときの x の値を求めなさい。

図２

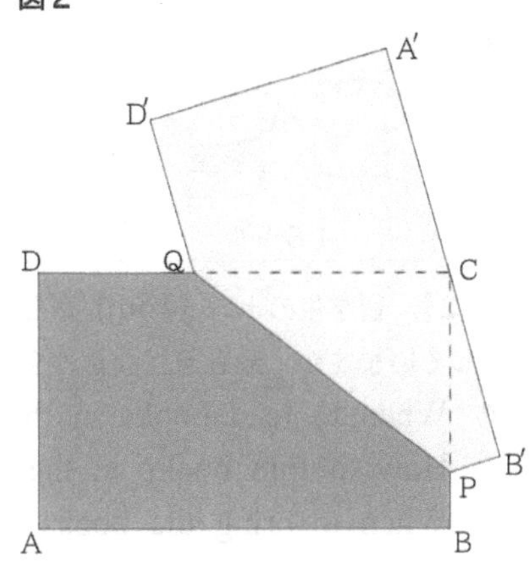

＜英語＞

時間　50分　　満点　100点

1　放送を聞いて答えなさい。

《その１》 話される英語を聞いて，それぞれの後の質問に対する答えとして最も適当なものを，アからエまでの中からそれぞれ１つ選びなさい。

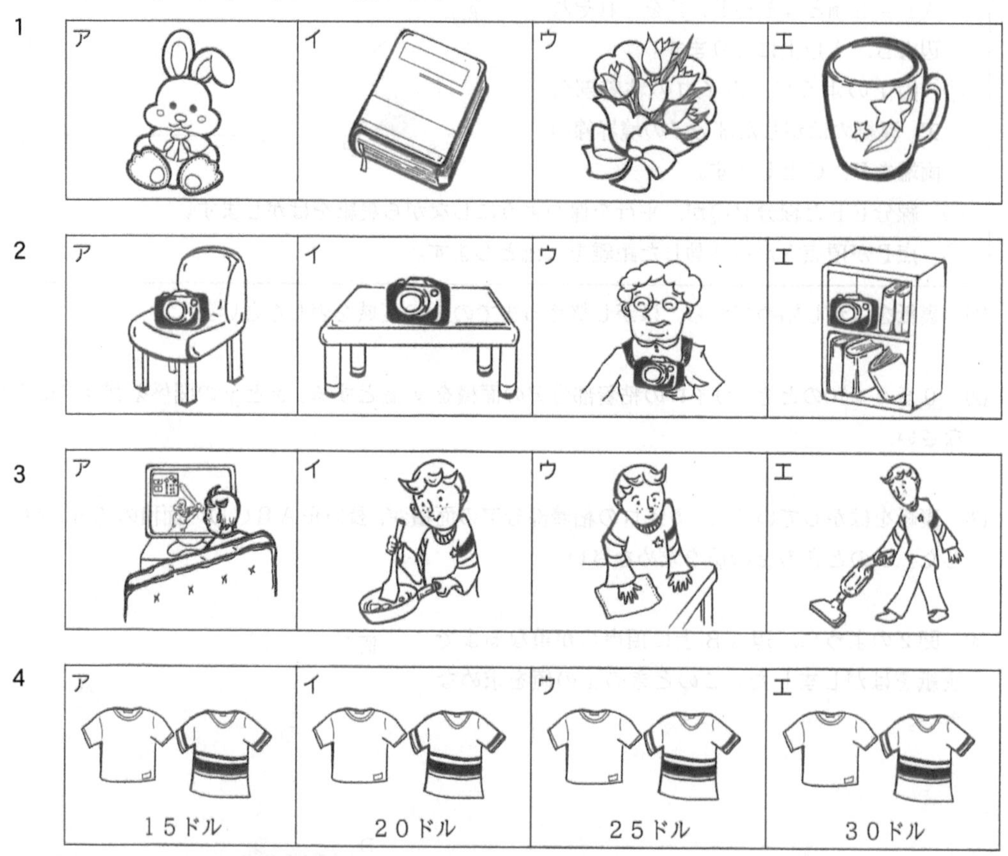

《その２》 留学生のトム (Tom) さんが先生から話を聞いています。先生はトムさんに何について話していますか。最も適当なものを，アからエまでの中から１つ選びなさい。

ア　When to read books in the library.
イ　How to find books in the library.
ウ　When to bring the books to Tom.
エ　How to use the library.

《その３》 剛 (Takeshi) さんはアメリカ合衆国からの留学生であるメアリー (Mary) さんと週末に出かける約束をしています。放送を聞いて，会話の後の１から３までの質問に対する最も適当な答えを，後のアからエまでの中からそれぞれ１つ選びなさい。

また，あなたも２人と一緒に出かけるとして，当日のことについて聞いておきたいことは何ですか。剛さんとメアリーさんのやり取りの内容をふまえて，４の解答欄に５語以上の英語で書きなさい。

Takeshi　　　You　　　Mary

1　ア　Near the station.　　イ　In front of the library.
　　ウ　Near the park.　　エ　In front of the school.

2　ア　Because her friend will play the piano in a concert.
　　イ　Because she can learn Japanese from the songs.
　　ウ　Because Takeshi usually listens to music after dinner.
　　エ　Because her friend bought many CDs of Japanese songs.

3　ア　By bus.　　イ　By car.　　ウ　By bike.　　エ　By train.

4　あなたも2人と一緒に出かけるとして，当日のことについて聞いておきたいことは何ですか。剛さんとメアリーさんのやり取りの内容をふまえて，5語以上の英語で書きなさい。

2　アメリカ合衆国に留学している久美（Kumi）さんがマイク（Mike）さんと【博物館のちらし】を見て，The Great Inventions of the 20th Century（20世紀の発明展）に行くことにしました。後の1から7までの各問いに答えなさい。

【博物館のちらし】

THE MUSEUM of SCIENCE HISTORY

－ Special Event －　from September 1st to 30th
The Great Inventions of the 20th Century
The inventions of the 20th century have made our lives better.

OPEN　10:00 a.m. to 6:00 p.m. (from April to September)
　　　10:00 a.m. to 5:00 p.m. (from October to March)
　　　※Closed on Mondays and January 1st and 2nd.

Admission		
	Adults	$10
	Students (6-17)	$ 8
	Children (5 and under)	FREE

For more information, call the museum (123-456-789).

Will you be a member of our History Club?
If you are a member, you can ...
・take special history lessons.
・get news from the museum every month.
・get famous scientist cards.

Membership fee for a year is $20 for adults and $15 for students.

（注） invention(s)：発明品　admission：入場料　adult(s)：大人
　　　$：ドル（アメリカ合衆国の通貨単位）　membership fee：会費

1 【博物館のちらし】の内容として合っているものを，次のアからカまでの中から２つ選びなさい。

ア The special event will be held in November.
イ The museum is open until 6:00 p.m. in July.
ウ The museum is closed only on Mondays.
エ It is 8 dollars to visit the museum if you are fourteen years old.
オ You must visit the museum to get more information.
カ The History Club will have no special lessons for members.

久美さんとマイクさんは駅で【路線図】を見ながら話しています。

【路線図】

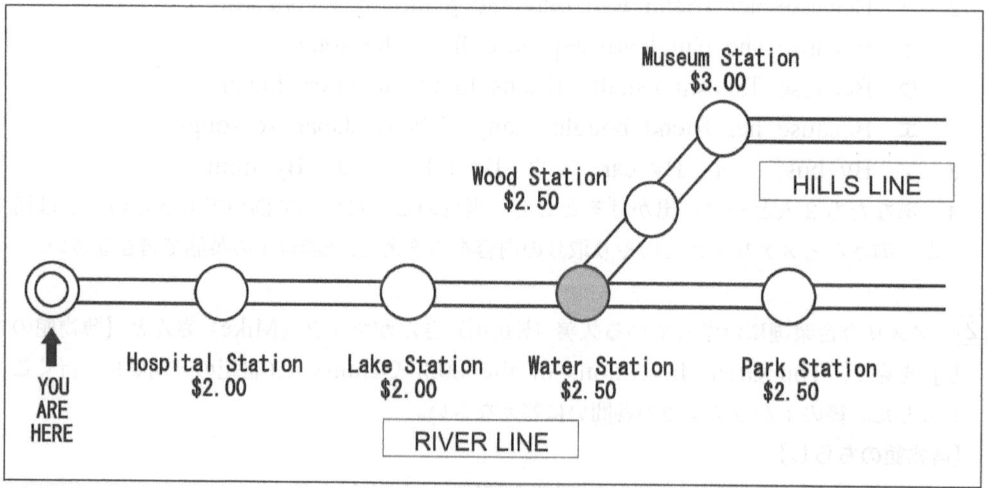

【２人の会話】

Kumi: Do you know how to get to the museum, Mike?
Mike: Yes. The ①【 is / Museum Station / nearest / to / station / the museum 】. We will change trains at Water Station. It only takes one minute to walk to the museum from Museum Station. The museum is just in front of the station.
Kumi: I see. Let's get the tickets.
Mike: Well, we can also get to the museum from Park Station. It takes about twenty minutes to walk to the museum from the station, but we don't have to [②]. The fare is cheaper, too.
Kumi: It's sunny today, so walking for twenty minutes is a good idea. How about getting off the train at [③]?
Mike: I agree. It will be great to walk through the park to the museum.

（注） ticket(s)：切符　fare：運賃

2　①【　】内の語を意味が通るように並べかえなさい。

3　[②] に入る適当な英語を，【２人の会話】から抜き出して書きなさい。

4　[③] に入る最も適当な駅名を，次のアからエまでの中から１つ選びなさい。

ア　Museum Station　　イ　Park Station

ウ　Water Station　　エ　Wood Station

２人は博物館で「20世紀の発明展」を見ました。

【博物館での説明の一部】

The Great Inventions of the 20th Century

PLANE

How do you usually travel, by car, by train, (④) by bus? The plane is one of the best ways to travel to a far away place. The Wright brothers were the first people to fly a plane. On December 17, 1903, the world's first plane took off and changed the world. Do you know how long the first flight lasted? Their first flight lasted only 12 seconds. Today, we can travel around the world by plane.

(注) Wright brothers：ライト兄弟（ウィルバー・ライトとオービル・ライトの兄弟）
took off：take off（離陸する）の過去形　last(ed)：last（続く）の過去形　second(s)：秒

TELEVISION（TV）

Televison changed the lives of people all over the world. It is one of the most (⑤) ways of getting information today. Television is one word, but it is from two words, 'tele' and 'vision'. 'Tele' means 'far away' and 'vision' means 'picture'. Now you understand why we call this machine 'television'.

(注) machine：機械

THE INTERNET

The Internet has affected lifestyles all over the world since the late 1960s. Through the Internet, you can do many things today. For example, you can [　⑥　], get information, check the news, watch movies and talk with your friends.

(注) affect(ed)：affect（影響を与える）の過去分詞　lifestyle(s)：生活様式

5　(④) に入る適当な英語１語を書きなさい。

6　(⑤) に入る語として最も適当なものを，次のアからエまでの中から１つ選びなさい。

ア　popular　イ　difficult　ウ　beautiful　エ　careful

7　[⑥] に入る適当な英語を，２語以上で書きなさい。

3　優子（Yuko）さんの学級では，英語の授業で「SDGs（Sustainable Development Goals：持続可能な開発目標）」についての英文を読み，意見交換をしました。【授業で読んだ英文】とSDGsを達成するためにできることについての【優子さんの意見】と【佐藤先生のコメント】を読んで，後の1から6までの各問いに答えなさい。

【授業で読んだ英文】

SDGs

A Better Life for Everyone with 17 Goals

*この図はイメージで，中の文字を読む必要はありません。

国際連合ホームページより引用

There are a lot of problems on the earth. Some of them are very big and serious. World leaders decided to set 17 goals in 2015 and we should realize these goals before 2030. We must think about what we can do to solve the problems. We also need to work together. What can we do to make the world better?

No. 2 ZERO HUNGER（飢餓をゼロに）

There are many people who are suffering from hunger around the world. You cannot keep healthy (①) enough food. Some people die because they don't have enough food. This problem is especially serious for babies and children.

Have you ever heard of 'food loss and waste'? It is the food which is thrown away though it can still be eaten. Many people don't have enough food, but a lot of food is thrown away.

No. 3 GOOD HEALTH AND WELL-BEING（すべての人に健康と福祉を）

In some countries, there are many children who die under five years old. They cannot take medicine when they are sick. One of the reasons is money. Their families don't have enough money to get medicine. It is important for them to learn how to keep children healthy, too.

On the other hand, more people [②] and there are more old people in some countries. In such countries, they will need hospitals or people to take care of them.

You have many chances to do something for the SDGs in your life. Thinking about your life will lead to realizing these goals. Think about people who cannot get clean water. You can save water when you wash your hands.

It is also important to talk about these problems with your family and your friends. Then we can work together to find the solutions. Let's think about what we can do to realize the SDGs.

（注） serious：深刻な　leader(s)：指導者　set goal(s)：目標を立てる　realize：実現する
solve：解決する　healthy：健康な　on the other hand：一方で　lead to：～につながる

【優子さんの意見】

I will talk about No. 13, CLIMATE ACTION (気候変動に具体的な対策を).

We have more and more natural disasters in the world. It is said that one of the reasons is global warming. The earth is getting warmer. We need to do something to stop it. We should take care of the earth. I think we can do something to stop global warming. For example, [③].

We can only do small things, but we should keep doing them. Then our lives will be better.

（注） natural disaster(s)：自然災害　global warming：地球温暖化

【佐藤先生のコメント】

SDGs are the goals to [④]. There are many problems both in foreign countries and in Japan.

Around the world, a lot of people are sick and some of them cannot go to a hospital. To solve this problem, we have to think about how we can keep people healthy. This is goal No. 3. People need to have enough food to keep healthy. This is goal No. 2. Building hospitals is another solution. There is not only one answer. We need to remember all 17 goals to solve the world's problems and think about our future.

1 **【授業で読んだ英文】**について，次のページの(1)，(2)の質問に対する答えになるように，(　) に入る適当な英語を，２語以上で書きなさい。

⑴　Do we have a lot of problems on the earth?

(　　　　　　　　　　　　　　　　　　　　).

⑵　When were the goals set?

(　　　　　　　　　　　　　　　　　　　　).

2　(①) に入る適当な英語 1 語を書きなさい。

3　[②] に入る最も適当なものを，次のアからエまでの中から 1 つ選びなさい。

ア　get clean water　　イ　have enough money

ウ　live longer　　エ　throw away food

4　[③] に入る適当な英語を，10語以上で書きなさい。

5　[④] に入る適当な英語を，**【授業で読んだ英文】**から 4 語で抜き出して書きなさい。

6　**【授業で読んだ英文】【優子さんの意見】【佐藤先生のコメント】**の内容に合っているものを，次のアからカまでの中から 2 つ選びなさい。

ア　To solve the problems on the earth, we have to work together.

イ　All the babies and children around the world have enough food.

ウ　People in some countries don't have money, so they can keep healthy.

エ　We have to think about our lives to realize the SDGs.

オ　We cannot solve the problems because we can only do small things.

カ　When we think about one of the goals, we don't have to think about the others.

4　次の問いに答えなさい。

次の英文は，香奈（Kana）さんの学級で英語のブラウン先生（Mr. Brown）が問いかけた内容です。あなたが香奈さんならどのように答えますか。問いかけに対する答えを，15語以上35語以内の英語で書きなさい。2 文以上になってもかまいません。

【ブラウン先生の問いかけ】

> Hello, everyone.
>
> You will graduate soon. I think you have a lot of wonderful memories of your school life. Can you tell me about one of your best memories?

(注)　memories：memory（思い出）の複数形

＜理科＞

時間　50分　　満点　100点

1　太郎さんと花子さんは，塩化ナトリウムやミョウバンの結晶に興味をもち，調べ学習や実験を行いました。後の1から6までの各問いに答えなさい。

先生がみせてくれた塩化ナトリウムやミョウバンの結晶は，きれいな形をしていたね。今度は，もっと大きな結晶をつくりたいな。

大きな結晶づくりに向いているのは，どちらの物質かな。研究の発表会までもうすぐだから，できるだけ短い時間でつくりたいね。

a それぞれ水溶液をつくったあと，温度を下げると結晶ができるはずだよね。まずは水にとける物質の質量と温度の関係について，塩化ナトリウムとミョウバンを比べてみよう。

1　下線部aのように，いったん水などにとかした物質を純粋な物質の固体としてとり出すことを何といいますか。書きなさい。

【調べ学習】

表は，塩化ナトリウムとミョウバンの溶解度と水の温度の関係について調べ，まとめたものである。

表

水の温度(℃)	0	20	40	60	80
塩化ナトリウム	35.7	35.8	36.3	37.1	38.0
ミョウバン	5.7	11.4	23.8	57.4	321.0

※　溶解度は，100gの水に溶解する物質の量をグラム（g）で示してある。

【話し合い1】

太郎さん：どちらの物質の方が短い時間で，結晶を大きく成長させることができるかな。
花子さん：この表をみると，b 塩化ナトリウムの結晶を大きく成長させるのは，難しそうだね。
太郎さん：溶質の質量や温度を変えて結晶をつくってみよう。

2　話し合い1で，下線部bのように判断した理由は何ですか。「溶解度」という語を使って書きなさい。

3　太郎さんは，ガスバーナーで水を加熱するときに，ガスバーナーの炎の色が青色でないことに気づきました。ガスバーナーの炎の色を青色にするためには，次のページの図1のガスバーナーの調節ねじをどのように操作しますか。最も適切なものを後のアからエまでの中から1つ選びなさい。

ア　調節ねじXをおさえて，調節ねじYをAの方向に回す。
イ　調節ねじXをおさえて，調節ねじYをBの方向に回す。

ウ　調節ねじYをおさえて，調節ねじXをAの方向に回す。
エ　調節ねじYをおさえて，調節ねじXをBの方向に回す。

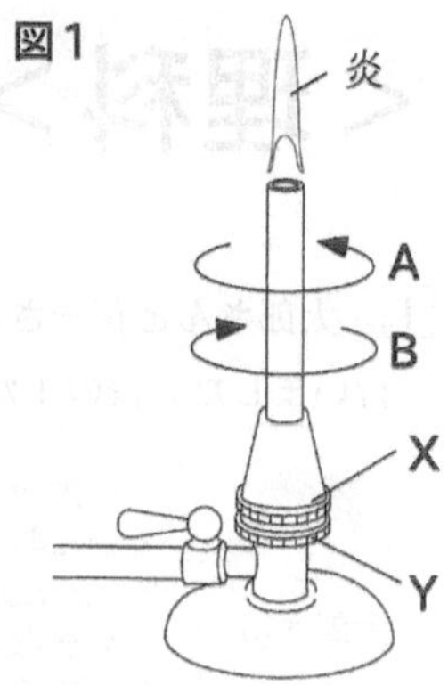

80℃の塩化ナトリウムの飽和水溶液をつくって冷やしてみると，結晶が出てきたよ。

4　80℃の塩化ナトリウムの飽和水溶液があります。この水溶液の質量パーセント濃度は何％ですか。求めなさい。ただし，答えは小数第一位を四捨五入して，整数で書きなさい。

【話し合い2】

太郎さん：$_c$40℃の水150ｇにミョウバン30ｇをとかした水溶液を20℃まで冷やしたときには，きれいな結晶が出てきたよ。
花子さん：そのまま放置しても大きく成長しなかったね。結晶を大きく成長させるためには，もっと長い時間が必要なのかな。
太郎さん：とかしたミョウバンの質量や，部屋の温度も関係あるかもしれないね。
花子さん：さらにミョウバンをとかすために，水の量をふやしたり，温度を上げたりしてみよう。

5　話し合い2で，下線部ｃの水溶液を20℃まで冷やしたとき，冷やし始めてからの経過時間と出てきた結晶の質量との関係を模式的に表したグラフはどのようになると考えられますか。最も適切なものを下のアからエまでの中から１つ選びなさい。

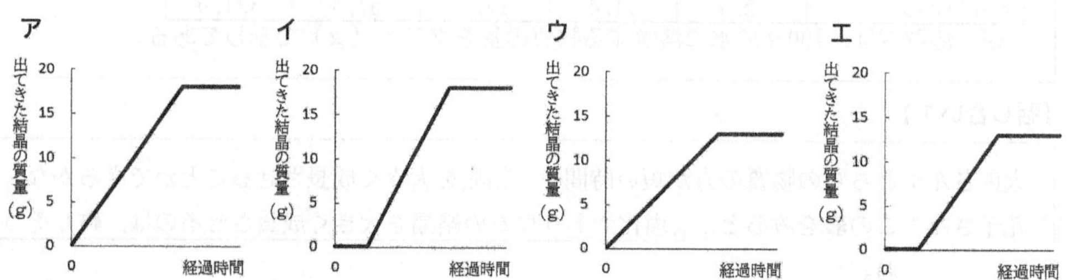

【実験】

＜方法＞
①　60℃の水200ｇにミョウバンをとかして，ミョウバンの飽和水溶液をつくる。
②　図２のようにミョウバンの結晶を糸の先につけ，①の水溶液中につるし，水が蒸発しないように，ビーカーの上にラップをかける。

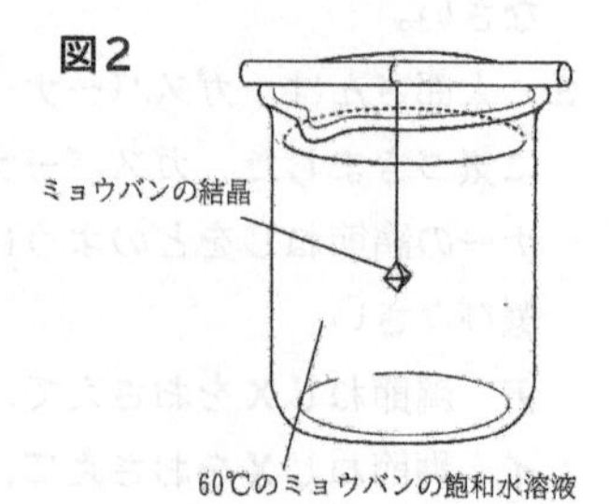

③　ビーカーを発泡ポリスチレン容器の中に入れて，水溶液の温度が20℃になるまで，ゆっくりと冷やしたのち，d 20℃のまま１日放置する。

＜結果＞
時間の経過とともに，結晶の成長が確認できたが，途中で成長は止まった。

6　図３は60℃のミョウバンの飽和水溶液の状態を示したモデルです。**実験**で，下線部ｄの水溶液の状態を示したモデルはどれですか。最も適切なものを下の**ア**から**エ**までの中から１つ選びなさい。

図3　**ア**　**イ**　**ウ**　**エ**

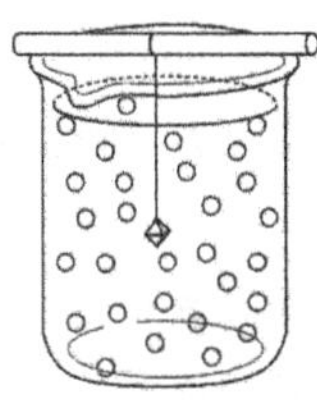

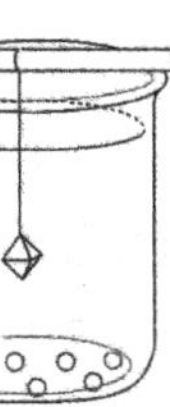
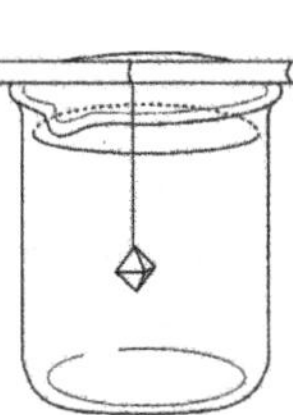
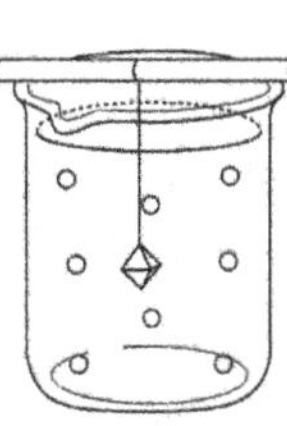

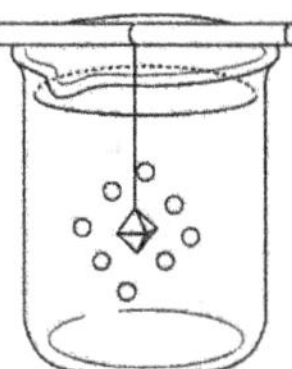

※　図中の ○ は水にとけているミョウバンの粒子を表している。

2　太郎さんと花子さんは，シロツメクサに興味をもち，先生と相談しながら観察や実験をして調べることにしました。**図１**は観察をしたときのスケッチです。後の**1**から**5**までの各問いに答えなさい。

太郎さん：アブラナは種子でなかまをふやしますが，シロツメクサはどのようにふえるのですか。

先生：アブラナと同様に，おしべのやくでつくられた花粉を，めしべで受粉した後に，子房の中で種子をつくり，なかまをふやします。シロツメクサについて，自分たちで詳しく調べてみてはどうかな。

花子さん：受粉した後の花粉は，いったいどのような変化をしていくのかな。

図1

太郎さんと花子さんは，受粉後に花粉がどのように変化するのかを調べるため，次の**観察**を行いました。

【観察】

＜方法＞
①　10％のショ糖水溶液（砂糖水）をつくり，これをスライドガラスの上に１滴落とす。
②　①のスライドガラスの上に，シロツメクサの花粉をまく。
③　顕微鏡を使って，20分ごとに観察する。このとき，デジタルカメラで撮影しておき，花粉の変化を調べる。

<結果>

はじめに図2のようであったシロツメクサの花粉は，1時間後，図3のように変化した。

図2 シロツメクサの花粉

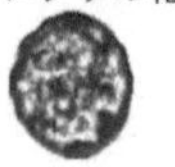

図3

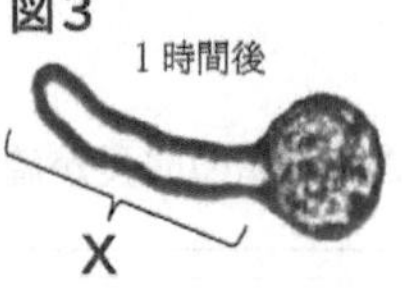

1 受粉が行われるのは，めしべの何という部分ですか。書きなさい。

2 図3のXの部分の名称は何といいますか。書きなさい。

資料を詳しく調べてみると，シロツメクサは種子でなかまをふやすだけではなく，はうようにのびた茎の先が地面につくことで新たな根や芽を出して，なかまをふやすしくみもあると書いてありました。

太郎さん

3 シロツメクサが，茎でふえるときのように，自然のなかで受精が関係しないふえ方と同じものはどれですか。下のアからオまでの中からすべて選びなさい。

ア ゾウリムシが，分裂してふえるとき　イ ジャガイモが，いもでふえるとき

ウ ヒキガエルが，卵を産んでふえるとき　エ ミカヅキモが，分裂してふえるとき

オ イヌが，子を産んでふえるとき

花子さん

シロツメクサの葉に注目したときに，校庭のシロツメクサのすべての葉には図4のような模様があったのですが，私の家のシロツメクサのすべての葉は図5のように模様がありませんでした。これはどうしてなのかな。

図4

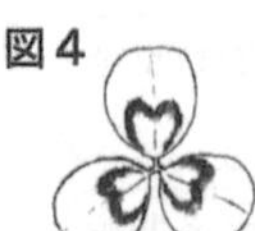

図5

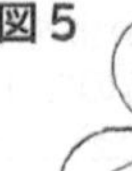

シロツメクサの葉の模様について，模様ありが優性形質で，模様なしが劣性形質であることがわかっています。

先生

太郎さん

それでは，葉の模様があるかないかについて，授業で行った次のような**モデル実験**を行えば，遺伝のしくみを説明できそうだね。

【モデル実験】

<方法>

図6（次のページ）のように黒玉を2個ずつ入れた箱Aと箱C，白玉を2個ずつ入れた箱Bと箱D，空の箱Eと箱Fを用意する。なお，黒玉（●）は葉を模様ありにする遺伝子，白玉（○）は葉を模様なしにする遺伝子とする。

操作① 箱Aおよび箱Bのそれぞれから玉を1個ずつとり出し，箱Eに入れる。なお，箱から玉をとり出すときには，箱の中を見ないようにし，以下，同様に行う。

操作②　箱Cおよび箱Dのそれぞれから玉を１個ずつとり出し，箱Fに入れる。

操作③　箱Eおよび箱Fのそれぞれから玉を１個ずつとり出し，その玉の組み合わせを記録する。その後，とり出した玉は元の箱（箱E・箱F）にもどす。

操作④　操作③を，400回くり返して行う。

図６

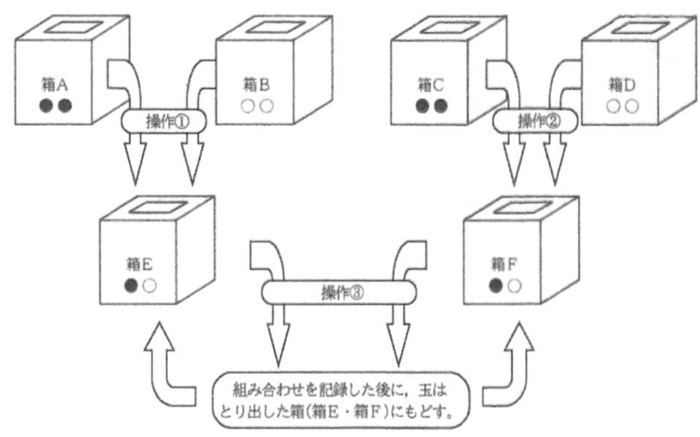

<結果>

玉の組み合わせが，黒玉２個（●●），黒玉と白玉１個ずつ（●○），白玉２個（○○）となった回数の比は，およそ１：２：１であった。

【話し合い】

花子さん：箱Aと箱Cは，純系の模様ありのシロツメクサ，箱Bと箱Dは純系の模様なしのシロツメクサを示しているね。操作①や操作②で得られる，箱Eと箱Fは遺伝子の組み合わせが（●○）となり，すべて模様ありになるね。

太郎さん：操作③の結果から，花子さんの家のシロツメクサは，遺伝子の組み合わせが（○○）ということがわかるね。また，校庭のシロツメクサの遺伝子の組み合わせは（●●）か（●○）のどちらかということがわかるね。

花子さん：では，校庭のシロツメクサの遺伝子の組み合わせは，どうやって確かめるといいかな。

4　**モデル実験**で，操作①や操作②のように，「箱から玉をとり出す操作」が表している遺伝の法則は何ですか。書きなさい。

5　**話し合い**の下線部について，新たに校庭のシロツメクサと花子さんの家のシロツメクサを用いて受粉させ，そのときつくられた種子を育て，個体（株）ごとに現れる葉の形質を調べる実験を行うとします。「校庭のシロツメクサの遺伝子の組み合わせは（●○）である」と仮定して，そのことを証明する場合，模様ありの葉をつけるシロツメクサの個体（株）と，模様なしの葉をつけるシロツメクサの個体（株）の数の比についてどんなことがいえるとよいですか。「個体」という語を使って説明しなさい。

3 7月のある日，太郎さんと花子さんは，天気に興味をもち，先生と相談しながら実験をして調べることにしました。後の１から５までの各問いに答えなさい。

花子さん：天気予報で気象予報士の方が，「今日は大気の状態が不安定になるので天気が崩れる。」と言っていました。だから傘を持ってきました。

先生：「大気の状態が不安定」というのは，積乱雲が発達しやすい大気の状態だということです。積乱雲は空高く大きく発達した，雨を降らせるa雲です。今日の天気予報では，強い日ざしのためだと言っていましたね。他にも，例えば，あたたかくしめった空気が流れこむとき，「大気の状態が不安定になる。」と言われますね。

太郎さん：積乱雲が発達しやすい状態というのはどのような状態なのだろう。

花子さん：日ざしが強いときと弱いときでどう違うか，実験してみよう。

【実験１】

＜方法＞

① 図１のように，同じ大きさの水そうを２つ用意し，底に黒い画用紙をはる。

② 水そうを線香のけむりで満たし，けむりがもれないように水そうの上にラップをかける。

③ 水そうの真上から次の白熱電球を使ってあたためる。

　Aの水そう　100Wの電球

　Bの水そう　40Wの電球

④ ようすを観察する。

図１

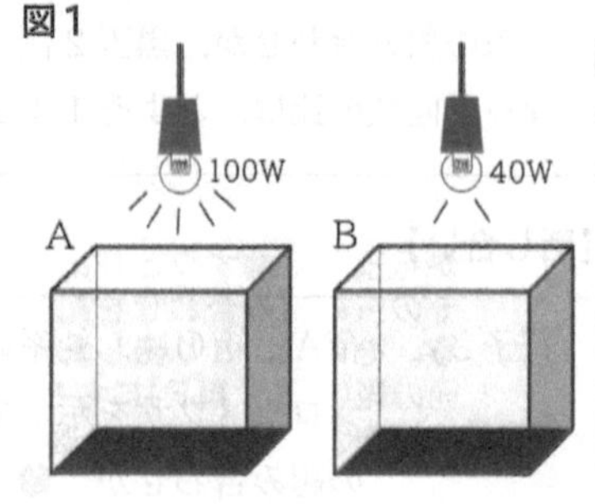

図２

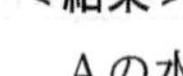

＜結果＞

Aの水そうでは，白熱電球の下で線香のけむりが上向きに勢いよく動くようすが見られた。図２はそのようすを模式的に示したものである。

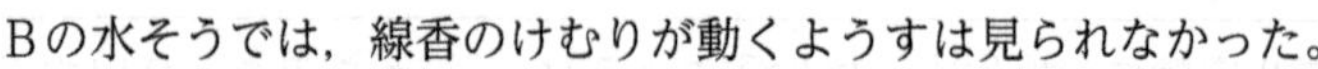

Bの水そうでは，線香のけむりが動くようすは見られなかった。

【話し合い】

花子さん：実験１の２つの水そうを比べると空気の動き方はまったく違うね。
太郎さん：「あたたかくしめった空気が流れこむ」というときはどうだろう。
花子さん：bつゆや秋雨のころの天気予報でよく聞くね。
太郎さん：あたたかい空気が流れこむときのようすを実験２を行って観察してみよう。

1　下線部aについて，雨や雪などが降っておらず雲が空全体の６割をおおっているときの天気を表す記号はどれですか。下の**ア**から**エ**までの中から１つ選びなさい。

ア ●　　**イ** ◎　　**ウ** ⦶　　**エ** ⊗

2　大陸や海洋の上にある，気温や湿度がほぼ一様な空気のかたまりを何といいますか。書きなさい。

3　**話し合い**で，下線部ｂの時期に雨やくもりの日が長く続く天気をもたらす前線を何といいますか。最も適切なものを下の**ア**から**エ**までの中から１つ選びなさい。

ア　温暖前線　　**イ**　停滞前線　　**ウ**　寒冷前線　　**エ**　閉塞(へいそく)前線

【実験２】

<方法>

① **図３**のように，ｃしきり板で２つにしきった水そうの右側に氷を入れたビーカーを入れる。

② 水そうの右側の上にラップをかける。

③ 水そうの左側を線香のけむりで満たし，取っ手をつけた厚紙でふたをするようにして保つ。

④ しきり板を水そうの深さの半分まで静かに引きぬく。

⑤ ④と同時に水そうの左側の空気を厚紙で**図３**の矢印の方へ静かに押し下げる。

⑥ ようすを観察する。

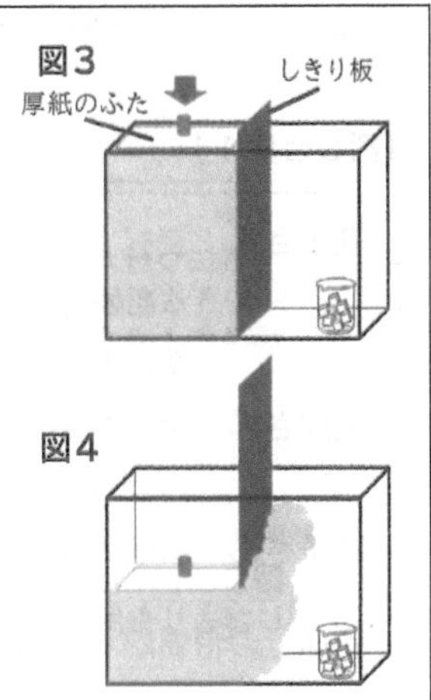

<結果>

厚紙のふたを押し下げると，**図４**のように線香のけむりが水そうの右側に入ると同時に，しきり板に沿って水そうの上の方へ勢いよく移動していった。

4　**実験２**で，下線部ｃのようにするのは，しきり板で区切られた水そうの中の，両側の空気についてどのような条件を整えるためですか。書きなさい。

5　日ざしが強いときや，あたたかくしめった空気が流れこんできたときに，積乱雲が発達しやすくなるのはなぜですか。**実験１**と**実験２の結果**から考え，「水蒸気」という語を使って説明しなさい。

４　太郎さんと花子さんは，ケーブルカーに興味をもち，話し合いと実験を行いました。後の**1**から**5**までの各問いに答えなさい。

花子さん：山の斜面の傾きが大きいところでは，乗りものにケーブルカーが使われていることがあるよね。ケーブルカーを引き上げるための動力として，何を使うことができるかな。

太郎さん：川の水を使うことができないかな。水車が回転することを利用すれば，電気をつくることができそうだね。

太郎さんと花子さんは，水車の軸に磁石をつなげ，磁石の中央の真下にコイルを置いた図１のような装置を考えました。

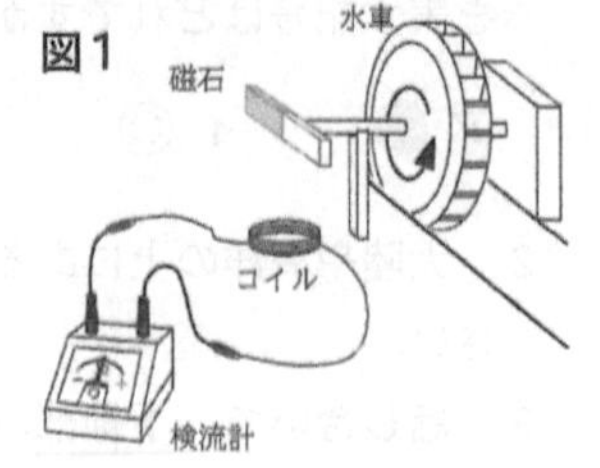

1　コイル内部の磁界を変化させるとコイルに電流が流れます。この現象を何といいますか。書きなさい。

2　磁石を図１の位置から矢印の向きに１回転させると，検流計の針はどのように振れますか。最も適切なものを下のアからエまでの中から１つ選びなさい。

ア　（０）→（＋側）→（０）→（＋側）→（０）→（＋側）→（０）→（＋側）→（０）
イ　（０）→（＋側）→（０）→（＋側）→（０）→（－側）→（０）→（－側）→（０）
ウ　（０）→（＋側）→（０）→（－側）→（０）→（＋側）→（０）→（－側）→（０）
エ　（０）→（＋側）→（０）→（－側）→（０）→（－側）→（０）→（＋側）→（０）

【話し合い１】

花子さん：調べてみると，水が入ったタンクをおもりとして，ケーブルカーを引き上げる方法もあるみたいだよ。ただ斜面の傾きが大きくなると，引き上がらないかもしれないね。
太郎さん：ケーブルカーのかわりに，台車と水を入れたペットボトルを糸でつないで試してみよう。
花子さん：斜面の傾きを変えて，台車が引き上がるときの運動のようすを調べてみよう。

斜面上の台車が，おもりによって引き上がるときの運動のようすを調べるため，次の**実験**を行いました。ただし，実験に用いた糸や記録テープの質量，および摩擦や空気の抵抗は考えないものとします。また，糸は伸び縮みせず，たるまない状態で実験を行ったものとします。

【実験】

＜方法＞
①　台車につけた記録テープを，１秒間に60回，点を打つことができる記録タイマーに通す。
②　図２のような装置を組み，**斜面Ａ**上の台車が引き上がらないように手で止める。
③　記録タイマーのスイッチを入れると同時に，台車から静かに手をはなして，台車を運動させる。
④　６打点ごとに記録テープに印をつけ，その間の台車の移動距離を調べる。
⑤　図３のような装置を組み，傾きを大きくした**斜面Ｂ**で，同じおもりを用いて同様の実験を行う。

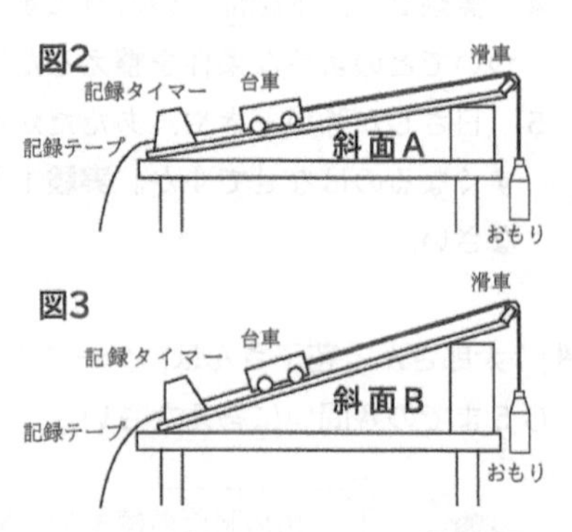

＜結果＞
斜面Ａ，**斜面Ｂ**ともに，台車が引き上がり，図４のような，記録テープを得ることができ

た。

図4

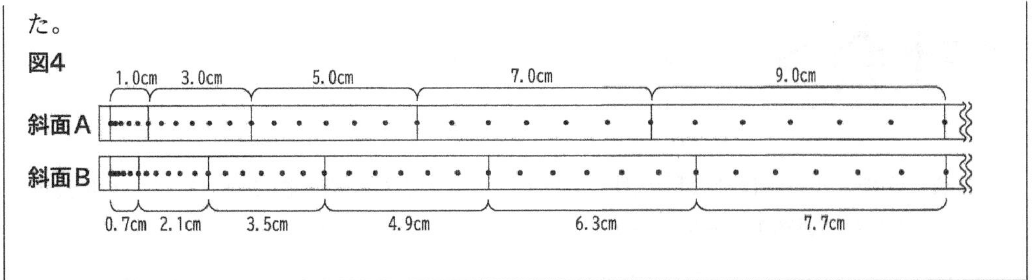

3　斜面Aにおける台車の運動について，実験の結果から，時間と台車の速さの関係を図5にグラフで表しなさい。ただし，グラフの縦軸，横軸の目盛りには適切な値を書きなさい。

図5

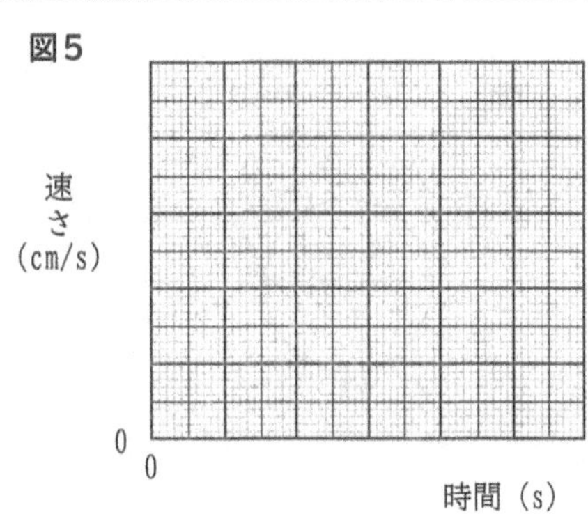

【話し合い2】

花子さん：斜面Bにおける速さの変化は，斜面Aよりも小さいね。この装置のままでは，斜面の傾きをさらに大きくしていくと，台車を引き上げることができなくなると思うよ。
太郎さん：台車に滑車をつけて，図6のように動滑車のしくみを組みこむといいかな。
花子さん：それなら，斜面の傾きが大きい場合も台車を引くことができそうだね。

4　話し合い2の下線部のようになる理由を，「重力」と「分力」という2つの語を使って書きなさい。

5　図6のように，台車を斜面に沿って80cmゆっくりと引き上げたとき，ばねばかりは常に5Nを示していました。台車にした仕事の大きさは何Jですか。求めなさい。ただし，用いた糸や動滑車の質量，および摩擦は考えないものとします。また，糸は伸び縮みせず，たるまない状態で行ったものとします。

図6

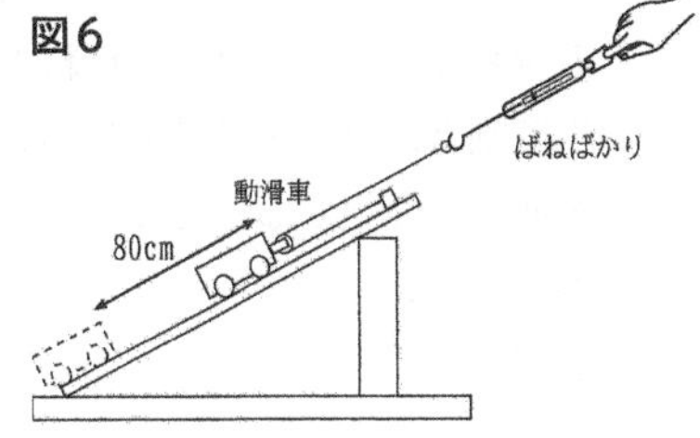

＜社会＞

時間　50分　　満点　100点

1　若菜さんのグループは社会科の調べ学習で，世界のおもな農産物について調べて発表することになりました。**資料1**をみて，後の1から6までの各問いに答えなさい。

資料1　米・小麦・とうもろこしの国別生産割合（2017年）※四捨五入の関係で100%にならない場合がある。

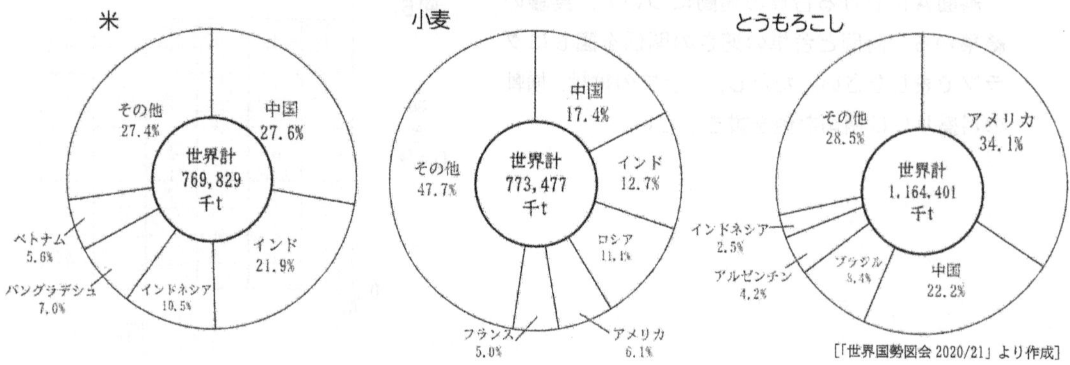

［「世界国勢図会 2020/21」より作成］

1　**資料1**から読み取れることとして適切なものはどれか。次の**ア**から**エ**までの中から1つ選びなさい。

ア　米・小麦・とうもろこしのうち，生産量が最も多いのは，小麦である。

イ　米・小麦・とうもろこしの生産割合上位5か国は，すべて北半球に位置している。

ウ　米・小麦・とうもろこしのいずれも，生産割合上位5か国で60%以上を占めている。

エ　米・小麦・とうもろこしのうち，中国で生産量が最も多いのは，とうもろこしである。

2　**資料1**の米の生産に関連して，若菜さんは米作りにかかわる写真をみつけました。この地域では，年に2回米を作ることがあります。このように，同じ土地で年に2回米を作ることを何というか。書きなさい。

写真　東南アジアでの稲作のようす

3　若菜さんのグループは，**資料1**の小麦，とうもろこしの生産割合が高いアメリカについて，**説明文1**，**略地図1**を使って発表することにしました。後の⑴，⑵の問いに答えなさい。

説明文1

> アメリカでは，小麦やとうもろこしの多くは，**略地図1**が示すロッキー山脈の東側に広がる内陸部で栽培されています。
> （　　）的農業が多く，センターピボットや大型機械などを使い，少ない人数で効率よく生産が行われています。

略地図1

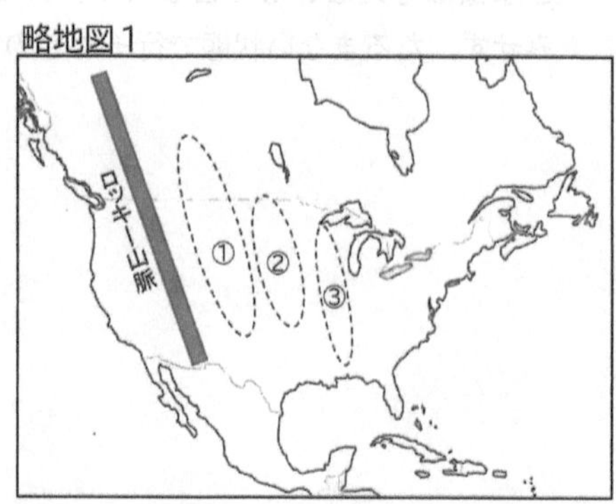

⑴ **説明文1**の（　）にあてはまる語句を漢字2字で書きなさい。

⑵ **略地図1**の①から③にあてはまる語句の組み合わせとして正しいものはどれか。次の**ア**から**エ**までの中から1つ選びなさい。

ア ① グレートプレーンズ　② プレーリー　③ 中央平原
イ ① プレーリー　② グレートプレーンズ　③ 中央平原
ウ ① グレートプレーンズ　② 中央平原　③ プレーリー
エ ① プレーリー　② 中央平原　③ グレートプレーンズ

4 若菜さんのグループは，**資料2**をみつけて米の輸出量の多い国について調べ，**メモ**を作成しました。どこの国を調べたものか，**資料2**の中から1つ選び，国名を書きなさい。

資料2　米の輸出量上位5か国（2017年）

① インド
② タイ
③ ベトナム
④ アメリカ
⑤ パキスタン

［「世界国勢図会 2020/21」より作成］

メモ

●天然ゴムの生産量が世界第1位（2017年）である。
●ＡＳＥＡＮに加盟している。
●仏教徒の占める割合が多い。
●江戸時代，アユタヤに日本人の住む日本町があった。

5 若菜さんのグループは，アフリカの農産物について，**説明文2**，**略地図2**を使って発表することにしました。後の⑴，⑵の問いに答えなさい。

説明文2

この農産物は，世界全体の半分以上が赤道付近のギニア湾岸にあるコートジボワールとガーナで生産されており，日本を含む世界各地に輸出されている。

略地図2

⑴ **略地図2**の［　］の部分は，5つの気候帯の1つを示している。この気候帯は何か。書きなさい。

⑵ **略地図2**の地域で栽培されている農産物のうち，**説明文2**にあてはまる農産物は何か。次の**ア**から**エ**までの中から1つ選びなさい。

ア コーヒー豆　**イ** バナナ　**ウ** カカオ豆　**エ** 茶

6 **資料1**のとうもろこしの生産割合が世界第3位のブラジルについて，若菜さんのグループは，次の**発表原稿**を考えました。ブラジルの環境保全について，**発表原稿**の（　）にあてはまる適切な内容を考え，書きなさい。

発表原稿

○ **資料3**（次のページ）をみると，ブラジルのさとうきびの生産量は，とうもろこしの生産量の7倍以上あります。世界第1位です。ブラジルで生産されたさとうきびは，半分近くが砂糖用として，残りがバイオエタノール（バイオ燃料）用として加工されています。

○ しかし，さとうきびの生産を増やすために熱帯雨林を新たに伐採することは，環境破壊につながるため，ブラジル政府は2009年にさとうきびの作付け禁止区域を設けるなどの対策をとるようになりました。

○　**資料4**から**資料6**をみると，(　　　　　　　　　　　　　　　　　　　)ことなどから，ブラジルが環境保全の取組を進めていることがわかります。今後は，開発と環境保全の両立が求められます。

資料３　ブラジルのおもな農産物の生産量（2017年）（単位 千t）

おもな農産物	生産量
さとうきび	758,548
とうもろこし	97,722

［「世界国勢図会 2020/21」より作成］

資料４　再生可能エネルギーによる発電量と総発電量に占める割合（2017年）

国名	発電量（億kWh）	割合（%）
ブラジル	4,664	79.1
アメリカ	7,182	16.8
日本	1,682	15.7

［「世界国勢図会 2020/21」より作成］

資料５　エネルギー供給の構成（2017年）（石油換算）

ブラジル 29,024(万t)：石油 38.1／バイオ燃料 29.8／天然ガス 11.2／その他 20.9

アメリカ 215,523(万t)：石油 36.7／天然ガス 29.9／石炭 15.3／その他 18.1

日本 43,203(万t)：石油 40.7／石炭 27.0／天然ガス 23.4／その他 8.9

0%　20%　40%　60%　80%　100%

［「世界国勢図会 2020/21」より作成］

資料６　ブラジルのさとうきびの生産量とエネルギー供給におけるバイオ燃料等の割合

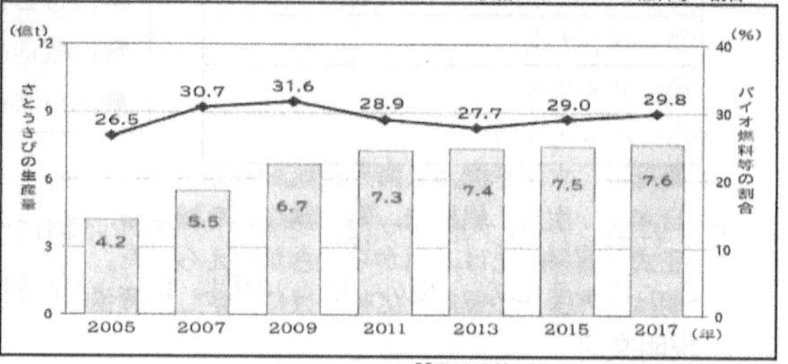

［「世界国勢図会 2020/21」などより作成］

2　太郎さんのグループは，歴史の授業で外国と関係のあった日本の地域について発表するため，**カードA**から**カードF**と次のページの**略地図1**を作成しています。後の１から８までの各問いに答えなさい。

カードA

この地域にある都市は，唐などが攻めてくるのに備えて守りを固めるために設けられた。そのため，この都市の周辺には，(①)からの渡来人たちの力をかりて，いくつもの防御施設が造られた。

カードB

この地域にある都市は，日宋貿易を進めるため平清盛によって整備された港を有している。のちの日明貿易においても海上交通の要所の１つとされ，現在でも日本有数の貿易港である。

カードC

この地域にある都市は，(②)人により伝えられた鉄砲を大量生産することで繁栄した。また，自由な商工業の発展を図る織田信長によりこの地は自治を奪われることとなった。

カードD

この地域にある都市は，江戸時代の御三家の一つの城下町として栄えた。のちに繊維産業に関連した技術を生かしたものづくりがさかんとなり，戦後，日本有数の貿易港となった。

カードE

この地域にある都市は，出島にオランダの商館が置かれるなど，江戸幕府にとって外国との貿易の窓口であった。のちに，(③)の使節レザノフがこの地に来航した。

カードF

この地域にある都市は，1858 年に結ばれた条約により開かれた港の１つを有している。のちに日本の貿易の中心地となり，この都市と新橋間に日本で初めての鉄道が開通した。

1　**カードA**から**カードF**の地域にあてはまらないものを，後の**略地図1**の（あ）から（く）までの中から２つ選びなさい。

略地図１

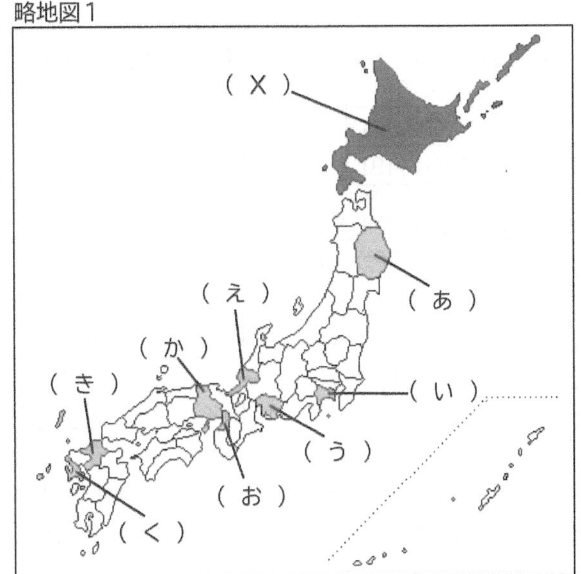

2　**カードＡ**，**カードＣ**，**カードＥ**の（①）から（③）にあてはまる国名の組み合わせとして正しいものはどれか。次の**ア**から**カ**までの中から１つ選びなさい。

ア　①　高麗　②　イギリス　③　ロシア
イ　①　百済　②　ポルトガル　③　ロシア
ウ　①　高麗　②　イギリス　③　フランス
エ　①　百済　②　ポルトガル　③　フランス
オ　①　高麗　②　ポルトガル　③　フランス
カ　①　百済　②　イギリス　③　ロシア

3　**カードＡ**に関連して，次の文には誤っている語句が１つある。誤っている語句を**下線部**①から③までの中から選び，正しい語句を書きなさい。

①**中大兄皇子**は，西日本の各地に山城を築き，唐や②**新羅**からの攻撃に備え，大津宮で即位し③**天武天皇**となり，初めて全国の戸籍を作った。

4　**カードＢ**に関連して，日本と明の貿易について説明した適切な文を次の**ア**から**オ**までの中から２つ選びなさい。

ア　幕府は，大名や商人に海外渡航を許可する朱印状を与え，貿易を統制下に置いた。
イ　日本は，生糸，絹織物，陶磁器などを輸出し，刀，硫黄や銅などを輸入した。
ウ　正式な貿易船には，明から勘合が与えられた。
エ　明は，外国との貿易を広州だけに限定し，貿易を管理した。
オ　日本は，倭寇の取り締まりの強化を明に求めた。

5　**カードＣ**に関連して，織田信長は商工業を活発化させるため，自由な交通を可能とし商品の流通をさかんにする政策を実行した。この政策を実現するために廃止された交通の要所にあったものは何か。書きなさい。

6　**カードＤ**から太郎さんは貿易港に興味をもち，**カードＤ**と異なる貿易港についての**資料１**から**資料３**をみつけました。**Ｙ港**のある地域はどこか，**略地図１**の（**あ**）から（**く**）までの中から１つ選びなさい。

資料１　Ｙ港と東京港の貿易額の比較（2019 年）

貿易港	輸出額(百万円)	輸入額(百万円)
東京港	5,823,726	11,491,331
Ｙ港	2,977,283	1,046,491

［「日本国勢図会 2020/21」より作成］

資料２　Ｙ港のおもな輸出相手国や地域と輸出額（2019 年）

おもな輸出相手国や地域	輸出額(百万円)
中国	864,866
(ホンコン)	477,992
韓国	465,464
その他	1,168,961

［「財務省貿易統計」より作成］

資料３　Ｙ港の輸出品目の割合（2019 年）

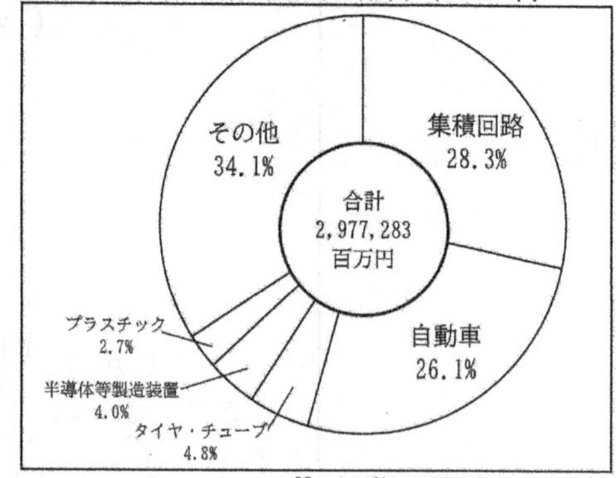

［「日本国勢図会 2020/21」より作成］

7　カードＥに関連して，18世紀末から19世紀初めにかけて，通商を求めて日本の沿岸にあらわれるようになった外国船に対する江戸幕府の対応を，略年表1，資料4，資料5，略地図１の（Ｘ）の地域にふれながら，説明しなさい。

略年表1

年	おもなできごと
1792年	ラクスマンの来航
1804年	レザノフの来航
1808年	フェートン号事件
1825年	異国船打払令
1837年	モリソン号事件
1839年	蛮社の獄

資料４　近藤重蔵が作成した地図

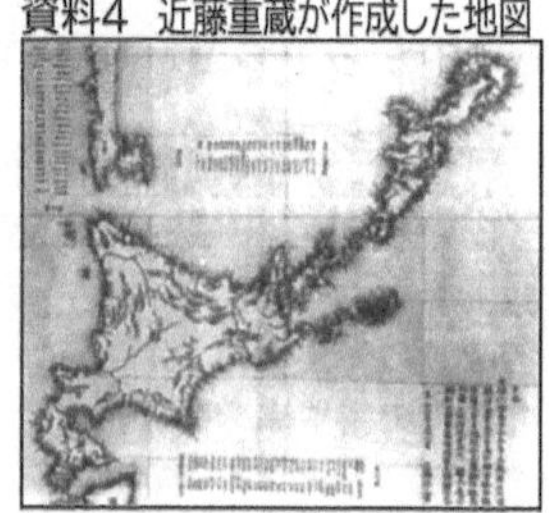

資料５　高野長英が幕府の政策を批判した文書

打払いを行えば，イギリスは日本を理非もわからない野蛮な国と思い，不義の国であると他国にいいふらし，日本は礼儀を重んじる国としての名誉を失うことになる。

※理非：道理にかなうこと，かなわないこと
※不義：義理（道理）にそむくこと

［「戊戌夢物語(ぼじゅつゆめものがたり)」より一部要約］

8　カードＦに関連して，太郎さんは滋賀県の交通の歴史について調べていると，滋賀県が略地図１の（　え　）と（　お　）をつなぐ輸送の重要な地域であることをみつけました。江戸時代から明治時代にかけての滋賀県における２つの地域をつなぐ輸送方法の変化について，略地図２，略地図３，資料６，略年表２をもとに説明しなさい。

略地図2　江戸時代のころ

［「江戸時代の琵琶湖水運」などより作成］

略地図3　1887 年（明治 20 年）ころ

※太湖汽船：明治 15 年に設立された鉄道連絡船の会社
※馬場：現在の膳所（ぜぜ）駅
［「琵琶湖をめぐる交通と経済力」より作成］

資料6　太湖汽船(たいこきせん)の売上

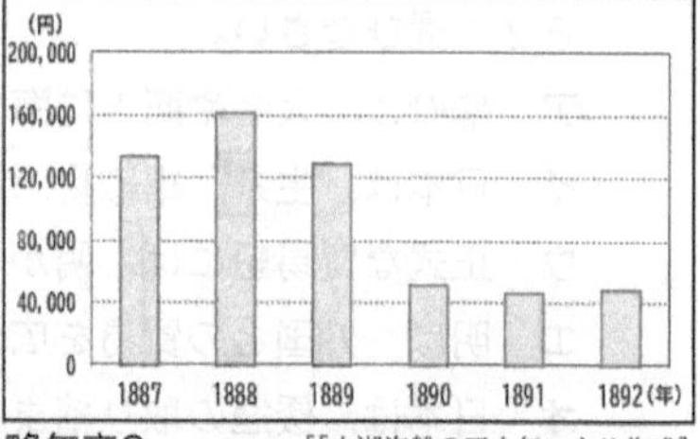

［「太湖汽船の五十年」より作成］

略年表2

年月	鉄道が開通した区間
1877年（明治10年）２月	大阪～京都間
1880年（明治13年）７月	京都～大津間
1882年（明治15年）３月	長浜～敦賀間
1883年（明治16年）５月	長浜～関ヶ原間
1889年（明治22年）７月	大津～長浜間 東海道線全線開通

［滋賀県ホームページなどより作成］

3 健太さんのグループは，公民の授業で学習した立法，司法，行政のしくみについて調べています。次の**1**から**3**までの各問いに答えなさい。

1　健太さんは，国会に関する**資料1**をみつけました。後の(1)，(2)の問いに答えなさい。

資料1　日本国憲法の一部

第42条	国会は，a衆議院及び参議院の両議院でこれを構成する。
第43条1項	両議院は，b全国民を代表する選挙された議員でこれを組織する。

(1)　**下線部a**に関連して，次の文には誤っている語句が1つある。誤っている語句を**下線部①**から**③**までの中から選び，正しい語句を書きなさい。

条約の承認，①**憲法改正の発議**，内閣総理大臣の指名で異なる議決をした場合，②**両議院の協議会**が必ず開かれ，それでも一致しない場合は，③**衆議院**の優越が認められている。

(2)　**下線部b**に関連して，健太さんは，国会を構成する国会議員がどのように選ばれているのかに興味をもち，**資料2**をみつけ，（**A**），（**B**）には小選挙区制，比例代表制のいずれかが入ることがわかりました。最も適切に比例代表制を説明している文を，後の**ア**から**エ**までの中から1つ選びなさい。

資料2　衆議院議員総選挙における当選者数と得票率

当選者数，得票率＼選挙制度，政党		（A）				（B）			
		第1党	第2党	第3党	その他	第1党	第2党	第3党	その他
2014年	当選者数	222	38	11	24	68	35	30	47
	得票率	48.1%	22.5%	8.2%	21.2%	33.1%	18.3%	15.7%	32.9%
2017年	当選者数	215	17	18	39	66	37	32	41
	得票率	47.8%	8.5%	20.6%	23.1%	33.3%	19.9%	17.4%	29.4%

［総務省資料より作成］

ア　**A**の定数に対する当選者数の割合と各政党の得票率の差が大きいため，**A**には比例代表制が入る。

イ　**A**の定数に対する当選者数の割合と各政党の得票率の差が小さいため，**A**には比例代表制が入る。

ウ　**B**の定数に対する当選者数の割合と各政党の得票率の差が大きいため，**B**には比例代表制が入る。

エ　**B**の定数に対する当選者数の割合と各政党の得票率の差が小さいため，**B**には比例代表制が入る。

2　健太さんは刑事裁判について調べ，次のページの**資料3**，**資料4**を作成しました。後の(1)から(3)までの問いに答えなさい。

(1)　**資料3**の法廷は，どの裁判所の法廷か。**資料4**の（**a**）から（**c**）までの中から選びなさい。

(2)　**資料4**について，次の文は三審制について説明している。（①），（②）にあてはまる語句は何か。書きなさい。

刑事裁判では，第一審の判決に不服があれば，高等裁判所に（　①　）することができ，さらに最高裁判所に（　②　）することができる。

(3)　**資料3**と**資料4**に関連して，刑事裁判について説明している文のうち最も適切なものはどれか。次のアからエまでの中から１つ選びなさい。

ア 権利や義務についての対立を互いに対等な立場で争い，争いにかかわる人の一方が裁判所に訴えることによって始まる。

イ 被告人が経済的な理由などにより弁護人を依頼できないときは，国が費用を負担し弁護人をつけることとなっている。

ウ 重大な犯罪にかかわる場合，国民から選ばれた裁判員が参加し，裁判官といっしょに被告人の有罪・無罪のみを決める。

エ 裁判官の役割は，罪を犯した疑いのある被疑者を被告人として起訴し，証拠に基づいて被告人の有罪を主張していくことである。

資料3 ある刑事裁判の法廷のようす

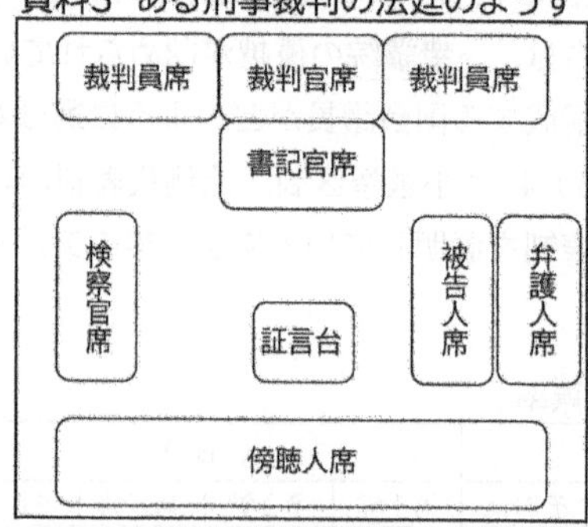

資料4 刑事裁判のしくみ

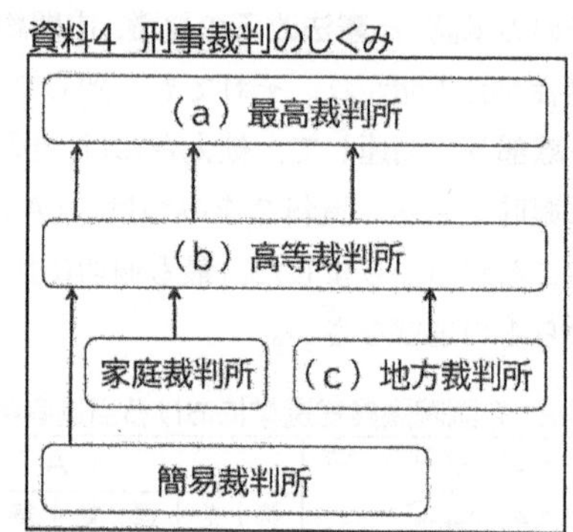

3 健太さんのグループは，**資料５**から**資料７**をみて，地方公共団体の財政について，話し合いをしています。後の⑴，⑵の問いに答えなさい。

資料５ 滋賀県一般会計歳入決算額（2019年度）

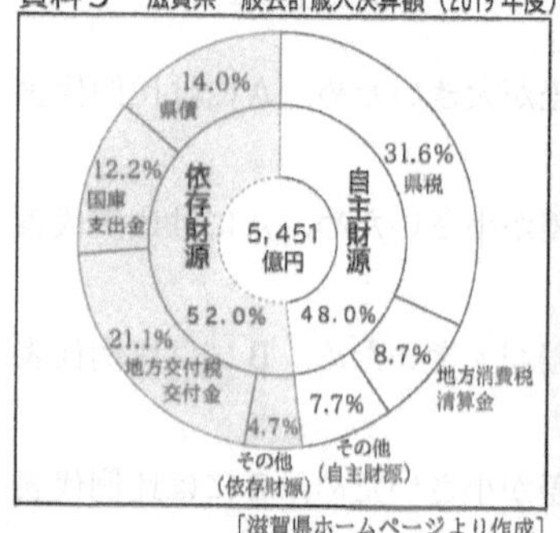

［滋賀県ホームページより作成］

資料６ ネーミングライツ募集の広告

［滋賀県ホームページより作成］

資料７ 琵琶湖を守る取組―環境学習―

［滋賀県ホームページより作成］

話し合い

健太さん：滋賀県の歳入で一番多いのは県税だね。
冬美さん：次に多い地方交付税交付金とは，（　　　　　　　　　　　　　　　　　　　　）のことだよ。
夏美さん：限られた財源のなかで，すべての住民の要望をかなえることは難しいと学習したよね。
冬美さん：だから，故郷や応援したい地方公共団体に寄付することができる制度を導入するなどのくふうをしているんだよね。

健太さん：滋賀県では，その他にどのような取組をしているのかな。

夏美さん：公共施設に愛称をつける権利などを買ってもらうネーミングライツがあるよね。学習船「うみのこ」の活動にネーミングライツの収入の一部が使われているんだよ。

冬美さん：その他にも滋賀県独自の琵琶湖森林づくり県民税で，「やまのこ」は行われているんだよ。

健太さん：学習船「うみのこ」や「やまのこ」などの取組を推進していくことは，琵琶湖の環境を守ることにつながるね。これからも地域の実態に応じた滋賀県独自の取組が続いていくといいよね。

夏美さん：地域の実態に応じた課題の解決に取り組むことは大切なことだよね。

(1) **資料5**に関連して，**話し合い**の（　）にあてはまる最も適切な文を，次の**ア**から**エ**までの中から1つ選びなさい。

ア　すべての地方公共団体に国から等しく支払われる財源

イ　地方公共団体が，住民税など自主的に徴収できる財源

ウ　地方公共団体間の財政不均衡を調整するために国から支払われる財源

エ　地方公共団体が，財政の不足を解消するために国から借り入れる財源

(2) 地方公共団体が地域の実態に応じた課題の解決に向けて取り組むために必要なことは何か。**話し合い**をもとに，「財源」という語を用いて説明しなさい。

んでいるのだと思います。

エ 絵本は、作家が絵と言葉を複数の案の中から選んで作り、めくりながら読み手がつながりのあるストーリーを作る発展性をもたせているのだと思います。

4 あなたが中学校生活を絵か言葉で伝えるとしたら、絵と言葉のどちらを選びますか。どちらかを選び、次の**条件1**と**条件2**にしたがって書きなさい。

条件1 選んだ理由について、そのよさにふれながら書くこと。

条件2 原稿用紙の正しい使い方にしたがい、**百字以上、百四十字以内**で書くこと。

三 次の1から4までの各問いに答えなさい。

1 次の①から⑤までの文中の——線部のカタカナを漢字に直して書きなさい。

① ベンロン大会で優勝する。

② 一定の温度をタモつ。

③ タグいまれな才能の持ち主だ。

④ 毛糸で手袋をアむ。

⑤ 飛行機のモケイを作る。

2 次の①から⑤までの文中の——線部の漢字の正しい読みをひらがなで書きなさい。

① 光沢のある素材を選ぶ。

② 教室の床を拭く。

③ ボールが弾む。

④ お客様のご意見を承る。

⑤ 応援歌で選手を鼓舞する。

3 次の文中の——線部の「ない」と同じ用法のものを、後の**ア**から**エ**までの中から一つ選び、記号で答えなさい。

遠すぎて見えない。

ア 映画の終わり方が切ない。

イ 今日は、あまり寒くない。

ウ どんなことがあっても笑わない。

エ 高い建物がない。

4 次の俳句について、後の①から③までの各問いに答えなさい。

> 万緑の中や吾子(あこ)の歯生え初(そ)むる　中村草田男(なかむらくさたお)

① 切れ字を書きなさい。

② この俳句の季語を抜き出し、季節を書きなさい。

③ この俳句に込められた心情として適切なものを、次の**ア**から**カ**までの中から二つ選び、記号で答えなさい。

ア 生まれ育った故郷への思い

イ 我が子の成長を喜ぶ親心

ウ 青春時代への懐(なつ)かしさ

エ 困難を乗り越えていく勇気

オ 移ろいゆく季節への哀愁

カ 自然の生命力への感動

【ホワイトボード】

絵本とマンガの表現の特徴
■共通点　ページをめくること・絵と言葉
■違い　画面のつながりのあり方
○マンガ・コマ割り
○絵本　・前画面との連続動作が少ない
・（　Ⅰ　）
＝できごとが省略されている
単独の〈絵〉
↓
絵本の絵
↓
絵本の画面
一画面も入れ換え不可能
⇩
展開が重要

【話し合いの様子】

かずきさん：絵本もマンガもページをめくることと絵と言葉で表現されていることが共通しているね。
まさみさん：確かに。マンガは、コマ割りという手法で表現されていて、コマとコマがつながっています。だからこそ、めくるときにその場にいるような感じが伝わってくるのだと思います。そこがマンガの魅力になっているのだと思います。
かずきさん：絵本の場合は少し違うね。【本の一部】には、「単独の〈絵〉」が「〈絵本の画面〉」になると書いてあります。
じゅんさん：他にも、【本の一部】には、「〈めくり／間〉にどのようなできごとをたたみ込むべきかを熟知しています」と書いてあるから、このあたりも絵本の魅力と関係するのかもしれないね。
まさみさん：私は、かずきさんやじゅんさんが言ったことは、「〈絵本の展開〉」につながる部分だと思います。どのようなことかというと、
　　　Ⅱ　　　
かずきさん：なるほど。だから展開が重要で、そこが絵本の表現の特徴であり、魅力なのですね。

1　【ホワイトボード】の（Ⅰ）にあてはまる言葉を、【本の一部】の文章中から十一字で抜き出して書きなさい。

2　【話し合いの様子】の＝＝線部について、「単独の〈絵〉」と「〈絵本の画面〉」はどのように違うのか、自分の言葉で説明しなさい。

3　【話し合いの様子】の空欄 Ⅱ にあてはまる言葉を、次のアからエまでの中から一つ選び、記号で答えなさい。

ア　絵本は、作家が絵と言葉を思いつきで並べて作っていて、めくったときに読み手にストーリーの創造性を与えられるように工夫しているのだと思います。
イ　絵本は、作家が絵と言葉をよく考えて作り、めくっていくことで読み手にテーマが伝わるよう絵と絵のつながりに必然性をもたせているのだと思います。
ウ　絵本は、作家が絵と言葉を連続するように作っていて、めくりの間に読み手自身がストーリーの方向性を決定できるように仕組

A

B

C

たとえばA→B→C。

A〈あかねちゃんはポンちゃんを残して、ひとりで出かけてしまいました。〉→B〈さみしくなったポンちゃんは、あかねちゃんを探しに行きました。〉→C〈あ！　見つけた！　うれしくて手をつないで帰りました。〉

C→B→Aなら、

C〈あかねちゃんとぬいぐるみのポンちゃんは、とてもなかよし。いつも一緒にお出かけします。〉→B〈あらあら、いつのまにかあかねちゃんがいません！〉→A〈家にもどってみましたが、やっぱりあかねちゃんはいません。どうしよう。〉

B→C→Aの場合は、

B〈くまのぬいぐるみが、池のそばに捨てられていました。〉→C〈あかねちゃんという女の子が見つけてくれて、ともだちになりました。〉→A〈これからはあかねちゃんの家でくらします。ポンという名前もつけてくれました。うれしいな！〉

これらは私のつくったサンプルにすぎませんが、同じ絵を使っても、連続の順序によって内容が変わり得る、ということがわかってもらえたらうれしいです。しかしもちろん、絵本作家はこのようにいくつかのサンプルをつくってその中からセレクトしているわけではありません。読者に伝えたい物語やテーマや絵があって、それを連続した〈絵本の画面〉に落とし込んでいくのです。ですから作家がもし、B→C→Aの例のような内容の物語をつくろうとした時に、このB／C／Aのような場面の絵を考えたとしても、当然、練りに練った最終形は、細部にわたってその物語のためだけに描かれた、一画面も入れ換え不可能な画面の連続になっています。

私はこのようなゆるぎのない画面の連続のことを、〈絵本の展開〉と呼んでいます。

（小野（おの）明（あきら）『絵本の冒険「絵」と「ことば」で楽しむ』による。）

（注）　ヴィジュアル＝ビジュアルに同じ。視覚に訴えるもの。
協働＝協力して働くこと。
オブジェ＝象徴的な効果を出すために、彫刻などに用いる種種の物体。
享受＝受けおさめて自分のものにすること。
セレクト＝よりわけること。

②それが十数画面（通常二四ページか三二ページ）連続することによって成り立つものである。

③読者＝うけ手みずからがそのページを順々にめくることで享受される作品世界である。

ということです。②③の連続＋めくりは、つまり本の特徴ですね。

①は、映画やアニメーションのような動画ではない、ということです。②は、画集・写真集・図鑑のように画面が非連続なものではない、ということ。そして③については、マンガとの比較でより詳しくふれたいと思います。

というのも、絵本の基本的な定義はマンガにもすべてあてはまるからです。そのうえで絵本とマンガの明らかな違いといえば、コマ割りという手法でしょう。『ゆきだるま』（レイモンド・ブリッグス＝作）のようなコマ割りの絵本もありますが、それはごくまれな例なので、コマ割りはマンガ特有の表現といっていいと思います。で、このマンガのコマ割りという手法のあり方が、絵本の大きな特徴をあぶり出す手がかりになるのです。つまり、〈めくることによる画面のつながりのあり方〉に絵本とマンガでは大きな差がある。どういうことかというと、絵本の場合、ある画面をめくってあらわれる次の画面が、前画面との連続動作であることが少なく、画面と画面の〈間〉に時間や場所の推移があるのがあたりまえ、ということです。めくると、次の画面が十分後だったり、街から森へ移っていたりする。画面と画面の〈間〉にできごとの推移がたたみ込まれているのです。かなりのできごとが省略されている。もちろんそれは、その作品に不必要なできごとと判断されたからですが、マンガでは少ないやり方だと思います。マンガは、あるページの最終コマとめくった次のページの最初のコマの〈間〉に、それなりの時間経過や場所の移動があることは少ないのではないでしょうか。

このように、絵本はめくることによって時間や場所が変化することがきわめて多い表現である、というのが私の考える絵本とマンガの大きな違いです。絵本では〈めくる〉ことによる前画面と次画面の推移のコントロールが、決定的な要素なのです。ですからすぐれた絵本作家は、この〈めくり／間〉にどのようなできごとをたたみ込むべきかを熟知しています。というわけで冒頭の定義を補足して言い換えると、

〈①静止ヴィジュアルと言葉が協働する画面が、②連続していて、③ページとページのめくりの間にできごとの省略が多い表現〉

となります。

（中略）

絵本は画面の連続で成り立っています。そのことについて実例をあげてみましょう。左のＡＢＣを見てください。これらがそれぞれ単独で示される時（Ａ／Ｂ／Ｃ）は、ある情景が描かれた〈絵〉です。ところがこれをある順番でならべてみると、俄然、ストーリーを感じるようになる。つまり、〈絵本の絵〉になる。それぞれの絵が物語を帯びはじめる。

そしてそこにさらに言葉が加わると、ついに〈絵本の画面〉になる。単独の〈絵〉が、連続して〈絵本の絵〉になり、言葉が明確なストーリーをもたらして〈絵本の画面〉となるわけです。

るだけではだめです。頭以外の何かも一緒に鍛えていかないと大変に豊かなものを見失うのです。

（若松英輔『読むと書く　見えない「おもい」をめぐって』による。）

（注）思念＝心に思うこと。考えること。
熾烈＝勢いがさかんで激しい様。
凡庸＝平凡でとりえのないこと。

【資料】

※問題に使用された作品の著作権者が二次使用の許可を出していないため、資料を掲載しておりません。

（出典：萩原昌好『日本語を味わう名詩入門16　茨木のり子』による。）

1 【本の一部】の——線部①について、どのようなことですか。書きなさい。

2 【本の一部】の——線部②とは、どのような言葉ですか。【本の一部】の——線部（ア）から（エ）までの中から一つ選び、記号で答えなさい。

3 【本の一部】の~~~~線部について、ここには詩人のどのような思いが述べられていると考えられますか。【本の一部】と【資料】をふまえて最も適切なものを、次のアからエまでの中から一つ選び、記号で答えなさい。

ア 自分にとって大事な言葉は蠟燭のあかりのようにはかないものだが、心の奥底で自分なりの意味を信じ続ければ、いつかは他人に理解してもらえるだろうという期待。

イ 自分の心を明るく照らす言葉を一つだけ探し出し、周囲に流されそうになった時にも、その言葉を心の中で信じ続け、自分のよりどころとして守り抜こうとする覚悟。

ウ 自分にだけわかる意味を伴った特別な言葉を、安易に口に出すことなく、自分の人生を照らす「火」として、生きているかぎり心の中で大切にし続けようとする決意。

エ 自分を支えている言葉だとしても本当のおもいは他人には伝わらないので、他人から理解してもらおうなどとは思わず、心の奥底で消し去るしかないというあきらめ。

4 【本の一部】の——線部③について、【資料】ではどのように述べられていますか。【資料】の文章中から比喩で書かれているところを十五字で抜き出して書きなさい。

5 【本の一部】の——線部④について、どのようなことですか。書きなさい。

二 まさみさんたちは、次の【本の一部】を読んで、表現の特徴について【ホワイトボード】にまとめ、話し合っています。【本の一部】、【ホワイトボード】、【話し合いの様子】を読んで、後の1から4までの各問いに答えなさい。

【本の一部】

絵本の基本的な定義は〈静止ヴィジュアルと言葉が協働する画面が、連続していて、読者がそれをめくっていく表現〉となるでしょうか。つまり、

①静止ヴィジュアルのみ（絵・写真・オブジェ……）ではなく、言葉のみ（小説・詩歌・エッセイ……）でもなく、その双方が対等に支え合ってなされる表現である。

という詩があります。

②言いたくない言葉
心の底に　強い圧力をかけて
蔵(しま)ってある言葉
声に出せば
文字に記せば
たちまちに色褪(あ)せるだろう

それによって
私が立つところのもの
それによって
私が生かしめられているところの思念

人に伝えようとすれば
あまりに平凡すぎて
けっして伝わってはゆかないだろう
その人の気圧のなかでしか
生きられぬ言葉もある
一本の蠟燭(ろうそく)のように
熾烈(しれつ)に燃えろ　燃えつきろ
自分勝手に
誰の眼にもふれずに

（中略）

みなさんに見つけてほしいのは、(ア)綺麗(きれい)な言葉でも、(イ)心を震わせる言葉でもなく、みなさんの③人生の同伴者となるような一語です。

先の詩のなかで、平凡すぎて伝わってゆかない言葉という表現がありました。つまり、すごく凡庸だけど、自分にとって大事な言葉だというのです。(ウ)それが人生の言葉なのです。

若いうちはどうしてもかっこいい言葉を探します。私もそうでした。けれど、私たちに必要で、危機から救ってくれる言葉は、耳ざわりのいい言葉ではありません。「おはよう」とか「さようなら」とか「またね」とか「おやすみ」とか、凡庸な言葉です。凡庸な言葉とは、(エ)いつも聞いている言葉のことです。

みなさんは本を朗読することはありますか。「よむ」は漢字で書くとどのようなものがあるでしょう。「歌を詠(よ)む」、「本を読む」。

「読む」ことを仮に、目で文字を追うこととしましょう。では「歌を詠む」とはどのようなことでしょうか。歌を書くことです。そして「誦(よ)む」という言葉もあります。これは声にだして文字を読むことです。私たちが、目で文字を追い、自分で歌を書く、そして、それを声にだして読む。この三つを行うと、言葉と自分との関係は変わります。目で言葉を読んでいるだけでは、④食堂にいるのにウィンドウの中にある蠟細工(ろうざいく)でできた食べものを見て喜んでいるのと同じです。

全部声に出して誦まねばならないとはいいません。けれど、本当に感動した言葉があったら言葉を書き写す。本に付箋をつけるだけでなく、自分のノートに書き写してみてください。

書いて、声にだして読んでみるのです。そうするとみなさんにとって言葉が立体的に、現実的に感じられます。頭をはたらかせ

〈国語〉

時間　五〇分　　満点　一〇〇点

一　次は、「読むと書く」ということについて書かれた【本の一部】と【資料】です。これらを読んで、後の1から5までの各問いに答えなさい。

【本の一部】

今日は「読むと書く」をめぐってみなさんと一緒に考えてみたいと思います。何を読むか、どう読むかではなく、「何を」読むか、「何を」書くかを考えてみたいのです。「相手の表情を読む」「先を読む」「行動を読む」。「読む」の裏には、何らかの意味があります。しかしそれは、必ずしも言語の姿をしていません。

言語ではない言葉を、今日はカタカナで「コトバ」と記します。言語の言葉は、漢字の「言葉」としましょう。私たちは言葉を、この世界のなかだけで考えすぎてはいないでしょうか。

みなさんも、絵をみて感動するでしょう。言語を越えたコトバがそこにあるからです。形もない音楽にもとても豊かな意味を感じます。

辛くて自分のおもいを表現することが出来なかった経験はありますか。そうした時に、もし私が「何も言えないってことは何も感じていないってことですね」と言ったとしたらどうでしょう。とても嫌な感じがします。そのひとは「違います。言葉にならないのです」ときっと言うでしょう。ひとはあまりにおもいが大きいと、言葉としては表現できないのです。言葉は、実は不自由なものだといえるかもしれません。

「書く」ことについて考えてみます。「書く」と、「メモする」は同じことでしょうか。「メモする」は、内容が決まっています。例えば「この数字をメモしてください」と言われれば、全員同じ数字をメモします。

ところが「書く」は違います。「書く」は、自分のおもいを遥かに超える行為です。

手紙を書いて出せなかったことはありますか？　もしみなさんが、書くことが決まっていてその通りに書いたとすれば、出せない手紙などないはずです。

あるひとのことを好きだという手紙を書いた。しかし、好きな気持ちがつのりすぎているような手紙を書いてしまった。前置きなくこんな手紙を送ったら、驚かれ嫌われてしまうかもしれないと思い、出せなくなる。

逆もあるでしょう。誰かのことを怒っている。「おまえなんかとは絶交だ」と手紙を書いた。けれど、書いたら「悪いのは相手ではなく、私だ」とわかる。だから出さない。ひとは、書くことで初めて自分の思っていることを知ります。

「読む」とはどういうことか。「読む」とは書いてあることを理解することです。文字にされたことを、文字で理解するのは簡単です。しかし、一番大事なのは書き手が「何が書けなかったのか」あるいは「書かなかったのか」を読むことです。「読む」行為とは、①見えない文字を感じることでもあるのです。

（中略）

茨木のり子という詩人がいます。もう亡くなっていますが、現代日本を代表する書き手です。彼女の詩に「言いたくない言葉」

2021年度

解答と解説

《2021年度の配点は解答用紙集に掲載してあります。》

＜数学解答＞

1 (1) -5　(2) $\frac{11}{12}a$

(3) $\begin{cases} x=3 \\ y=-1 \end{cases}$　(4) $5\sqrt{2}$

(5) $x=-3,\ 2$

(6) $6a^2$

(7) $a=\frac{3}{8},\ b=\frac{27}{2}$

(8) $\frac{2}{9}$　(9) (ア) 13

(イ) 32　最頻値25(分)

2 (1) 20cm　(2) 右図1

(3) $20\sqrt{3}$ cm　(4) $20\sqrt{19}$cm

3 (1) $\mathrm{AP}=4\sqrt{2}$ cm, $\angle\mathrm{APB}=90°$　(2) 解説参照　(3) 5cm

4 (1) $0\leqq x\leqq 16$　(2) 右上図2　(3) $x=16-\frac{3}{2}\sqrt{15}$　(4) $x=\frac{181}{16}$

図1

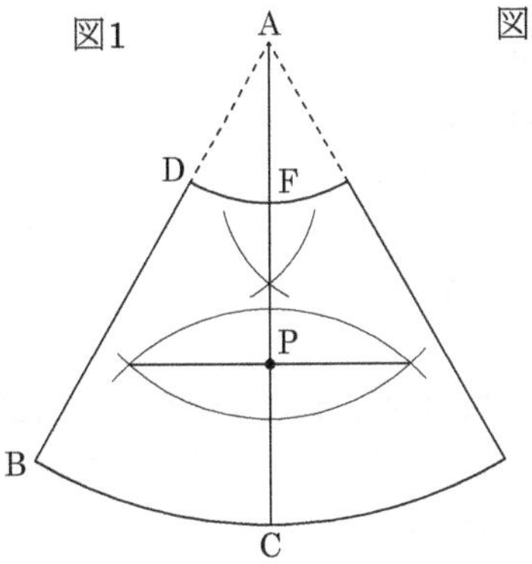

A, B, C, D, F, P

図2

y(cm²)　40　30　20　10　O　5　10　x(cm)

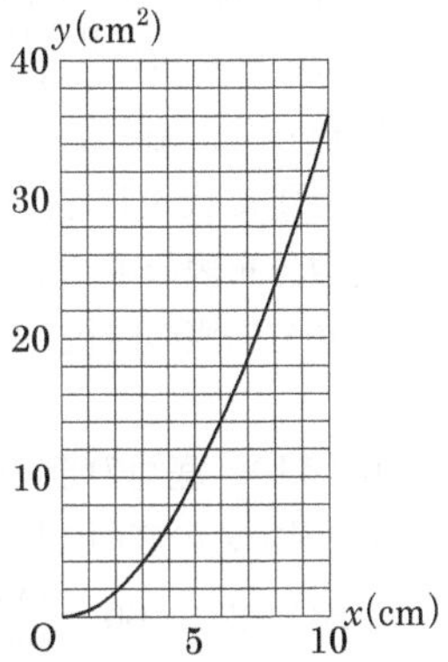

＜数学解説＞

1 (数・式の計算, 連立方程式, 平方根, 二次方程式, 関数$y=ax^2$, 確率, 数の性質, 資料の散らばり・代表値, 方程式の応用)

(1) 四則をふくむ式の計算の順序は, 指数→かっこの中→乗法・除法→加法・減法　となる。$2\times(-3)+1=(-6)+1=(-6)+(+1)=-(6-1)=-5$

(2) $\frac{5}{3}a-\frac{3}{4}a=\left(\frac{5}{3}-\frac{3}{4}\right)a=\left(\frac{20}{12}-\frac{9}{12}\right)a=\left(\frac{20-9}{12}\right)a=\frac{11}{12}a$

(3) $\begin{cases} x-3y=6\cdots① \\ 2x+y=5\cdots② \end{cases}$　②をyについて解いて, $y=5-2x\cdots③$　これを①に代入して　$x-3(5-2x)=6$　$x-15+6x=6$　$7x=21$　$x=3$　これを③に代入して$y=5-2\times3=-1$　よって, 連立方程式の解は, $x=3,\ y=-1$

(4) $\frac{6}{\sqrt{2}}=\frac{6\times\sqrt{2}}{\sqrt{2}\times\sqrt{2}}=\frac{6\sqrt{2}}{2}=3\sqrt{2}$, $\sqrt{8}=\sqrt{2\times2\times2}=2\sqrt{2}$だから, $\frac{6}{\sqrt{2}}+\sqrt{8}=3\sqrt{2}+2\sqrt{2}=(3+2)\sqrt{2}=5\sqrt{2}$

(5) $x^2+x=6$　右辺の6を左辺に移項して, $x^2+x-6=0$　たして$+1$, かけて-6になる2つの数は, $+3$と-2だから$x^2+x-6=\{x+(+3)\}\{x+(-2)\}=(x+3)(x-2)=0$　$x=-3,\ x=2$

(6) $15a^3b^2\div\frac{5}{2}ab^2=15a^3b^2\div\frac{5ab^2}{2}=15a^3b^2\times\frac{2}{5ab^2}=\frac{15a^3b^2\times2}{5ab^2}=6a^2$

(7) 関数$y=ax^2$について, $x=4$のとき$y=6$だから, $6=a\times4^2=16a$より, $a=\frac{6}{16}=\frac{3}{8}$　$x=-6$のとき$y=b$だから, $b=\frac{3}{8}\times(-6)^2=\frac{3}{8}\times36=\frac{27}{2}$

(8) 素数は, 1とその数のほかに約数がない自然数である。大小2個のさいころを同時に投げたとき，全ての目の出方は　$6\times6=36$(通り)。このうち，大きいさいころの出た目を十の位の数，小さいさいころの出た目を一の位の数として2けたの整数をつくるとき，2けたの整数が素数となる，即ち，11，13，23，31，41，43，53，61のいずれかになるのは，(大，小)＝(1，1)，(1，3)，(2，3)，(3，1)，(4，1)，(4，3)，(5，3)，(6，1)の8通り。よって，求める確率は$\frac{8}{36}=\frac{2}{9}$

(9)　(ア)，(イ)にあてはまる数をそれぞれx，yとすると，**度数**の合計の関係から，$5+10+x+4=y$　整理して，$y=x+19$…①　**平均値**＝$\frac{\{(\text{階級値})\times(\text{度数})\}\text{の合計}}{\text{度数の合計}}$であり，問題の**度数分布表**から求めた通学時間の平均値が20分であったことから，{(階級値)×(度数)}の合計＝平均値×度数の合計＝$20y$(分)　**階級値**が度数分布表の各**階級**のまん中の値である(例えば，0分以上10分未満の階級の階級値は$\frac{0+10}{2}=5$(分)である)ことを考慮すると，$5\times5+15\times10+25\times x+35\times4=20y$　整理して，$5x-4y=-63$…②　①を②に代入して，$5x-4(x+19)=-63$　これを解いて，$x=13$　①に代入して，$y=13+19=32$　以上より，(ア)，(イ)にあてはまる数はそれぞれ13，32。度数分布表の中で度数の最も多い階級の階級値が**最頻値**だから，度数が13人で最も多い20分以上30分未満の階級の階級値25分が最頻値。

2　**(円すい，底面の直径の長さ，作図，巻きつけるひもの最短の長さ)**

(1)　円すいの底面の円の円周の長さは，問題図1の展開図のおうぎ形の弧の長さに等しいから，$\pi\times BC=2\pi\times60\times\frac{60^\circ}{360^\circ}$　BC＝20cm

(2)　(着眼点)3点A，F，Cは一直線上にあり，問題図4の展開図は，直線ACを**対称の軸**とした**線対称な図形**となるから，直線ACは∠DAD′の二等分線である。また，ひもを点Eから側面に沿って点Eまで，底面の円周と平行になるように1周巻きつけるから，ひもは問題図4の展開図上で，半径AEの弧を描き，ひもと線分FCとの交点Pは線分FCの中点となる。(作図手順)次の①～②の手順で作図する。　①　点D，D′をそれぞれ中心として，交わるように半径の等しい円を描き，その交点と点Aを通る直線(∠DAD′の二等分線)を引き，点D，Bを通る弧との交点をそれぞれF，Cとする。　②　点F，Cをそれぞれ中心として，交わるように半径の等しい円を描き，その交点を通る直線(線分FCの**垂直二等分線**)を引き，線分FCとの交点(線分FCの中点)をPとする。(ただし，解答用紙には点D′の表記は不要である。)

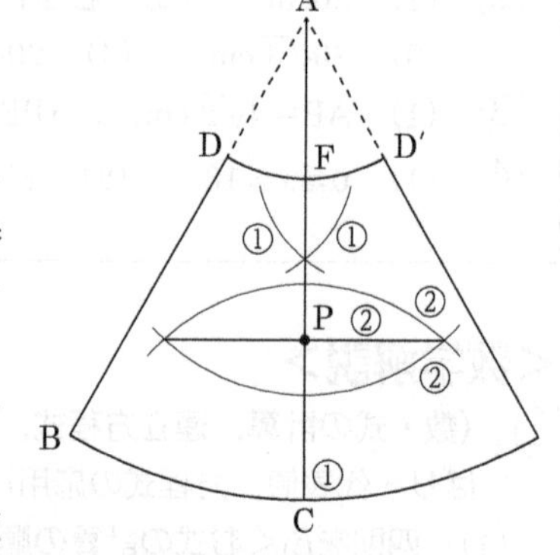

(3)　巻きつけるひもの長さが最も短くなるのは，右図に示すように，展開図上でひもを表す線が直線になるときであり，このときのひもの長さは線分ED′の長さに等しい。△EAD′に関して，点D，Eは母線ABを3等分する点であるから，AD′：AE＝AD：AE＝1：2…①　∠EAD′＝60°…②　①，②より，△EAD′は30°，60°，90°の直角三角形で，3辺の比は2：1：$\sqrt{3}$だから，$ED'=\sqrt{3}AD'=\sqrt{3}\times\frac{AB}{3}=\sqrt{3}\times\frac{60}{3}=20\sqrt{3}$(cm)

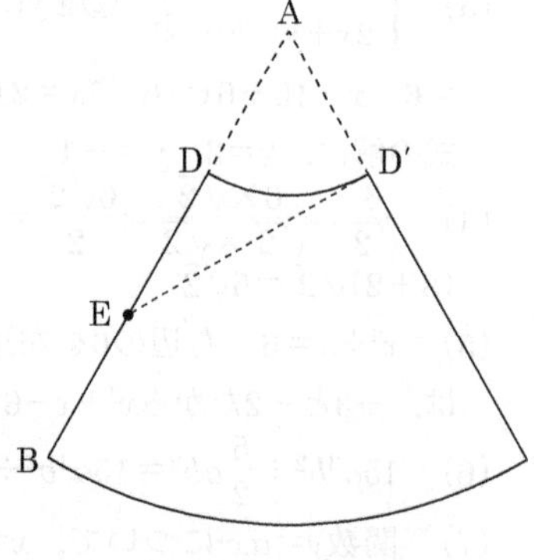

(4)　巻きつけるひもの長さが最も短くなるのは，次ページの図に示すように，展開図上でひもを表す線が直線になるときであり，このときのひもの長さは線分BE″の長さに等しい。点E″から直線ABへ垂線E″Hを引くと，△E″AHは30°，60°，90°の直角三角形で，3辺の比は2：1：$\sqrt{3}$だから，$AH=\frac{1}{2}AE''=\frac{1}{2}\times\frac{2}{3}AB=\frac{1}{2}\times\frac{2}{3}\times60=20$(cm)，$E''H=\sqrt{3}AH=\sqrt{3}\times20=20\sqrt{3}$

(cm)　△BE″Hに**三平方の定理**を用いると，$BE'' = \sqrt{BH^2 + E''H^2} = \sqrt{(AB+AH)^2 + E''H^2}$ $= \sqrt{(60+20)^2 + (20\sqrt{3})^2} = 20\sqrt{19}$(cm)

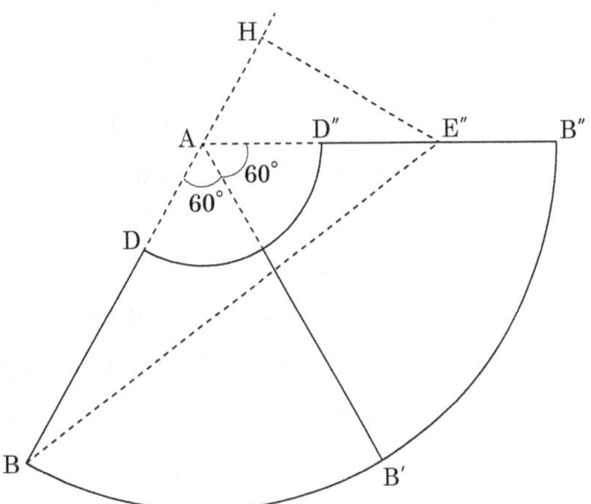

3　**(線分の長さ，角度，図形の証明)**

(1)　4点A，B，P，Qが，点Cを中心とする円周上にあるとき，**直径に対する円周角は90°**だから，∠APB＝∠AQB＝∠PAQ＝∠PBQ＝90°…①　また，円Aの半径だから，AP＝AQ…②　①，②より，4つの内角がすべて等しく，隣り合う辺の長さが等しいから，四角形AQBPは正方形である。正方形はその対角線によって，4つの合同な直角二等辺三角形に分けられ，**直角二等辺三角形の3辺の比は$1:1:\sqrt{2}$**だから，$AP = \sqrt{2}AC = \sqrt{2} \times \frac{AB}{2} = \sqrt{2} \times \frac{8}{2} = 4\sqrt{2}$ (cm)

(2)　(証明)　(例)△APQと△BPQについて，仮定より，AP＝BP…①　AQ＝BQ…②　PQは共通…③　①，②，③より，3組の辺がそれぞれ等しいから，△APQ≡△BPQである。合同な三角形の対応する角の大きさは等しいので，∠APQ＝∠BPQ…④　よって，PQは∠APBの二等分線である。次に，△APCと△BPCについて，PCは共通…⑤　④より∠APC＝∠BPC…⑥　①，⑤，⑥より，2組の辺とその間の角がそれぞれ等しいから，△APC≡△BPC　よって，合同な三角形の対応する角の大きさはそれぞれ等しいので，∠ACP＝∠BCP　よって，∠ACP＋∠BCP＝2∠ACP＝180°　∠ACP＝90°より，AB⊥PQ

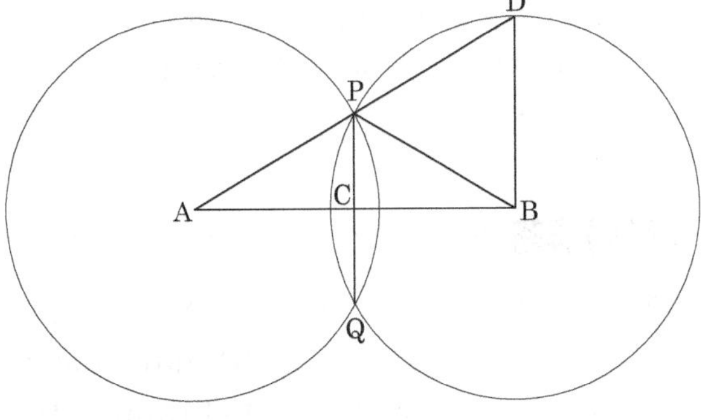

(3)　四角形AQBPはひし形だから，∠ACP＝90°…①　$PA:PC = PA:\frac{PQ}{2} = 5:\frac{5}{2}$ $=2:1$…②　①，②より，△APCは∠PAC＝30°の直角三角形である。△ABPはPA＝PBの二等辺三角形であり，△ABPの**内角と外角の関係**から，∠BPD＝∠PAB＋∠PBC＝2∠PAB＝2×30°＝60°
△BPDはPB＝DBの二等辺三角形で，∠BPD＝60°だから正三角形である。以上より，PD＝PB＝PA＝5cmである。

4　**(関数とグラフ，グラフの作成)**

(1)　裏紙をはがし始めてから，はがし終えるまでに，点Pは辺AB，辺BC上を移動したから，点Pが頂点Aから移動した距離は，AB＋BC＝10＋6＝16(cm)　xの変域は$0 \leqq x \leqq 16$

(2)　点Qが辺AD上にある場合($0 \leqq x \leqq 8$)と，点Qが辺DC上にある場合($8 \leqq x \leqq 10$)に分けて考える。【点Qが辺AD上にある場合】カイロの粘着部分アの図形は，△APQであり，△APQ∽△AEFより，AP＝$x$cm，$AQ = AP \times \frac{AF}{AE} = x \times \frac{3}{4} = \frac{3}{4}x$cmだから，カイロの粘着部分アの面積$y$cm^{2}は，$y = \frac{1}{2} \times AP \times AQ = \frac{1}{2} \times x \times \frac{3}{4}x = \frac{3}{8}x^2$　ここで，$x=0$のとき$y=0$，$x=4$のとき$y = \frac{3}{8} \times 4^2 = 6$，$x=8$のとき$y = \frac{3}{8} \times 8^2 = 24$だから，$0 \leqq x \leqq 8$のとき，$x$と$y$の関係を表すグラフは，点(0，0)，(4，6)，(8，24)を通る放物線となる。【点Qが辺DC上にある場合】頂点Dを通り線分EFに平行な直線と辺

ABとの交点をRとすると，カイロの粘着部分アの図形は，△ARDと平行四辺形DRPQを合わせた図形であり，△ARD∽△AEFより，AR＝AD×$\frac{AE}{AF}$＝6×$\frac{4}{3}$＝8cm，PR＝AP−AR＝(x−8)cm だから，カイロの粘着部分アの面積$y$cm^{2}は，y＝△ARD＋平行四辺形DRPQ＝$\frac{1}{2}$×AR×AD＋PR×AD＝$\frac{1}{2}$×8×6＋(x−8)×6＝6x−24　ここで，x＝8のときy＝6×8−24＝24，x＝10のときy＝6×10−24＝36だから，8≦x≦10のとき，xとyの関係を表すグラフは，点(8，24)，(10，36)を結んだ線分となる。

(3)　長方形ABCDの面積の$\frac{5}{8}$は，6×10×$\frac{5}{8}$＝37.5だから，前問(2)のグラフより，x＞10のときである。このとき，点Pは辺BC上にあり，点Qは辺DC上にある。△CQP∽△AEFより，CP＝AB＋BC−x＝10＋6−x＝(16−x)cm，CQ＝CP×$\frac{AE}{AF}$＝(16−x)×$\frac{4}{3}$＝$\frac{4}{3}$(16−x)cm，△CQP＝$\frac{1}{2}$×CP×CQ＝$\frac{1}{2}$×(16−x)×$\frac{4}{3}$(16−x)＝$\frac{2}{3}$(16−x)^2…①　また，△CQP＝(長方形ABCDの面積)×$\left(1-\frac{5}{8}\right)$＝60×$\frac{3}{8}$＝$\frac{45}{2}$(cm^2)…②　①，②より，$\frac{2}{3}$(16−$x$)^2＝$\frac{45}{2}$　(16−x)^2＝$\frac{135}{4}$　ここで，CP＝16−x＞0だから，16−x＝$\sqrt{\frac{135}{4}}$＝$\frac{3}{2}\sqrt{15}$　よって，x＝16−$\frac{3}{2}\sqrt{15}$

(4)　点Qから線分CA′へ垂線QHを引く。B′P＝BP＝x−AB＝(x−10)cm　前問(3)より，CP＝(16−x)cm　また，△CQP∽△AEF，△CPB′∽△QCHより，CB′：QH＝CP：QC＝AF：EA＝3：4　CB′＝$\frac{3}{4}$QH＝$\frac{3}{4}$D′A′＝$\frac{3}{4}$DA＝$\frac{3}{4}$×6＝$\frac{9}{2}$(cm)　以上より，△CPB′に三平方の定理を用いると，B′P^2＋CB′^{2}＝CP^{2}より，$(x-10)^2+\left(\frac{9}{2}\right)^2=(16-x)^2$　これを解いて，x＝$\frac{181}{16}$
(補足説明)　△CPB′∽△QCHの証明　△CPB′と△QCHについて，∠CB′P＝∠QHC＝90°…①　∠PCB′＝180°−∠PCQ−∠QCH＝180°−90°−∠QCH＝90°−∠QCH…②　∠CQH＝180°−∠QHC−∠QCH＝180°−90°−∠QCH＝90°−∠QCH…③　②，③より，∠PCB′＝∠CQH…④　①，④より，2組の角がそれぞれ等しいから，△CPB′∽△QCHである。

＜英語解答＞

1　《その1》 1 エ　2 ア　3 ウ　4 イ　《その2》 エ　《その3》 1 ウ　2 イ　3 ア　4 (例)What time will the concert start?

2　1 イ，エ　2 nearest station to the museum is Museum Station　3 change trains　4 イ　5 or　6 ア　7 (例)send e-mails

3　1 (1) (例)Yes, we do(.)　(2) (例)They were set in 2015(.)　2 without　3 ウ　4 (例)(For example,)we can turn off the lights to save energy when we don't need them.　5 make the world better　6 ア，エ

4　(例)Our field trip is my best memory. We visited the castle in our city last year. It was interesting for me to study the history of our city.

＜英語解説＞

1　(リスニング)
放送台本の和訳は，45ページに掲載。

2 (短文読解問題：内容吟味，語句並べ換え，語句補充)

1 ア「11月に特別なイベントが開催される」(×) Special Event「特別イベント」に「9月1～30日」とある。 イ「博物館は7月は6時まで開いている」(○) Open「開館」に「午前10時から午後6時(4月から9月)」とある。 ウ「博物館は月曜日だけ閉館」(×) Openの欄に「月曜日と1月1，2日は閉館」とある。 エ「博物館を訪れるのに14歳は8ドルである」(○) Admission「入場料」に「学生(6 - 17)8ドル」とある。 オ「もっと情報を手に入れるには博物館を訪れなくてはならない」(×) For more information, に続いて call the museum「博物館に電話してください」とある。 カ「歴史クラブはメンバーへの特別レッスンはしない」(×) ちらしの下の部分の歴史クラブについての欄にはメンバーは「特別な歴史レッスンを受けられる，毎月博物館からのニュースが届く，有名な科学者カードをもらえる」とある。

【2人の会話】

(全訳) 久美　：マイク，博物館への行き方を知ってる？

マイク：うん。①【博物館に一番近い駅はミュージアム駅だよ】。ウォーター駅で電車を乗り換えるんだ。ミュージアム駅から博物館まで歩いてほんの1分だよ。博物館は駅の目の前にある。

久美　：なるほど。チケットを買いましょう。

マイク：ええと，パーク駅からも博物館に行くことができるよ。駅から博物館まで歩いて約20分かかるけど②[乗り換え]る必要がないんだ。運賃ももっと安い。

久美　：今日は晴れているから20分歩くのはいいアイディアね。③[パーク駅]で降りるのはどう？

マイク：賛成。博物館まで公園を通って歩くのは素晴らしいだろうね。

2 nearest は near「近い」の最上級形。**<the ＋形容詞・副詞の最上級形>で「最も～な」**の意味。語群から「一番近い駅は～」という文になると考える。

3 路線図を見ると今いる駅からパーク駅までは乗り換えはない。 change trains「電車を乗り換える」

4 空欄直前の久美の発話と続くマイクの発話から博物館まで歩くことがわかる。

【博物館での説明の一部】

(全訳) 20世紀の大発明

飛行機

みなさんは普段どのように旅行をしますか，車，電車，④(または)バスですか？ 遠く離れた場所に行くのに飛行機は最善の方法の1つです。ライト兄弟は飛行機で飛んだ初めての人です。1903年12月17日，世界で最初の飛行機が離陸し世界を変えました。最初の飛行がどのくらい続いたか知っていますか？ 彼らの最初の飛行はほんの12秒でした。今は飛行機で世界中を旅行できます。

テレビジョン(テレビ)

テレビは世界中の人たちの生活を変えました。今日情報を得るのに最も⑤(人気の)方法の1つです。テレビは1語ですが，tele と vision の2語から来ています。Tele は「遠い」，vision は「写真」を意味しています。もうみなさんなぜこの機械が「テレビジョン」と言われているかわかりますね。

インターネット

インターネットは1960年後半から世界中の生活様式に影響を与えてきました。現在インターネットを通してたくさんのことができます。例えば⑥[メールを送ったり]，情報を得たり，ニュースをチェックしたり，映画を観たり，友達と話したりできます。

5 旅行にどの交通手段を使うかを聞かれている。or「または」がふさわしい。

6 情報を得る道具としてのテレビについてふさわしいのは **popular**「人気の」。**difficult**「難しい」，**beautiful**「美しい」，**careful**「注意深い」は文脈に合わない。

7 インターネットでできることを考える。「～ができる」を表す助動詞 can の後ろには動詞の原形が続く。

3 (長文読解問題・スピーチ：英問英答，語句補充，条件英作文，内容真偽)

(全訳) 【授業で読んだ英文】

SDGs(持続可能な開発目標)17の目標でみんなにとってよりよい生活を

地球にはたくさんの問題があります。そのうちのいくつかはとても大きく深刻です。世界の指導者たちは2015年に17の目標を立てることにし，私たちは2030年までにこの目標を実現するべきなのです。私たちはこれらの問題を解決するために何ができるかについて考えなくてはなりません。また私たちは共に取り組む必要があります。世界をよりよくするために私たちに何ができますか？

No.2 飢餓をゼロに

世界中には飢えに苦しんでいる人たちがたくさんいます。十分な食料①(なしに)健康な状態を保つことはできません。十分な食料がないために死んでしまう人たちもいます。この問題は特に赤ちゃんや子どもたちにとって深刻です。

「食品ロスと食品廃棄物」について聞いたことがありますか。これはまだ食べられるのに捨てられている食料のことです。多くの人たちが十分な食料がないのに，多くの食料が捨てられています。

No.3 すべての人に健康と福祉を

いくつかの国々では5歳未満で死んでしまう子どもたちがたくさんいます。彼らは病気のときに薬を飲むことができません。その理由の1つはお金です。家族は薬を買うのに十分なお金を持っていないのです。彼らがどのようにして子どもたちを健康に保つかを学ぶことも大切なのです。

一方で，より多くの人たちは②[より長く生き]，より多くのお年寄りがいる国々もあります。そのような国では病院や彼らを世話する人たちを必要としています。

みなさんの生活においてSDGsのために何かをするチャンスが多くあります。生活について考えることがこれらの目標を実現することにつながるでしょう。きれいな水を手に入れられない人たちのことを考えてください。手を洗うときに水を節約することができます。

家族や友人たちとこれらの問題について話すことも大切です。すると解決法を見つけるために一緒に取り組むことができます。SDGsを実現するためにできることについて考えましょう。

【優子さんの意見】

私は13番，気候変動に具体的な対策を，について話します。

世界ではますます多くの自然災害が起こっています。その理由の1つは地球温暖化だと言われています。地球がより暖かくなっています。それを止めるために私たちは何かをする必要があります。私たちは地球を大事にしなくてはなりません。地球温暖化を止めるために何かできると思います。例えば③[エネルギー節約のために必要がないときには電気を消すことができます]。

小さなことしかできませんが，続けるべきです。そうしたら私たちの生活はよりよくなるでしょう。

【佐藤先生のコメント】

SDGsは④[世界をよりよくするため]の目標です。外国にも日本にも両方に多くの問題があります。

世界には多くの人たちが病気で，病院に行くことができない人たちがいます。この問題を解決するために人々を健康に保つ方法について考えなくてはいけません。これが3番の目標です。健康に保つために十分な食料がある必要があります。これが2番の目標です。病院を建てることが一つの解決方法です。答えは一つだけではありません。私たちは世界の問題を解決するために17つの全ての目標を忘れないようにし，私たちの将来のことを考える必要があります。

1 (1) 「私たちはたくさんの地球の問題を抱えていますか」解答例「はい，抱えています」第1段落第1，2文参照。 (2) 「目標はいつ立てられましたか」解答例「2015年に立てられました」第1段落第3文参照。

2 直後の文には「十分な食事がなくて亡くなる」と，空欄を含む文と同じような内容が書かれているのがヒント。without は「～なしに」の意味。

3 空欄直後の文はお年寄りが多いという内容になっているんでウがふさわしい。

4 直前の文にある「地球温暖化を止めるためにできる何か」を考える。

5 第1段落を参照する。SDGsは何を目標としているかを考える。ここでは<to ＋動詞の原形>で「～するための」と前の名詞を修飾している。

6 ア 「地球の問題を解決するために私たちは共に取り組まなければならない」(○) 第1段落第5文参照。 イ 「世界中の全ての赤ちゃんと子どもたちは十分な食料がある」(×) No.2の段落を参照。 ウ 「いくつかの国の人々はお金がないので健康を保っている」(×) No.3の段落を参照。 エ 「私たちはSDGsを実現するために生活について考えなくてはならない」(○) 最後から2つ目の段落第1，2文参照。 オ 「私たちは小さなことしかできないのでこの問題を解決することができない」(×) 【優子さんの意見】の最後の2文参照。 カ 「目標の1つについて考えるとき，他の目標について考える必要はない」(×) 【佐藤先生のコメント】の最終文参照。

4 (条件英作文)

先生の問いかけは「みなさん，こんにちは。みなさんはもうすぐ卒業します。学校生活でたくさんの素晴らしい思い出があることと思います。あなたの一番の思い出の1つを教えてください」の意味。学校や日常生活について自分の考えを書けるようにすること。解答例は「校外学習が一番の思い出です。私たちは昨年私たちの市のお城を訪れました。私にとって私たちの市の歴史を勉強することは興味深いことでした」という意味。

2021年度英語　聞き取りテスト

〔放送台本〕

ただいまから，第1問の聞き取りテストを行います。問題は≪その1≫から≪その3≫まであります。聞いている間にメモをとってもかまいません。まず，≪その1≫から始めます。これから話される英語を聞いて，それぞれの後の質問に対する答えとして最も適当なものを，問題用紙に示されたアからエまでの中からそれぞれ1つ選びなさい。英語は，それぞれ2回放送します。それでは，始めます。

No. 1 A: Happy birthday, Yuki. This is a present for you. Please open it.
B: Thank you. Wow, it's nice. I will use it when I drink coffee at home.
Question: What is the present for Yuki?

No. 2 A: Mom, do you know where my camera is?
B: Dad used it to take pictures of flowers this morning.

A: Oh, it's over there. He put it on the chair.
Question: Where is the camera now?

No. 3 A: John, are you busy now?
B: No, I'm just watching TV.
A: I'm cooking dinner now. Can you clean the table?
B: Sure.
Question: What is John going to do?

No. 4 A: May I help you?
B: Yes, please. I'm looking for some T-shirts.
A: The T-shirts are here. All the T-shirts are usually 15 dollars, but they are only 10 dollars today.
B: That's nice. I'll take these two.
Question: How much are two T-shirts today?

〔英文の訳〕

No.1 A：誕生日おめでとう，ユキ。これはあなたへのプレゼント。開けてみて。
B：ありがとう。わあ，いいね。家でコーヒーを飲むときに使うね。
質問：ユキへのプレゼントは何ですか。
答え：エ

No.2 A：お母さん，カメラがどこにあるか知ってる？
B：お父さんが今朝花の写真を撮るのに使ったよ。
A：あ，あそこにあった。お父さんはイスに置いたんだね。
質問：今カメラはどこにありますか。
答え：ア

No.3 A：ジョン，今忙しい？
B：いや，テレビを見ているだけだよ。
A：今夕飯を作っているの。テーブルをきれいにしてくれる？
B：もちろん。
質問：ジョンは何をするつもりですか。
答え：ウ

No.4 A：おうかがいしましょうか。
B：はい，お願いします。Tシャツを探しているんです。
A：Tシャツはこちらです。Tシャツは普段全て15ドルですが，今日はたったの10ドルです。
B：それはいいですね。この2枚を買います。
質問：Tシャツ2枚は今日はいくらですか。
答え：イ

〔放送台本〕

次に，《その2》に入ります。留学生のトム(Tom)さんが先生から話を聞いています。先生はトムさんに何について話していますか。最も適当なものを，問題用紙に示されたアからエまでの中から1つ選びなさい。英語は，2回放送します。それでは，始めます。

Hello, Tom. Welcome to the library. You can read here and borrow all the books you want. We have some books written in English and you can borrow them, too. When you want to borrow books, please bring the books to me. I'll tell you when you have to give the books back, so please give them back before that day. If you have any questions about the library, please ask me. I hope you can enjoy reading books.

〔英文の訳〕
こんにちは，トム。図書館へようこそ。ここで本を読んだり，欲しい本全てを借りたりすることができます。英語で書かれている本がいくつかあり，それも借りることができます。本を借りたいときは本を私に持ってきてください。いつ本を返すべきかお伝えしますので，その日の前までに本を返してください。もし図書館について質問がありましたら私に聞いてください。読書を楽しんでくれることを願っています。
答え：エ　図書館の使い方。

〔放送台本〕
次に，《その3》に入ります。剛(Takeshi)さんはアメリカ合衆国からの留学生であるメアリー(Mary)さんと週末に出かける約束をしています。放送を聞いて，会話の後の1から3までの質問に対する最も適当な答えを，問題用紙に示されたアからエまでの中からそれぞれ1つ選びなさい。また，あなたも2人と一緒に出かけるとして，当日のことについて聞いておきたいことは何ですか。剛さんとメアリーさんのやり取りの内容をふまえて，4の解答欄に5語以上の英語で書きなさい。会話と質問は通して2回放送します。それでは，始めます。

A: Hi, Mary. Are you free on Saturday?
B: Yes. I don't have any plans.
A: Our friend, Kenji, will play the piano in a concert. It will be held in Sakura Hall near the park. Shall we go there?
B: Yes, of course.
A: Are you interested in music?
B: Yes. In America, I usually enjoyed listening to music after dinner.
A: Oh, really? Have you ever listened to Japanese songs?
B: Yes. I borrowed some CDs of Japanese songs from my friend. I listen to them every day at home.
A: Every day?
B: Yes. Listening to Japanese songs is a good way to learn Japanese.
A: That's great. I hope you can enjoy the concert.
B: Oh, Takeshi, how will we go there?
A: How about going there by bike?
B: My bike is broken, so I can't use it now.
A: That's too bad. Well, let's take a bus. I'll meet you in front of the library at ten.
B: OK. See you then.

Question 1　Where is Sakura Hall?
Question 2　Why does Mary listen to Japanese songs every day?

Question 3　How will Takeshi and Mary go to Sakura Hall?
以上で，聞き取りテストの放送を終わります。

〔英文の訳〕

A：やあ，メアリー。土曜日はひま？
B：うん。何も予定はないよ。
A：友だちのケンジがコンサートでピアノを弾くんだ。公園のそばのサクラホールで開かれるよ。そこへ行こうか？
B：うん，もちろん。
A：音楽には興味ある？
B：うん。アメリカではいつも夕飯のあとに音楽を聴いて楽しんでいたの。
A：ああ，本当に？　日本語の歌は聞いたことある？
B：うん。友達からいくつか日本語の歌のCDを借りたの。家で毎日聞いてるよ。
A：毎日？
B：うん。日本語の歌を聴くのは日本語を学ぶのにいい方法だね。
A：それはいいね。コンサートを楽しんでくれるといいな。
B：ああ，剛，どうやってそこへ行くの？
A：自転車で行くのはどう？
B：私の自転車は壊れてるから今使えない。
A：それは残念。じゃあバスで行こう。10時に図書館の前で会おう。
B：オーケー。じゃあね。
質問1：サクラホールはどこですか。
答え　：ウ　公園のそば。
質問2：メアリーが毎日日本語の歌を聴くのはなぜですか。
答え　：イ　歌から日本語を学べるから。
質問3：剛とメアリーはどのようにサクラホールへ行きますか。
答え　：ア　バスで。
質問4：(例)コンサートは何時に始まりますか。

<理科解答>

1　1　再結晶　　2　塩化ナトリウムは，温度による溶解度の差が小さく，温度を下げたときに出てくる結晶の量が少ないから。　3　ウ　　4　28%　　5　エ　6　ウ

2　1　柱頭　　2　花粉管　3　ア，イ，エ　　4　分離の法則　5　模様ありの個体と模様なしの個体の数の比がおよそ1：1となっていることが言えればよい。

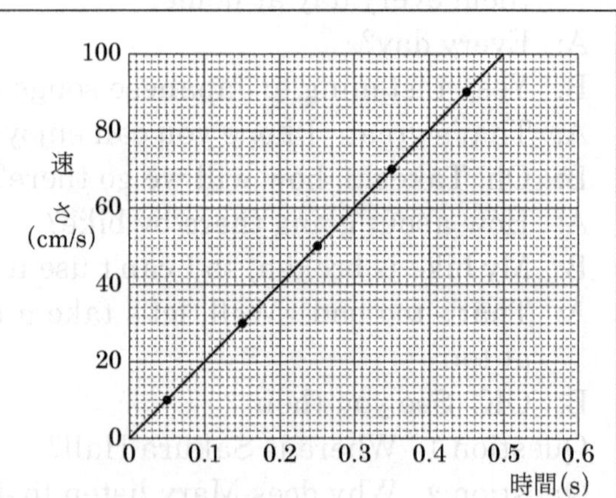

3　1 ウ　2 気団　3 イ　4 水そうの左側の空気の方が，右側の空気よりもあたたかいという条件　5 水蒸気をふくんだ地上の空気が，強い上昇気流によって空高く運ばれるから。

4　1 電磁誘導　2 エ　3 前ページの図　4 斜面の傾きが大きくなると，重力の斜面に平行な分力が大きくなり，おもりが台車を引く力と重力の斜面に平行な分力との合力が小さくなるから。　5 8J

<理科解説>

1 (水溶液の性質)

1 溶質が固体であり，水への溶解度が温度によって大きく変化する場合，水溶液を冷却することで溶質を結晶としてとり出すことができる。

2 塩化ナトリウムは，温度が変化しても溶解度がほとんど変わらないので，温度を下げていってもごく少量の結晶しかとり出すことができない。

3 Xは空気調節ねじ，Yはガス調節ねじである。炎の色が青色でない場合，空気が足りていないので，ガス調節ねじ(Y)を押さえてガスの量が変化しないようにしながら，空気調節ねじ(X)をAの方向に回して開き，ガスに混合する空気の量を増やす。

4 80℃の水100gに塩化ナトリウムは38.0gまで溶けるので，

質量パーセント濃度〔%〕$=\dfrac{\text{溶質の質量〔g〕}}{\text{溶液の質量〔g〕}}\times 100$より，$\dfrac{38.0\text{〔g〕}}{(100+38.0)\text{〔g〕}}\times 100=27.5\cdots\rightarrow 28$〔%〕

5 表のミョウバンの溶解度を，水150gに対して溶ける質量に変えると，次の表のようになる。

水の温度(℃)		0	20	40	60	80
ミョウバンの溶ける質量(g)	水100g	5.7	11.4	23.8	57.4	321.0
	水150g	8.55	17.1	35.7	86.1	481.5

この表から，150gの水に30gのミョウバンが溶けている水溶液の場合，冷やした結果ミョウバンが溶けきれなくなるのは，水温が20～40℃の間であるが，40℃ではまだ結晶は出ない。40℃からしばらく冷やし結晶が出始めると，その質量はしだいに増加するが，20℃以下には温度を下げないので，出てきた結晶の質量は30－17.1＝12.9〔g〕で最大12.9gとなる。

6 20℃の溶解度は60℃のときよりも小さい。また，溶けている物質は水溶液中に均一に広がっている。

2 (生物のふえ方，遺伝)

1 花粉がめしべの柱頭につくことを，受粉という。

2 花粉は受粉後，精細胞を卵細胞まで送り届けるための花粉管をのばす。

3 受精を行わずになかまをふやす無性生殖によるものを選ぶ。

4 もとになる細胞の対になっている遺伝子が，半分ずつに分かれて別々になっている。これは，分離の法則を表している。

5 顕性(優性)形質には，遺伝子の組み合わせが●●のものと●○の2種類がある。この組み合わせを確かめるためには，花子さんの家のシロツメクサ(**○○の遺伝子の組み合わせをもつ潜性(劣性)形質の個体)と受粉を行う**。●●と○○を受粉した場合，子はすべて●○となり，顕性の遺伝子をもつため模様ありとなる。●○と○○を受粉した場合，子は●○と○○が1：1となり，模様ありと模様なしがほぼ同数となる。

3 （気象）

1　雲量が2～8のときは晴れとなる。アは雨，イはくもり，エは雪の天気を表す。

2　地球上には，空気の湿度や温度が一様なかたまりがある。これを気団という。

3　長雨が続くつゆの時期や秋の初めには，日本上空で東西に延びる**停滞前線**が見られる。

4　しきり板で区切ることで，左側と右側の空気の温度を異なる条件に設定している。

5　あたたかくしめった空気は，大量の水蒸気を含んでいる。この空気が上昇気流となると**積乱雲**ができやすくなる。

4 （磁界，運動とエネルギー）

1　コイル内部の磁界のようすを変化させることで電圧が生じ，電流が流れる現象を，電磁誘導という。

2　誘導電流は，**磁石の極が逆になったり，磁石の動く向きが逆になると，流れる向きも逆になる。**よって，N極が近づくときに検流計の針が＋側に振れたとすると，N極が遠ざかるときには磁石の動く向きが逆になるため，誘導電流の向きも逆になり，－側に振れる。次にS極が近づくと，磁石の極と動く向きが両方逆になるため，誘導電流の向きは－側となり，S極が遠ざかると磁石の動く向きが逆になるために，誘導電流の向きも逆になり＋に振れる。

3　運動を開始してから0.1秒間に移動した距離は1.0cmなので，1.0〔cm〕÷0.1〔s〕＝10〔cm/s〕となり，これは運動を始めてから0.05秒のときの**瞬間の速さに等しい**。同様に，運動開始から0.1～0.2秒で移動した距離から速さを求めると，3.0〔cm〕÷0.1〔s〕＝30〔cm/s〕となるが，これは，0.15秒のときの瞬間の速さに等しい。原点とこれらの点を結ぶと直線となる。

4　斜面Aよりも斜面Bのほうが，重力の斜面に沿った分力の大きさが大きくなるので，同じおもりを使用した場合，台車を斜面にのぼる方向に引く力の大きさ(合力)は斜面Bの方が小さくなる。よって，Bの方が速さの変化のしかたが小さい。

5　この装置は動滑車を用いているため，斜面に沿って台車を0.8m動かしたとき，ひもを引いた長さは0.8〔m〕×2＝1.6〔m〕である。**仕事〔J〕＝力の大きさ〔N〕×力の向きに移動した距離〔m〕**より，5〔N〕×1.6〔m〕＝8.0〔J〕

＜社会解答＞

1　1　エ　　2　二期作　　3　(1)　企業　　(2)　ア　　4　タイ　　5　(1)　熱帯　(2)　ウ　　6　環境に配慮した再生可能エネルギーによる発電量の割合が高く，さとうきびの生産による環境破壊を進めることなく，バイオ燃料によるエネルギー供給も高い割合で維持しようとしている

2　1　(あ)，(え)　　2　イ　　3　(誤っている語句)　③　　(正しい語句)　天智天皇　4　ア，ウ　　5　関所　　6　(き)　　7　ロシアを警戒し蝦夷地を調査したり，幕府への批判にもつながった異国船打払令を出したりすることで，鎖国を続けた。

8　大阪・敦賀間の輸送は江戸時代にも琵琶湖の水上輸送路を利用していたが，明治中頃に大津・長浜間の鉄道が開通したことで水上輸送は減少した。

3　1　(1)　(誤っている語句)　①　　(正しい語句)　予算の議決　　(2)　エ　2　(1)　(c)　　(2)　①　控訴　　②　上告　　(3)　イ　　3　(1)　ウ　　(2)　ネーミングライツや地方公共団体独自の税の導入といったくふうをするなどして，独自の財源を確保していくこと。

＜社会解説＞

1 (地理的分野－おもな農産物を切り口にした問題)

1 中国の生産量は，米が769829千(t)×27.6(％)＝212323764(t)，小麦が773477千(t)×17.4(％)＝134584988(t)，とうもろこしが1164401千(t)×22.2(％)＝321374676(t)となることから，エが正しいことが分かる。3種類の農産物の内，生産量が最も多いのはとうもろこしであることから，アは誤りである。とうもろこしの生産量3位のブラジル，4位のアルゼンチンは南半球に位置していることから，イは誤りである。小麦の生産量は上位5か国で53.3％であり，60％を超えていないことから，ウは誤りである。

2 **同じ農作物を1年に2回つくることは二期作，異なる農作物を1回ずつ作ることは二毛作**ということから判断すれば良い。

3 (1) **アメリカの農業**は，**企業的農業**を推進し，**適地適作**を大規模に行うことで，生産性を上げている。 (2) ロッキー山脈の東側には，降水量が少ないグレートプレーンズが広がり，その東側には降水量が多いプレーリーが広がり，さらに東側には中央平原が広がっていることから判断すれば良い。

4 **ASEAN(東南アジア諸国連合)の加盟国は，インドネシア・カンボジア・シンガポール・タイ・フィリピン・ブルネイ・ベトナム・ミャンマー・ラオス**の10か国であること，アユタヤはシャム(現在のタイ)の都市であることを併せて判断すれば良い。

5 (1) 赤道直下に位置していることから判断すれば良い。 (2) **コートジボワール・ガーナはカカオ豆生産の1位・2位**の国であることから判断すれば良い。**コーヒー豆の生産量1位はブラジル，バナナの生産量1位はインド，茶の生産量1位は中国**である。

6 資料3からさとうきびが主な農産物であることが分かる。資料4から総発電量に占める再生可能エネルギーの割合が高いことが分かる。資料5からエネルギー供給に占めるバイオ燃料の割合が高いことが分かる。資料6からさとうきびの生産とエネルギー供給に占めるバイオ燃料の割合を維持しようとしていることが分かる。これらを併せて説明すれば良い。

2 (歴史的分野－外国と関係のあった諸地域を切り口にした問題)

1 **律令制度下**では，今の福岡県にあった**大宰府**が，唐に対する備えとして存在し，**防人が配備**されていたことから，カードAに書かれている内容は(き)の説明である。**日宋貿易**のため**平清盛が整備した大輪田泊**は，今の兵庫県にある神戸港の一部にあたることから，カードBに書かれている内容は(か)の説明である。**鉄砲の一大生産地**であり**織田信長に自治権を奪われた**のは，今の大阪府にある**堺**市のことであるから，カードCに書かれている内容は(お)の説明である。江戸時代の**御三家は，尾張・紀伊・水戸**であり，その内，繊維工業から工業が発展したのは，**三河木綿の産地から企業城下町に発展した愛知県の豊田**市であることから，カードDに書かれている内容は(う)の説明である。**オランダ商館が置かれていた出島**があったのは**長崎**であることから，カードEに書かれている内容は(く)の説明である。**日本初の鉄道は1872年に東京都の新橋と神奈川県の横浜市を結ぶ**ものであることから，カードFに書かれている内容は(い)の説明である。したがって，(あ)の岩手県，(え)の福井県に関する説明カードがないことが分かる。

2 大陸の進んだ技術・文化を日本にもたらした**渡来人の多くは百済の人々**であったことから，①は判断できる。**1543年に鉄砲を種子島に伝えたのはポルトガル人**であったことから，②は判断できる。**1804年に長崎を訪れたレザノフはロシア人**であったことから，③は判断できる。

3 **663年の白村江の戦いで唐・新羅の連合軍に敗れた後，国内の防御を固めたのは天智天皇**であることから判断すれば良い。**天武天皇は天智天皇の弟で，672年の壬申の乱で大友皇子を破った**

後に即位して天武天皇になった人物である。

4 1404年に室町幕府3代将軍足利義満が始めた日明貿易は，日本が明の臣下の立場をとり，朝貢する形式であり，幕府から許された大名・商人が行っていた。また，その際，倭寇と区別するための合札として，明から与えられた勘合を持参していた。これらを併せて判断すれば良い。輸出品と輸入品の説明が逆であることから，イは誤りである。福州・寧波なども貿易の拠点となっていたことから，エは誤りである。倭寇に苦しんでいたのは明であることから，オは誤りである。

5 室町時代の関所は通行料を徴収するためのものであり，織田信長は，人々の往来を自由にするためにそれを廃止したことから判断すれば良い。

6 問題の貿易港は，資料2から中国・韓国といったアジア諸国への輸出の割合が高いので，その地域に近いことが分かる。また，資料3から読み取れる集積回路・自動車に関連して，九州はシリコンアイランド・カーアイランドと呼ばれたことに注目すると，Y港は福岡県にあると判断できるはずである。

7 略年表1・資料4から，幕府がロシアを警戒し蝦夷地の防御を進めようとしたことが分かる。また，略年表1・資料5から，異国船打払令を出し，幕府に対する批判があっても鎖国を続けようとしていたことが分かる。これらを併せて説明すれば良い。

8 略地図2から，江戸時代は敦賀・大阪間に琵琶湖を利用する水上輸送路があったことが分かる。略地図3・資料6・略年表2から，明治時代になって鉄道が開通すると水上輸送が大きく減ったことが分かる。これらを併せて説明すれば良い。

3 (公民的分野−立法・司法・行政に関する問題)

1 (1) 日本国憲法第96条の規定から，憲法改正の発議には衆議院の優越が認められていないことから，①は誤りである。衆議院の優越が認められるのは，日本国憲法第60条の規定から，予算決議であることが分かるはずである。 (2) 比例代表制は各政党の得票に応じて議席を比例配分することから，各政党の当選者の割合と得票率の差が小さいことから判断すれば良い。小選挙区は各選挙区における当選者が1名であることから，死票が多くなる特徴がある。

2 (1) 裁判員裁判の対象になるのは，強盗・殺人・放火などの重大事件に関する刑事裁判の第一審であること，重大事件の第一審は地方裁判所で開かれることを併せて判断すれば良い。
(2) 三審制とは，判決に不服のある場合，上級裁判所における再度の審理を求めることで，審理を慎重に行う仕組みのことである。第一審から第二審に訴えることは控訴，第二審から第三審に訴えることは上告と言うことから判断すれば良い。 (3) 刑事訴訟法第36条に基づく，国選弁護人の説明であることから，イは正しい。当事者の一方が訴えを起こすことができるのは民事裁判であることから，アは誤りである。裁判員裁判では，被告人の有罪・無罪の判断だけでなく，有罪の場合は量刑も決定することから，ウは誤りである。刑事裁判において，証拠に基づいて被告人の有罪を主張するのは検察官の役割であることから，エは誤りである。

3 (1) 地方交付税交付金は，地方公共団体間の財政格差解消のために，使途を定めることなく国から支払われる財源であることから判断すれば良い。使途を指定して配分される財源は，国庫支出金である。 (2) 資料5から，地方公共団体では自主財源の割合が低いことが分かる。資料6から，自主財源の例として，ネーミングライツが挙げられていることが分かる。これらを併せて説明すれば良い。また，資料6から，自主財源の活用例として環境学習があることに触れることも出来るはずである。

<国語解答>

一　1 (例)書き手が文字として書けなかった，あるいは書かなかった，言葉として表現できないおもいを読み取るということ。　2 (エ)　3 ウ　4 自分にとってくさびのような存在　5 (例)言葉の本当の意味を味わうことができる機会を与えられているのに，書かれた文字を目で追うだけで意味を理解したと勘違いし，満足しているということ。

二　1 時間や場所の推移がある　2 (例)単独の<絵>は，ある場面の様子が表現されているものであり，<絵本の画面>は，順序性をもった複数の絵と言葉によってストーリーになっているもの。　3 イ　4 (例1)私は絵の方が伝えるのに良いと考える。なぜなら，絵は立体的に描け，詳細な部分まで人に伝える事ができるからだ。確かに絵で描くと時間がかかるので，言葉の方がより早く人に伝えられるかもしれない。しかし本当に伝えたい事は，正確に人に理解してほしい。よって，私は絵の方がよいと考える。
(例2)私は言葉の方が伝えるのに良いと考える。なぜなら，言葉は多くの情報を伝える事ができるからだ。確かに言葉の意味を取り違えると，人に誤解を与え，間違って伝わるかもしれない。しかしその誤解や間違いを正す事によって，より人との関係を深めることができる。よって，私は言葉の方が良いと考える。

三　1 ① 弁論　② 保(つ)　③ 類(い)　④ 編(む)　⑤ 模型
2 ① こうたく　② ふ(く)　③ はず(む)　④ うけたまわ(る)　⑤ こぶ
3 ウ　4 ① や　② 万緑，夏　③ イ，カ

<国語解説>

一 **(説明文－大意・要旨，内容吟味，文脈把握)**

1 傍線部①の前に，**「『何が書けなかったのか』あるいは『書かなかったのか』を読むこと」**とある。また，「辛くて」から始まる段落に，書けない・書かない事に対して，**「ひとはあまりにもおもいが大きいと，言葉としては表現できない」**としている。これらの筆者の主張を読み取り，文章をまとめる。

2 詩の中に，「人に伝えようとすれば　あまりに平凡すぎて　けっして伝わってゆかないだろう」とある。**「平凡」とは，ここと言うすぐれた点もなく，普通のこと**を表す。選択肢の中で，この言葉に近い意味を表すのは(エ)である。

3 「『ことば』は」から始まる段落に，茨木のり子氏の作品に対して，「それは，自分の中でのみ，ひそかに守り育てていくものでした。『心の底に　強い圧力をかけて／蔵ってある』ものであり，決して他人に安易に伝えられるものではなかった」とある。「それは」とは「ことば」の事であり，意思を伝える手段の一つだけではなく，**自分の中でのみ噛み締める側面がある**と述べている事に留意する。

4 「同伴者」とは，一緒に連れて行くものを表す。ここでは**人生を歩んでいく中で，心中に共とする言葉の事**である。本文においては，「同伴者」と「くさび」は同類語となる。本来，「くさび」とは二つのものを固くつなぐという意味である。ここでは，言葉が自分にとって「くさび」の存在になっている事を読み取る。

5 「食堂にいるのに」「ウィンドウの中にある蝋細工でできた食べものを見て」「喜んでいる」に区切って考えると分かりやすい。まず「食べものを見て」いるだけとは，傍線部④の直前にある「目で言葉を読んでいるだけ」に対応する。「喜んでいる」のは，感情の充足を表すので，それと

同義の言葉に言い換える。以上の2つを踏まえて，「食堂にいるのに」は，「読む」(「詠む」「誦む」)ことのできる環境にいるのにと置き換えることができる。また「読む」(「詠む」「誦む」)事によって，**言葉が立体的に，現実的に感じられる**とする筆者の主張を読み取る。

二 (論説文－脱文・脱語補充，短文作成，作文(自由・課題))

1 【ホワイトボード】の空欄が「できごとが省略されている」と同義である事に留意する。絵本におけるできごとの省略について書かれているのは，「①は，映画や」から始まる段落である。そこでは**絵本の場合，画面の連続動作は少なく，そこには<間>や時間，場所の推移がある**と筆者は主張していることを読み取る。

2 「絵本は画面の」から始まる段落で，「情景が描かれた<絵>」と「<絵本の絵>」について説明されている。「情景」とは，人間の心の働きを通して味わわれる，景色や場面のことである。「<絵本の絵>」については，<絵>を順番にならべることによって，ストーリーが感じられるという説明からその違いを明確にする。

3 「これらは私の」から始まる段落に「読者に伝えたい物語やテーマや絵があって，それを連続した<絵本の画面>に落とし込んでいく」とある。また「私はこのような」から始まる最後の段落に，「ゆるぎのない画面の連続のことを，<絵本の展開>と呼んでいます」とある。「ゆるぎ(の)ない」とは確固としているという意味である。**しっかりとしたテーマをもとに連続した画面を展開することにより，誰にでも伝わりやすい絵のつながりを見せるものが絵本だ**という筆者の主張を読み取る。

4 まずは自分の主張が絵もしくは言葉か，という事を明確にする。そして，選んだものに対して，なぜそれを選んだのかという理由や利点を説明する。次にその利点を踏まえ，選ばなかったテーマでも補えることに触れつつも，なお自分の選んだテーマの良さに言及し，論の展開を進めるようにする。

三 (俳句・川柳，その他－情景・心情，漢字の読み書き，品詞・用法，表現技法)

1 ① 「弁論」とは，大勢の前で意見を述べること。 ② 「保つ」とは，その状態や事物を変わらない状態で持ちこたえること。 ③ 「類いまれな」とは，非常に数が少なく珍しいさまのこと。 ④ 「編む」とは，糸などを互い違いに組み合わせて，一つの形に作り上げること。
⑤ 「模型」とは，全体的な形が同じになるように，かたどったもの。

2 ① 「光沢」とは，物の面のつややかさのこと。 ② 「拭く」とは，布・紙などでこすって，よごれ・水分などをとること。 ③ 「弾む」とは，弾力のある物体が他の物に当たってはね返ること。 ④ 「承る」とは，つつしんで聞くこと。 ⑤ 「鼓舞」とは，励ましふるい立たせること。

3 「見えない」はヤ行下二段活用「見え」の未然形と，助動詞「ない」に分けることができる。同じ用法は，ウ「笑わない」(ワ行五段活用の動詞「笑う」の未然形＋助動詞「ない」)である。

4 ① 切れ字とは，俳句の中で切れる働きをする字。代表的なものとしては，「や・かな・けり・なり・ぞ・がも」等がある。 ② 新緑を表す「万緑」という言葉が，夏を表す季語である。
③ 俳句の現代語訳は，「草木の新緑に覆われ，一面緑の景色だ。(その生命力あふれるこの時期に，)わが子に白い歯が生え始めた」となる。この事から，我が子の成長と新緑の生命力に対して感動を表していることが分かる。

滋賀県公立高等学校

2020年度

★★★★★★★★★★★★★★★★★★★★★★★★

入　試　問　題

2020年度

●くわしい解説……37ページ

＜数学＞

時間　50分　　満点　100点

【注意】 1　解答は，最も簡単な形で表し，全て解答用紙に記入しなさい。
2　答えに根号が含まれる場合は，根号を用いた形で表しなさい。
3　円周率はπとします。

1　次の(1)から(9)までの各問いに答えなさい。

(1)　A市における，3月の1か月間の人口の変化は－11人でした。また，4月の1か月間の人口の変化は＋6人でした。3月と4月の2か月間の人口の変化は何人ですか。求めなさい。
なお，人口の変化は，人口が増えた場合を正の数，減った場合を負の数で表すこととします。

(2)　$\frac{7}{4}a-\frac{3}{5}a$ を計算しなさい。

(3)　次の連立方程式を解きなさい。
$$\begin{cases}2x-3y=1\\3x+2y=8\end{cases}$$

(4)　$\sqrt{3}(2-\sqrt{6})$ を計算しなさい。

(5)　次の2次方程式を解きなさい。
$x^2-7x+12=0$

(6)　$x^3\times(6xy)^2\div(-3x^2y)$ を計算しなさい。

(7)　関数 $y=ax^2$ について，xの変域が$-3\leqq x\leqq 1$のとき，yの変域は$0\leqq y\leqq 1$である。このとき，aの値を求めなさい。

(8)　下の表は，10点満点の小テストにおいて，100人の得点の結果をまとめたものです。小テストの点数の最頻値を求めなさい。

表

小テストの点数(点)	0	1	2	3	4	5	6	7	8	9	10	計
人数（人）	0	3	4	4	6	11	19	28	13	7	5	100

(9)　下の図のように，平行四辺形ABCDの辺AB，BC上にAC∥EFとなるような点E，Fをとります。次に，C，D，E，Fの文字を１つずつ書いた４枚の**カード**をよくきって，２枚同時に引き，2枚のカードに書かれた文字が表す２つの点と点Aの３点を結んで三角形をつくります。

その３点を頂点とする三角形が，△DFCと同じ面積になる確率を求めなさい。ただし，どのカードを引くことも同様に確からしいものとします。

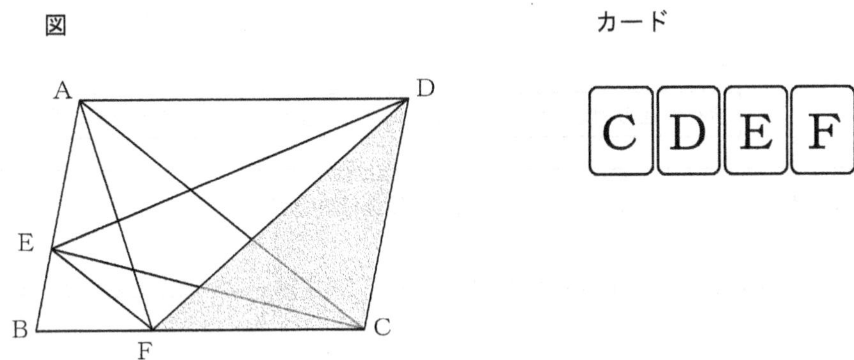

2　太郎さんは，旅行会社が企画した観光バスツアーの料金について調べました。後の(1)から(4)までの各問いに答えなさい。

調べたこと

○ 観光バスツアーの参加費　**１人あたり　5000円**

○ 観光バスツアーの参加定員　**45人**

○ 旅行会社が観光バスツアーを開催するための費用

○ 参加者１人につき	○ バス１台を運行するのに
・お弁当代　800円 ・お土産代　500円 ・美術館の入場料　600円 **合計　1900円**	・燃料費 ・高速道路料金 ・保険費用など **合計　80000円**

○ 観光バスツアーの参加者を x 人とし，旅行会社の売り上げ金額を y 円として，y を x の式で表すと，

$$y = 5000x \quad \cdots ①$$

観光バスツアーの参加者の人数にかかわらず，バスを運行するための費用として，合計80000円かかるそうです。

○ 観光バスツアーの参加者を x 人とし，お弁当代，お土産代，美術館の入場料の合計を y 円として，y を x の式で表すと，

$$y = 1900x \quad \cdots ②$$

○ 観光バスツアーの参加者を x 人とし，旅行会社が観光バスツアーを開催するための費用の合計を y 円として，y を x の式で表すと，

$y = 1900x + 80000$ …③

太郎さん：旅行会社の利益は下の式で求めることができます。

式

旅行会社の利益 ＝ 旅行会社の売り上げ金額 － 開催するための費用の合計

(1) 参加者が15人のときの旅行会社の売り上げ金額を求めなさい。

(2) 旅行会社の利益をプラスにするためには，少なくとも何人の参加者が必要になりますか。求めなさい。

(3) 太郎さんは，**調べたこと**の①，②，③の式を下の**グラフ**のように表し，点A，Bをとりました。点Aの x 座標が40，点Bの x 座標が0であるとき，点Aの y 座標と点Bの y 座標の差は何を表していますか。次の**ア**から**オ**までの中から1つ選び，記号で答えなさい。

グラフ

ア　参加者が40人のときの，バスを運行するための費用

イ　参加者が40人のときの，旅行会社の売り上げ金額

ウ　参加者が40人のときの，旅行会社の利益

エ　参加者が40人のときの，お弁当代，お土産代，美術館の入場料の合計

オ　参加者が40人のときの，旅行会社が観光バスツアーを開催するための費用の合計

グラフを見ていると，この観光バスツアーを参加定員いっぱいで開催したとしても，旅行会社の利益が 100000 円以上にはならないような気がするなあ。

太郎さん

(4) 45人の参加者がいたとき，旅行会社の利益を100000円以上にするためには，1人あたりの参加費を少なくともいくらにする必要がありますか。求めるための方法を説明し，1人あたりの参加費を求めなさい。

3 花子さんは，美術館へ行きました。**図１**は展示室を真上から見たもので，壁やパネルに作品が展示されています。花子さんは，展示室の中を移動したとき，パネルで隠れて見えなくなる壁面があることに気がつき，下のような**考え方**をもとに，見えない壁面の範囲がどのように変化するかを考えました。後の(1)から(3)までの各問いに答えなさい。ただし，パネルの厚さは考えないものとします。

図１

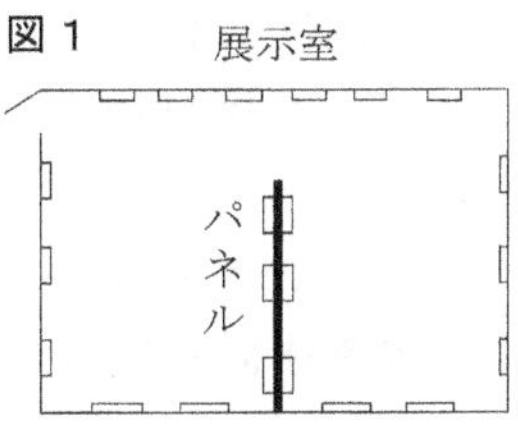

考え方

○**図２**のように，展示室を長方形ABCD，パネルを線分EFとします。
○長方形ABCDの辺上に点Pをとり，半直線PEと長方形ABCDの各辺との交点をGとします。
○**図２**のように，点Pにいる人からパネルを見た場合，パネルで隠れて見えない部分を，塗りつぶして（▒）表します。

図２

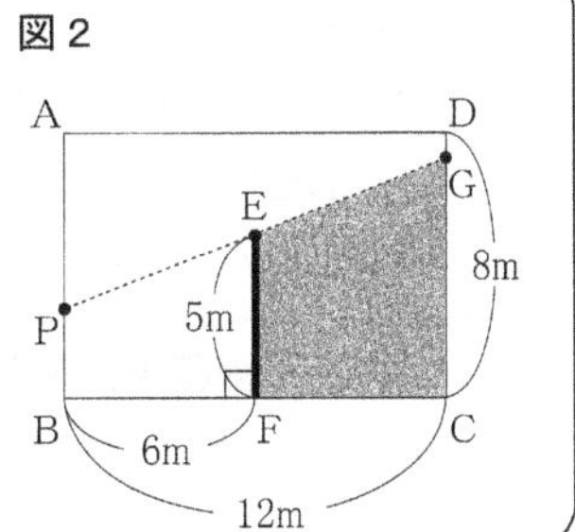

(1) **図３**のように，点Pが点Aにあるときの線分CGの長さを求めなさい。

また，点Pは辺AB上を点Aから点Bまで移動します。点Gが点Dに重なったときの線分APの長さを求めなさい。

図３

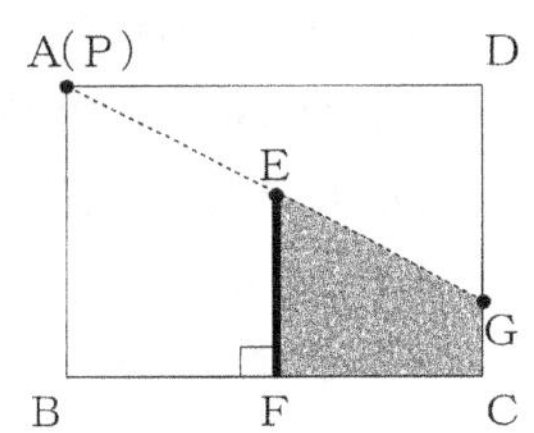

(2) **図４**は，点Pが線分BF上を点Bから２m移動したときを示したものです。

半直線FEと辺ADの交点をHとしたとき，△PFEと△GHEが相似であることを証明し，線分DGの長さを求めなさい。

図４

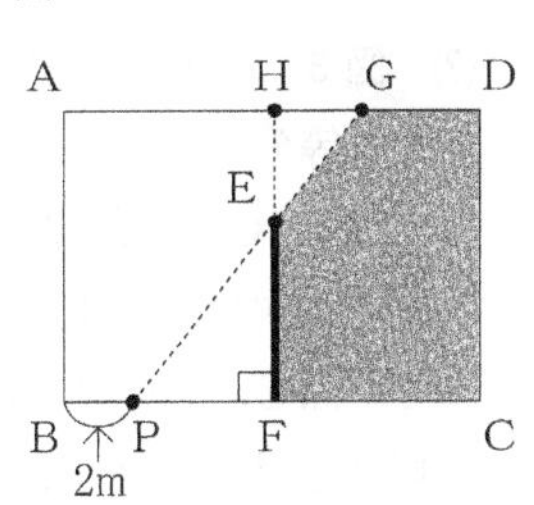

(3) **図５**は，点Pが辺CD上を点Cから点Dまで移動するときを示したものです。線分CPの長さが，線分AGの長さと等しくなるとき，線分CPの長さを求めなさい。

図５

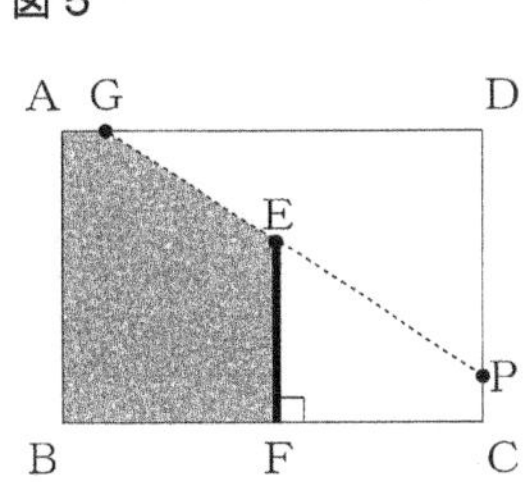

4　太郎さんは，丸いケーキを三等分に切り分けようとしています。そこで，友達から教えてもらった**円の面積を三等分する方法**を活用することで，丸いケーキを三等分に切り分けることができました。太郎さんは，面積を三等分することに興味をもち，四角形や三角形の面積を三等分することについても考えました。後の⑴から⑶までの各問いに答えなさい。

円の面積を三等分する方法

①図１のように，円Ｏの円周上の点Ａから，半径ＯＡと長さが等しくなるように，コンパスを使って，点Ｂ，Ｃを円周上にとります。

②同様に点Ｂ，Ｃから半径ＯＡと長さが等しくなるように，点Ｄ，Ｅを円周上にとります。

③点Ｏと点Ａ，点Ｄ，点Ｅとをそれぞれ結ぶと，円の面積を三等分することができます。

図１

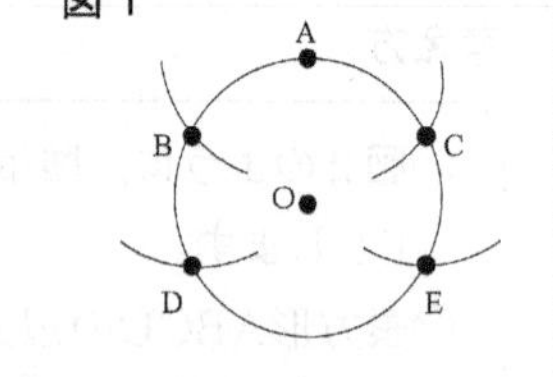

⑴　この**円の面積を三等分する方法**で，円の面積を三等分することができる理由を説明しなさい。

⑵　図２のように，正方形ABCDの対角線の交点Ｐを通る線分を使い，面積を三等分します。

EB＝GC，∠PFD＝90°となるように，辺AB，AD，CD上にそれぞれ点Ｅ，Ｆ，Ｇをとります。線分EP，FP，GPで切り分けたときに正方形ABCDの面積が三等分になるような，線分AEと線分EBの長さの比を求めなさい。

図２

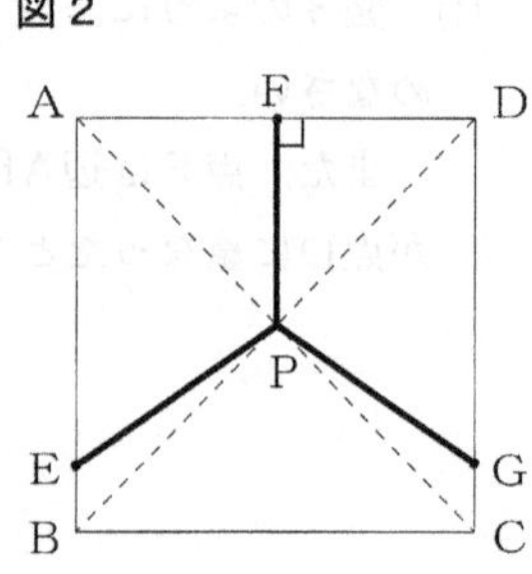

⑶　図３のように，辺の長さがそれぞれ違う△ABCの面積を三等分します。

△ABCの内部に各辺から等しい距離にある点Ｑをとります。次に，辺BC，CA上で頂点とは違うところに，それぞれ点Ｅ，Ｆをとります。線分BQ，EQ，FQで△ABCを切り分けたときに，△ABCの面積が三等分になるような点Q，Ｅ，Ｆと線分BQ，EQ，FQをコンパスと定規を使って作図しなさい。ただし，作図に使った線は消さないこと。

図３

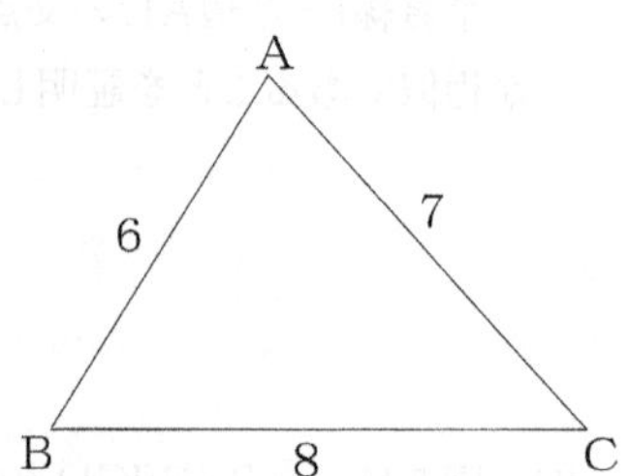

＜英語＞

時間　50分　　満点　100点

1　放送を聞いて答えなさい。

《その１》　話される英語を聞いて，それぞれの後の質問に対する答えとして最も適当なものを，アからエまでの中からそれぞれ１つ選びなさい。

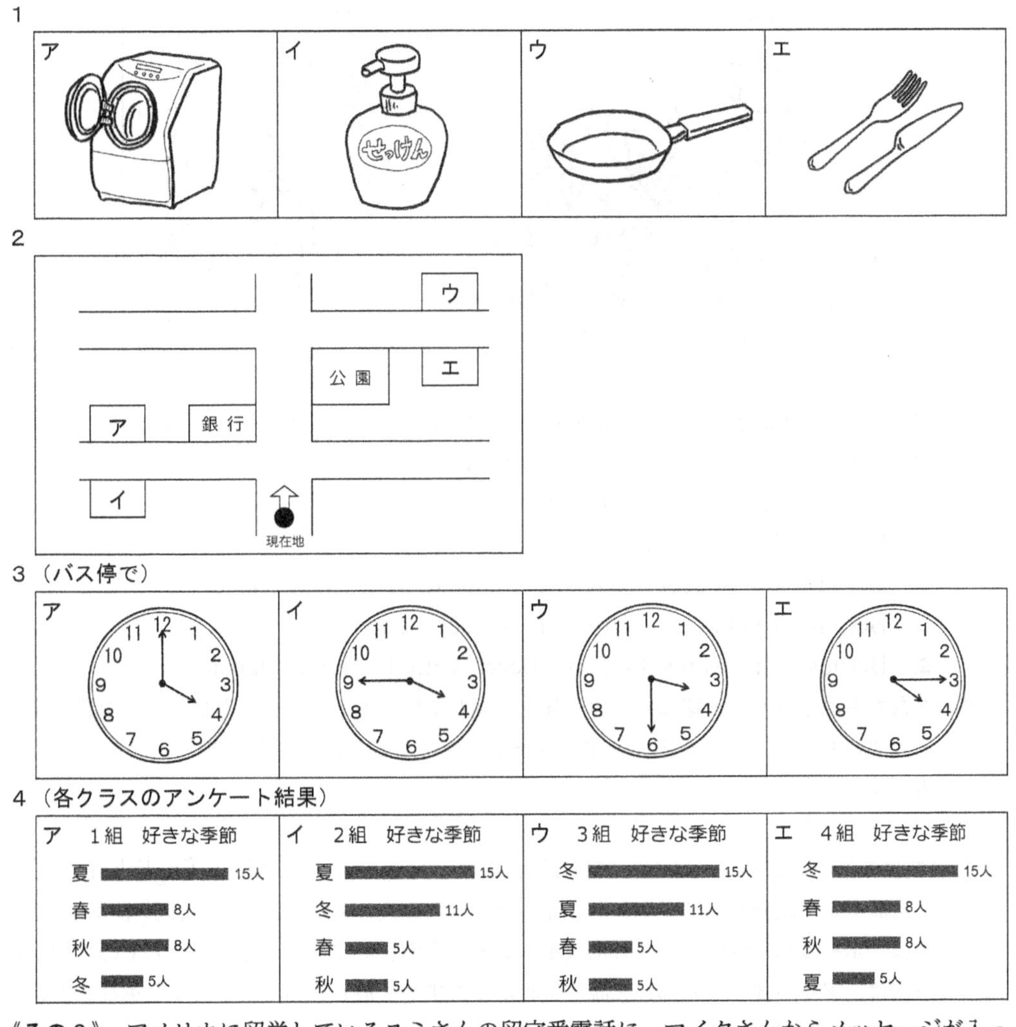

《その２》　アメリカに留学しているユミさんの留守番電話に，マイクさんからメッセージが入っていました。マイクさんがユミさんに頼みたいことは何ですか。最も適当なものを，アからエまでの中から１つ選びなさい。

ア　To come and enjoy the party tomorrow.

イ　To take pictures at the party tomorrow.

ウ　To bring the pictures of the party tomorrow.

エ　To bring a camera to the party tomorrow.

《その3》 英語のベーカー先生（Mr. Baker）が涼子（Ryoko）さんと話しています。放送を聞いて，会話の後の1から3までの質問に対する最も適当な答えを，アからエまでの中からそれぞれ1つ選びなさい。

また，あなたも涼子さんと一緒にベーカー先生と話しているとして，あなたならどんな質問をベーカー先生にしますか。ベーカー先生と涼子さんのやり取りの内容をふまえて，4の解答欄に5語以上の英語で書きなさい。

1　ア　Soccer player.　イ　Student.　ウ　Dancer.　エ　Music teacher.

2　ア　For two years.　イ　For seven years.
　ウ　For ten years.　エ　For fourteen years.

3　ア　Because Mr. Baker is in Japan now.
　イ　Because the soccer team she wants to join is in Japan.
　ウ　Because Ryoko wants to play soccer better.
　エ　Because she wants to play soccer with Ryoko in Japan.

4　あなたも涼子さんと一緒にベーカー先生と話しているとして，あなたならどんな質問をベーカー先生にしますか。ベーカー先生と涼子さんのやり取りの内容をふまえて，5語以上の英語で書きなさい。

2　高校生の優子（Yuko）さんは，びわこ図書館のホームページで "Meet English Books" という，英語で本を紹介しあうイベントを見つけました。次の1から3までの各問いに答えなさい。

1　次は，ホームページに掲載された【イベントの案内】です。本の紹介者としての参加申し込み方法は，アからオのどの部分を読めばわかりますか。最も適当なものを1つ選びなさい。

【イベントの案内】

- Biwako Library October Events -

Meet English Books

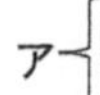

Date : October 23, Sunday
Time : 13:00 - 16:00
Place : Biwako Library

イ― Fall has come and it is a good season for reading.
Do you like reading books?　Do you want to talk about your favorite book?
Everyone can join this event!　You can be a speaker or just come to listen.
Please come and have fun.

ウ― What do you do at this event?　You come with your favorite book and talk about the story in five minutes.　After all the speakers finish talking, the listeners will be asked, "Which book do you feel like reading the most?"　The listeners will choose which book they want to read.

エ― If you want to talk about your favorite book, send an e-mail to our library.　Write your name, age, school, the name of the book you want to introduce, and your phone number.

オ― We welcome listeners.　Please come to the library and enjoy the presentations.
You can find new books to read!

For more information :　☎ 123-456-7890　✉ biwako@library.shiga.jp

(注)　speaker(s)：発表者　listener(s)：聞く人，聴衆　feel like ～ ing：～したいと思う
introduce：紹介する　presentation(s)：発表

2　優子さんと留学生のベン (Ben) さんが，会話をしています。次は二人の会話の内容です。後の(1)，(2)の各問いに答えなさい。

【優子さんとベンさんの会話】

びわこ図書館でのイベントに参加をする優子さんは，びわこ図書館のホームページを見ながら，ベンさんと話しています。

Yuko : Ben, I'm interested in this because I like reading books and English, too.
Ben : "Meet English Books"?　That sounds nice.　What will you do?
Yuko : I'll take my favorite English book and talk about the story.　After the presentations, the listeners will choose the book they want to read.
Ben : That's interesting.　I'd like to listen to your presentation.
Yuko : I'm excited (　①　) I'm also worried about the presentation.　I'm not good at speaking in front of many people and I often get nervous.　The presentation is in English, too.　Could you help me with my presentation?
Ben : Don't worry.　I'll help you with your English.　If you practice, your presentation will be great.
Yuko : Thank you, Ben.　Now I'm going to choose my book.
Ben : [　②　]
Yuko : I usually read books about the life of a famous person.
Ben : Oh, you usually read biographies.　I'm looking forward to your presentation.
Yuko : Thank you.　After the presentations, I hope many people will read my favorite book.
Ben : I hone so, too.　Do your best.

びわこ図書館でのイベントの後，ベンさんが優子さんに話しかけます。

Ben : Many listeners liked your presentation. Good job!
Yuko: Thank you. I got a little nervous, but I did my best.
Ben : I really enjoyed your presentation and I want to read the book you introduced in your presentation. [③]
Yuko: Sure. I'll take it to school tomorrow. I hope you'll like it.

（注） get nervous：緊張する　biographies：biography（伝記）の複数形

(1) （①）に入る最も適当なものを，次のアからエまでの中から１つ選びなさい。

ア because　イ but　ウ so　エ when

(2) 本文の流れに合うように，[②]，[③] に入る適当な英語を，それぞれ４語以上で書きなさい。

3　優子さんの学級では，英語の授業で，毎時間一人ずつ英語で１分間の発表をします。優子さんは，イベントに参加をした後，みんなに読書に関心をもってもらいたいと思い，テーマに「日本人の読書量」を選びました。次は，優子さんが発表に使った資料と発表の内容です。後の(1)から(3)までの各問いに答えなさい。

【優子さんが発表に使った資料】

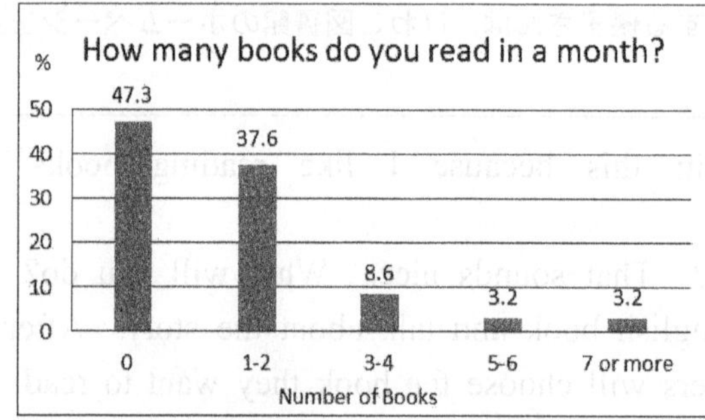

（平成30年度文化庁調査より作成）

【優子さんの発表の内容】

How many books do you read? Do you like reading books? Today I will talk about reading.

I like reading and I usually read three or four books in a month. Look at this. This is a graph which shows how [④] in a month. According to this graph, about (⑤) percent of people read more than three books in a month. I was surprised to find that almost (⑥) of people read no books. Many people say that [⑦], but I think they can find time for reading. They can read a book while they are on the train or while they are waiting for someone, for example.

I believe we can learn a lot of things from books and reading books is fun. Let's enjoy reading!

（注） graph：グラフ　according to ～：～によると

(1) 本文の流れに合うように［④］に入る適当な英語を書きなさい。

(2) 二人の会話から，(⑤)，(⑥) に入る最も適当な組み合わせを，次のアからカまでの中から1つ選びなさい。

ア ⑤ 15 ⑥ all　　イ ⑤ 9 ⑥ all
ウ ⑤ 15 ⑥ half　　エ ⑤ 9 ⑥ half
オ ⑤ 15 ⑥ quarter　　カ ⑤ 9 ⑥ quarter

(3) ⑦ に入る最も適当なものを，次のアからエまでの中から1つ選びなさい。

ア they don't need to read a book
イ they have enough time to read a book
ウ they don't know what to read
エ they are too busy to read books

3 真美（Mami）さんの学級では，英語の授業で，順番にスピーチをします。次は，真美さんのスピーチの内容です。これを読んで，後の1から7までの各問いに答えなさい。

【真美さんのスピーチ】

Learning English has become an important part of my life. I really became interested in English when I met a student from Australia. Her name is Nancy.

Nancy is in Japan now. This is her second time to come to Japan. Last time she stayed at my house for two weeks. We have known each other for five years. When she came to Japan for the first time, she was a junior high school student and I was an elementary school student. I couldn't speak English and she couldn't speak Japanese well at that time, but we tried to communicate by using gestures. After going back to Australia, she studied Japanese in high school. She wants to be a Japanese teacher in Australia, so she has come to Japan again to study Japanese and Japanese culture in college.

One day Nancy visited my house. I was very happy to see her again. We enjoyed talking together for a long time. I was very surprised because Nancy spoke Japanese very well. It was difficult for me to speak English then, but I really wanted to speak it well. I asked her how she learned Japanese. She taught me how to study a foreign language. One of the ways is to try to use the language. Nancy doesn't (①) a chance to use Japanese. She often joins festivals and other events in her town and talks a lot with people in Japanese. I told her that I only had a few chances to use English in Japan. Then she said to me, "Why don't you go to the community center next Sunday?"

At the community center, they were having a party called the International

Day. On the second Sunday of each month, students from foreign countries and Japanese people get together and cook food from each country, play games, and enjoy some events. The ②【 is / language / there / use / we 】 English. Some students cannot speak Japanese, but we can communicate with each other in English. That was a good chance for me to speak English. I enjoyed talking with students from foreign countries in English on the first day. I felt really happy when they understood what I wanted to say. It's fun and I go there every month now.

One thing I found at the party is that people from different countries speak different kinds of English. I thought they spoke the (③) English all over the world, but it's not true. I'll give you two examples. First, the accents are a little different in each country. Nancy's accent is not like the accent of a student from India. The students from other countries also have other accents. Because of that, it was difficult to understand their English at first. Second, some people use different expressions. For example, English in India has a word, "lakh." This word comes from Hindi, a language spoken in India. "Lakh" means one hundred thousand. Some people in India say, "Ten lakh people live in my city." That means, "One million people live in my city." I learned that English in each country is influenced by the culture and the [④] people speak.

I study English to communicate with a lot of people. Many people use English around the world. By using English, we can enjoy communication with people from foreign countries. We can learn about a different culture and a different way of life from people who speak a different language. ⑤English is a window to the world. I want to study English harder. Then I can make more friends and learn a lot of things from people all over the world.

(注) communicate (with ～)：(～と) コミュニケーションをとる gesture(s)：身ぶり，ジェスチャー
college：大学 community center：公民館 accent(s)：発音 expression (s)：表現
Hindi：ヒンディー語 influence(d)：influence (影響を与える) の過去分詞形

1 次の(1)から(3)の質問に対する答えになるように，( ) に入る適当な英語を書きなさい。

(1) Was Mami an elementary school student when she met Nancy for the first time?
→ ( ).

(2) What does Nancy study in college?
→ ( ).

(3) When is the International Day held?
→ ( ).

2　(①) に入る最も適当なものを，次のアからエまでの中から１つ選びなさい。

ア find　イ miss　ウ give　エ have

3　②【　】内の語を，意味が通るように並べかえなさい。

4　(③) に入る適当な英語１語を書きなさい。

5　[④] に入る最も適当な英語を，本文から抜き出して書きなさい。

6　本文の内容に合っているものを，次のアからカまでの中から２つ選びなさい。

ア Nancy spent time with Mami when she came to Japan five years ago.

イ Nancy was surprised because Mami spoke English well.

ウ Mami learned how to study a foreign language from Nancy.

エ Mami said that she had a lot of chances to use English in Japan.

オ Only foreign students come to the International Day and enjoy it.

カ The English accents were different but Mami could easily communicate with the students.

7　下線部⑤のように真美さんが考えたのはどうしてですか。本文の内容をふまえて，あわせて15語以上25語以内の英語で，２文または３文で書きなさい。

4　次の問いに答えなさい。

アメリカのミシガン州から20名の中学生があなたの学校を訪問します。その歓迎会で，交流を深める活動をすることになったため，英語のスミス先生 (Mr. Smith) と英語の時間に話し合いをすることになりました。あなたならどのような活動を提案しますか。あなたの考えを理由も含めて，20語以上の英語で書きなさい。２文以上になってもかまいません。

＜理科＞　時間　50分　満点　100点

1　太郎さんと花子さんは，季節によって日の出や日の入りの時刻が変化することに興味をもち，調べ学習をしました。後の1から5までの各問いに答えなさい。

太郎さん：私の祖父が住んでいる千葉県にある犬吠埼(いぬぼうさき)は，初日の出を早く見ることができることで有名で，犬吠埼より東にある北海道の納沙布岬(のさっぷみさき)よりも初日の出の時刻が早いんだって。

花子さん：普通は，東にある地点の方が日の出の時刻は早いと思うんだけど。

先生：確かに同じ緯度なら東の方が日の出が早くなるけれど，緯度が違う地点を比べると話が変わります。冬至をはさんだ11月下旬から1月中旬ごろまでは，納沙布岬より犬吠埼の日の出の時刻の方が早くなります。国立天文台のWebページでは，日本各地の日の出や日の入りの時刻がわかるから調べてみるといいよ。

【調べ学習】

表　日の出と日の入りの時刻（2019年）

		3/21 春分	6/22 夏至	9/23 秋分	12/22 冬至
秋田市	日の出	5:43	4:12	5:27	6:57
	日の入り	17:52	19:11	17:36	16:19
仙台市	日の出	5:40	4:13	5:24	6:50
	日の入り	17:49	19:03	17:33	16:20
千葉市	日の出	5:43	4:24	5:27	6:45
	日の入り	17:52	18:59	17:36	16:30
鳥取市	日の出	6:06	4:48	5:51	7:08
	日の入り	18:15	19:22	18:00	16:54

（国立天文台暦計算室Webページより作成）

図1

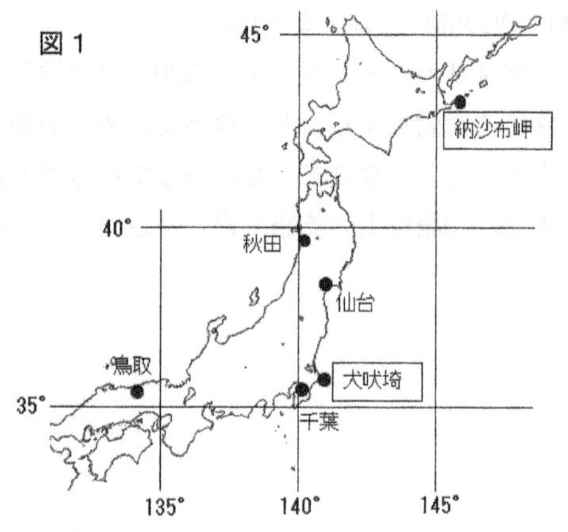

【話し合い1】　太郎さんたちは，調べ学習の表と図1を見ながらわかることについて話し合いました。

太郎さん：同じ緯度なら東の方が日の出の時刻が早いね。
花子さん：同じ経度にある都市は，春分と秋分のときは，日の出の時刻が同じだね。
太郎さん：a <u>夏至と冬至のときは，東にある都市の方が日の出の時刻が遅い</u>ことがあるよ。
花子さん：不思議だね。どうしてそうなるのかな。

1　太陽のように自ら光を出してかがやいている天体を何といいますか。書きなさい。

2　<u>下線部</u>aにあてはまるのはどれですか。夏至のときと冬至のときについて，それぞれ下のアからカまでの中から1つ選びなさい。

ア　秋田市と鳥取市　　イ　秋田市と千葉市　　ウ　秋田市と仙台市
エ　仙台市と千葉市　　オ　仙台市と鳥取市　　カ　千葉市と鳥取市

【話し合い2】 太郎さんたちは，さらに話し合いをして，考えを深めることにしました。

花子さん：地球は，図2のように，太陽のまわりを公転しているよ。

太郎さん：図3は夏至，図4は冬至の地球と地球に届く太陽の光を模式的に表したものだけど，夏至と冬至では，同じ地点でも太陽の光の当たり方がずいぶん違うね。

図2

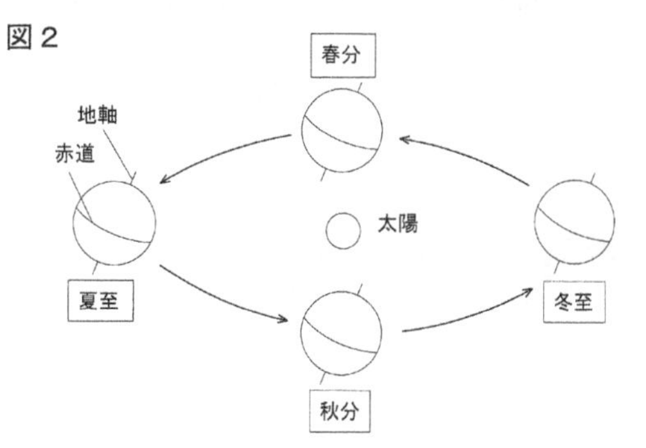

花子さん：そうだね。だから，b季節の変化があるんだね。

太郎さん：昼と夜の境界は，季節によって傾きがずいぶん異なるね。

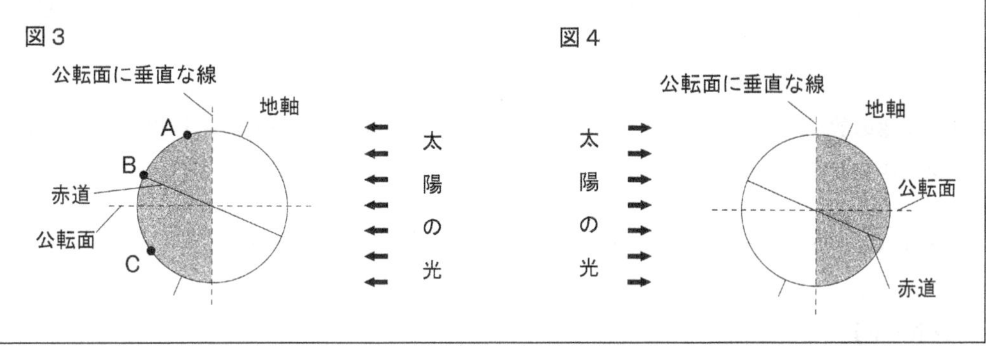

3　下線部bについて，夏に気温が高くなる理由を，調べ学習と図3，図4から考えて2つ書きなさい。

4　夏至のときの，図3のAからCの3地点を，日の出をむかえる順に並べ，記号で書きなさい。ただし，AからCまでの3地点は，同じ経線上にあるものとする。

5　太郎さんは，花子さんに，納沙布岬より犬吠埼で初日の出が早く見られる理由を説明するために，1月1日に，日本付近で太陽がのぼり始める日の出のころのようすを示した図5を使うことにしました。図5を使って，納沙布岬より犬吠埼で初日の出が早く見られる理由をどのように説明しますか。「地軸」，［昼と夜の境界］という2語を使って書きなさい。

図5

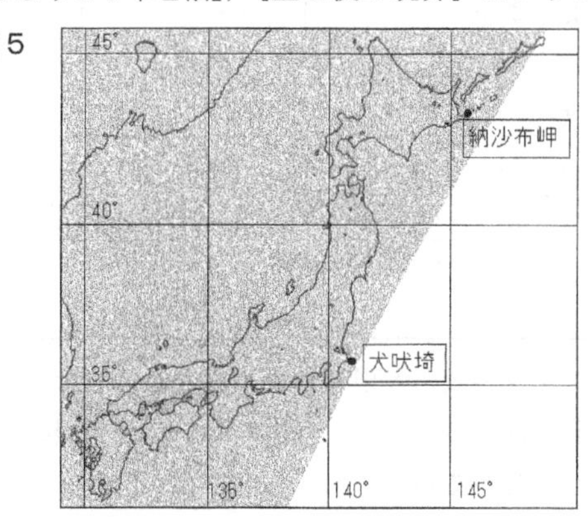

太陽の光が当たっていないところ

2 太郎さんと花子さんは，植物のさまざまなはたらきに興味をもち，実験して調べることにしました。図1は，太郎さんがかいたかいわれ大根のスケッチです。後の1から5までの各問いに答えなさい。

図1

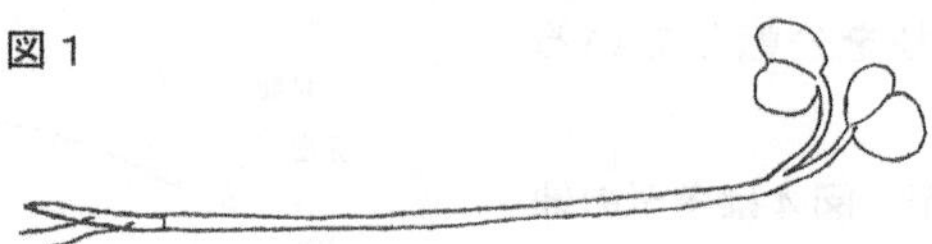

太郎さん：かいわれ大根は大根とは別の植物だと思っていたら，発芽したばかりの大根の芽で，小さい葉は子葉だそうだよ。

花子さん：食べずに育てれば大根ができるということだね。

太郎さん：子葉以外の部分が大きくなっていくそうだよ。大根は消化を助けると聞くけれど，本当かな。もし本当なら，かいわれ大根はどうだろう。発芽したばかりのときから，消化を助けるはたらきはあるのかな。

花子さん：消化を助けるということは，消化液に似たはたらきをするのかな。消化液といえば，だ液のはたらきを調べる実験をしたね。

1　子葉の数が，かいわれ大根と同じものを，下のアからオまでの中からすべて選びなさい。

ア　エンドウ　　イ　トウモロコシ　　ウ　イネ　　エ　タンポポ　　オ　ユリ

太郎さんと花子さんは，だ液のはたらきを調べる実験を振り返りました。次は，そのレポートの一部です。

【レポート】

<方法>

① 2本の試験管にデンプン溶液を3 cm³ずつ入れる。

② 一方の試験管には水，もう一方には薄めただ液をそれぞれ3 cm³加えてよく混ぜる。

③ 2本の試験管を，体温に近い36℃の湯に10分間つける。

④ ヨウ素液とベネジクト液の反応のようすを調べる。

図2

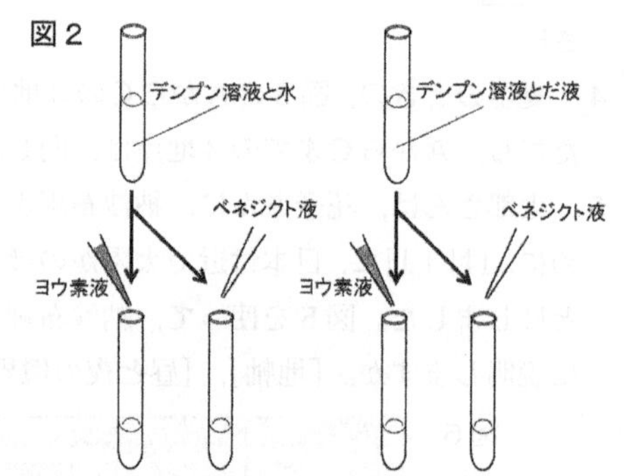

<結果>

表1は結果をまとめたものである。

表1

	ヨウ素液	ベネジクト液
デンプン溶液と水	青紫色	変化なし
デンプン溶液とだ液	変化なし	赤褐色の沈殿ができた

【話し合い】

太郎さん：レポートを参考にして，デンプン溶液に大根やかいわれ大根のしぼり汁を加えて実験しよう。結果をレポートと比べることで，大根やかいわれ大根のしぼり汁がだ液に似たはたらきをするかがわかるね。

花子さん：まずヨウ素液の色の変化から調べよう。
太郎さん：大根とかいわれ大根を比べるために，かいわれ大根の子葉以外の部分を使おう。
花子さん：私たちは食物から養分を得る生物だから，だ液はよくはたらくようだね。a大根は食物から養分を得ることはない生物だから，時間がかかるかもしれないね。時間を長くして実験しよう。
太郎さん：bデンプン溶液と水の試験管については，だ液のはたらきを調べる実験で調べているから，用意しなくてもよいね。

2　消化とは，どのようなことをいいますか。書きなさい。

3　下線部aについて，植物のように，生態系において無機物から有機物をつくり出す生物のことを何といいますか。書きなさい。

4　下線部bについて，大根やかいわれ大根のしぼり汁を使った実験のときに，デンプン溶液と水の試験管を用意しなくてもよいのは，だ液のはたらきを調べる実験で，どのようなことがわかっているからですか。書きなさい。

太郎さんと花子さんは，次の仮説を立てて，実験を行いました。

仮説：「大根には消化を助けるはたらきがある。そのはたらきは，発芽したばかりのときからある。」

【実験】

<予想>

デンプン溶液に大根やかいわれ大根のしぼり汁を入れると，ヨウ素液の色は変化しない。

<方法>

①　大根をすりおろし，ガーゼでろ過して大根のしぼり汁をつくる。
②　子葉の部分を切りとった50本のかいわれ大根を乳鉢ですりつぶし，ガーゼでろ過してかいわれ大根のしぼり汁をつくる。
③　試験管AとBにデンプン溶液を3 cm^3ずつ入れる。
④　試験管Aに大根のしぼり汁，試験管Bにかいわれ大根のしぼり汁をそれぞれ3 cm^3加えて，よく混ぜる。
⑤　試験管立てに，20分間置く。
⑥　試験管の中の液を一部とり，ヨウ素液を加え，色の変化を調べる。
⑦　ヨウ素液の色が変化しなくなるまで，20分おきに⑥をくり返す。
⑧　ヨウ素液の色が変化しなくなったら，残りの液にベネジクト液を加え，沸とう石を入れてガスバーナーで加熱し，変化を調べる。

<結果>

表2は結果をまとめたものである。

表2

	ヨウ素液	ベネジクト液
試験管A	40分後に変化しなくなった	赤褐色の沈殿ができた
試験管B	3時間後に変化しなくなった	赤褐色の沈殿ができた

5　大根やかいわれ大根のしぼり汁のはたらきについて，実験の結果からいえることは何ですか。仮説をもとに，書きなさい。

3　太郎さんと花子さんは，塩酸に亜鉛を入れると水素が発生することに興味をもち，実験を行いました。後の１から５までの各問いに答えなさい。

花子さん：試験管の中の塩酸に亜鉛を入れると，a <u>水素が発生</u>し，亜鉛は b <u>とけていく</u>よね。あの水素は，どこからきたのかな。

太郎さん：塩酸の中の水素イオンが変化して，水素が発生したと思うよ。それを確かめるいい方法はないかな。

花子さん：水素イオンについて調べることができるといいよね。中和の反応を利用できないかな。中和の実験を振り返ってみよう。

1　<u>下線部</u>aについて，発生した気体が水素であることをどのような方法で確かめることができますか。書きなさい。

2　<u>下線部</u>bについて，亜鉛は塩酸にとけると亜鉛イオンになります。亜鉛イオンについて，正しく説明しているものはどれですか。下の**ア**から**エ**までの中から１つ選びなさい。

ア　亜鉛原子が，電子を２個受けとって，＋の電気を帯びた陽イオンになったもの。
イ　亜鉛原子が，電子を２個受けとって，－の電気を帯びた陰イオンになったもの。
ウ　亜鉛原子が，電子を２個失って，＋の電気を帯びた陽イオンになったもの。
エ　亜鉛原子が，電子を２個失って，－の電気を帯びた陰イオンになったもの。

太郎さんと花子さんは，中和の実験を振り返りました。次は，そのレポートの一部です。

【レポート】

＜方法＞

①　うすい塩酸をメスシリンダーで10.0cm³はかりとり，ビーカーに入れる。

②　緑色のBTB溶液を数滴加え，水酸化ナトリウム水溶液をこまごめピペットで3.0cm³ずつ加えていき，ビーカーの中の溶液の色の変化を調べる。

＜結果＞

表は結果をまとめたものである。

表

水酸化ナトリウム水溶液の体積(cm³)	0	3.0	6.0	9.0	12.0	15.0
溶液の色	黄	黄	黄	黄	緑	青

3　レポートで使ったものと同じうすい塩酸10.0cm³に水酸化ナトリウム水溶液12.0cm³を加えた溶液を，スライドガラスに１滴とり，水を蒸発させるとスライドガラスに残る結晶は何ですか。化学式を書きなさい。

【話し合い】

花子さん：塩酸に水酸化ナトリウム水溶液を加えていったときのようすをモデルで表してみ

よう。
太郎さん：塩酸10.0cm^{3}中のイオンを模式的に表したものを**図1**とすると，水酸化ナトリウム水溶液6.0cm^{3}を加えたときは**図2**のようになって，12.0cm^{3}を加えたときは**図3**となると思うよ。
花子さん：**図1**から**図3**をみると，水素イオンの数が減っていくようすがわかるね。

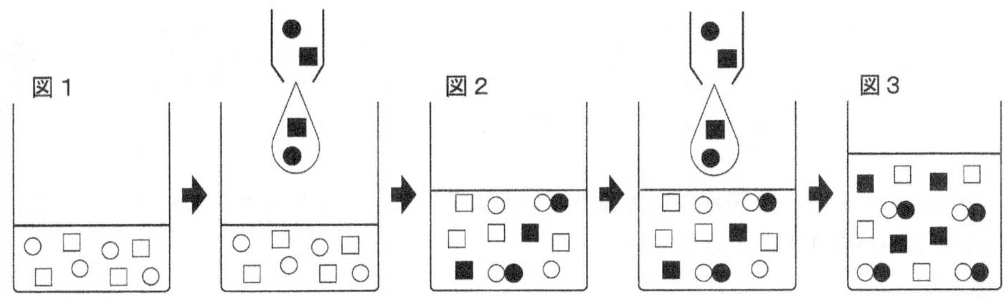

ただし，○ は水素イオン，□ は塩化物イオン，■ はナトリウムイオン，● は水酸化物イオン，○● は中和によって生じた水分子を表している。

4　**レポート**で，水酸化ナトリウム水溶液15.0cm^{3}を加えたときのようすは，モデルでどのように表すことができますか。**レポート**と**話し合い**の内容から考えて，かきなさい。

花子さん

中和の実験を利用すれば，水素イオンの数を比べることができそうだね。**レポート**で使ったものと同じうすい塩酸と水酸化ナトリウム水溶液を用意して，実験をしよう。

【実験】

＜方法＞
① うすい塩酸をメスシリンダーで6.0cm^{3}はかりとり，試験管に入れる。
② 亜鉛板を①の試験管に入れる。
③ 水素が発生している途中で亜鉛板をとり出し，試験管に緑色のBTB溶液を数滴加える。
④ 溶液の色が黄色から緑色になるまで，こまごめピペットで水酸化ナトリウム水溶液を少しずつ加え，加えた水酸化ナトリウム水溶液の体積を調べる。

＜結果＞
水酸化ナトリウム水溶液6.4cm^{3}を加えたとき，中性になった。

この結果から，c 発生した水素は，塩酸中に含まれていた水素イオンから生じたものだとわかるね。

太郎さん

5　下線部cのように考えたのはなぜですか。**レポート**と**実験**からわかる数値を用い，「水素イオンの数」という語を使って説明しなさい。

4 太郎さんと花子さんは，電気ストーブについて興味をもち，実験を行いました。後の1から5までの各問いに答えなさい。

花子さん：電気ストーブａは，電熱線が１本で消費電力が600Wあるよ。電気ストーブｂは，電熱線が２本あって，消費電力が400Wと800Wに切りかえることができるよ。400Wのときは電熱線が１本だけ，800Wのときは２本とも熱くなるね。

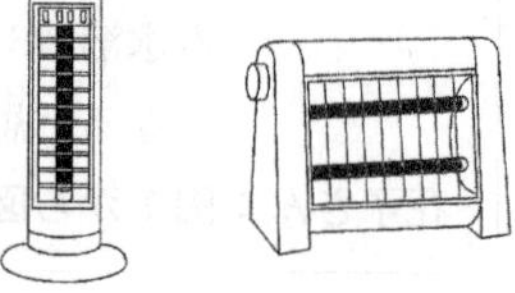

太郎さん：消費電力が大きい方が暖かいね。どんな電熱線がどのようにつながっているのかな。実験室の電熱線を使って調べよう。電熱線を水の中に入れて，水の温度変化を調べればいいね。

1 電気ストーブは，電熱線の熱を離れているところに伝えています。このように熱が伝わる現象を何といいますか。書きなさい。

【実験１】

＜方法＞

① 抵抗が4.0Ωの電熱線Ａを使って図１のような回路をつくる。発泡ポリスチレンのコップには，室温と同じ温度の水100ｇを入れる。

② 電熱線Ａに6.0Ｖの電圧を加える。

③ ガラス棒でゆっくりかき混ぜながら，１分ごとに５分間，水温を測定する。

④ 電熱線Ａを抵抗が6.0Ωの電熱線Ｂにかえて，同様の実験を行う。

図１

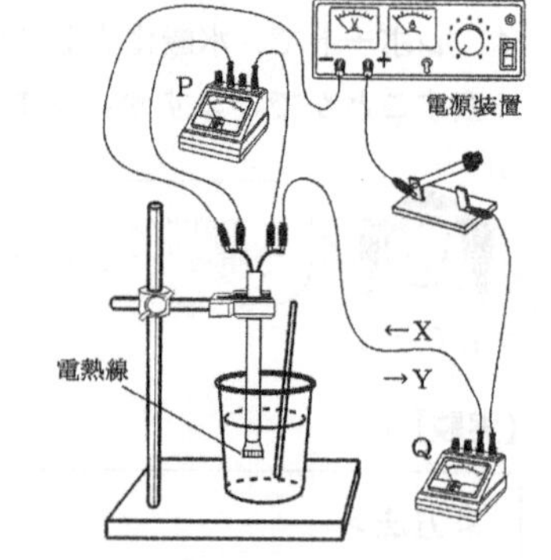

＜結果＞

表１は実験の結果をまとめたものである。

表１

電流を流した時間(分)		0	1	2	3	4	5
水温(℃)	電熱線Ａ	20.0	21.2	22.4	23.6	24.8	26.0
	電熱線Ｂ	20.0	20.8	21.6	22.4	23.2	24.0

2 実験１の図１について，電圧計の位置，および，電流の向きは，どのようになりますか。正しい組み合わせを右のアからエまでの中から１つ選びなさい。

	ア	イ	ウ	エ
電圧計の位置	P	P	Q	Q
電流の向き	X	Y	X	Y

3 電熱線Ａが消費した電力は何Ｗですか。求めなさい。

4 電熱線Ｂに6.0Ｖの電圧を加えて，８分間電流を流したとき，室温と同じ温度の水100ｇは何℃になりますか。求めなさい。また，そのときに電熱線Ｂが消費した電力量は何Ｊですか。求めなさい。

花子さん：400Wと800Wを切りかえる電気ストーブｂは，２本の電熱線をどのようにつなげているのかな。

太郎さん：電熱線Ｂを２本用意して，つなぎ方をかえて確かめてみよう。直列につなぐ場合と，並列につなぐ場合が考えられるね。

【実験２】

<方法>

① 抵抗が6.0Ωの電熱線Ｂを２本用意し，図２のように直列につなぎ，実験１と同じ回路をつくる。発泡ポリスチレンのコップに室温と同じ温度の水100ｇを入れる。

② 回路全体に6.0Ｖの電圧を加える。

③ ガラス棒でゆっくりかき混ぜながら，１分ごとに５分間，水温を測定する。

④ ２本の電熱線Ｂを図３のように並列につなぎかえて，同様の実験を行う。

図２

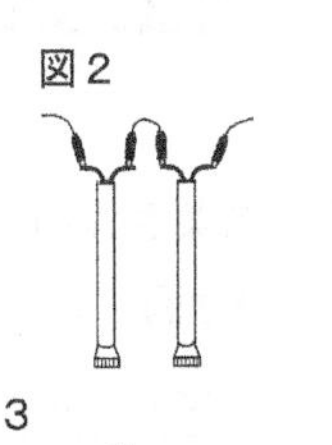

図３

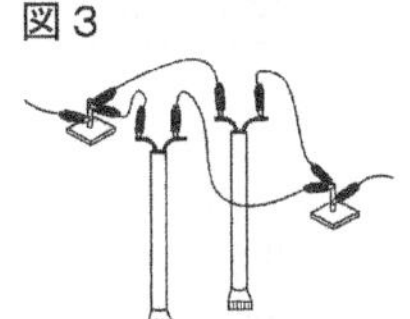

<結果>

表２は実験の結果をまとめたものである。

表２

電流を流した時間(分)		0	1	2	3	4	5
水温(℃)	直列つなぎ	20.0	20.4	20.8	21.2	21.6	22.0
	並列つなぎ	20.0	21.6	23.2	24.8	26.4	28.0

花子さん

２本の電熱線を並列につなげた方が，温度上昇が大きく，電力も大きいね。電気ストーブｂは，抵抗が同じ電熱線を並列につなげているのかな。

5　２本の電熱線Ｂを並列につなげると回路全体の電力が大きくなるのはなぜですか。「電圧」という語を使って理由を書きなさい。

＜社会＞　時間 50分　満点 100点

1 若菜さんの班では，社会科の調べ学習で茶をテーマに調べています。若菜さんが調べた資料や略地図を見て，後の１から５までの各問いに答えなさい。

資料１　茶の説明

茶は，１年を通して温暖で，雨が多い地域で栽培されます。緑茶・ウーロン茶・紅茶など，さまざまなお茶に加工されており，世界中で飲まれています。

資料２　国内の茶の生産量上位４県と全国に占める割合（2017 年）

県名	生産量(t)	割合(%)
A	30,800	37.6
B	26,600	32.4
C	6,130	7.5
D	3,770	4.6

［「データでみる県勢 2019」より作成］

略地図

※ ▒ ：資料２のＡからＤの４県。

資料３　国別の茶の生産割合（2016 年）

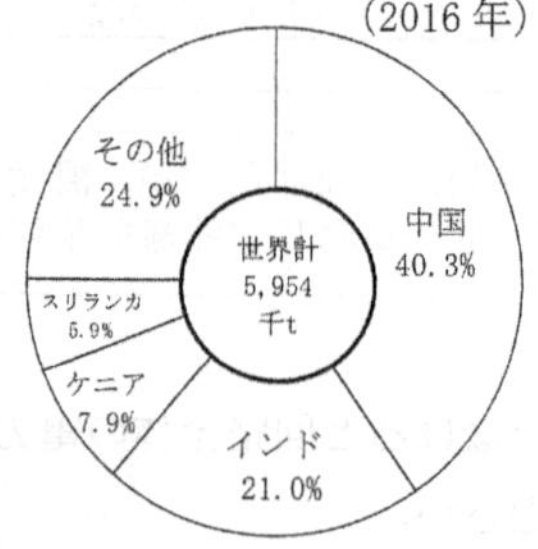

［「データブック オブ ザ ワールド 2019」より作成］

資料４　国別の茶の輸出割合（2016 年）

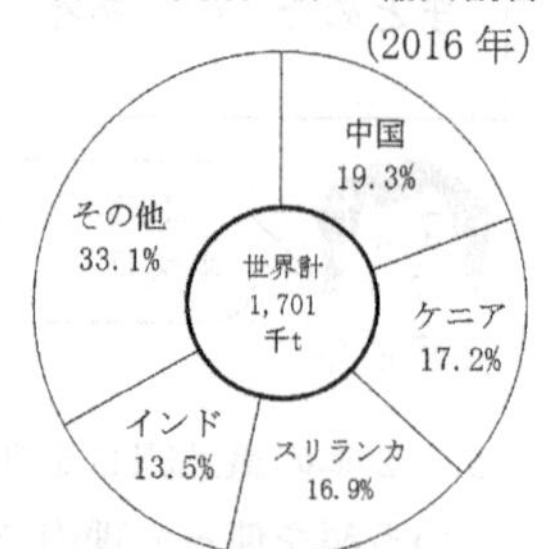

［「データブック オブ ザ ワールド 2019」より作成］

1　若菜さんは，資料１から茶の栽培には気温や降水量が関係していることがわかりました。後の雨温図と資料２のＡからＤは，それぞれ同じ県です。４県に共通する特徴を説明した文のうち最も適切なものはどれか。次のアからエまでの中から１つ選びなさい。なお，雨温図はそれぞれの県内にある都市のものである。

ア　４県とも月平均気温は１月に最も低くなり，月降水量は100㎜を下回る月はない。

イ　４県とも月平均気温は８月に最も高くなり，月降水量は６月に最も多くなる。

ウ　４県とも年平均気温は20℃以下で，年降水量は2000㎜以上ある。

エ　４県とも月平均気温が０℃以下になる月はなく，９月の月降水量は200㎜以上ある。

雨温図

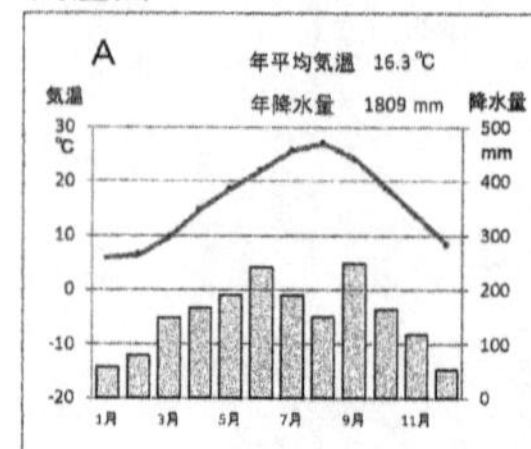

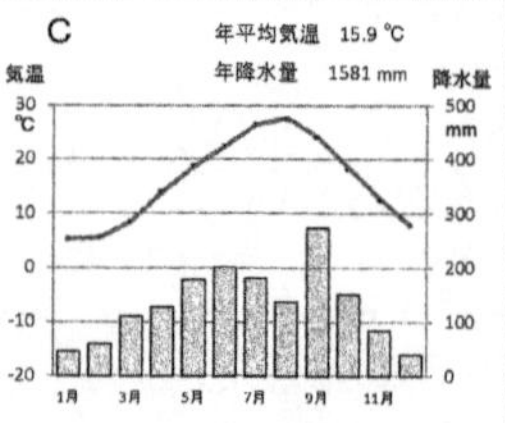

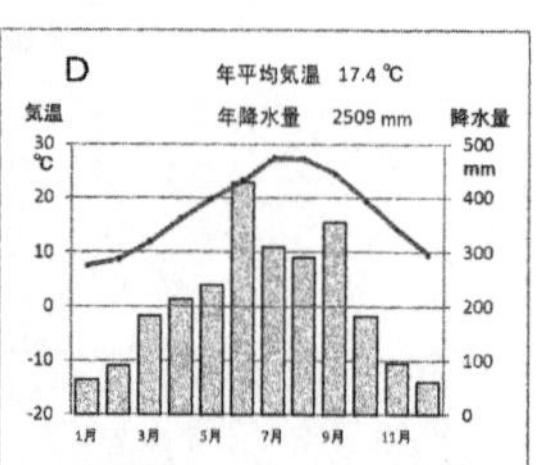

［「理科年表　平成 30 年」より作成］

2　次のページの資料５は，資料２で示されているＡからＤの４県における茶以外の農産物生産量と全国に占める割合を示したものです。資料５と略地図を参考にして，資料２のＡとＤにあてはまる県名を書きなさい。

資料５　農産物生産量と全国に占める割合（2017年）

	食用にわとり		さつまいも		みかん	
県名	生産量（千羽）	割合（%）	生産量（t）	割合（%）	生産量（t）	割合（%）
A	1,027	0.8	10,500	1.3	81,700	11.0
B	26,645	19.7	282,000	34.9	10,100	1.4
C	569	0.4	2,340	0.3	17,600	2.4
D	27,684	20.5	90,000	11.2	10,000	1.3

［「データでみる県勢2018」「データでみる県勢2019」より作成］

3　若菜さんは，**資料3**，**資料４**で示されている国について調べてみると，次のことがわかり**ノート**にまとめました。後の⑴から⑶の問いに答えなさい。

ノート

●茶の生産割合，輸出割合が高い国のうち，ケニア，スリランカ，インドは，いずれもイギリスの植民地であった。
●これらの国の茶の大規模な栽培は，イギリスの植民地時代に始まり，大規模農園で生産が拡大されていった。

⑴　**ノート**の下線部で示された農園のことを何というか。書きなさい。

⑵　植民地について述べた文のうち正しいものはどれか。次の**ア**から**エ**までの中からすべて選びなさい。

ア　アジア州の東南アジアでは，植民地支配をうけていたころから栽培していた天然ゴムなどの作物を，今でも栽培している国がある。

イ　アフリカ州では，植民地支配をうけていたときに緯線や経線をもとに境界線が引かれていたが，今はもとに戻され直線的な国境線はなくなっている。

ウ　南アメソカ州では，かつて植民地支配をうけたことにより，今でも言語や宗教などでヨーロッパ文化の影響を受けている国がある。

エ　オセアニア州では，植民地支配をうけたことがある国はなく，それぞれ今でも独自の文化を保っている。

⑶　**資料６**のように，ケニアは茶が主要輸出品目となっており，ケニアと同じアフリカ州にあるナイジェリアは，原油が主要輸出品目となっています。これらの国は，経済状況が不安定になることがあります。**資料６**から**資料８**を参考にして，経済状況が不安定になる理由を，「モノカルチャー経済」という語を用いて書きなさい。

資料６　主要輸出品目の割合（2016年）

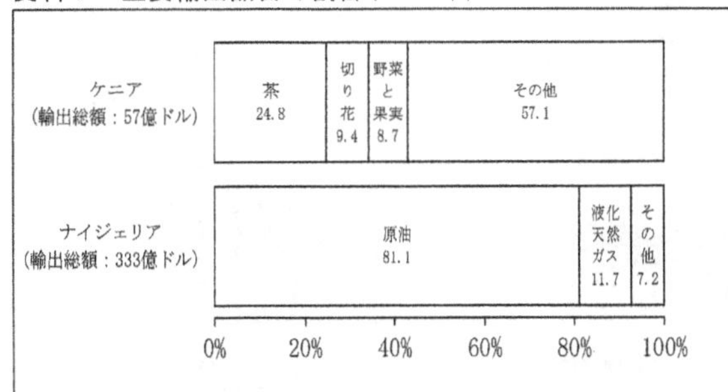

［「データブック　オブ　ザ　ワールド　2019」より作成］

資料７　原油価格の推移

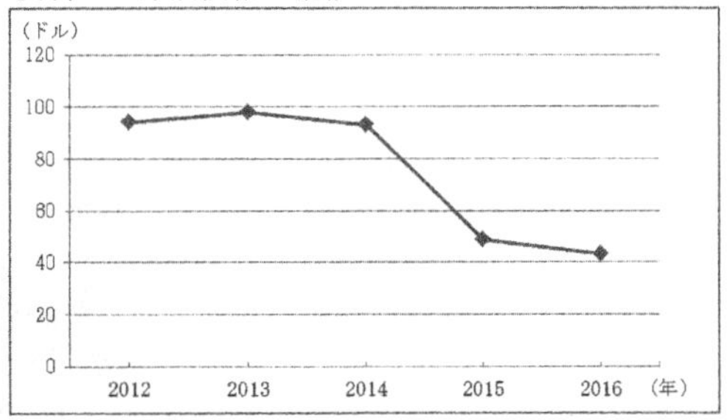

※１バレル（約159ℓ）あたりの米ドル／年平均

［「世界国勢図会 2019/20」より作成］

資料８　貿易額の推移　　　　単位：百万ドル

		2012年	2014年	2016年
ケニア	輸出(a)	6,126	6,046	5,695
	輸入(b)	16,288	18,397	14,107
	a−b	−10,162	−12,351	−8,412
ナイジェリア	輸出(a)	114,000	103,100	33,302
	輸入(b)	35,703	46,505	35,532
	a−b	78,297	56,595	−2,230

〔「世界国勢図会 2017/18」「世界国勢図会 2019/20」より作成〕

4　若菜さんは今回の調べ学習で，かつてイギリスなどヨーロッパの多くの国が香辛料や茶を求めてアジアに航海する大航海時代について学んだことを思い出しました。

大航海時代の帆船（はんせん）はインド周辺で風の影響を受けました。夏に海洋から大陸へ，冬に大陸から海洋へ向かって吹くこの風を何というか。書きなさい。

5　若菜さんは，今回調べた国が原産国となっている紅茶を買いに行きました。ラベルに「フェアトレード」のマークがついている商品を見つけました。若菜さんは，「フェアトレード」のことを班で説明しようと思い，次の「**フェアトレード」を説明する文章**を考えました。（　）にあてはまる適切な内容を考え，書きなさい。

フェアトレードのマーク

「フェアトレード」を説明する文章

> 「公正貿易」といわれているもので，（　　　　　　　　　　　　）ことです。
> フェアトレード商品の取り引きを進めることで，生産者の生活を支えることにつながっています。

2　健太さんのクラスでは，歴史の授業で各班が決めたテーマにそって，日本の歴史を表にまとめました。健太さんの班は「政治のようすと人々のくらしのようす」をテーマに，次の表を作成し，発表しました。表の中の各時代区分について，後の１から４までの各問いに答えなさい。

表

時代区分	政治のようす	人々のくらしのようす	
古代	・律令政治のしくみが定められる	a <u>租庸調という税や兵役を負担する</u> 調の納入について記された木簡	かな文字が発達する 漢字からかな文字への変化
中世	・武家政権による支配が広がる	諸産業が発達する 馬借の活動	b <u>惣がつくられる</u> 今堀惣掟（おきて）の書案

近世	・幕府や藩のしくみが整う	農具が改良される 千歯こきによる効率化	c 各地の大名が大阪に蔵屋敷を置く 蔵屋敷のようす
近代	・中央集権国家のしくみづくりが進められる	欧米の文化を取り入れる 東京銀座のようす	d ラジオ放送が始まる ラジオのあるくらし
現代	・民主化がより一層進展する	e 高度経済成長が始まる 都市部の交通渋滞	技術革新が進む 家庭電化製品のならぶ店頭

1　古代について，次の⑴，⑵の問いに答えなさい。

⑴　下線部 a が，当時の人々のくらしにおいて重い負担となっていたことがわかりました。**資料1**は，3年間九州北部で唐や新羅から日本を守る任務についていた人がよんだ歌です。その人たちは当時何と呼ばれていたか。書きなさい。

資料1

から衣　すそに取りつき　泣く子らを
置きてぞ来ぬや　母なしにして

［「万葉集」より］

⑵　外国との関係の変化が，人々のくらしや文化に影響を与えたことがわかりました。次の**ア**から**ウ**までのできごとを年代の古い順にならべかえなさい。

ア　飛鳥地方を中心に，法隆寺の釈迦三尊像などの仏像に代表される仏教文化が栄えた。

イ　日本語の発音を表現しやすくしたかな文字が生まれ，女性によるかな文字を使った文学作品が多く生まれた。

ウ　遣唐使などによってもたらされた国際的な文化の影響を強くうけた。正倉院の宝物のなかにはインドなどの影響をうけた品もみられる。

2　中世について，次の⑴，⑵の問いに答えなさい。

⑴　この頃はさまざまな産業が発達し，民衆の生活が大きく変化しました。中世の商業について，正しく説明しているものを，次の**ア**から**エ**までの中から2つ選びなさい。

ア　九十九里浜でとれたいわしは肥料として加工され，綿の生産地に売られた。

イ　問とよばれる運送業を兼ねた倉庫業者や，土倉とよばれた質屋が登場した。

ウ　五街道には宿場が置かれ，手紙や荷物を運ぶ飛脚が行き来した。

エ　決められた日に開かれる定期市の回数が増え，市では宋銭や明銭が使われた。

⑵　下線部bについて，惣とはどのような組織か。**資料2**を参考に，「寄合」という語を用いて説明しなさい。

資料2　惣のおきて

一　森林の苗木を切りとった者は，500文の罰金とする。 一　家を売却した者は，100文につき3文ずつ，1貫文につき30文ずつ惣へ出すものとする。 一　堀から東には，屋敷をつくってはならない。

［「今堀日吉神社文書」より一部要約］

3　近世について，次の⑴から⑶の問いに答えなさい。

⑴　この頃農業以外にも，鉱山での採掘や精錬の技術が進歩し，開発が進みました。なかでも銀の産出量が多かった石見銀山の場所を，**略地図のア**から**エ**までの中から1つ選びなさい。

略地図

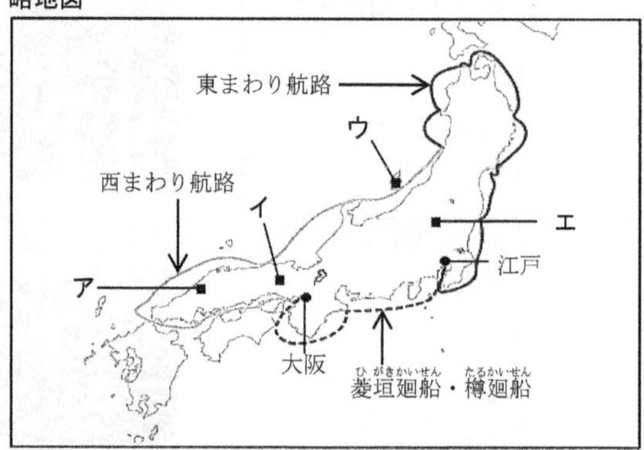

⑵　下線部cについて，大阪が「天下の台所」として栄えた理由を，**略地図**を参考にして，「蔵屋敷」という語を用いて説明しなさい。

⑶　18世紀になると，問屋から原料や道具などを借りて家内で商品作りを行う問屋制家内工業が始まりました。19世紀には作業場に道具や農村からきた働き手を集め，製品を分業で大量に仕上げる生産のしくみが生まれました。このしくみのことを何というか。書きなさい。

4　近代と現代について，次の⑴，⑵の問いに答えなさい。

⑴　下線部dについて，当時の人々のくらしのようすを説明した文として最も適切なものを，次の**ア**から**エ**までの中から1つ選びなさい。

ア　れんがづくりの建物が登場し，ランプやガス灯がつけられた。
イ　通信では，郵便制度や電信が整備された。
ウ　大衆娯楽として映画を鑑賞するようになった。
エ　牛肉を食べることが広がるなど食生活の変化がみられた。

⑵　下線部eは，1955年から1973年にかけて続き，人々のくらしが大きく変わりました。日本の国民総生産（GNP）は1968年に世界第2位となりました。このように経済大国となった背景には産業の変化が大きく影響しています。高度経済成長期における日本の産業の特徴は何か。**資料3**を参考にして説明しなさい。

資料3　日本の輸出額上位10品目と総額（単位：億円）

順位	輸出品（1960年）	輸出額	輸出品（1970年）	輸出額
1	鉄鋼	1,397	鉄鋼	10,237
2	綿織物	1,265	船舶	5,075
3	船舶	1,037	自動車	4,815
4	衣類	794	金属製品	2,569
5	魚介類	629	ラジオ受信機	2,502
6	金属製品	532	精密機械	2,261
7	ラジオ受信機	521	合成繊維織物	2,252
8	精密機械	346	衣類	1,664
9	自動車	281	テープレコーダー	1,623
10	陶磁器	243	プラスチック	1,536
	その他	7,551	その他	35,010
	総額	14,596	総額	69,544

［「数字でみる日本の100年」より作成］

3 国際機構の設立について学習した太郎さんと花子さんは，国際連盟と国際連合を比較しながら，日本と国際社会について調べています。後の１から５までの各問いに答えなさい。

太郎さんが調べたこと

国際連盟と国際連合の比較

国際連盟		国際連合
1920 年	設立	1945 年
ジュネーブ	本部	ニューヨーク
全会一致制	議決方法	総会は１国１票 安全保障理事会は５か国の常任理事国に拒否権あり
紛争を解決するための手段が限られており，影響力は大きくなかった	課題	拒否権発動が多いと，安全保障理事会が機能しない

第二次世界大戦後の日本の独立回復と国際社会復帰にかかる条約・宣言

1951 年　サンフランシスコ平和条約を締結
　　　　日米安全保障条約を締結
1956 年　日ソ共同宣言に調印

国連通常予算分担率（2019 年）

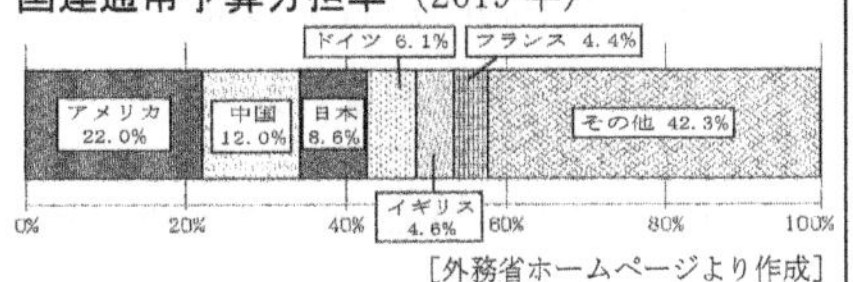

［外務省ホームページより作成］

1　国際連盟では，その設立を提案した国が，国内の議会の反対で不参加となりました。その国は，国際連合では拒否権をもつ５か国の常任理事国の一つとなっています。その国の名前を書きなさい。

2　**太郎さんが調べたこと**の**第二次世界大戦後の日本の独立回復と国際社会復帰にかかる条約・宣言**の中から，日本が国際連合へ加盟することにつながった条約または宣言を書きなさい。

3　太郎さんは，条約を締結することが日本の国内にどのように影響するか調べました。

日本国憲法では，条約の締結は内閣の仕事としていますが，国会の承認を必要とします。その理由を**資料１**，**資料２**を参考に，60字以上，80字以内で説明しなさい。

資料１　日本国憲法

第 41 条　国会は，国権の最高機関であって，国の唯一の立法機関である。
第 59 条１項　法律案は，この憲法に特別の定めのある場合を除いては，両議院で可決したとき法律となる。
第 73 条　内閣は，他の一般行政事務の外，左の事務を行ふ。
（略）
３　条約を締結すること。但し，事前に，時宜によっては事後に，国会の承認を経ることを必要とする。
４　法律の定める基準に従ひ，官吏に関する事務を掌理すること。

資料２　条約とそれに関わる日本の法律の整備の例

1985 年
　女子差別撤廃条約を批准
1986 年
　男女雇用機会均等法を施行
1999 年
　男女共同参画社会基本法を施行

4　太郎さんは，国際連合で行われているさまざまな活動について調べました。次の⑴，⑵の問いに答えなさい。

⑴　紛争後の平和の実現のために，停戦や選挙の監視を行う活動が行われています。この活動の略称を，次の**ア**から**エ**までの中から１つ選びなさい。

ア　NGO　　**イ**　WHO　　**ウ**　IMF　　**エ**　PKO

⑵　ユニセフは，世界の人々のくらしを向上させるための活動を行っています。ユニセフについて述べた文として最も適切なものはどれか。次のページの**ア**から**エ**までの中から１つ選びなさい。

ア　世界遺産などの文化財の保護などを行っている。

イ　国と国との間の争いを法に基づいて解決する活動を行っている。

ウ　子どもたちの健やかな成長を守るために教育支援などを行っている。

エ　難民の受け入れを求めたり，支援したりする活動を行っている。

5　花子さんは，日本と国際社会について調べました。次の(1)から(3)の問いに答えなさい。

(1)　現在の日本経済は，世界各国と貿易をしたり，世界各国に投資をしたり，逆に，世界からの投資を受け入れたりしています。為替相場の変動は，日本経済に大きな影響をあたえます。**資料3**は為替相場と貿易について説明したものです。**資料3**の①と②にあてはまる数字と語を書きなさい。また，**資料3**の③と④にあてはまる語の正しい組み合わせを，次の**ア**から**エ**までの中から1つ選びなさい。

資料3　為替相場と貿易

日本で製造した1台200万円の自動車をアメリカに輸出した。

為替相場が1ドル＝125円から1ドル＝100円になった場合，アメリカでの日本の自動車の販売価格は，1台あたり（　①　）ドル（　②　）くなることになる。このように為替相場の変動が（　③　）になるときは，日本の輸出企業にとっては（　④　）になる。

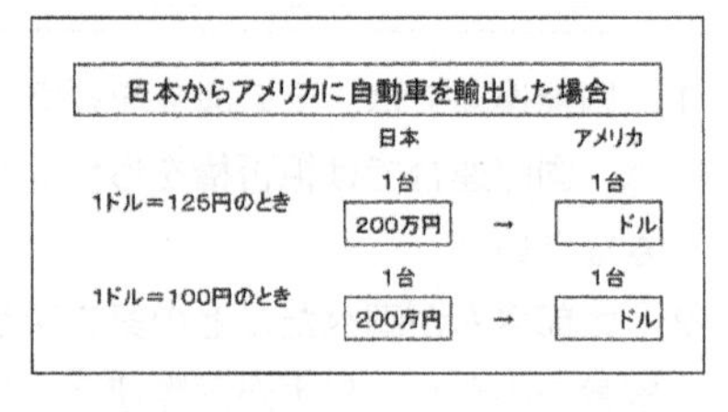

ア　③円高　④有利　　**イ**　③円高　④不利

ウ　③円安　④有利　　**エ**　③円安　④不利

(2)　地域紛争などがおこる背景には貧困問題があり，これらを解決するために日本政府は政府開発援助（ODA）を行っています。日本が発展途上国を直接支援する二国間援助では，無償資金協力と技術協力が行われています。**資料4**，**資料5**より日本の二国間援助について読み取れることとして適切なものはどれか。後の**ア**から**エ**までの中から1つ選びなさい。

資料4　日本の二国間援助とタイ・ベトナム・カンボジアの1人あたりのGDP

国名	二国間援助（2017年）（百万ドル）			1人あたりのGDP（2017年）（ドル）
	無償資金協力	技術協力	合計	
タイ	9.9	28.4	38.3	6,595
ベトナム	19.6	76.2	95.8	2,342
カンボジア	83.2	41.6	124.7	1,382
日本の二国間援助の合計（上記3か国以外を含む）	2,620.6	2,884.8	5,505.4	

合計は四捨五入の関係であわない場合がある。

※無償資金協力：返済義務を課さない資金協力。

※技術協力：技術，知識をもつ専門家の派遣など。

［「世界国勢図会 2019/20」「日本国勢図会 2019/20」より作成］

資料5　タイ・ベトナム・カンボジアの国内総生産（GDP）の変化

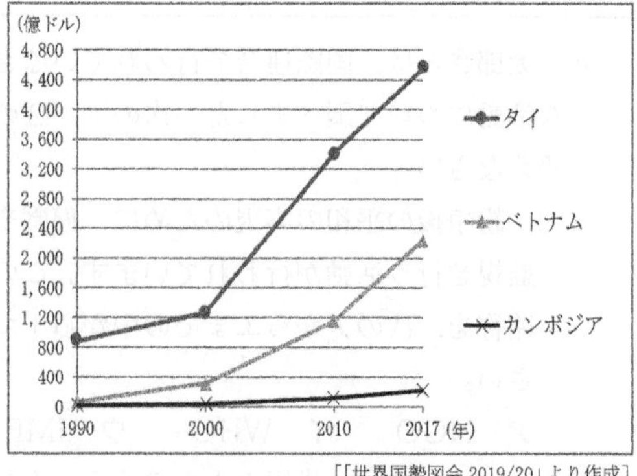

［「世界国勢図会 2019/20」より作成］

ア　日本の二国間援助については，国全体では無償資金協力が中心で，技術協力の割合は全体で3割以下である。

イ　タイは経済成長がめざましいので，日本の二国間援助では無償資金協力を１割程度とし，技術協力に９割程度の資金を使っている。

ウ　カンボジアの経済成長は小さいので，日本の二国間援助では無償資金協力と技術協力の割合を同じにして経済成長を促している。

エ　日本の二国間援助については，相手国の経済発展や状況により，無償資金協力と技術協力の割合を変えている。

⑶　花子さんが日本と国際社会について調べると，**資料４**にある「技術協力」とは「技術，知識を発展途上国の人々に伝える」ものでした。そうしたことをふまえ，貧困など世界の課題に対して，「持続可能な社会を形成する」とはどのようなことか。「先進国」，「自立」の両方の語を用いて書きなさい。

2　次の①から⑤までの文中の――線部の漢字の正しい読みをひらがなで書きなさい。

①　書類を申請する。　②　商品を陳列する。
③　歓迎会を催す。　④　注意を喚起する。
⑤　現地に赴く。

3　次の文中の――線部の活用の種類と活用形は何ですか。活用の種類は、後の①のアからオまでの中から一つ選び、記号で答えなさい。活用形は、後の②のaからfまでの中から一つ選び、記号で答えなさい。

「ありがとう、友よ。」二人同時に言い、ひしと抱き合い、それからうれし泣きにおいおい声を放って泣いた。
（太宰　治『走れメロス』による。）

①　活用の種類
ア　五段活用　イ　上一段活用　ウ　下一段活用
エ　カ行変格活用　オ　サ行変格活用

②　活用形
a　未然形　b　連用形　c　終止形　d　連体形
e　仮定形　f　命令形

4　次は、中国の『韓非子』という本にある話の【A】と、その現代語訳【B】です。これらを読んで、後の①と②の各問いに答えなさい。

【A】

楚人に、盾と矛とをひさぐ者あり。これをほめていはく、「わが盾の堅きこと、よくとほすものなし。」と。またその矛をほめていはく、「わが矛の利きこと、物においてとほさざるなし。」と。ある人いはく、「子の矛をもつて、子の盾をとほさばいかん。」と。その人、こたふることあたはざりき。
（竹内　照夫『新釈漢文体系　第12巻　韓非子（下）』による。）

【B】

楚の国の人で、盾と矛とを売る者がいた。その盾を自慢して言うには、「私の盾の堅いことといったら、突き通せるものはないのだ。」と。また、その矛を自慢して言うには、「私の矛の鋭いことといったら、どんなものでも突き通さないものはないのだ。」と。ある人が、「あなたの矛であなたの盾を突いたら、どうなるか。」と尋ねた。その人は答えることができなかった。

①　【A】の――線部は、【B】のどの部分と対応していますか。適切な部分を【B】の中から抜き出して書きなさい。

②　【A】の話から生まれた故事成語を漢字で答え、意味を書きなさい。

【話し合っている様子】

ひなたさん：私は、身近なことがいいと思って、第②段落と第④段落に自分が生活の中で経験したことを書きました。
なつきさん：第③段落に、**【敬語についての調査】**のことを書いているね。
りょうさん：確かに、調査の結果を示すと説得力があるね。そうすると、第②段落も第④段落も同じように身近なことでいいのかな。ひなたさんは、第④段落ではどのようなことを書こうと思ったのですか。
ひなたさん：ちょっと見方を変えて、敬語は使わなくてもいいと思っている人のことを書こうと思いました。それで、あるお店に服を買いに行ったときのことを思い出して、その出来事を書いたのです。
りょうさん：なるほど。あまり敬語を使わない人とかいるし、人なつっこく話しかけてくる人もいるよね。身近なことだから、みんなにわかりやすくていいと思うな。
なつきさん：でも、店員さんの話は、そんなにいつもあることではないと思うな。やっぱり、どのお店でも丁寧な言葉で話されていることが多いし。私は、りょうさんが言ったように、調査の結果を使って、自分の考えを書いた方がいいと思う。

1　**【本の一部】**の（　）に当てはまるように、適切な謙譲語を一語で書きなさい。

2　**【本の一部】**の——線部について、筆者はどのように言い換えていますか。**【本の一部】**から**二十五字以内**で抜き出して書きなさい。

3　ひなたさんは、交流した後、**【意見文の下書き】**の第④段落を書き直すことにしました。次の**条件1**と**条件2**にしたがって書きなさい。

条件1　第④段落の一文目に続けて書き、第⑤段落につながるように書くこと。

条件2　**【敬語についての調査】**の内容を引用し、その内容についてどう考えるかを含めて、**八十字以上、百字以内**で書くこと。

4　ひなたさんの学級では、この後の学習で、意見文の書き方についてまとめることになりました。あなたがまとめるとしたら、どのように書きますか。次の**条件1**から**条件3**にしたがって書きなさい。

条件1　第一段落には、**【意見文の下書き】**の構成や**【話し合っている様子】**の内容をふまえ、意見文を書くときの工夫点を**三つ**取り上げること。

条件2　第二段落には、工夫点として**三つ**のことを取り上げた**理由**を書くこと。

条件3　原稿用紙の正しい使い方にしたがい、**百字以上、百四十字以内**で書くこと。

三　次の1から4までの各問いに答えなさい。

1　次の①から⑤までの文中の——線部のカタカナを漢字に直して書きなさい。

①　シュウイを見渡す。
②　気力をフルう。
③　シャソウから外を見る。
④　年月をツイやす。
⑤　メンミツな計画を立てる。

【敬語についての調査】

敬語を使うことが，人間関係を作っていくのに，かえってマイナスになると感じることがあるか
－マイナスになると感じることは「ない(計)」と7割台前半が回答－

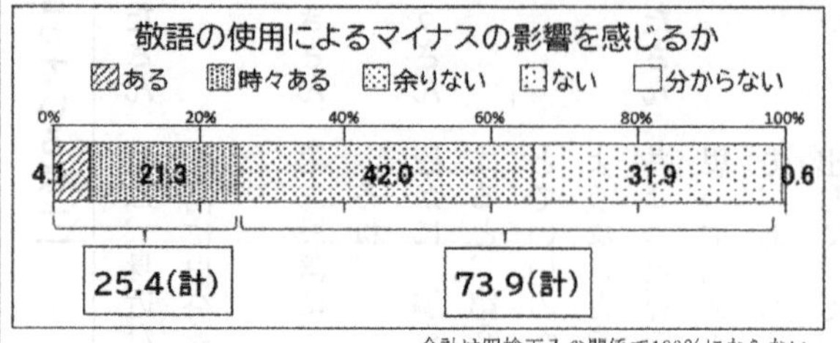

合計は四捨五入の関係で100%にならない。

〔全体〕
敬語を使うことが，人間関係を作っていくのに，かえってマイナスになってしまうと感じることがあるかを尋ねた。
「ある」(4.1%)と「時々ある」(21.3%)を合わせた「ある(計)」は25.4%となっている。一方，「ない」(31.9%)と「余りない」(42.0%)を合わせた「ない(計)」は73.9%となっている。

敬語を使うことが，人間関係を作っていくのに，マイナスと感じるのはどのようなときか
－「敬語を使っているために，相手との距離を縮めることができないとき」が5割台半ばと最も高い－

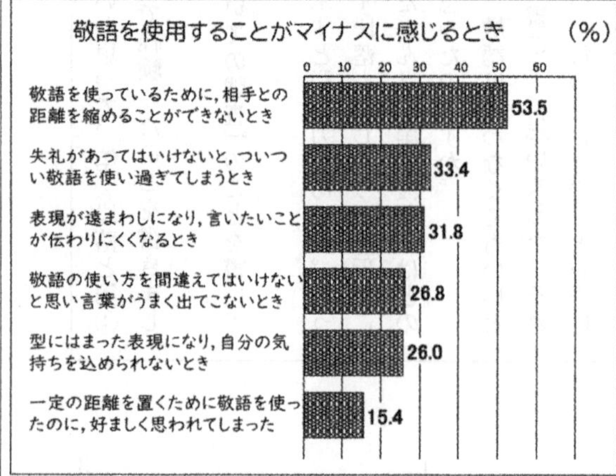

〔全体〕
敬語を使うことが，人間関係を作っていくのに，かえってマイナスになってしまうと感じることが「ある」「時々ある」と答えた人(全体の25.4%)に，それはどのようなときかを尋ねた(選択肢の中から幾つでも回答)。
「敬語を使っているために，相手との距離を縮めることができないとき」が53.5%と最も高く，次いで「失礼があってはいけないと，ついつい敬語を使い過ぎてしまうとき」(33.4%)，「表現が遠まわしになり，言いたいことが伝わりにくくなるとき」(31.8%)がそれぞれ3割台前半，「敬語の使い方を間違えてはいけないと思い，言葉がうまく出てこないとき」(26.8%)，「型にはまった表現になり，自分の気持ちを込められないとき」(26.0%)がそれぞれ2割台半ばとなっている。

(文化庁平成２８年「国語に関する世論調査」による。)

【意見文の下書き】(①から⑤は、段落の番号を表します。)

① 敬語は、相手に敬意を表す言葉である。【本の一部】では、敬語によって人間関係が明らかになるといっている。私は相手に敬意を払いながら、その場にふさわしい敬語を使うことが大切だと思う。

② 例えば、先生や職場体験でお世話になった方など、目上の人に対しては敬語を使っている。また、初対面の人と話すときも、相手がどのような人かわからないので、失礼がないように敬語を使っている。

③ 一方、【敬語についての調査】には、敬語を使うことが、人間関係を作っていくのに、かえってマイナスになってしまうと感じている人がいるという結果が載っている。その人たちの五割以上が、「敬語を使っているために、相手との距離を縮めることができないとき」を理由として挙げている。

④ では、敬語を使わなくてもよいのだろうか。先日、服を買いに行ったとき、初めて対応してくれた店員さんが、友達のように親しく話しかけてきて、どう受け答えすればよいのか困ってしまった。店員さんなりの接客だったのだろうが、私としては、なんとなく不快に感じた。

⑤ 敬語は、相手との関係をスムーズにし、相手のことを大切に思う気持ちを表す言葉だ。人間関係ができてくると、相手への敬意を払いながら、親しみを込めつつ緩やかに敬語を使っている。敬語は、同じ人に対してでも、時間の経過とともに変化するものであり、状況に応じて、その場にふさわしい敬語を使っていきたい。

1　**【本の一部】**の［A］の――線部はプラスチックの特性について述べています。この特性のうち、軽量であるということによるプラスチックの利点について、**【本の一部】**の［A］の中ではどのように説明されていますか。具体例を含めて書きなさい。

2　**【本の一部】**の［A］から読み取れることとして最も適切なものを、次の**ア**から**エ**までの中から一つ選び、記号で答えなさい。

ア　プラスチックを利用した生活は、地球環境への負担があまりにも大きいということが最近の研究によって明らかになってきたので、早急に人間の暮らしを見直さなければならない。

イ　もともと環境保護という面も持ち合わせていたプラスチックであるが、人間にとって有用な特性をもつがゆえに生じた弊害が、現在、地球環境に対する大きな問題となっている。

ウ　プラスチックの歴史を振り返ると、その技術開発の中で環境保護を目的とする意外な一面もあったので、今一度初心に戻り、環境に配慮したプラスチックの開発を考えるべきだ。

エ　科学技術の進歩には、人間の意図にかかわらず、必ず功罪が現れてくるものであり、プラスチックも結果的に自然環境に悪い影響を及ぼしてしまったという経緯をたどっている。

3　**【本の一部】**の［A］と**【資料の一部】**について、**【資料の一部】**からのみ得られる情報はどれですか。最も適切なものを、次の**ア**から**エ**までの中から一つ選び、記号で答えなさい。

ア　プラスチックは分解に数百年、数千年かかるということ。

イ　プラスチックが食品の保存に役立っているということ。

ウ　プラスチックは人工物で最終的にごみになるということ。

エ　プラスチックのリサイクルが進んでいないということ。

4　**【本の一部】**の［B］の〰〰線部について、本文から読み取れる理由はどのようなことですか。最も適切なものを、次の**ア**から**エ**までの中から一つ選び、記号で答えなさい。

ア　再生可能な資源と再生不可能な資源の両方を使い続けるために、供給源の問題として解決策を議論すべきだから。

イ　環境問題には二つの側面があることを意識し、一側面に着目するのではなく、それぞれの面から考える必要があるから。

ウ　使用した資源の量と排出された廃棄物の量を分けて分析することで、科学的根拠に基づいた経済活動が可能になるから。

エ　環境問題においては二つの側面を同時に解決することはできないので、どちらか一方を優先することが重要だから。

5　**【本の一部】**の［B］の═══線部について、「レジ袋をやめよう」という動きが起こったのはなぜですか。その理由を、**【本の一部】**の［B］と**【資料の一部】**の内容をふまえて、**八十字以上、百二十字以内**で書きなさい。

二　ひなたさんの学級では、敬語について意見文を書く学習をしています。次は、ひなたさんが意見文を書くために読んだ**【本の一部】**、資料として見つけた**【敬語についての調査】**、ひなたさんが書いた**【意見文の下書き】**、ひなたさんの**【意見文の下書き】**を読んでグループで交流しているときの**【話し合っている様子】**です。これらを読んで、後の1から4までの各問いに答えなさい。

【本の一部】

> ※問題に使用された作品の著作権者が二次使用の許可を出していないため、文章を掲載しておりません。

【資料の一部】

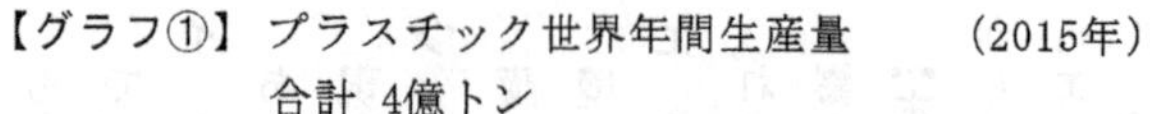

【グラフ②】 世界の容器包装プラごみの行方　(2015年)
合計 1億4100万トン

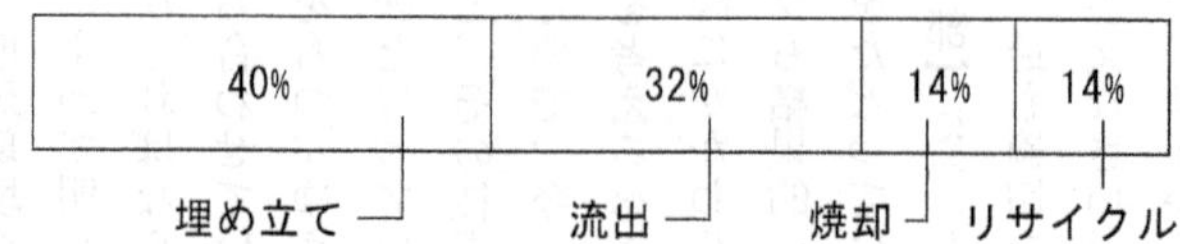

人類がこれまでに生産したプラスチックのうち、約半分は21世紀になってからのものだと算出されています。なかでも驚異的な伸び率を示しているのが、飲料ボトル、ボトルキャップ、食品トレイ、外装フィルム、レジ袋など、容器や包装に使われているプラスチックです。

上の**【グラフ①】**は、2015年に生産されたプラスチック約4億トンを部門別に分類したもの。最大の36%、全体の3分の1以上を占めるのが容器包装部門です。

これらの容器包装プラスチックは、商品の輸送や保存、衛生管理に役立ち、いまや日々の暮らしの中で目にしない日はありません。 しかし、これらは使い捨てであり、生産されたその年のうちに、ごみになってしまうものがほとんどです。生産量が多くなれば、当然、ごみの量も増えます。

同じ2015年に、ごみになったプラスチック約3億トンのうち、容器包装が占めるのは、実に47%に及びます。

しかし本当に問題なのは、これらのごみの行方です。2015年の全世界の容器包装プラごみ(**【グラフ②】**)のうち、リサイクルされたのは14%に過ぎません。残り86%のうち、埋め立てや焼却に回されたものを除くと、なんと32%が「流出」しているというのです。

容器包装プラごみは、軽量で風に飛ばされやすく、特にレジ袋は風船のように風をはらんで予想外に遠くまで移動します。しかもその寿命は定かではなく、数百年ないし千年たっても分解されないともいわれています。こうして流出したごみのうち、あるものは土壌に堆積し、あるものは海にたどりつきます。

(インフォビジュアル研究所『図解でわかる14歳からのプラスチックと環境問題』による。)

経済活動から見ると、地球は資源やエネルギーの「供給源」であり、廃棄物の「吸収源」でもある。

「供給源」としての地球から供給されるものは、木材、魚、淡水、太陽光や風力といった「再生可能な資源」もあれば、石油・石炭・天然ガスなどの化石燃料や鉱物資源といった「再生不可能な資源」もある。言うまでもなく、再生不可能な資源は使い切ったら、あとは使えなくなる。再生可能な資源は、その資源が再生するペースを超えなければ持続可能に使い続けることができる。

他方、「吸収源」としての地球に吸収してもらう廃棄物も、地球が吸収し、無害化できるペースを超えずに排出していれば、問題ない。しかし、それを超えてCO_2が排出されているために温暖化が生じるように、地球の吸収能力を超えて廃棄物を排出するのは持続可能ではない。また、自然由来ではない人工物のように、そもそも地球には吸収できないものもある。言うまでもなく、そういったものを排出し続けるのは持続可能ではない。

「これは環境問題だ」と言うとき、「供給源としての問題」と「吸収源としての問題」を区別することが肝要だ。ごっちゃになったままでは議論がかみ合わないことがよくあるからだ。

プラスチックの問題で言えば、数十年前に「レジ袋をやめよう」という運動が広がったことがあった。そのときの主な理由は「化石資源は枯渇（こかつ）するから」であった。そこで、業界団体から、「レジ袋は原油を精製する過程で生じるナフサを使って製造しているのだから、レジ袋をやめても化石資源の保全には関係ない」という声が上がり、運動の勢いは失われた。ここでの問題は「供給源としての問題」であった。

昨今の「レジ袋をやめよう」という動向は、「吸収源としての問題」への対処として出てきていることに留意したい。たとえ、資源面で問題がなくても、製造・使用・廃棄されたレジ袋が道ばたや世界中の海に散逸し、もともと自然環境では分解されないプラスチックごみとしてたまり続けていることが問題となっているのである。

（枝廣（えだひろ）淳子（じゅんこ）『プラスチック汚染とは何か』による。）

（注）成形＝形を作ること。
ビスフェノールA、フタル酸エステル＝どちらもプラスチックを加工する際に添加する物質。
元凶＝悪いことのおおもと。
目する＝注意を向ける。
ペレット＝小さな粒の形をしたもの。
温室効果ガス＝地球から熱が逃げないような働きをする気体のこと。
食品ロス＝食べ残しや売れ残りなどで、本来食べられるにも関わらず捨てられてしまう食べ物。
負荷＝負担になること。
枯渇＝つき果てて、なくなること。
ナフサ＝石油を精製する際に得られるガソリンの一種。
散逸＝ばらばらになってどこかへいってしまうこと。

＜国語＞

時間　五〇分　満点　一〇〇点

一　次は、プラスチックについて書かれた【本の一部】と【資料の一部】です。これらを読んで、後の1から5までの各問いに答えなさい。

【本の一部】

［A］

プラスチックは軽量で耐久性があり、好きな形に成形することができ、かつ安価に生産できるなど、極めて有用で、革命的とさえ言える素材だ。また、プラスチックに添加剤を混ぜることで、私たちの望む特性をもたせることができる。たとえば、ビスフェノールAとフタル酸エステルを添加することで、「水に強く、燃えにくい」プラスチックができる。こうしてプラスチックは「何にでも使える」素材となってきた。

現在は、環境問題の元凶のように目されているプラスチックだが、実は「環境保護のためにその利用が増えてきた」経緯もあると聞くと驚くかもしれない。初期の頃、プラスチックが多用されるようになった理由には主に二つあるという。

一つは、野生動物の保護だ。従来、装飾品などの材料として使われていた象牙やウミガメの甲羅をプラスチック材料で代用することで、ゾウやウミガメなどをできるだけ殺さずにすむ、というものだ。もう一つは、どのみち廃棄物になるしかなかった製油所からの副産物をプラスチックペレットとして利用し、経済的な価値に転換するという、廃棄物の有効活用である。

今世紀最大の課題と言われる温暖化の問題に対しても、軽量で耐久性の高いプラスチックは社会・経済活動に伴う温室効果ガスの排出量低減に役立ってきた。たとえば飲料ボトルがガラスからプラスチックに代わることで、軽量化が進み、輸送時のCO_2排出量が削減される。容器包装に高性能プラスチックを使用することで、食品貯蔵寿命を延ばすことができ、食品ロス削減につながる。

このように、プラスチックは多くの分野や製品・用途において、環境負荷低減に役立ってきた。しかし、プラスチックは人間が創り出した人工物であり、自然の中には存在しない。プラスチックをこれほどまでに特別で有用な素材にしているその特性ゆえに、プラスチックは基本的に自然に還(かえ)ることができないのだ。プラスチックごみの大きな問題の一つは、「完全に分解されることはない」ことだ。より細かく砕かれていっても、消えることはない。たとえ肉眼では見えなくなったとしても、環境中に残り続ける。たとえば発泡スチロール製の容器は、分解するのに数千年もかかり、その間、水や土壌を汚染し続けるという。

プラスチックは基本的に自然に還らないため、これまでに生産されたプラスチックのほぼすべてが――埋め立て場であれ、海の中であれ――今でも存在し続けているのだ。

［B］

私たちの暮らしも経済活動も、地球から資源やエネルギーを取り出すことで営まれている。また、暮らしや経済活動で不要になったものは、廃棄物として地球に戻される。私たちの暮らしや

2020年度

解 答 と 解 説

《2020年度の配点は解答用紙集に掲載してあります。》

<数学解答>

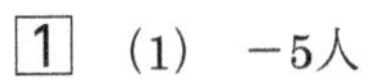

1 (1) −5人 (2) $\frac{23}{20}a$ (3) $\begin{cases} x=2 \\ y=1 \end{cases}$ (4) $2\sqrt{3}-3\sqrt{2}$ (5) $x=3$, 4

(6) $-12x^3y$ (7) $a=\frac{1}{9}$ (8) 7

(9) $\frac{1}{2}$

2 (1) 75000円 (2) 26人 (3) エ

(4) 5900円(説明は解説参照)

3 (1) (線分CG) 2m (線分AP) 6m

(2) (線分DG) $\frac{18}{5}$m(証明は解説参照)

(3) $\frac{11-\sqrt{73}}{2}$m

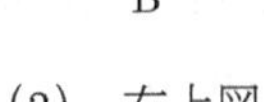

4 (1) 解説参照 (2) AE：EB＝5：1 (3) 右上図

<数学解説>

1 (正の数・負の数，式の計算，連立方程式，平方根，二次方程式，関数$y=ax^2$，資料の散らばり・代表値，図形と確率)

(1) 異符号の2数の和の符号は絶対値の大きい方の符号で，絶対値は2数の絶対値の大きい方から小さい方をひいた差だから，(3月と4月の2か月間の人口の変化)＝(3月の1か月間の人口の変化)＋(4月の1か月間の人口の変化)＝$(-11)+(+6)=-(11-6)=-5$人

(2) $\frac{7}{4}a-\frac{3}{5}a=\left(\frac{7}{4}-\frac{3}{5}\right)a=\left(\frac{35}{20}-\frac{12}{20}\right)a=\left(\frac{35-12}{20}\right)a=\frac{23}{20}a$

(3) $\begin{cases} 2x-3y=1\cdots① \\ 3x+2y=8\cdots② \end{cases}$ ①×2＋②×3より　$4x+9x=2+24$　$13x=26$　$x=2$　これを②に代入して　$3\times2+2y=8$　$2y=2$　$y=1$　よって，連立方程式の解は$x=2$，$y=1$

(4) $\sqrt{3}(2-\sqrt{6})=\sqrt{3}\times2-\sqrt{3}\times\sqrt{6}=2\sqrt{3}-\sqrt{3\times6}=2\sqrt{3}-\sqrt{3\times2\times3}=2\sqrt{3}-3\sqrt{2}$

(5) $x^2-7x+12=0$　たして−7，かけて＋12になる2つの数は，$(-3)+(-4)=-7$，$(-3)\times(-4)=+12$より，−3と−4だから　$x^2-7x+12=\{x+(-3)\}\{x+(-4)\}=(x-3)(x-4)=0$　$x=3$，$x=4$

(6) $(6xy)^2=6xy\times6xy=36x^2y^2$だから，$x^3\times(6xy)^2\div(-3x^2y)=x^3\times36x^2y^2\div(-3x^2y)=-\frac{x^3\times36x^2y^2}{3x^2y}=-12x^3y$

(7) 関数$y=ax^2$がxの変域に0を含むときのyの変域は，$a>0$なら，$x=0$で最小値$y=0$，xの変域の両端の値のうち絶対値の大きい方のxの値でyの値は最大になる。また，$a<0$なら，$x=0$で最大値$y=0$，xの変域の両端の値のうち絶対値の大きい方のxの値でyの値は最小になる。本問はxの変域に0を含みyの最小値が0だから，$a>0$の場合であり，xの変域の両端の値のうち絶対値の大き

い方の$x=-3$で最大値$y=1$　よって，$1=a\times(-3)^2$　$a=\frac{1}{9}$

(8)　資料の値の中で最も頻繁に現れる値が**最頻値**だから，最も多い28人がとった点数の7点が最頻値。

(9)　4枚のカードをよくきって，2枚を同時に引くとき，全てのカードの引き方は，C D，C E，C F，D E，D F，E F　の6通りだから，つくられる三角形は，△ACD，△ACE，△ACF，△ADE，△ADF，△AEFの6個。AB//DC，AD//BC，AC//EFで，**平行線と面積の関係**より，問題図の中の三角形のうち，△DFCと同じ面積になる三角形は，△DFC＝△ACF＝△ACE＝△ADE　よって，つくられる6個の三角形のうち，△DFCと同じ面積になる三角形は，～～を付けた3個。求める確率は　$\frac{3}{6}=\frac{1}{2}$

2　**(関数とグラフ)**

(1)　参加者が15人のときの旅行会社の売り上げ金額は，調べたことの①の式より，5000×15＝75000円

(2)　旅行会社の利益をプラスにするということは，調べたことの旅行会社の利益の式より，(旅行会社の売り上げ金額)＞(開催するための費用の合計)にするということである。(旅行会社の売り上げ金額)＝(開催するための費用の合計)となるようなxの値は，調べたことの①の式を③の式に代入して　$5000x=1900x+80000$　$3100x=80000$　$x=\frac{80000}{3100}=25.8\cdots$　また，参加者が1人増えるごとに，開催するための費用の合計は1900円ずつ増えるのに対して，旅行会社の売り上げ金額は5000円ずつ増えることを考慮すると，旅行会社の利益をプラスにするためには，少なくとも26人の参加者が必要になる。

(3)　問題のグラフの直線ABは，調べたことの③の式に相当する。よって，点A，Bのy座標の値をそれぞれy_A，y_Bとすると，$y_A=1900\times40+80000$，$y_B=1900\times0+80000=80000$であり，点Aの$y$座標と点Bの$y$座標の差は，$y_A-y_B=(1900\times40+80000)-80000=1900\times40$である。これは調べたことの②の式に$x=40$を代入した値に相当し，以上より，点Aの$y$座標と点Bの$y$座標の差は，参加者が40人のときの，お弁当代，お土産代，美術館の入場料の合計を表す。

(4)　(説明)　(例)一人あたりの参加費A円とすると，旅行会社の売り上げ金額の合計は，45×A(円)となる。また，旅行会社が観光バスツアーを開催するための費用の合計は，1900×45＋80000＝165500円となり，100000円の利益を出すためには，100000＝45A－165500　45A＝165500＋100000　45A＝265500　A＝5900　したがって，一人あたりの参加費を5900円以上にすると，100000円以上の利益を出すことができる。

3　**(相似の利用，線分の長さ，相似の証明)**

(1)　半直線FEと辺ADの交点をHとしたとき，EH//DGだから，**平行線と線分の比についての定理**より，EH：DG＝AH：AD　$\mathrm{DG}=\frac{\mathrm{EH}\times\mathrm{AD}}{\mathrm{AH}}=\frac{(\mathrm{CD}-\mathrm{EF})\times\mathrm{AD}}{\mathrm{BF}}=\frac{(8-5)\times12}{6}=6\mathrm{m}\cdots$①　よって，CG＝CD－DG＝8－6＝2m　また，点Gが点Dに重なったときの線分DPと，点Pが点Aにあるときの線分AGは，直線EFを**対称の軸**とした**線対称**の位置にあるから，点Gが点Dに重なったときの線分APの長さは，点Pが点Aにあるときの線分DGの長さに等しく，①より6mである。

(2)　(△PFE∽△GHEの証明)　(例)△PFEと△GHEについて，**対頂角は等しい**ので，∠FEP＝∠HEG…①　辺ADと辺BCは平行であるから，**平行線の錯角は等しい**ので，∠EPF＝∠EGH…②　①，②から，2組の角がそれぞれ等しいので　△PFE∽△GHEといえる。(線分DGの長さ)HG//PFだから，平行線と線分の比についての定理より，HG：PF＝EH：EF　$\mathrm{HG}=\frac{\mathrm{PF}\times\mathrm{EH}}{\mathrm{EF}}=$

$\dfrac{(BF-BP)\times(CD-EF)}{EF}=\dfrac{(6-2)\times(8-5)}{5}=\dfrac{12}{5}$m　よって，$DG=DH-HG=6-\dfrac{12}{5}=\dfrac{18}{5}$m

(3)　CP＝AG＝$x$cmとする。半直線FEと辺ADの交点をHとしたとき，EH//DPだから，平行線と線分の比についての定理より，EH：DP＝GH：GD　よって，$(8-5):(8-x)=(6-x):(12-x)$　$(8-x)(6-x)=3(12-x)$　整理して，$x^2-11x+12=0$…①　**2次方程式$ax^2+bx+c=0$の解は，$x=\dfrac{-b\pm\sqrt{b^2-4ac}}{2a}$**で求められる。①の2次方程式は，$a=1$，$b=-11$，$c=12$の場合だから，$x=\dfrac{-(-11)\pm\sqrt{(-11)^2-4\times1\times12}}{2\times1}=\dfrac{11\pm\sqrt{121+48}}{2}=\dfrac{11\pm\sqrt{73}}{2}$　ここで，$0<x<8$だから，$x=\dfrac{11-\sqrt{73}}{2}$　以上より，$CP=\dfrac{11-\sqrt{73}}{2}$m

4 **(作図による面積の三等分)**

(1)　(説明)(例)点Aから半径OAと長さが等しい点B，また，点Bからも，半径OAと長さが等しい点Dをとるので，△AOB，△BODは正三角形である。したがって，∠AOB＝60°…①　∠BOD＝60°…②　①＋②より，∠AOD＝120°…③　同様にして，∠AOE＝120°…④　③，④より，∠DOE＝360°－240°＝120°…⑤　③，④，⑤より3つのおうぎ形の中心角は，それぞれ120°になるので，3つのおうぎ形の面積は，それぞれ円の面積の$\dfrac{120}{360}$倍になり，等しくなる。

(2)　点Pから辺AB，BC，CDへそれぞれ垂線PS，PT，PUを引くと，点Pが正方形の対角線の交点であることから，PF＝PS＝PT＝PUである。PF＝PS＝PT＝PU＝hとする。(四角形PFAEの面積)＝△PFA＋△PAE＝$\dfrac{1}{2}\times AF\times PF+\dfrac{1}{2}\times AE\times PS=\dfrac{1}{2}\times AF\times h+\dfrac{1}{2}\times AE\times h=\dfrac{1}{2}h(AF+AE)$…①　(五角形PEBCGの面積)＝△PEB＋△PBC＋△PCG＝$\dfrac{1}{2}\times EG\times PS+\dfrac{1}{2}\times BC\times PT+\dfrac{1}{2}\times GC\times PU=\dfrac{1}{2}\times EG\times h+\dfrac{1}{2}\times BC\times h+\dfrac{1}{2}\times GC\times h=\dfrac{1}{2}h(EG+BC+GC)$…②　(四角形PFAEの面積)＝(五角形PEBCGの面積)となるのは，①，②より，$\dfrac{1}{2}h(AF+AE)=\dfrac{1}{2}h(EG+BC+GC)$となるとき，つまり，AF＋AE＝EG＋BC＋GC…③　のときである。正方形ABCDの一辺の長さをa，EB＝GC＝bとすると，$AF+AE=AF+(AB-EB)=\dfrac{1}{2}a+(a-b)=\dfrac{3}{2}a-b$…④　$EG+BC+GC=b+a+b=a+2b$…⑤　③，④，⑤より，$\dfrac{3}{2}a-b=a+2b$　整理して，$a=6b$　以上より，AE：EB＝(AB－EB)：EB＝$(a-b):b=(6b-b):b=5b:b=5:1$

(3)　(着眼点)　点Qと△ABCの各辺との距離をhとすると，(四角形QFABの面積)＝△QFA＋△QAB＝$\dfrac{1}{2}\times AF\times h+\dfrac{1}{2}\times AB\times h=\dfrac{1}{2}h\times(AF+AB)$　(△QBEの面積)＝$\dfrac{1}{2}\times BE\times h=\dfrac{1}{2}h\times BE$　(四角形QECFの面積)＝△QEC＋△QCF＝$\dfrac{1}{2}\times EC\times h+\dfrac{1}{2}\times CF\times h=\dfrac{1}{2}h\times(EC+CF)$　これより，(四角形QFABの面積)＝(△QBEの面積)＝(四角形QECFの面積)となるのは，$\dfrac{1}{2}h\times(AF+AB)=\dfrac{1}{2}h\times BE=\dfrac{1}{2}h\times(EC+CF)$となるとき，つまり，$AF+AB=BE=EC+CF=\dfrac{AB+BC+CA}{3}=\dfrac{6+8+7}{3}=7$となるときである。これより，AF＝7－AB＝7－6＝1だから，BE＝7，CF＝CA－AF＝7－1＝6である。

(作図手順)　次の①～⑥の手順で作図する。　①　点Bを中心とした円を描き，辺AB，BC上に交点を作る。②　①で作ったそれぞれの交点を中心として，交わるように半径の等しい円を描き，その交点と点Bを通る

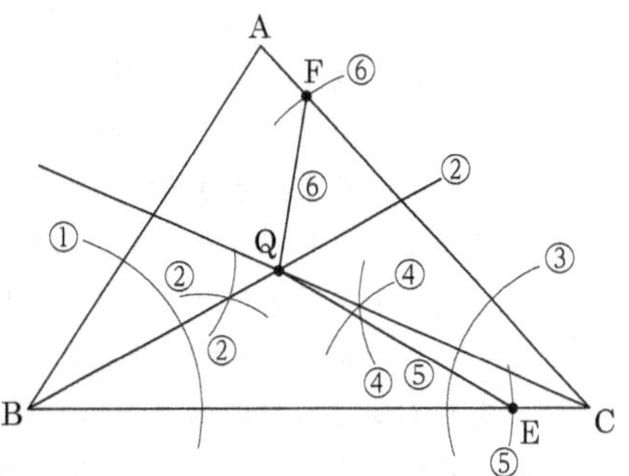

直線(∠Bの二等分線)を引く。 ③ 点Cを中心とした円を描き，辺BC，CA上に交点を作る。 ④ ③で作ったそれぞれの交点を中心として，交わるように半径の等しい円を描き，その交点と点Cを通る直線(∠Cの二等分線)を引き，∠Bの二等分線との交点をQとする。 ⑤ 点Bを中心として，半径CAの円を描き，辺BCとの交点をEとし，線分EQを引く。 ⑥ 点Cを中心として，半径ABの円を描き，辺CAとの交点をFとし，線分FQを引く。

<英語解答>

1 《その1》 1 イ　2 ウ　3 ア　4 エ　《その2》 ウ
《その3》 1 エ　2 ウ　3 イ　4 (例)What is the name of Jane's favorite soccer team?

2 1 エ　2 (1) イ　(2) ② (例)What kind of books do you usually read? ③ (例)Can I borrow it?　3 (1) many books people read　(2) ウ　(3) エ

3 1 (1) (例)Yes, she was(.)　(2) (例)She studies Japanese and Japanese culture(.)　(3) (例)It is held on the second Sunday of each month(.)
2 イ　3 language we use there is　4 same　5 language
6 ア，ウ　7 (例)English is spoken all over the world. If we can speak English, we can learn a lot of things from people around the world.

4 (例)How about showing some pictures of our school and talking about them in English? The students from America will talk about their school, too. We can find the differences between Japanese schools and American schools.

<英語解説>

1 (リスニング)
放送台本の和訳は，43ページに掲載。

2 (短文読解問題：語句解釈，語句補充，文挿入)
1 【イベントの案内】
(全訳)
ア 日にち：10月23日(日) 時間：13時～16時 場所：びわこ図書館
イ 秋が来て読書にはいい季節です。読書は好きですか？ お気に入りの本について話をしたいですか？ どなたでもこのイベントに参加できます！ 発表者になることもできるし，ただ聞くだけでもいいです。どうぞいらして楽しんでください。
ウ このイベントでは何をするのでしょうか？ お気に入りの本を持って来て，5分でその話について話します。全ての発表者が話し終わった後に，聞く人たちは「どの本を一番読みたいと思いますか」と聞かれます。聞く人たちはどの本を読みたいかを選びます。
エ もしお気に入りの本について話をしたかったら図書館にメールを送ってください。名前，年齢，学校，紹介したい本の名前，電話番号を書いてください。

オ　聞く人も歓迎します。どうぞ図書館に来て，発表を楽しんでください。新しく読む本を見つけられます！

参加の申し込みについてはメールを送るようにとエの段落に書かれている。

2 【優子さんとベンさんの会話】

(全訳)

優子：ベン，読書も英語も好きだからこれに興味があるんだけど。

ベン：「英語の本に出会おう」？　よさそうだね。何をするの？

優子：お気に入りの英語の本を持って行ってその話について話すのよ。発表のあとに聞く人たちは読みたい本を選ぶの。

ベン：それは面白いね。きみの発表を聞きたいな。

優子：わくわくする①(けど)発表が心配でもあるわ。たくさんの人の前で話すのは得意じゃないし，よく緊張するし。発表も英語なのよ。私の発表を手伝ってくれる？

ベン：心配しないで。英語を手伝ってあげるよ。練習すればいい発表になるよ。

優子：ありがとう，ベン。じゃあ本を選ぶわ。

ベン：②[いつもどんな本を読むの？]

優子：たいてい有名な人の人生についての本を読むわ。

ベン：ああ，いつも伝記を読んでいるんだね。発表を楽しみにしているよ。

優子：ありがとう。発表のあとにたくさんの人が私のお気に入りの本を読んでくれるといいな。

ベン：僕もそう願っているよ。全力を尽くして。

イベントの後

ベン：たくさんの聞く人達がきみの発表を気に入っていたね。よくやったね！

優子：ありがとう。ちょっと緊張したけどがんばったわ。

ベン：きみの発表をとても楽しんだし，発表で紹介していた本を読みたいよ。③[借りてもいいかな？]

優子：もちろん。明日学校に持って行くわ。気に入ってくれるといいな。

(1)　前後の文が興奮と不安で反対の意味合いを表しているので but「しかし」の意味がふさわしい。**A because B「BなのでA」**，so「だから，それで」，when「～のとき」

(2)　②直後に普段読む本について述べているので，どのような種類の本を普段読むのかを聞いている文を考える。What kind of ～「どのような種類の～？」　③直後に快諾して，本を持ってくると言っているので，借りたいという文を考える。**borrow「借りる」**

3 【優子さんの発表内容】

(全訳)

みなさんはどれくらい本を読みますか？　読書は好きですか？　今日私は読書について話をします。

私は読書が好きで，1か月に3，4冊読みます。これを見てください。これは1か月に④[何冊の本を読むか]を表したグラフです。このグラフによると約⑤(15)％の人が一か月に3冊より多くの本を読んでいます。ほとんど⑥(半分)の人が本を読まないことを知って驚きました。多くの人が⑦忙しすぎて本を読む時間がないと言いますが，読書の時間を見つけることはできると思います。例えば電車に乗っているときや誰かを待っているときに本を読めます。

本から多くのことを学べるし，読書は楽しいと信じています。読書を楽しみましょう！

(1)　グラフの上に何を表しているかが書かれているので，それを参考にして考える。 shows に疑問文を続ける間接疑問文では**語順が<疑問詞＋主語＋動詞>**になるので気を付ける。ここでの主語は一般的な「人々」を表す people とするのがふさわしい。

(2)　⑤　グラフによると3冊以上の割合を足すと15パーセントになる。　⑥　グラフによるとゼロ冊は47.3パーセントなので half「半分」がふさわしい。

(3)　直後 but「しかし」以降は時間が見つけられるという文なので，空欄には時間がないという反対の意味の内容が入る。**<too +形容詞+ to +動詞の原形…>で「とても～なので…できない，…するには～すぎる」**の意味。

③　(長文読解問題・スピーチ：英問英答，語句並べ換え，語句補充，内容真偽，条件英作文)

(全訳)

英語の勉強は私の人生の大事な一部分となっています。オーストラリアから来た学生と会ったときに私はとても英語に興味を持ちました。彼女の名前はナンシーです。

ナンシーは今日本にいます。日本に来るのは今回が2回目です。前回は2週間私の家に滞在しました。もう5年間お互いを知っています。始めて日本に来たとき，彼女は中学生で私は小学生でした。私は英語が話せず，彼女は当時日本語を上手に話せませんでしたがジェスチャーを使ってコミュニケーションを取ろうとしていました。オーストラリアに帰った後，彼女は高校で日本語を勉強しました。彼女はオーストラリアで日本語の先生になりたいので大学で日本語と日本文化を学びに再び日本に来ているのです。

ある日ナンシーは私の家に来ました。また彼女に会えてとても嬉しく思いました。長い間一緒に話して楽しみました。私はナンシーが日本語を上手に話すのでとても驚きました。そのとき私は英語で話すことがむずかしかったのですが，上手に話したいととても思いました。私は彼女にどのように日本語を勉強したのか聞きました。彼女は外国語の勉強法を教えてくれました。その1つの方法はその言語を使おうと努力することです。ナンシーは日本語を使うチャンスを①(逃し)ませんでした。彼女はよく街のお祭りやイベントに参加し，日本語でたくさん話をしました。私は日本では英語を使うチャンスは少ししかないと言いました。すると彼女は「次の日曜日に公民館へ行ったらどうかしら」と私に言いました。

公民館ではインターナショナルデイというパーティーを開いていました。各月の第2日曜日に外国から来た学生や日本人が集まって，各国の料理を作り，ゲームをして，イベントを楽しんでいました。②【そこで使う言語は】英語です。日本語を話せない学生がいますが，英語でお互いコミュニケーションを取れます。これは私にとって英語を使ういいチャンスでした。最初の日には外国の学生たちと英語で話して楽しみました。私の言いたいことを理解してもらったときは本当に嬉しく思いました。楽しくて今は毎月そこに行っています。

パーティーで私が気が付いたことは違う国の人たちは違う英語を話すということです。私は世界中で③(同じ)英語を話していると思っていましたが，それは違います。2つの例をあげます。まず，それぞれの国で発音が少し違うのです。ナンシーの発音はインドの学生の発音のようではありません。他の国から来た学生たちも他の発音があります。このため最初は彼らの英語を理解するのが難しかったのです。2つ目は，異なる表現を使いう人たちもいます。例えばインドの英語には“lakh”という語があります。これはインドで話されているヒンディー語に由来しています。”Lakh” は10万という意味です。インドには「100万(ten lakh)人が私の町に住んでいます」という人がいます。これは「100万(one million)人が私の町に住んでいます」という意味です。私は各国の英語は文化や人々が話す④[言語]に影響されていることを知りました。

私はたくさんの人とコミュニケーションを取るために英語を勉強しています。世界では多くの人たちが英語を使います。英語を使うことで外国の人たちとコミュニケーションを楽しむことができます。異なる言語を話す人たちから異なる文化や異なる生活様式について知ることができます。⑤英語は世界への窓なのです。私はもっと一生懸命英語を勉強したいです。そうしたらもっと友達ができて，世界中の人たちから多くのことを学べます。

1 (1)「真美がナンシーに初めて会ったときは小学生でしたか」解答例「はい，そうでした」第2段落第5文参照。 (2)「ナンシーは大学で何を勉強していますか」解答例「日本語と日本文化を勉強しています」第2段落最終文参照。 (3)「インターナショナルデイはいつ開かれますか」解答例「各月第2日曜日に開かれます」第4段落第1，2文参照。 hold は「～を催す」の意味があり，受け身の形 **be held** で「～が開催される」という意味になる。

2 miss は「～がいなくて寂しい」だけでなく「～しそこなう，見落とす」の意味がある。

3 (The) language we use there is (English.) language「言語」を先行詞とした関係代名詞が省略されている。「私たちがそこで使う言語」が主語となる文。

4 第5段落第1文で英語が違うことに気が付いたことを述べ，空欄を含む文では以前思っていた間違った考えを述べている。different「違う，異なる」の反対は same「同じ」。

5 第5段落第4文以降の内容から考える。空欄直後に speak とあるのもヒントとなる。

6 ア「ナンシーは5年前に日本に来た時真美と一緒に時間を過ごした」(○) 第2段落第3，4文参照。 イ「ナンシーは真美が上手に英語を話したので驚いた」(×) 第3段落第4文参照。
ウ「真美は外国語の学び方をナンシーから学んだ」(○) 第3段落第6文以降参照。 エ「真美は日本には英語を使うチャンスがたくさんあると言った」(×) 第3段落最後から2文目参照。
オ「外国の学生だけがインターナショナルデイに来て楽しむ」(×) 第4段落第1，2文参照。
カ「英語の発音は違うが真美は他の学生たちと簡単にコミュニケーションを取れた」(×) 第5段落第4～7文参照。

7 解答例は「英語は世界中で話されている。もし英語が話せたら世界中の人たちから多くのことを学べる」の意味。最終段落をヒントに考える。

4 (条件英作文)

学校や日常生活でよくある状況について自分の考えとその理由を書けるようにすること。接続詞などを使った英文が書けるようになるとよい。解答例は「この学校の写真を見せて，そのことを英語で話すのはどうでしょうか。アメリカの生徒たちも彼らの学校について話します。日本の学校とアメリカの学校の違いを見つけられます」という意味。

2020年度英語　聞き取りテスト

〔放送台本〕

ただいまから，第1問の聞き取りテストを行います。問題は≪その1≫から≪その3≫まであります。聞いている間にメモをとってもかまいません。まず，≪その1≫から始めます。これから話される英語を聞いて，それぞれの後の質問に対する答えとして最も適当なものを，問題用紙に示されたアからエまでの中からそれぞれ1つ選びなさい。英語は，それぞれ2回放送します。それでは，始めます。

No. 1 A: John, wash your hands before cooking.
B: OK. I will.
Question: What will John use?

No. 2 A: Excuse me. Is there a bookstore near here?
B: Yes. Go down this street and turn right at the park. Then you'll see it on your left.
A: Thank you.
Question: Which is the bookstore?
No. 3 A: What time is it?
B: It's three forty-five.
A: We have fifteen minutes before the next bus comes.
Question: What time will the next bus come?
No. 4 A: Which season do you like the best, Yoko?
B: I like spring the best. But winter is the most popular in my class.
A: Really? Which is more popular in your class, spring or summer?
B: Spring is. And spring is as popular as fall in my class.
Question: Which is Yoko's class?

〔英文の訳〕
No.1 A：ジョン，料理の前に手を洗って。
B：オーケー。洗うよ。
質問：ジョンは何を使いますか。
答え：イ
No.2 A：すみません。この近くに本屋はありますか？
B：はい。この道を行って公園を右に曲がります。そしたら左に見えますよ。
A：ありがとうございます。
質問：本屋はどれですか。
答え：ウ
No.3 A：今何時ですか？
B：3時45分です。
A：次のバスが来るまで15分あります。
質問：次のバスが来るのは何時ですか。
答え：ア
No.4 A：一番好きな季節は何ですか，ヨウコ？
B：春が一番好き。でも私のクラスでは冬が一番人気です。
A：本当？　あなたのクラスでは春と夏どっちの方が人気ですか？
B：春です。そして私のクラスでは春は秋と同じくらい人気です。
質問：ヨウコのクラスはどれですか。
答え：エ

〔放送台本〕
次に，≪その2≫に入ります。アメリカに留学しているユミさんの留守番電話に，マイクさんからメッセージが入っていました。マイクさんがユミさんに頼みたいことは何ですか。最も適当なものを，問題用紙に示されたアからエまでの中から1つ選びなさい。英語は，2回放送します。それでは，始めます。

Hi, Yumi. This is Mike. Thank you for coming to the party yesterday. I had a great time. Did you enjoy it? I hope you did. By the way, we took pictures together with your camera at the party. I want to look at the pictures. Can you show me the pictures at school tomorrow? Thank you.

〔英文の訳〕

やあ，ユミ。マイクです。昨日のパーティーに来てくれてありがとう。いい時間を過ごせたよ。楽しかったかな？　楽しんでくれてたらいいな。ところでパーティーできみのカメラで一緒に写真を撮ったよね。その写真を見たいと思ってるんだ。明日学校でその写真を見せてくれるかな？　ありがとう。

答え：ウ　昨日のパーティーの写真を持ってくること。

〔放送台本〕

次に，≪その3≫に入ります。英語のベーカー先生(Mr. Baker)が涼子(Ryoko)さんと話しています。放送を聞いて，会話の後の1から3までの質問に対する最も適当な答えを，問題用紙に示されたアからエまでの中からそれぞれ1つ選びなさい。また，あなたも涼子さんと一緒にベーカー先生と話しているとして，あなたならどんな質問をベーカー先生にしますか。ベーカー先生と涼子さんのやり取りの内容をふまえて，4の解答欄に5語以上の英語で書きなさい。会話と質問は通して2回放送します。それでは，始めます。

A: What are you looking at, Mr. Baker?

B: Ah, Ryoko. I'm looking at a picture. This is my friend, Tom and this girl is my sister, Jane. She is a high school student. They are in America.

A: What does Tom do in America?

A: He teaches music at a junior high school. Last year, he played the piano for Jane and we danced together at her birthday party.

A: Wow, that was a nice present. Well, Jane is holding a soccer ball. Does she play soccer?

B: Yes, she has played it for seven years.

A: Really? I play soccer, too. I've played soccer for ten years.

B: For ten years? You've played it for a long time!

A: Yes. But I want to play soccer better.

B: Oh, good! Well, Jane wants to play soccer in Japan. Her favorite team is in Japan and she wants to be a member of that team.

A: Oh, really? I hope I can play soccer with her someday.

B: That would be great!

Question 1: What is Tom's job in America?

Question 2: How long has Ryoko played soccer?

Question 3: Why does Jane want to play soccer in Japan?

〔英文の訳〕

A：何を見ているんですか，ベーカー先生？

B：ああ，涼子。写真を見ているんですよ。これが友達のトム，そしてこの女の子が妹のジェイン。

彼女は高校生なんです。アメリカにいます。

A：トムはアメリカで何をしているんですか。

B：中学校で音楽を教えています。昨年彼女の誕生日パーティーでジェインのためにピアノを弾いてくれて，一緒にダンスをしたんですよ。

A：わあ，それは素敵なプレゼントですね。えっと，ジェインはサッカーボールを持っていますね。サッカーをするんですか？

B：はい，7年間しています。

A：本当ですか？　私もサッカーをしています。10年やっています。

B：10年間？　長いことやっているんですね！

A：はい。でももっと上手にプレイしたいです。

B：ああ，いいですね！　ジェインは日本でサッカーをしたいと思っています。彼女の好きなチームは日本にあって，そのチームのメンバーになりたいんですよ。

A：え，本当ですか？　いつか彼女とサッカーを出来たらと思います。

B：そうなったら素晴らしいですね！

質問1：アメリカのトムの仕事はなんですか？

答え　：エ　音楽の先生。

質問2：涼子はどれくらいサッカーをしていますか。

答え　：ウ　10年間。

質問3：なぜジェインは日本でサッカーをしたいのですか。

答え　：イ　彼女の入りたいサッカーチームが日本にあるから。

質問4：(例)ジェインの好きなサッカーチームの名前は何ですか。

以上で，聞き取りテストの放送を終わります。

＜理科解答＞

1　1　恒星　2　(夏至)　ウ　(冬至)　エ　3　昼の時間が長い，太陽の南中高度が高い　4　A→B→C　5　地球は地軸が傾いたまま太陽のまわりを公転しているため，初日の出のときは，昼と夜の境界の傾きが，犬吠埼と納沙布岬を結ぶ線の傾きより大きくなるから。

2　1　ア，エ　2　食物の栄養分を吸収されやすい形に変えること。　3　生産者　4　水がデンプン溶液を変化させないこと。　5　大根のしぼり汁には，デンプンを分解するだ液に似たはたらきがある。デンプンを分解するはたらきは発芽したばかりのときからあるが，大根のしぼり汁の方が，デンプンを早く分解する。

3　1　火のついたマッチを近づけて，気体が燃えるかどうかを確かめる。　2　ウ　3　$NaCl$　4　右図　5　うすい塩酸6.0cm^3をすべて中和させるために必要な水酸化ナトリウム水溶液の体積は7.2cm^3だが，反応後の溶液においては，その量よりも少ないので，水素の発生によってその分だけ水素イオンの数が減っていたことがわかるから。

4　1　放射　2　ア　3　9〔W〕　4　26.4〔℃〕，2880〔J〕　5　2本の電熱線Bを並列につなげる場合は，2本の電熱線Bに加わる電圧がそれぞれ6.0Vとなり，回路全体の電力は2本の電熱線Bの電力の和となるから。

＜理科解説＞

1 (天体)

1 自ら光を出してかがやく天体を，恒星という。

2 夏至の日は，東に位置する仙台市の方が，西に位置する秋田市よりも，日の出の時刻が遅い。冬至の日は，東に位置する仙台市の方が，西に位置する千葉市よりも日の出の時刻が遅い。

3 **地球は地軸を傾けたまま公転している**ため，一年を通して太陽の通り道が変化する。これによって，昼間の長さや太陽の南中高度が季節によって変化する。

4 Bが赤道と公転面の交点に来たときに，同じ経線上にあるA～Cは，地軸を結んだ線上に並ぶ。このとき，Aは昼間のエリア，Bは昼と夜の境界，Cは夜のエリアに位置している。

5 地球が地軸を傾けたまま公転しているため，昼間と夜の境界線が経線と平行にはならず，傾いたようになる。この傾き方のちがいによって，日の出の時刻に差が生じる。図5では，納沙布岬より犬吠埼の方が境界線に近い。

2 (生物総合)

1 図1より，かいわれ大根は子葉が2枚であるため，**双子葉類**である。トウモロコシとイネとユリは**単子葉類**であるため，子葉は1枚である。

2 食べ物を体内に吸収できる大きさにまで分解していくはたらきを消化という。

3 空気中の二酸化炭素と根から吸収した水などの無機物をもとにして，有機物をつくり出す生物のなかまを，生態系の中での生産者とよぶ。

4 デンプン溶液とだ液を加えた実験に対する対照実験が，デンプン溶液と水を用いた実験である。デンプン溶液と大根のしぼり汁を用いた実験に対して対照実験を用意する場合，デンプン溶液と水を入れた実験となるため，だ液のときと同様になる。この対照実験を行うことによって，水によって実験結果は変化しないことが確かめられる。

5 試験管A，Bいずれも，最終的にはヨウ素液が反応せず，ベネジクト液に反応したことから，デンプンを分解するはたらきがあることがわかる。ただし，反応を終えるまでの時間には大きな差があり，ダイコンのしぼり汁の方が分解を終えるまでにかかる時間が短いことがわかる。

3 (化学総合)

1 水素は火をつけると音を立てて燃える性質をもつ。

2 亜鉛イオンをイオン式で表すと，Zn^{2+}となる。よって，亜鉛原子が亜鉛イオンになるときに，電子を2個放出し，＋の電気を帯びることがわかる。

3 うすい塩酸10.0cm^{3}と水酸化ナトリウム水溶液12.0cm^{3}を加えると，BTB溶液が緑色を示していることから，中性になっていることがわかる。$HCl+NaOH \rightarrow H_2O+NaCl$より，混合液は塩化ナトリウム水溶液となっているため，水を蒸発させると塩化ナトリウムの固体が残る。

うすい塩酸10.0cm^3	H^+(○)	4個
	Cl^-(□)	4個
水酸化ナトリウム水溶液12.0cm^3	Na^+(■)	4個
	OH^-(●)	4個

4 うすい塩酸10.0cm^{3}と水酸化ナトリウム水溶液12.0cm^{3}中にふくまれるイオンのモデルの数は，右の表のようになる。よって，水酸化ナトリウム水溶液15.0cm^{3}中にふくまれるナトリウムイオン，水酸化物イオンの数は，$4〔個〕\times\frac{15.0〔cm^3〕}{12.0〔cm^3〕}=5〔個〕$となる。したがって，うすい塩酸10.0cm^{3}に水酸化ナトリウム水溶液15.0cm^{3}加えるようすをモデルで表すと，水素イオン(○)と塩化物イオン(□)それぞれ4個に対し，ナトリウムイオン(■)と水酸化物イオ

ン(●)がそれぞれ5個ずつ加わることになる。このうち，水酸化物イオン(●)4個は，水素イオン(○)4個と結合して水となる。

5　うすい塩酸6.0cm³と反応する水酸化ナトリウム水溶液の体積を$x$cm³とすると，10.0：12.0＝6.0：x　x＝7.2〔cm³〕　実際に加えた水酸化ナトリウム水溶液は6.4cm³であったことから，水酸化ナトリウムで中和されるH^+(水素イオン)の量が減少していることがわかる。これは，亜鉛を加えたことで，水素イオンが水素分子に変化し，気体として発生してしまったためである。

4 (電気)

1　離れているものに熱を伝える現象を，放射または熱放射という。

2　電圧計は回路に並列に接続するのでPである。また，電流は，電源装置の＋極から出て－極へ向かう方向に流れる。

3　電熱線Aに6.0Vの電圧を加えたときに流れる電流は，電流〔A〕＝電圧〔V〕÷抵抗〔Ω〕より，6.0〔V〕÷4.0〔Ω〕＝1.5〔A〕　電力〔W〕＝電圧〔V〕×電流〔A〕より，6.0〔V〕×1.5〔A〕＝9.0〔W〕

4　発熱量は，電流を流した時間に比例する。電熱線Bに4分間電流を流すと，23.2－20.0＝3.2〔℃〕温度が上昇するので，2倍長さの8分間電流を流すと，3.2〔℃〕×2＝6.4〔℃〕水温が上昇する。よって，水の温度は20.0＋6.4＝26.4〔℃〕となる。また，電熱線Bに6.0Vの電圧を加えたときに流れる電流は，6.0〔V〕÷6.0〔Ω〕＝1.0〔A〕　よって，電熱線Bが消費する電力は，6.0〔V〕×1.0〔A〕＝6.0〔W〕　電力量〔J〕＝電力〔W〕×時間〔s〕より，電熱線Bに8分間電流を流したときに消費する電力量は，6.0〔W〕×(8×60)〔s〕＝2880〔J〕

5　それぞれの電熱線に6.0Vの電圧が加わるため，それぞれの電熱線に流れる電流が1.0Aずつとなり，回路全体を流れる電流の大きさが大きくなる。これによって，回路全体が消費する電力が大きくなる。

<社会解答>

1　1 エ　2 A 静岡県　D 宮崎県　3 (1) プランテーション　(2) ア　ウ　(3) 特定の商品作物や鉱産資源などの輸出にたよるモノカルチャー経済では，商品作物の輸出量や鉱産資源の価格下落などの影響を受けやすいため。　4 季節風[モンスーン]　5 発展途上国でつくられた農作物や製品を，適正な価格で取り引きする

2　1 (1) 防人　(2) ア→ウ→イ　2 (1) イ　エ　(2) 村の寄合でおきてをさだめたりした自治組織のこと。　3 (1) ア　(2) 海上の航路の整備とともに，その拠点となる大阪に各地の大名が蔵屋敷を置き，年貢米や特産物の取り引きが行われたから。(3) 工場制手工業[マニュファクチュア]　4 (1) ウ　(2) 技術革新が進み，鉄鋼や自動車などの重化学工業が発展し，海外への輸出額を大きく伸ばした。

3　1 アメリカ合衆国　2 日ソ共同宣言　3 条約を締結することで，その内容にそった法律の整備等も行うことになる。国内法の内容に影響するため，唯一の立法機関である国会に認めてもらう必要があるから。　4 (1) エ　(2) ウ　5 (1) ① 4000　② 高　記号 イ　(2) エ　(3) 先進国による発展途上国への支援において，技術協力などを通して自立を促すことにより，現在の世代の貧困を解消しながら，将来的に継続して幸福な生活がおくれるようになること。

<社会解説>

1 (地理的分野－茶を切り口にした問題)

1 問の雨温図は，左が気温，右が降水量であることに注目して読み取れば良い。1月・12月は4県とも月降水量が100mmを下回っていることから，アは誤りである。月平均気温を見るとDは7月が最も高くなっており，月降水量を見るとCは9月が最も多くなっていることから，イは誤りである。年平均降水量を見ると，A・Cは2000mmを下回っていることから，ウは誤りである。

2 略地図に示された県が，静岡県・三重県・宮崎県・鹿児島県であることと，資料5の農産物の生産量の特色とを併せて判断すれば良い。Aは**みかんの生産量が多いことから，静岡県**である。Bは**さつまいもの生産量が多いことから，鹿児島県**である。Dは**食用にわとりの生産量が多いことから，宮崎県**である。残ったCは三重県である。

3 (1) 先進国や帝国主義国の資本が，アフリカ・アジア・ラテンアメリカの熱帯・亜熱帯地方で茶・コーヒー・砂糖・綿花・ゴムなど特産の工芸作物を栽培する大農園のことである。

(2) **インドネシア・ベトナム・マレーシアなどで天然ゴムの栽培が行われている**ことから，アは正しい。**ポルトガルの植民地であったブラジルは，キリスト教の信者の数は世界第2位**であることから，ウは正しい。**アフリカ諸国の国境は直線であることが多い**ことから，イは誤りである。**オーストラリア・ニュージーランドはイギリスの植民地であった**時期があることから，エは誤りである。 (3) モノカルチャーとは，単一の農作物を生産することであることに注目すれば良い。資料6から，主要輸出品目がケニアは茶，ナイジェリアは原油であることから，モノカルチャー経済であることが分かる。資料7から，原油価格が低下していることが分かる。資料8から両国の貿易額が近年は貿易赤字であることが分かる。これらをまとめれば良い。

4 ある地域で一定の方角への風が特によく吹く傾向があるとき，季節によって風の吹く方角が変化するもののことである。

5 企業や地主などから不当な搾取を受けている発展途上国の人々が経済的・社会的に自立していくことを支援する運動のことである。

2 (歴史的分野－各時代の政治・人々のくらしに関する問題)

1 (1) **防人は諸国の農民から**集められ，3年交代で九州の防備にあてられたものである。 (2) アは日本最初の仏教文化である**飛鳥時代の飛鳥文化**，イは**平安時代の国風文化**，ウは**奈良時代の天平文化**であることから判断すれば良い。

2 (1) 中世が鎌倉時代・室町時代の頃を指すことから判断すれば良い。問(丸)・土倉は室町時代に隆盛を極めた業種であることから，イは正しい。宋銭は鎌倉時代，明銭は室町時代に使用され，定期市は鎌倉時代の月3回から室町時代の月6回と回数が増えていることから，エは正しい。九十九里浜で取られた**いわしは「田作り」**と呼ばれて，**農地の肥料に使われる金肥**となったことから，アは誤りである。飛脚は小包は扱ったが，荷物をメインに扱ってはいないことから，ウは誤りである。 (2) **自治を行う農村である惣の意思決定機関として代表者が集まる組織**である。資料2で決めているおきての内容に注目してまとめれば良い。

3 (1) 石見銀山は現在の島根県に位置していることから判断すれば良い。 (2) **蔵屋敷が各藩の年貢米を現金化する場所**であることに注目し，大阪が物資の集積地であったことを説明すれば良い。 (3) 地主や商人が工場をつくり，そこに労働者を集めて，複数の製造工程を分業・協業によって効率的に生産を行う方法のことである。

4 (1) dにある**ラジオ放送の始まりは1925年(大正14年)**である。日本で最初に映画館ができたのは1903年であるが，大衆娯楽として成立するのは大正時代であることから判断すれば良い。

ア・イ・エは明時代初めの頃の内容である。　(2)　資料3から，輸出品の変化を読み取れば良い。1960年に2位であった綿織物は1970年にはなく，代わりに船舶・自動車が2位・3位を占めている。すなわち，重化学工業製品の輸出が盛んになった背景を説明すれば良い。

3　(公民的分野－国際機関に関する問題)

1　**国際連合の常任理事国は，アメリカ・イギリス・フランス・ロシア・中国である。国際連盟の設立を提案したのは，アメリカのウィルソン大統領**である。これらを併せて判断すれば良い。

2　**1956年に，鳩山一郎首相が調印した日ソ共同宣言**によりソ連との国交が回復し，ソ連を中心とする社会主義国の反対がなくなったため，**国際連合に加盟することができた**点に注目すれば良い。

3　資料1の日本国憲法第73条に，条約の締結には国会の承認が必要だとある点，資料2から，条約の締結を受けて，その内容に基づく新しい法律が制定されたことに注目して，説明すれば良い。

4　(1)　アは**非政府組織(non-governmental organizations)**，イは世界保健機関(World Health Organization)，ウは国際通貨機関(International Monetary Fund)，エは国際連合平和維持活動(United Nations Peacekeeping Operations)である。　(2)　ユニセフ(United Nations Children's Fund)は，国際連合児童基金であることから判断すれば良い。アはユネスコ(United Nations Educational, Scientific and Cultural Organization)国際連合教育科学文化機関，イは国際司法裁判所(International Court of Justice)，エは国連難民高等弁務官事務所(The Office of the United Nations High Commissi-oner for Refugees)である。

5　(1)　200万円の自動車をアメリカに輸出した時，1ドル125円では，200万円÷125＝16000ドル，1ドル100円では，200万円÷100＝20000ドルとなることが分かる。したがって，アメリカでの価格は20000ドル－16000ドル＝4000ドル高くなったことになる。1ドル125円が1ドル100円になることは，少ない円で1ドルに交換できていることから，**円高**になっていることが分かる。この場合，アメリカ国内での価格は上昇しているので，**輸出企業にとっては不利**であることになる。これらを併せて判断すれば，記号はイであることが分かる。　(2)　資料4から，二国間援助の内訳をみると，無償資金協力が多い国と技術協力が多い国があることが読み取れるので，エは正しい。資料4から，日本全体では技術協力の方が無償資金協力より多いことが分かるので，アは誤りである。資料4から，タイへの無償資金協力の割合は990万ドル÷3830万ドル×100＝25.8…％であることが分かるので，イは誤りである。資料4から，カンボジアへの無償資金協力は技術協力より多いことが読み取れるので，ウは誤りである。　(3)　日本のような先進国は優れた技術を持っていること，発展途上国の持続可能な社会の実現には，自立した技術が必要であることが不可欠であることをまとめれば良い。

＜国語解答＞

一　1　(例)飲料ボトル輸送時のCO_2排出量が削減され，温室効果ガスの排出量低減に役立つこと。
2　イ　3　エ　4　イ　5　(例)レジ袋は，現在，大量に生産され，大量のごみとなっている容器包装プラスチックの一つである。そうした中で，地球を廃棄物の吸収源と考えると，吸収できない人工物であるレジ袋が，自然の中に流出し，分解されずにたまり続けることが問題となっているから。

二　1　参り　2　敬語を使用することによって，主語を明確にしている　3　(例)同じ調査では，そもそも七割台前半の人が，敬語を使うことが人間関係を作っていくのに，マイナスではないと回答している。このことは，社会生活の中で多くの人が敬語の必要性を感じていることの表れだと考える。

4 (例)意見文を書く際には，身近な具体例を挙げて分かりやすくすること，客観的な調査結果をもとにすること，自分の意見を明確に示すことを大切にして書こう。

自分の意見が客観的にも正しいことを示す必要があるし、相手に理解してもらうための分かりやすさは欠かせないからだ。

三 1 ① 周囲　② 奮　③ 車窓　④ 費　⑤ 綿密　2 ① しんせい ② ちんれつ　③ もよお　④ かんき　⑤ おもむ　3 ① ア　② b
4 ① 突き通さないものはないのだ　② 矛盾　前後のつじつまが合わないこと。

＜国語解説＞

一 (説明文―大意・要旨，文脈把握，内容吟味)

1 「今世紀最大の」で始まる段落に，「**飲料ボトルがガラスからプラスチックに代わることで，軽量化が進み，輸送時のCO_2排出量が削減される**」とある。これは一つの具体例であって，「**温室効果ガスの排出量低減に役立ってきた」事例として挙げられている**のだ。したがって，この二点両方を含めてまとめなくてならない。

2 [A]には，プラスチックは**軽量で耐久性が高いという特性**があり，それゆえに**もともとは「野生動物の保護」「廃棄物の有効利用」という環境保護目的**で利用が増え，「環境負荷低減に役立ってきた」のだ。ところが，この**特性ゆえにプラスチックは自然に還ることがないため，プラスチックごみとして環境中に残り続け，水や土壌を汚染し続ける**という大きな問題が生じている，ということが述べられている。この読み取りをもとにして選択肢を選ぶ。

3 本文[A]にも，【資料の一部】にも，プラスチックの分解に相当な年数がかかること，食品の衛生的な保存に役立つこと，人工物なので自然には還らずゴミとして流出することは述べられている。しかし**「リサイクル」については[A]では触れておらず，【資料の一部】に「リサイクルされたのは14%に過ぎません」と述べられる**にとどまっている。

4 レジ袋廃止運動が例に挙げられているが，数十年前の運動は「供給源」からの視点で起こり，昨今の運動は「吸収源」からの視点で起きたものだ。このレジ袋の例は，**環境問題にはこうした二つの側面が存在していることを示し，両面から問題を見つめ考えることの重要性**を示している。その総括が波線部である。

5 昨今のレジ袋廃止運動は「吸収源」からの視点で問題視されている。その理由は[B]にあるように**「レジ袋が道端や世界中の海に散逸し，もともと自然環境では分解されないプラスチックごみとしてたまり続けることが問題となっている」から**だ。さらに，【資料の一部】から，**レジ袋は容器包装プラスチックであり，大量に生産され，総プラスチックごみの47%も占めている**ことを読み取って，レジ袋廃止運動の原因理由に加えてまとめればよい。

二 (論説文―大意・要旨，文脈把握，短文作成，作文，敬語)

1 「行く」の謙譲語は，「参る」である。

2 傍線部は，井上史雄氏の書物の記述だ。傍線の後に「井上氏も書いていることだが，逆の見方をすれば，私たち日本人は，敬語を使用することによって，主語を明確にしているのだ」とある。逆の見方をして言い換えているので，ここから抜き出せよう。

3 なつきさんの意見に「調査の結果を使って」とあるように，【敬語についての調査】をふまえる。そもそも，ひなたさんは状況に応じた適切な敬語の使用を主張している。そうした立場のひなたさんが調査結果で注目すべきは“**敬語を使うことがマイナスになると感じることはないと7割台前半もの人が回答した**”ということだ。これをまず引用するとよい。そして，**この調査結果から，多くの人が社会生活において敬語が必要だと感じていると考えたこと**を述べよう。これにより，第⑤段落での，ひなたさんの主張が根拠づけられることになる。

4 ひなたさんが，意見文のなかで，調査結果を利用していたが，これは，意見に**客観性と公平性**を持たせるのに効果的だ。意見を述べる際には，**その考えが自分の主観にかたよらないように心がける**ことが大切なのだ。また，**具体例を挙げることも，みんなにわかりやすくなってよい方法**であった。どんなにすばらしい意見を述べても，伝える相手に伝えたいことが伝わらなかったら無駄である。こうした工夫を，三つ挙げて，あなたの考える意見文の書き方をまとめよう。

三 (漢字の読み書き，品詞・用法，漢文)

1 ① そのものを取り巻いているすべてのもの。 ② 「奮」は，「奪」との混用に注意する。 ③ 「窓」は，あなかんむり＋ム＋心。音読みは「ソウ」。 ④ 「費やす」は，訓読みの際の送りがなに注意したい。 ⑤ 細かい所まで考えてあって，欠点・見落としなどが無いように見える様子。

2 ① 許可・認可などを願い出ること。 ② 人々に見せるために，参考となる物品を並べておくこと。 ③ 「催」は，訓読みが「もよお・す」，音読みが「サイ」。 ④ 意識されずにあったことを，何かきっかけを与えて呼び起こすこと。「キ」は「起」であり，「気」にしない。 ⑤ のっぴきならない用事などでどこかへ向かうこと。語源は「面(おも)」＋「向く」。

3 「言う」を未然形にすると「言わ・ない」。「わ」は**a段だから，五段活用動詞**だとわかる。五段活用をしていくと，「言い」は連用形になる。

4 ① 「とほさ」は動詞で，**基本形は「とほす」**。歴史的仮名遣いを**現代仮名遣いにすると「とおす(通す)」となる**から，【B】から対応する箇所を抜き出すと「突き通さないものはないのだ」となる。 ② 「矛」と「盾」が出てきたことから，「矛盾」という熟語が見いだせる。「矛盾」は**二つのものが，論理的に整合しないこと**である。

解答用紙集

○月×日　△曜日　天気(合格日和)

◆ご利用のみなさまへ

＊解答用紙の公表を行っていない学校につきましては、弊社の責任において、解答用紙を制作いたしました。

＊編集上の理由により一部縮小掲載した解答用紙がございます。

＊編集上の理由により一部実物と異なる形式の解答用紙がございます。

人間の最も偉大な力とは、その一番の弱点を克服したところから生まれてくるものである。──カール・ヒルティ──

東京学参株式会社

※ 185%に拡大していただくと，解答欄は実物大になります。

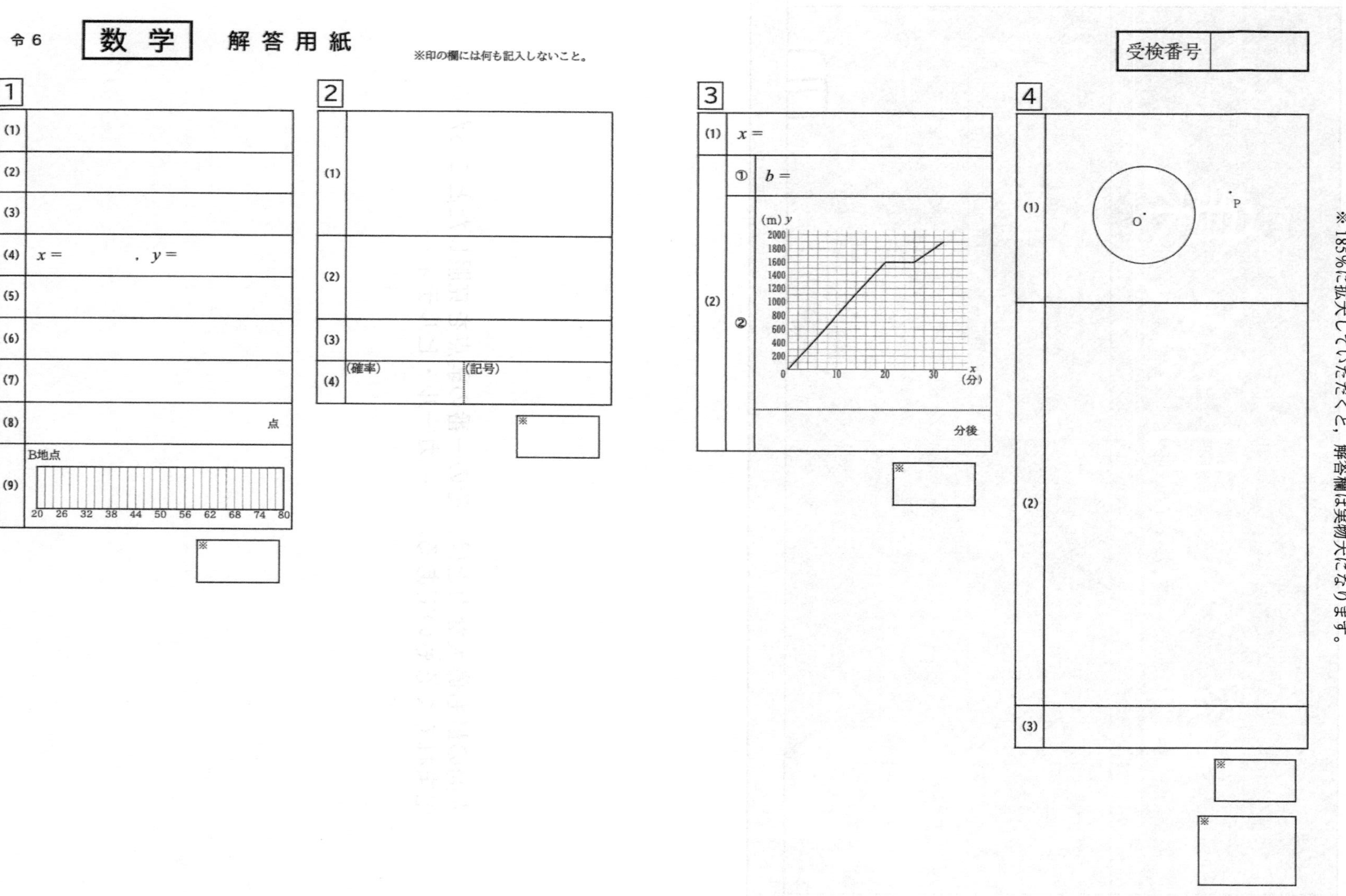

※ 185％に拡大していただくと，解答欄は実物大になります。

令6　**英語**　解答用紙

受検番号

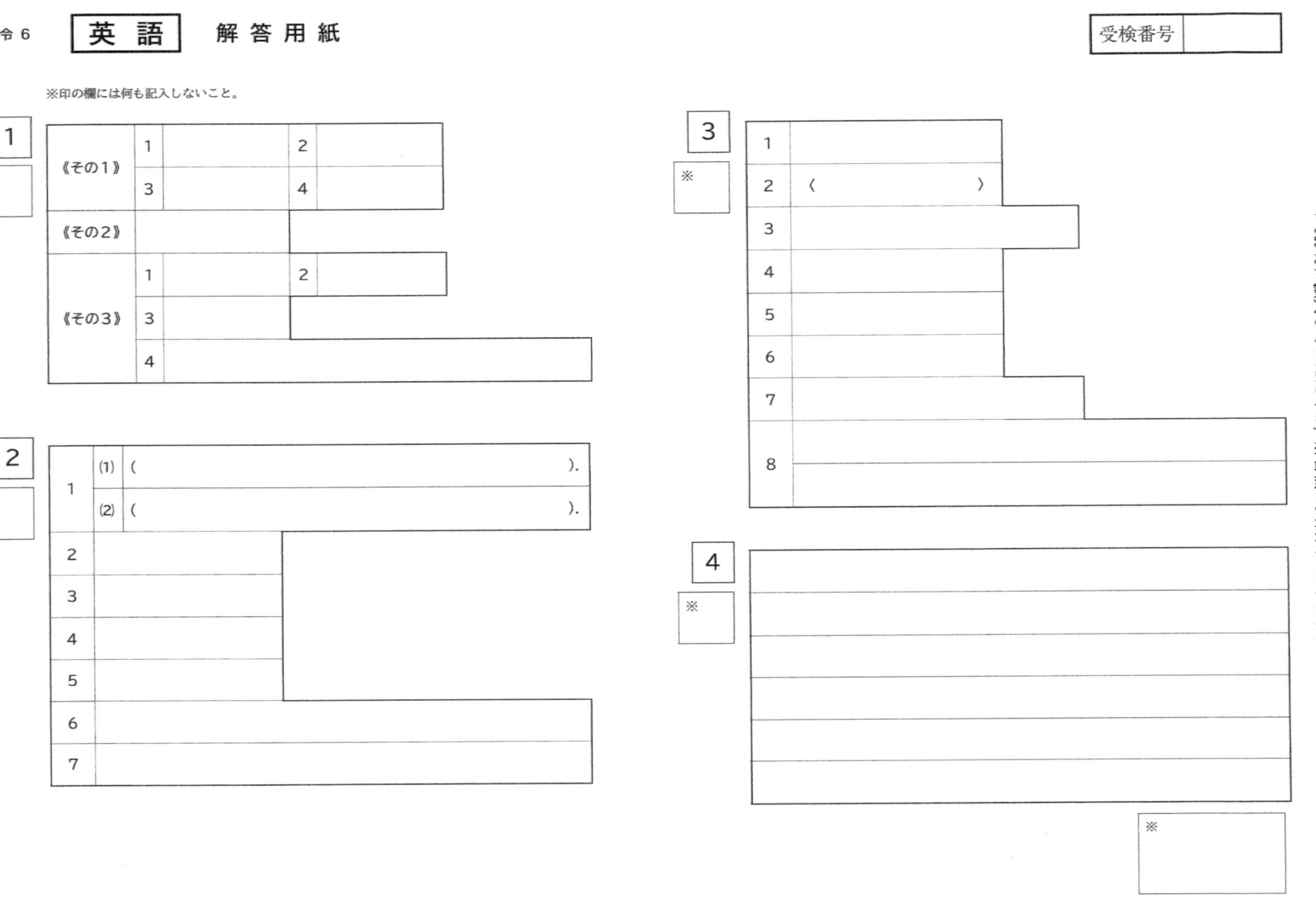

※ 185%に拡大していただくと，解答欄は実物大になります。

令6　**理科**　解答用紙

受検番号

※印の欄には何も記入しないこと。

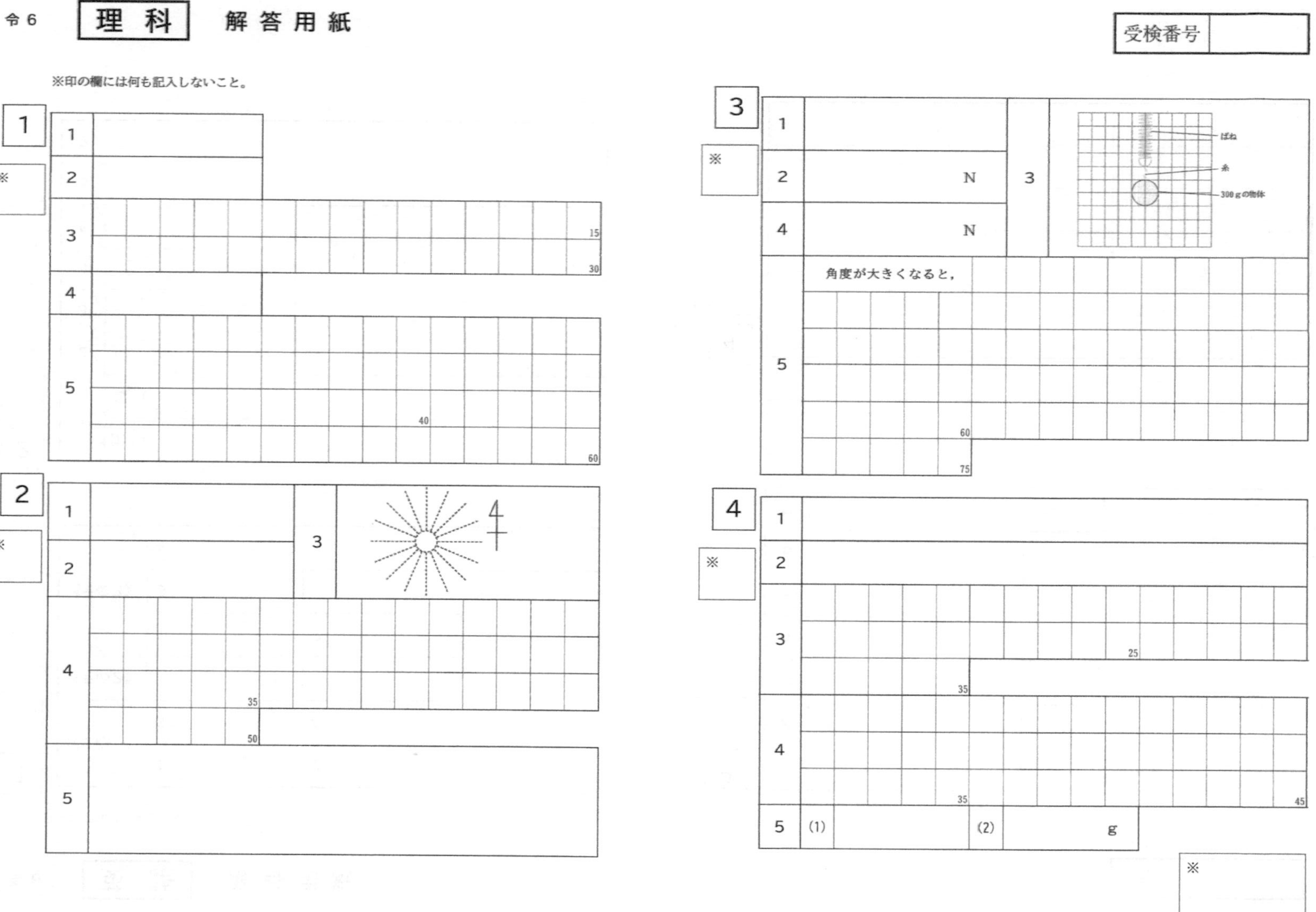

※ 179％に拡大していただくと，解答欄は実物大になります。

令６　**社　会**　解答用紙

※印の欄には何も記入しないこと。

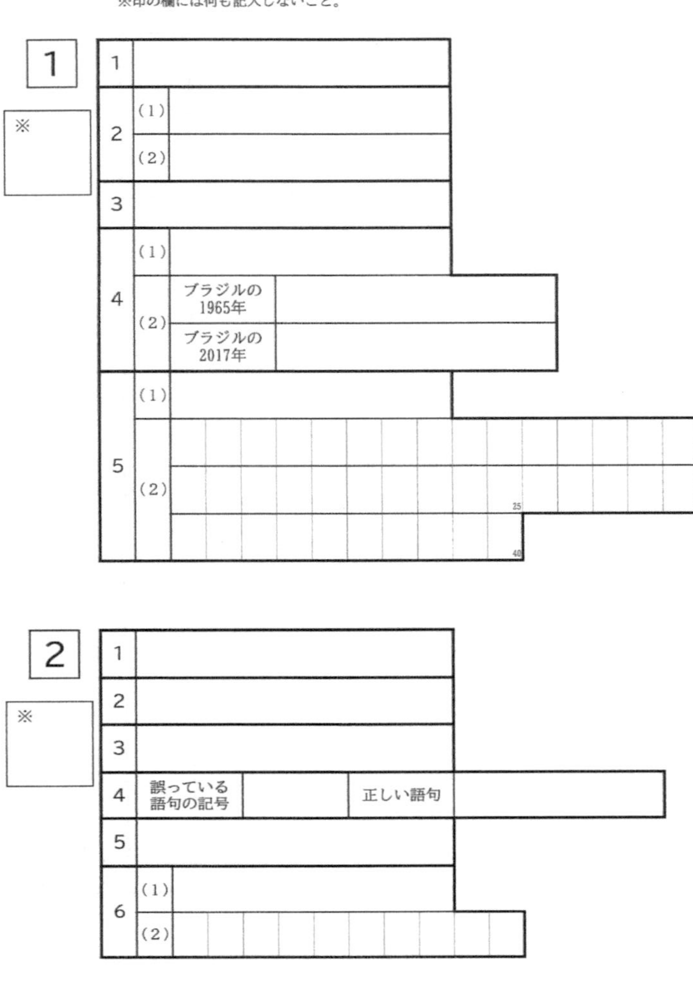

受検番号

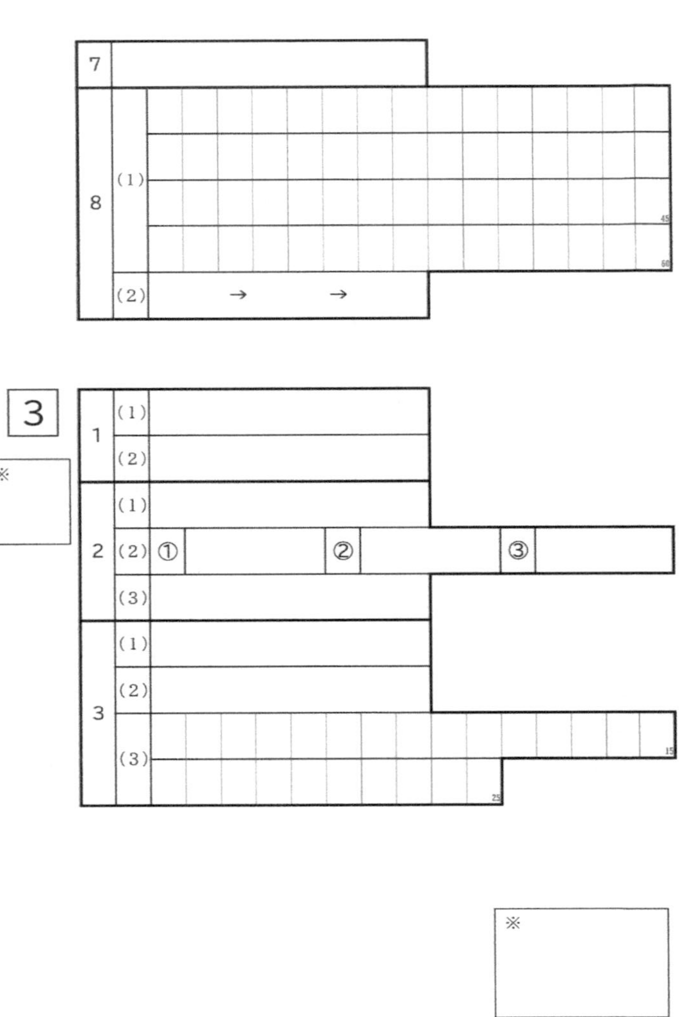

滋賀県公立高校　2024年度

※182%に拡大していただくと、解答欄は実物大になります。

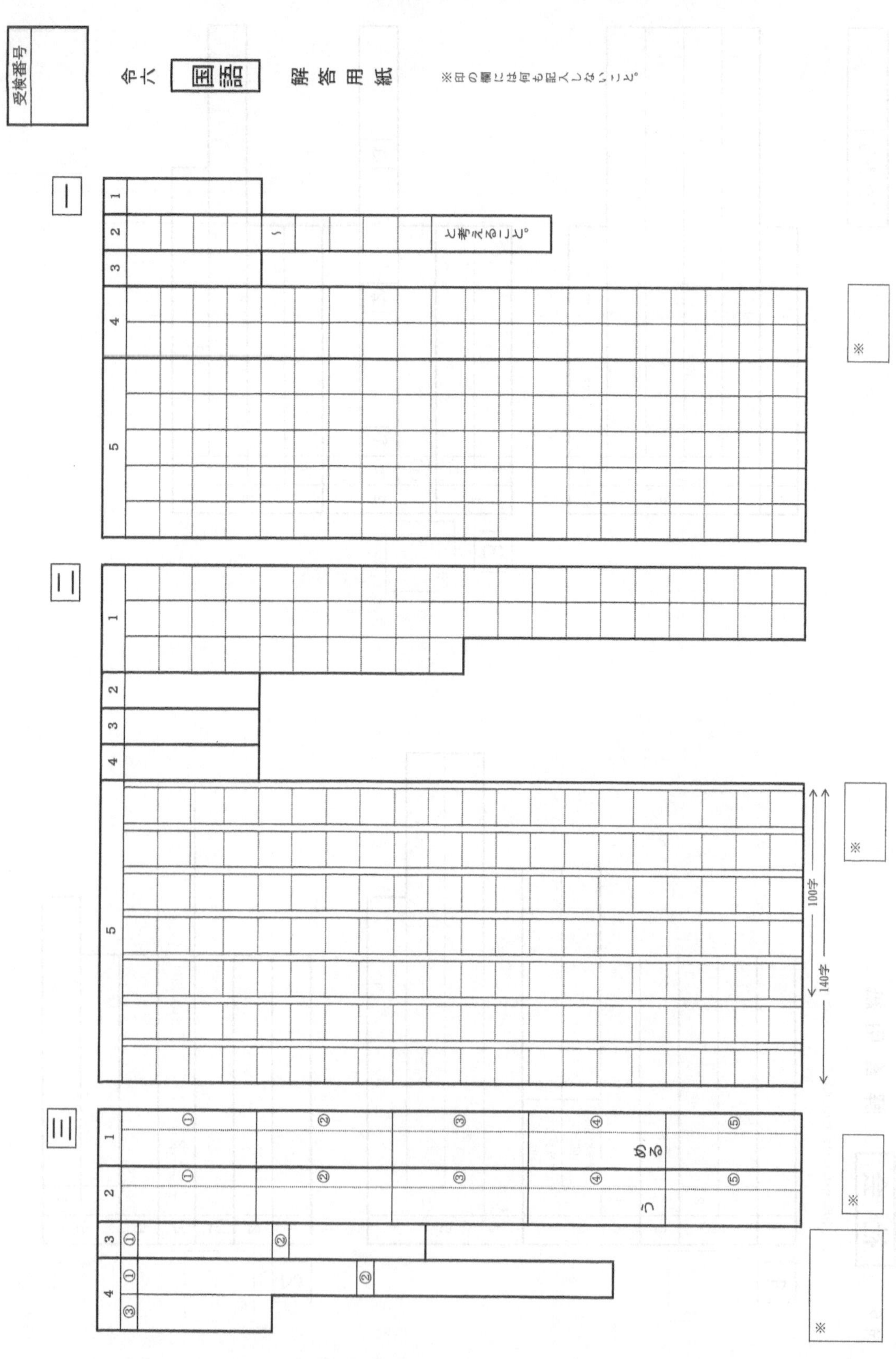

2024年度入試配点表(滋賀県)

数学	1	2	3	4	計
	(8),(9)　各5点×2 他　各4点×7	(3)　6点 (4)　7点(完答) 他　各5点×2	(1)　6点 (3)①　5点 (3)②　8点(完答)	(1)　5点 (2)　8点 (3)　7点	100点

英語	1	2	3	4	計
	《その3》1,2,3 各4点×3 《その3》4　6点 他　各3点×5	3,6,7　各4点×3 他　各3点×5	3, 6,7　各4点×3 8　6点 他　各3点×4	10点	100点

理科	1	2	3	4	計
	1　5点 2,4　各4点×2 他　各6点×2	1,2　各4点×2 3　5点 他　各6点×2	1　4点 5　6点 他　各5点×3	1　4点 3,4　各6点×2 他　各3点×3	100点

社会	1	2	3	計
	1,2(1),5(1)　各3点×3 5(2)　6点 他　各4点×4(4(2)完答)	2,3,5,7　各3点×4 8(1)　8点 他　各4点×5(4完答)	1(1),2(2)　各4点×2(2(2)完答) 3(3)　6点 他　各3点×5	100点

国語	一	二	三	計
	2　5点　　4　6点 5　12点 他　各4点×2	1　8点　　4　5点 5　16点 他　各4点×2	4②・③　各3点×2 他　各2点×13	100点

滋賀県公立高校　2023年度

※ 189％に拡大していただくと，解答欄は実物大になります。

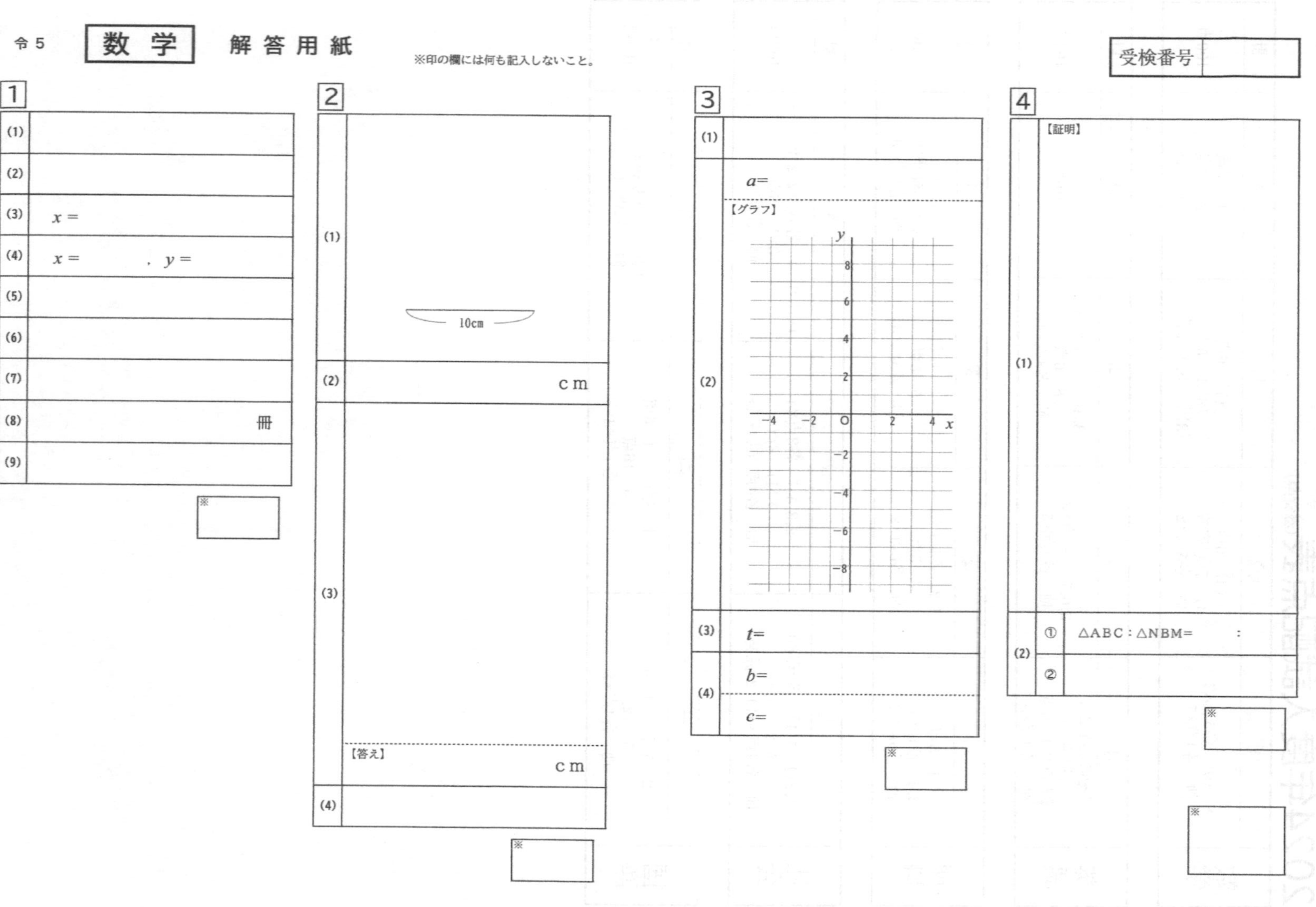

令5　**数学**　解答用紙

※印の欄には何も記入しないこと。

受検番号

1

(1)	
(2)	
(3)	$x=$
(4)	$x=$　，$y=$
(5)	
(6)	
(7)	
(8)	冊
(9)	

※

2

(1)	10cm
(2)	cm
(3)	【答え】 cm
(4)	

※

3

(1)	
(2)	$a=$ 【グラフ】
(3)	$t=$
(4)	$b=$ $c=$

※

4

(1)	【証明】	
(2)	①	△ABC：△NBM＝　：
	②	

※

※

※ 189%に拡大していただくと，解答欄は実物大になります。

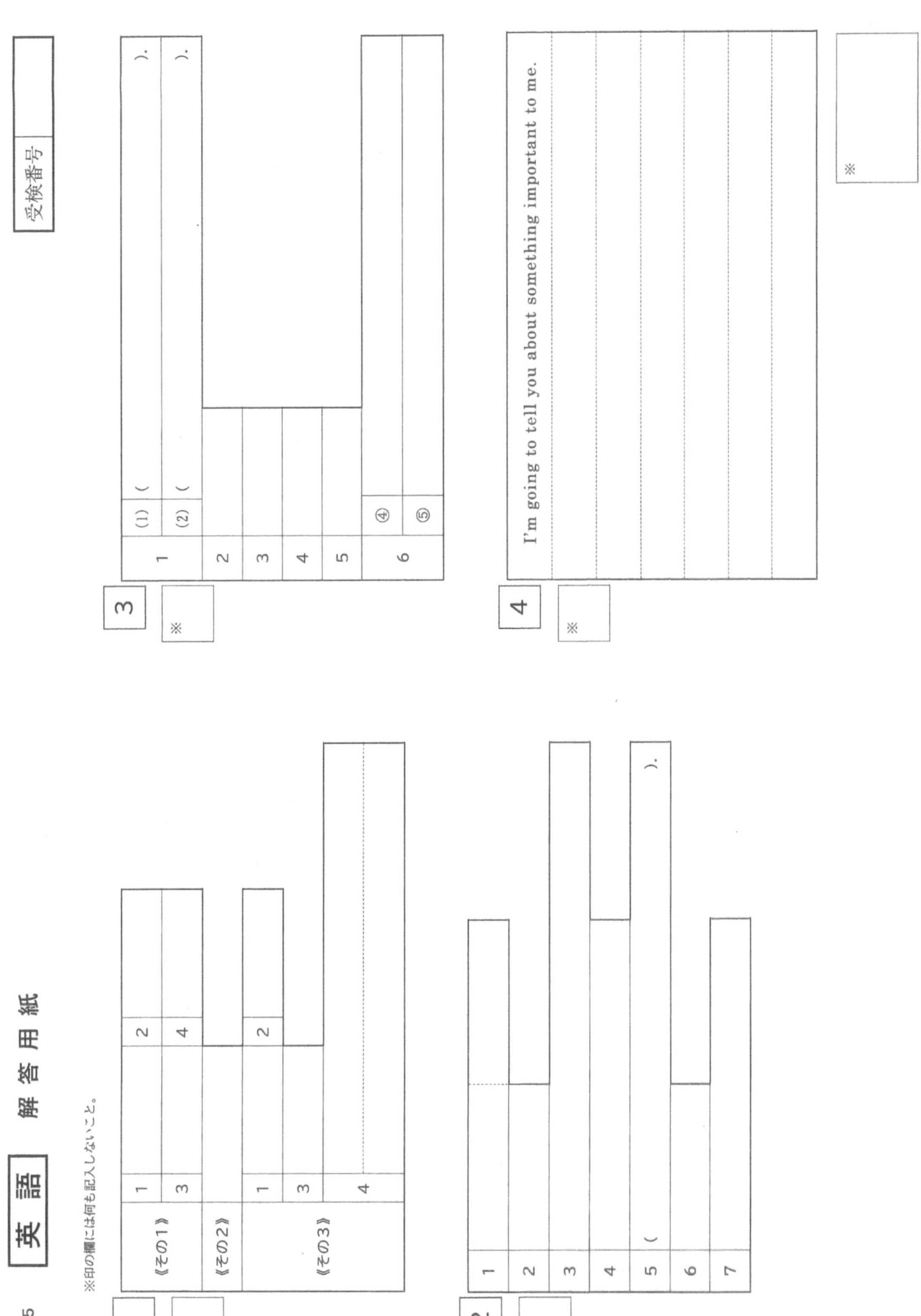

※ 189%に拡大していただくと，解答欄は実物大になります。

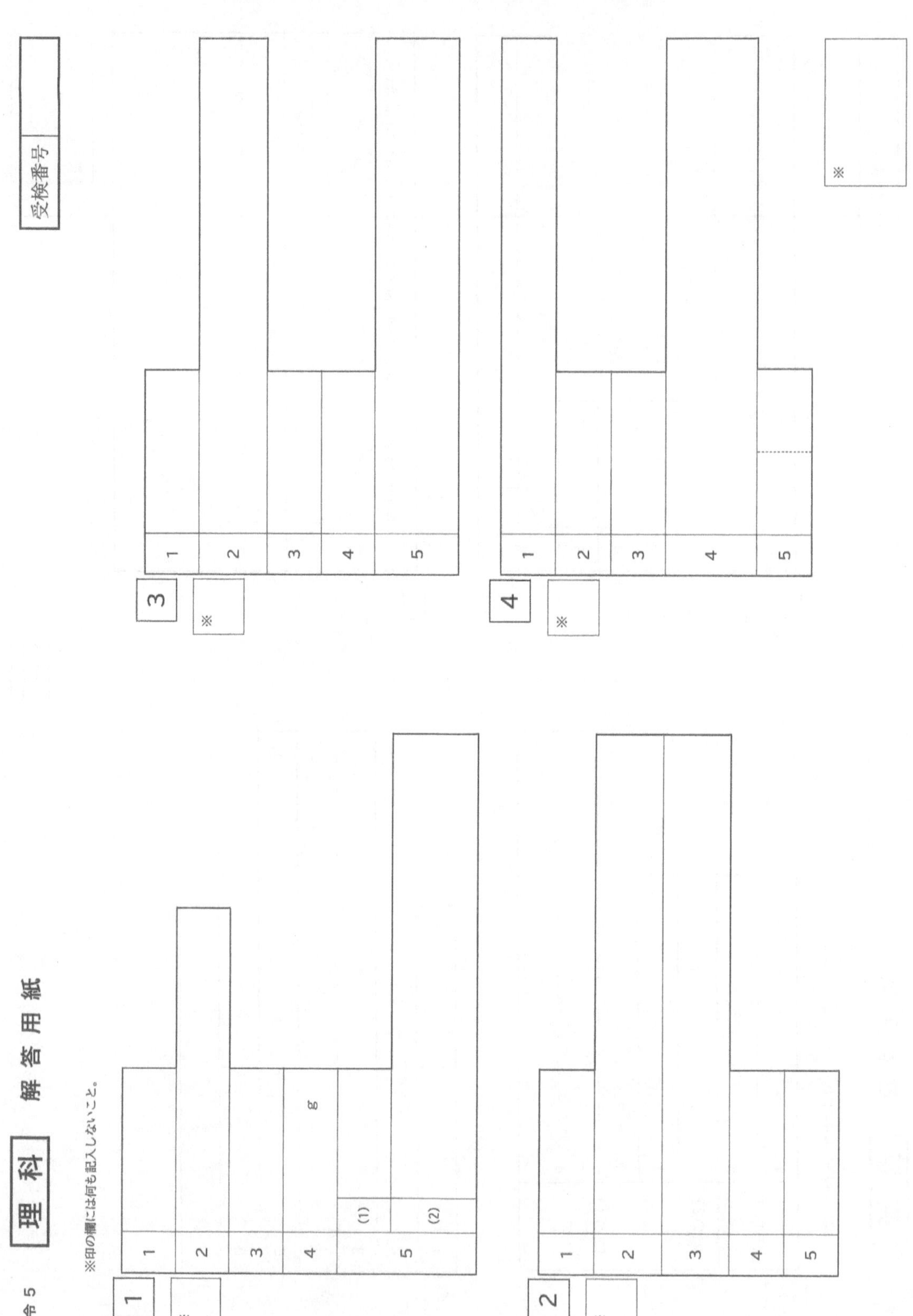

滋賀県公立高校　2023年度

※ 189%に拡大していただくと，解答欄は実物大になります。

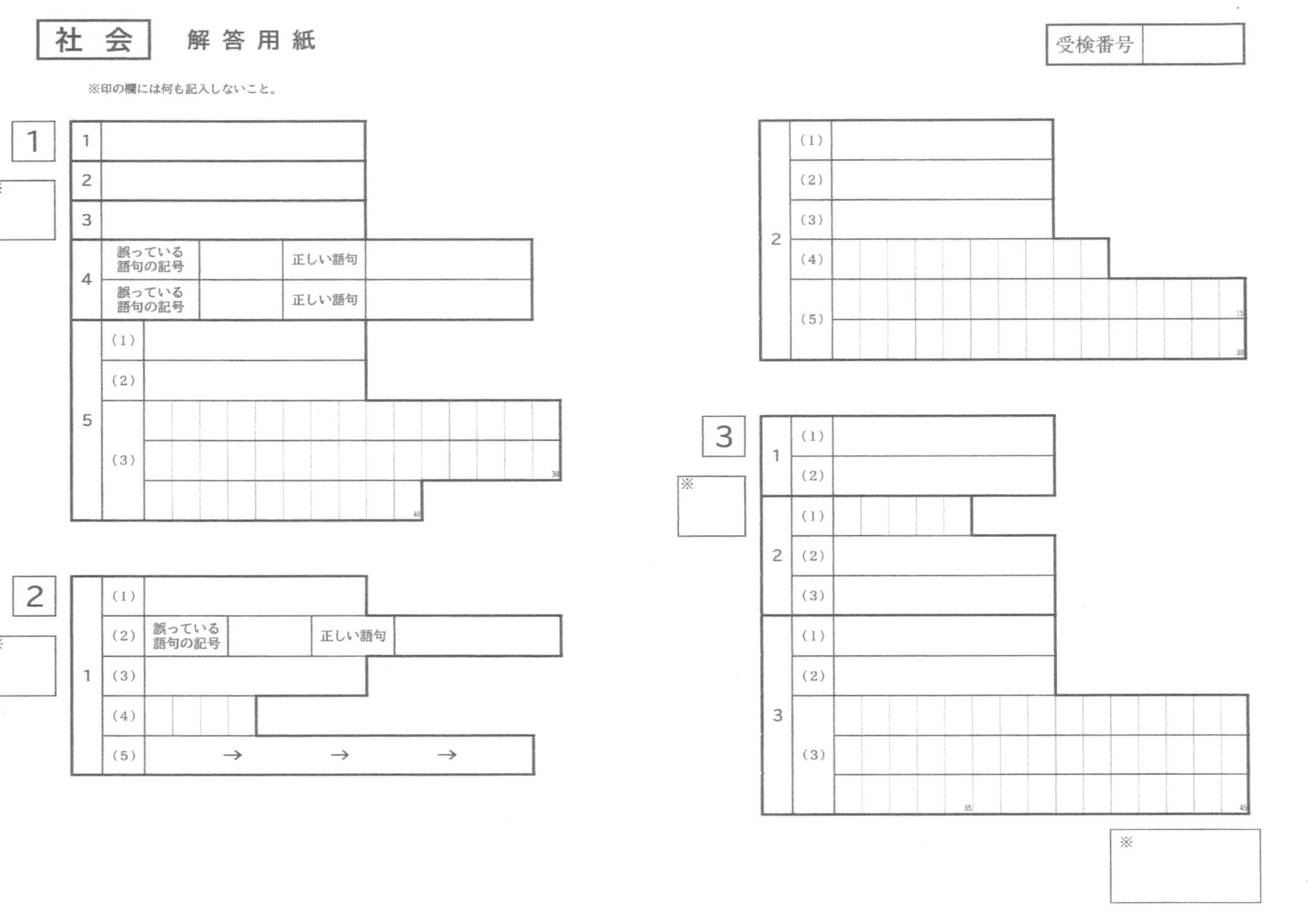

滋賀県公立高校　２０２３年度

※１８９%に拡大していただくと、解答欄は実物大になります。

受検番号

令五　国語　解答用紙

※印の欄には何も記入しないこと。

一

1

2

3

4

5　われわれは、

※

二

1

2

3

4

100字

140字

※

三

1　①　②く　③　④む　⑤

2　①　②う　③　④　⑤れ

※

3　①　②

4　①　②　③

※

2023年度入試配点表(滋賀県)

数学	1	2	3	4	計
	各4点×9	(3)(求める過程) 5点 (xの長さ) 2点 (4) 6点(完答) 他 各5点×2	(1) 4点 (3) 7点 他 各3点×4	(1) 8点 (2)① 4点 (2)② 6点	100点

英語	1	2	3	4	計
	《その3》1, 2, 3 各4点×3 《その3》4 6点 他 各3点×5	3~5 各4点×3 7 5点 他 各3点×4	1, 6 各4点×4 他 各3点×4	10点	100点

理科	1	2	3	4	計
	2, 4 各5点×2 5(1) 3点 他 各4点×3	各5点×5	各5点×5	2 4点 5 各3点×2 他 各5点×3	100点

社会	1	2	3	計
	1~3, 5(1) 各3点×4 5(3) 7点 他 各4点×3(4各完答)	1(1),2(1)・(2) 各3点×3 2(5) 6点 他 各4点×6(1(2)完答)	1(1),2(1) 各4点×2 3(3) 7点 他 各3点×5	100点

国語	一	二	三	計
	1 3点 2, 3 各5点×2 他 各10点×2	1 5点 2 8点 3 6点 4 16点	4②・③ 各3点×2 他 各2点×13	100点

滋賀県公立高校　　2022年度

※ 189%に拡大していただくと，解答欄は実物大になります。

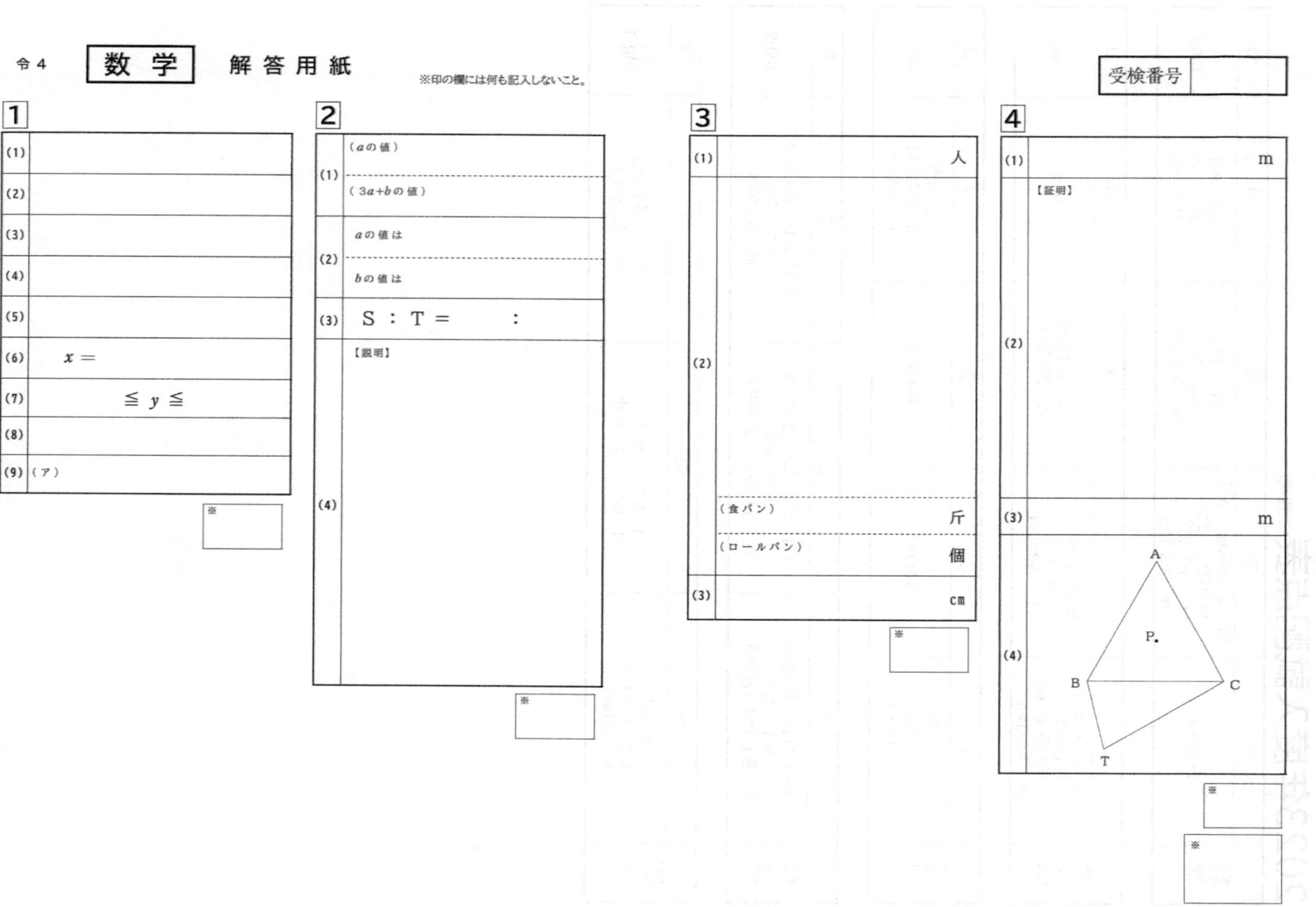

※ 182%に拡大していただくと，解答欄は実物大になります。

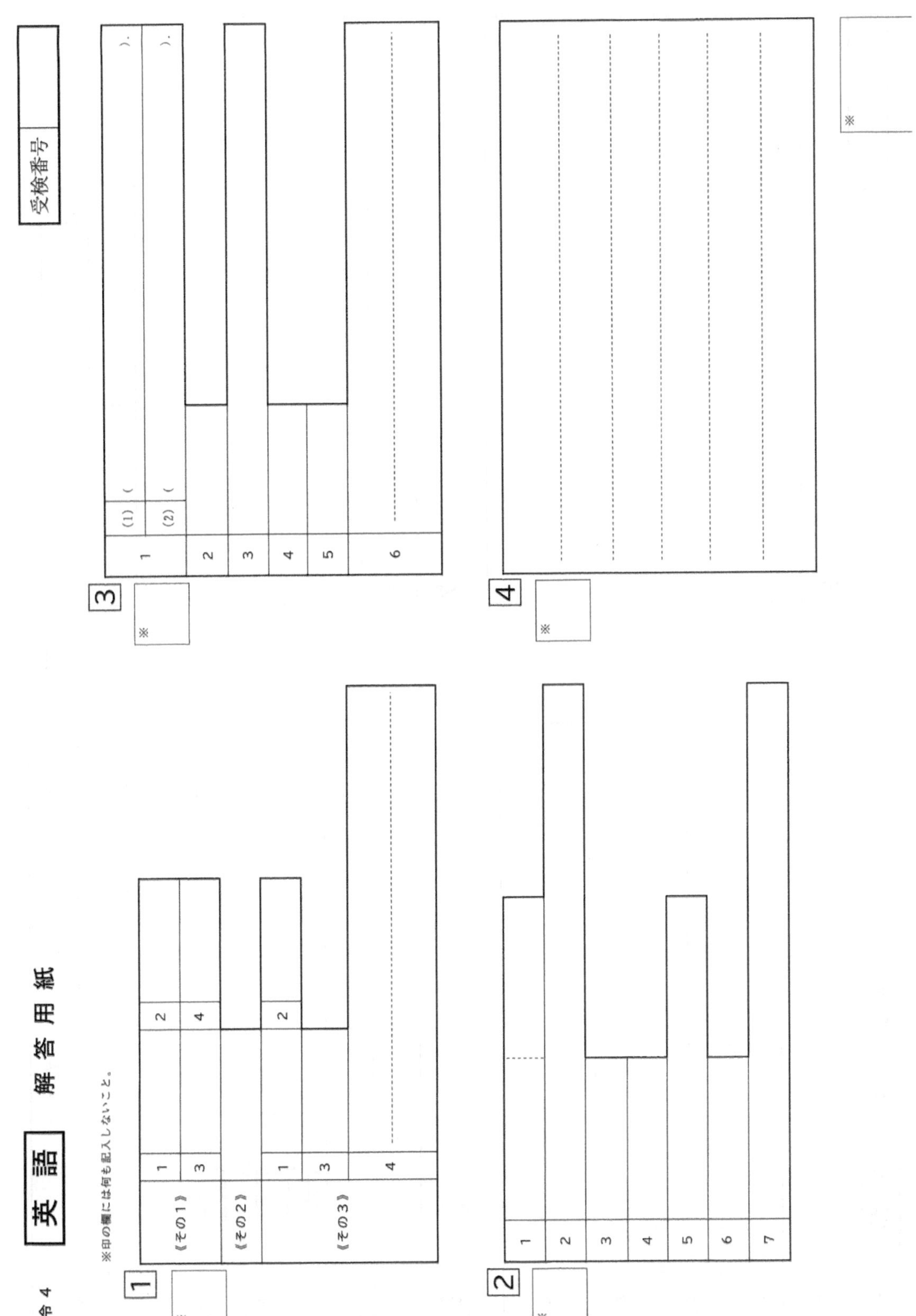

※ 185%に拡大していただくと，解答欄は実物大になります。

令4　**理科**　解答用紙

※印の欄には何も記入しないこと。

受検番号

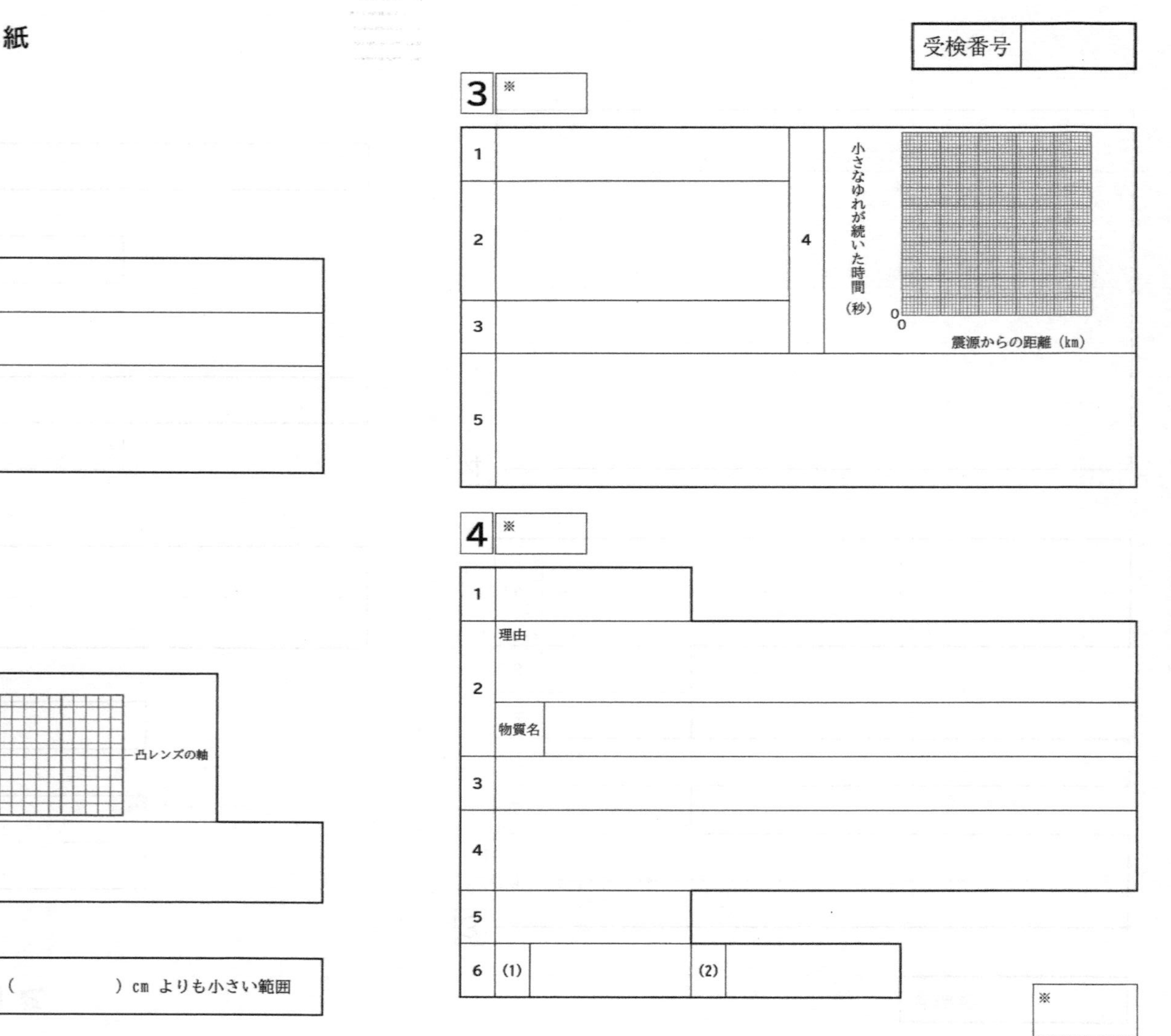

※ 185%に拡大していただくと，解答欄は実物大になります。

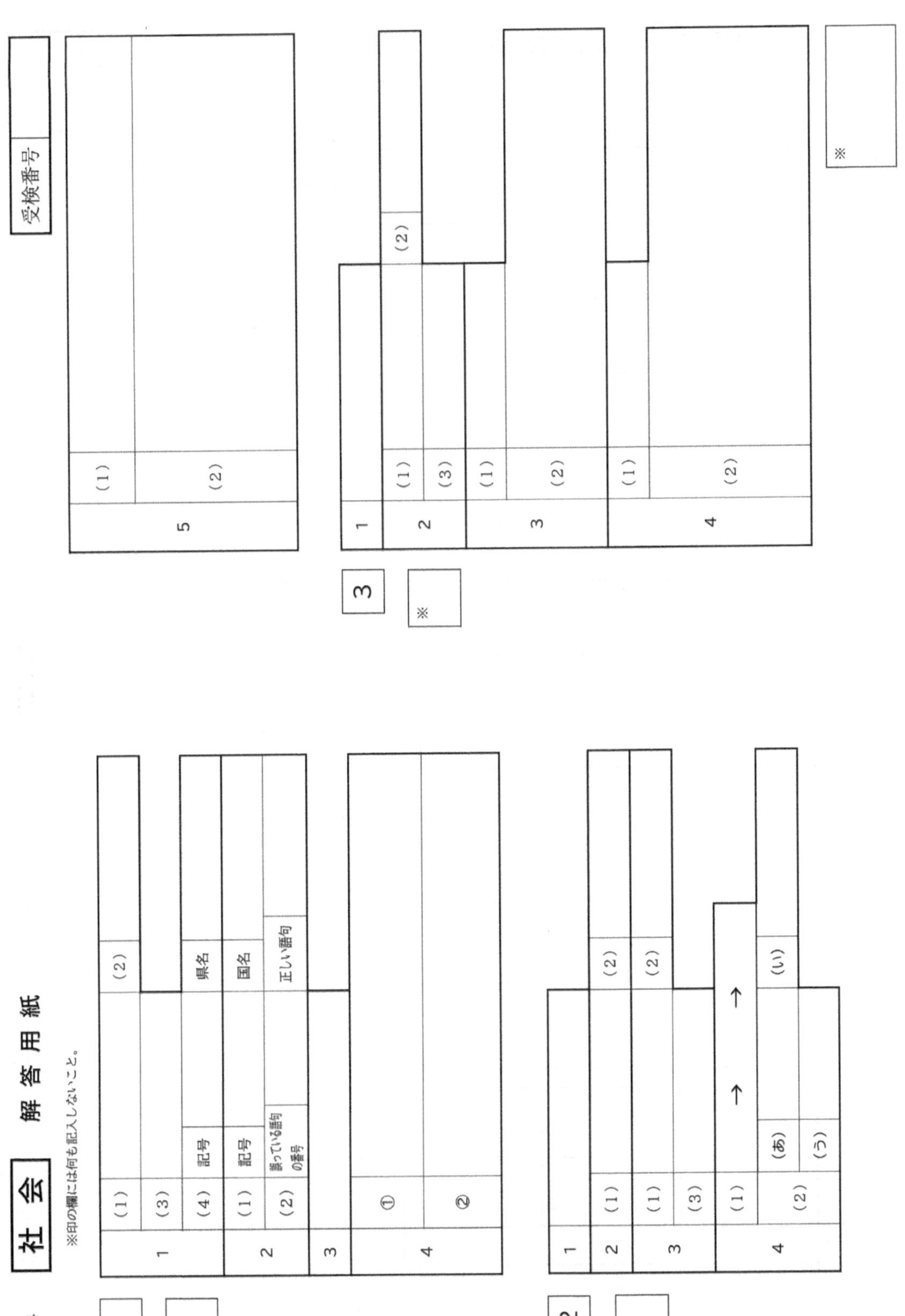
令４

社会　解答用紙

※印の欄には何も記入しないこと。

受検番号

1　(1)　(2)　(3)　(4) 記号　県名

2　(1) 記号　国名　(2) 誤っている語句の番号　正しい語句

3

4　①　②

2　1　2 (1) (2)　3 (1) (2) (3)　4 (1) →　→　(2) (あ) (い) (う)

3　1　2 (1) (2) (3)　3 (1) (2)　4 (1) (2)

5 (1) (2)

※

滋賀県公立高校　２０２２年度

※１８２％に拡大していただくと、解答欄は実物大になります。

令四

国語　解答用紙

受検番号

※印の欄には何も記入しないこと。

一　※

1

2

3

4

5

二　※

1

2

3　50　40

4　100字　140字

三　※

1　①　②く　③　④う　⑤

2　①る　②い　③　④　⑤やかな

3　①　②

4　①　②

※

2022年度入試配点表(滋賀県)

	1	2	3	4	計
数学	(7)~(9)　各5点×3 他　各4点×6	(1)(aの値)　3点 ($3a$+bの値)　2点 (2)　4点(完答) 他　各6点×2	(2)(答)　3点 他　各5点×3	(1)　4点 (2)　8点 他　各5点×2	100点

	1	2	3	4	計
英語	《その3》1, 2, 3 各4点×3 《その3》4　6点 他　各3点×5	2, 5　各4点×2 7　5点 他　各3点×5	1, 3　各4点×3 6　8点 他　各3点×3	10点	100点

	1	2	3	4	計
理科	3　6点 4　7点 他　各4点×3	1, 2　各4点×2 3　6点　4　5点 他　各3点×2	1, 3　各4点×2 2　5点 他　各6点×2	1, 2理由　各3点×2 3, 5　各4点×2 4　5点 他　各2点×3	100点

	1	2	3	計
社会	1(1)~(3), 3　各3点×4 他　各4点×5	5(1)　4点 5(2)　8点 他　各3点×8	3(2)　6点 4(2)　8点 他　各3点×6	100点

	一	二	三	計
国語	2　8点　3　4点 5　12点 他　各6点×2	1　4点　2　6点 3　10点　4　16点	各2点×14	100点

※ 189%に拡大していただくと，解答欄は実物大になります。

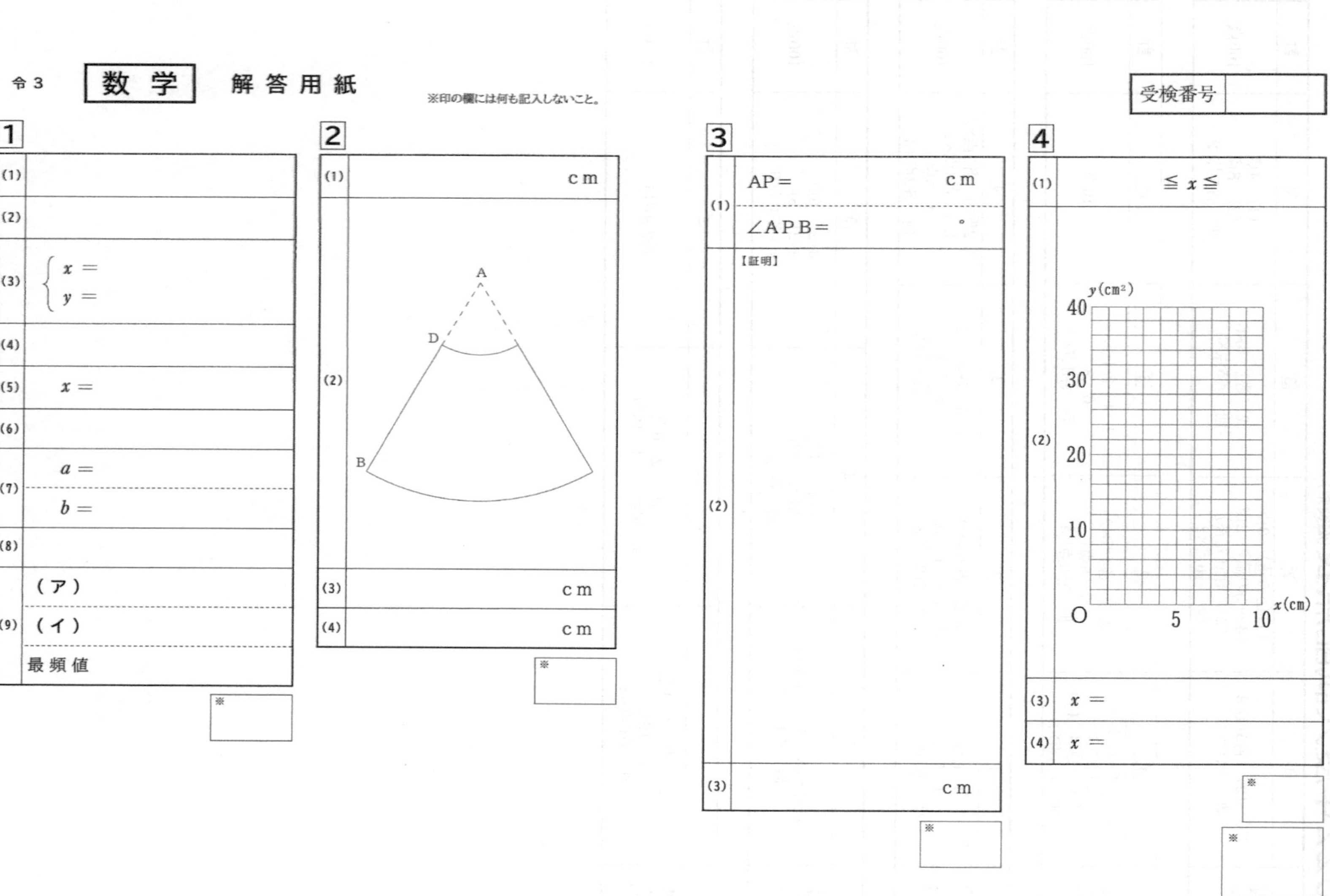
令3

数学　解答用紙

※印の欄には何も記入しないこと。

受検番号

1
(1)
(2)
(3) $\begin{cases} x = \\ y = \end{cases}$
(4)
(5) $x =$
(6)
(7) $a =$　$b =$
(8)
(9) (ア)　(イ)　最頻値
※

2
(1) cm
(2)

(3) cm
(4) cm
※

3
(1) AP= cm
∠APB= °
(2) 【証明】
(3) cm
※

4
(1) ≦ x ≦
(2)

(3) $x =$
(4) $x =$
※
※

※ 182%に拡大していただくと，解答欄は実物大になります。

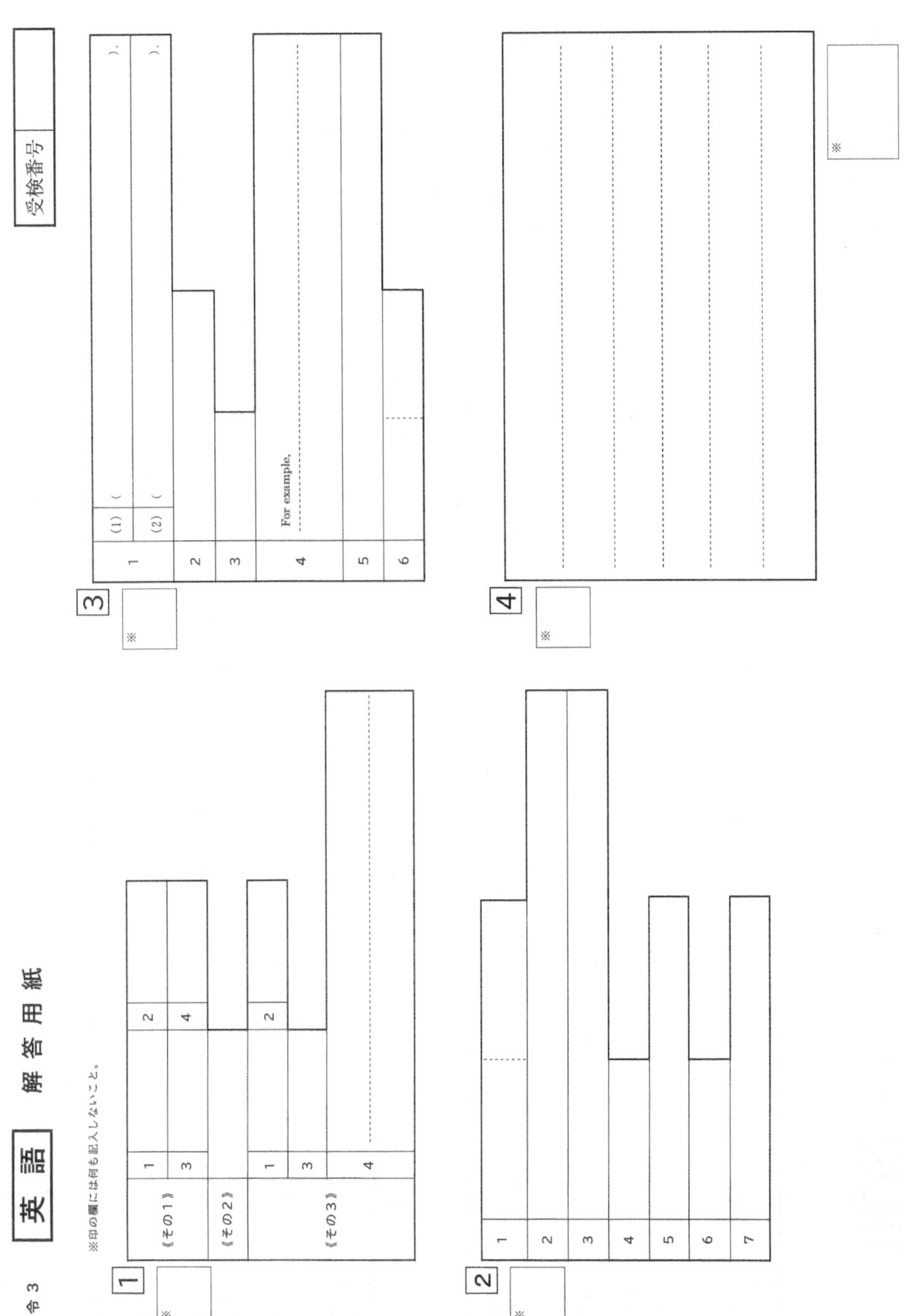

※ 185％に拡大していただくと，解答欄は実物大になります。

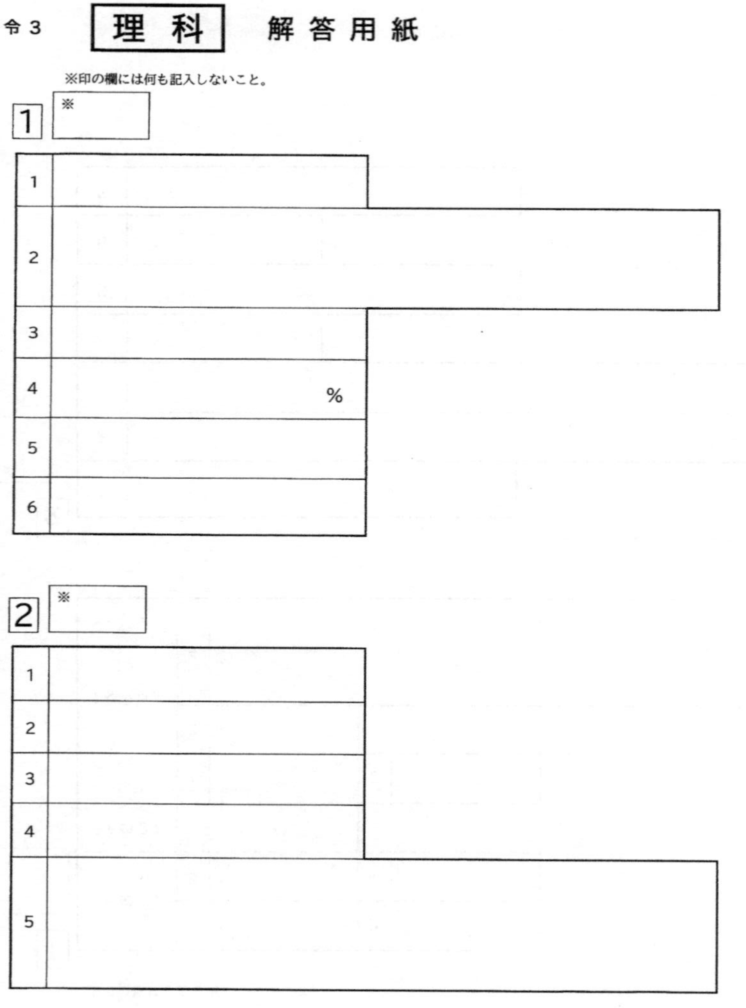

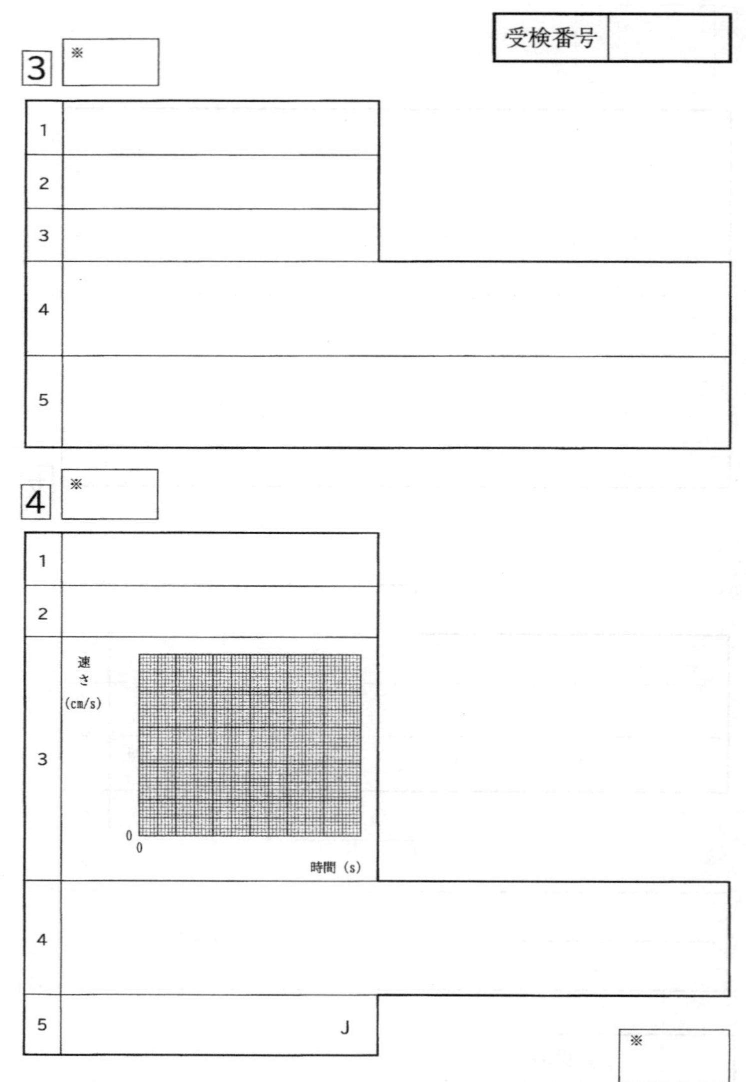

※ 185%に拡大していただくと，解答欄は実物大になります。

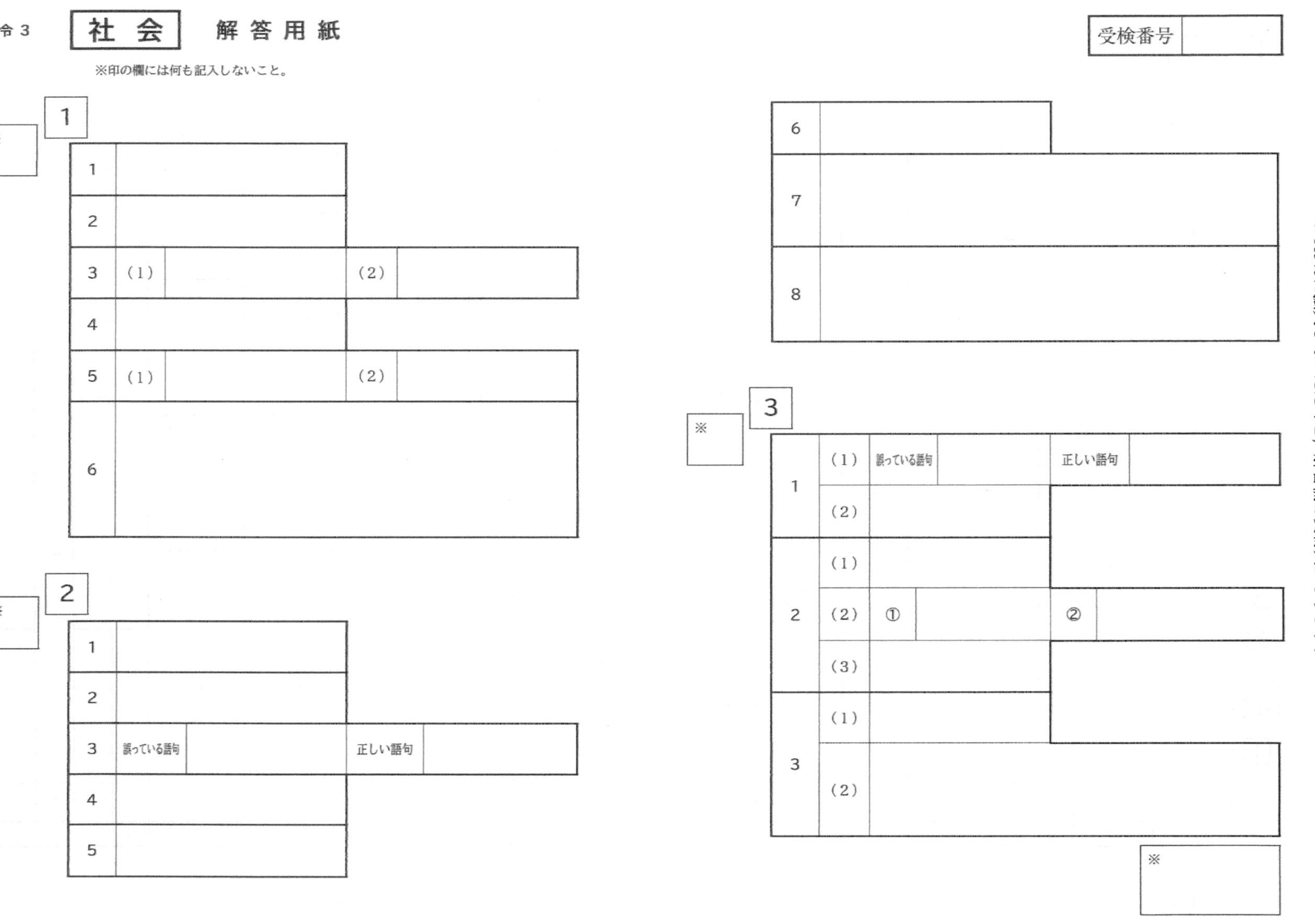

令3　**社会**　解答用紙

※印の欄には何も記入しないこと。

受検番号

1　※

1				
2				
3	(1)		(2)	
4				
5	(1)		(2)	
6				
7				
8				

2　※

1				
2				
3	誤っている語句		正しい語句	
4				
5				

3　※

1	(1)	誤っている語句		正しい語句	
	(2)				
2	(1)				
	(2)	①		②	
	(3)				
3	(1)				
	(2)				

※

※１８２％に拡大していただくと、解答欄は実物大になります。

令三

国語　解答用紙

受検番号

※印の欄には何も記入しないこと。

一 ※

1

2

3

4

5

二 ※

1

2

3

4

100字

140字

三 ※

1 ①　②　つ　③　い　④　む　⑤

2 ①　②　く　③　む　④　る　⑤

3

4 ①

② 季語　季節

③

※

2021年度入試配点表(滋賀県)

数学	1	2	3	4	計
	(8) 5点 (9)(ア)・(イ) 3点(完答) (最頻値) 2点 他 各4点×7((7)完答)	(1) 4点 (2) 5点 他 各6点×2	(2) 8点 他 各6点×2 ((1)完答)	(1) 4点 (2) 5点 他 各6点×2	100点

英語	1	2	3	4	計
	《その3》1, 2, 3 各4点×3 《その3》4 6点 他 各3点×5	2, 3, 7 各4点×3 他 各3点×5	2, 5 各4点×2 4 7点 他 各3点×5	10点	100点

理科	1	2	3	4	計
	1 3点 2, 4 各5点×2 他 各4点×3	3 4点 5 6点 他 各5点×3	1, 3 各4点×2 2 5点 他 各6点×2	2 4点 4 6点 他 各5点×3	100点

社会	1	2	3	計
	1, 3(2), 4 各4点×3 6 8点 他 各3点×4	2, 5 各3点×2 7 6点 8 8点 他 各4点×4(3完答)	1, 2(3) 各4点×3 3(2) 8点 他 各3点×4	100点

国語	一	二	三	計
	2 4点 3 6点 5 10点 他 各8点×2	1 7点 2 8点 3 6点 4 16点	4 各1点×5 他 各2点×11	100点

※この解答用紙は189％に拡大していただきますと，実物大になります。

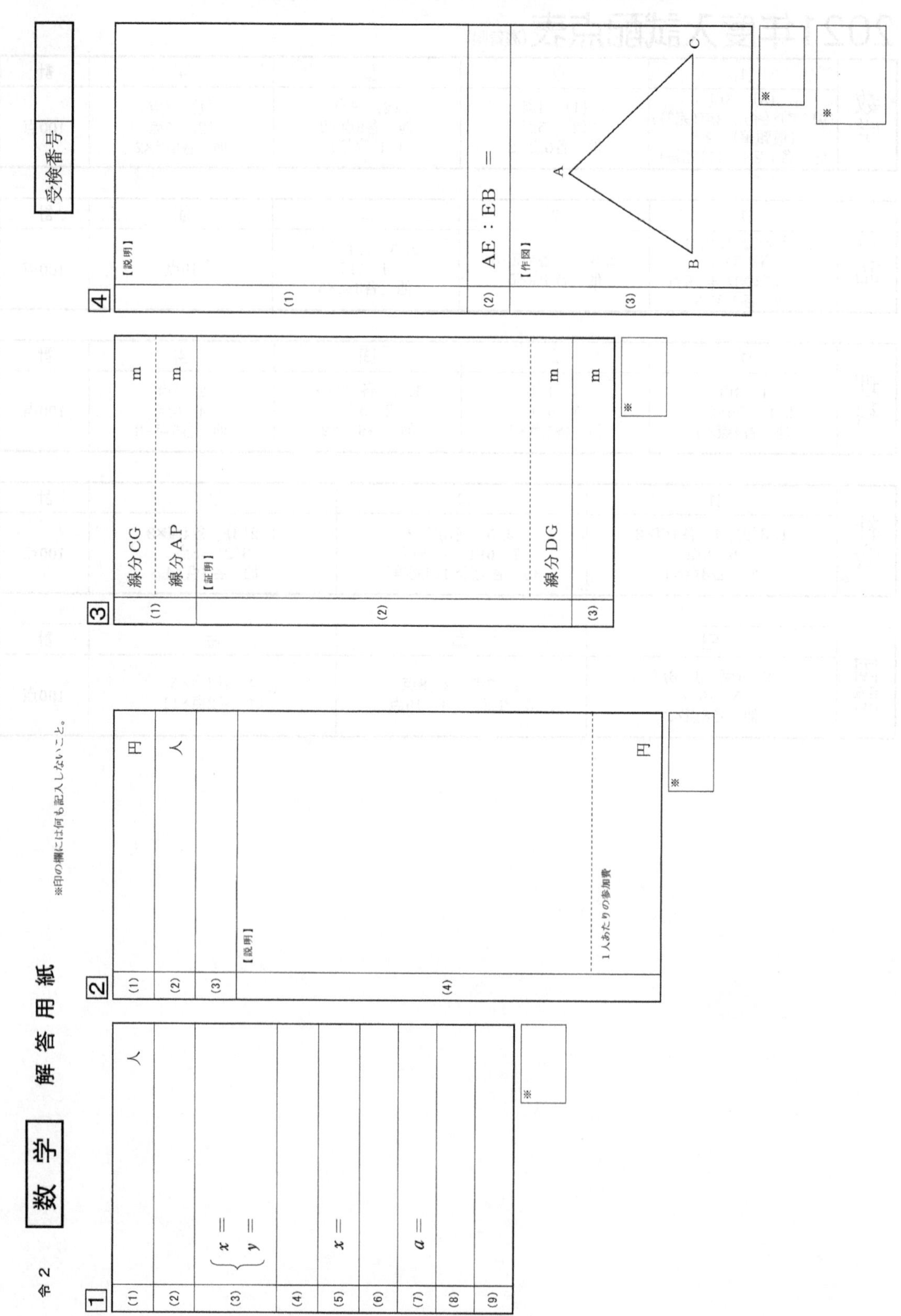

令2　数学　解答用紙

受検番号

※印の欄には何も記入しないこと。

1
(1) 人
(2)
(3) x = 　y =
(4)
(5) x =
(6)
(7) a =
(8)
(9)
※

2
(1) 円
(2) 人
(3)
(4) 【説明】
1人あたりの参加費 円
※

3
(1) 線分CG m　線分AP m
(2) 【証明】
線分DG m
(3) m
※

4
(1) 【説明】
(2) AE：EB =
(3) 【作図】 A B C
※
※

滋賀県公立高校　2020年度

※この解答用紙は185%に拡大していただきますと，実物大になります。

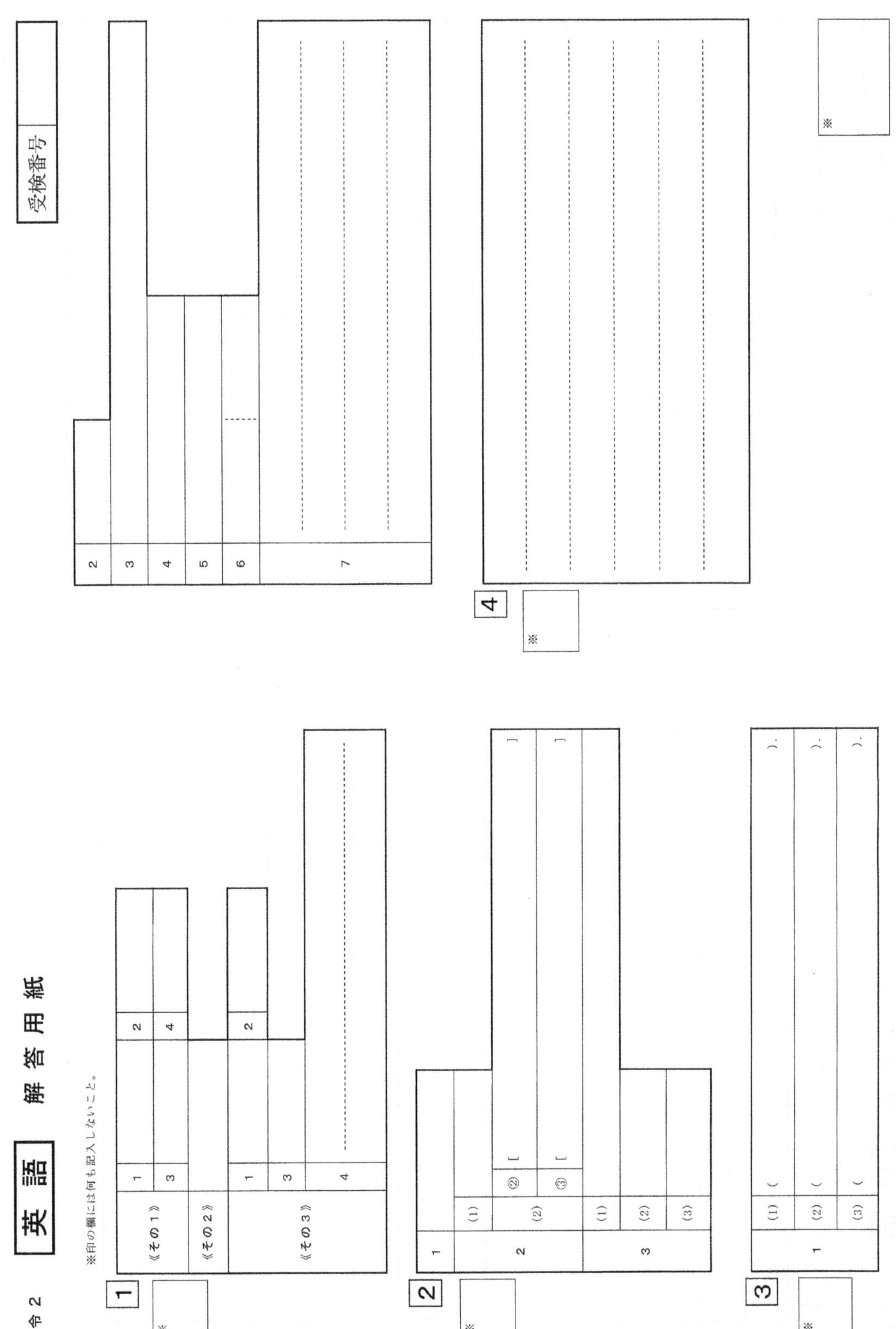

※この解答用紙は189%に拡大していただきますと，実物大になります。

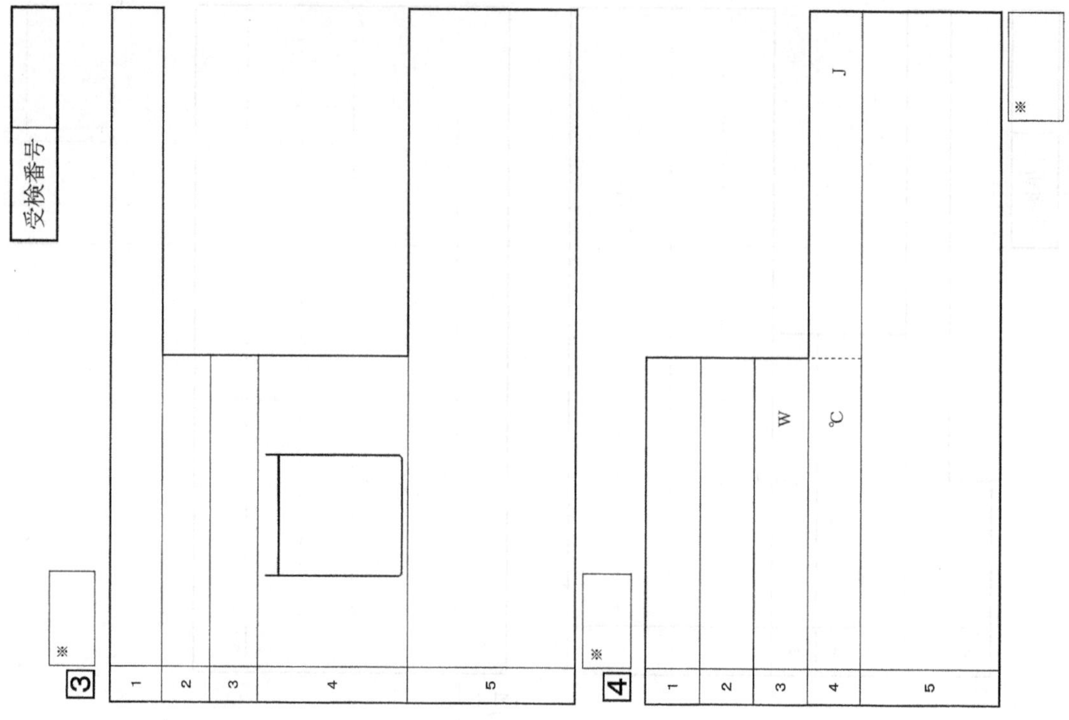

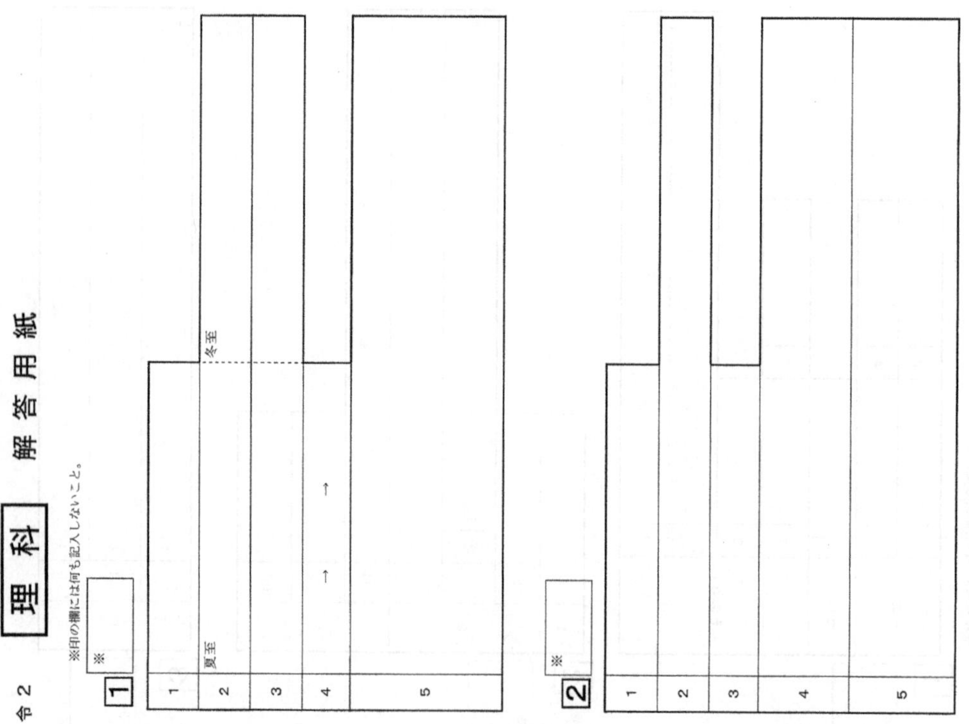

※この解答用紙は 189％に拡大していただきますと，実物大になります。

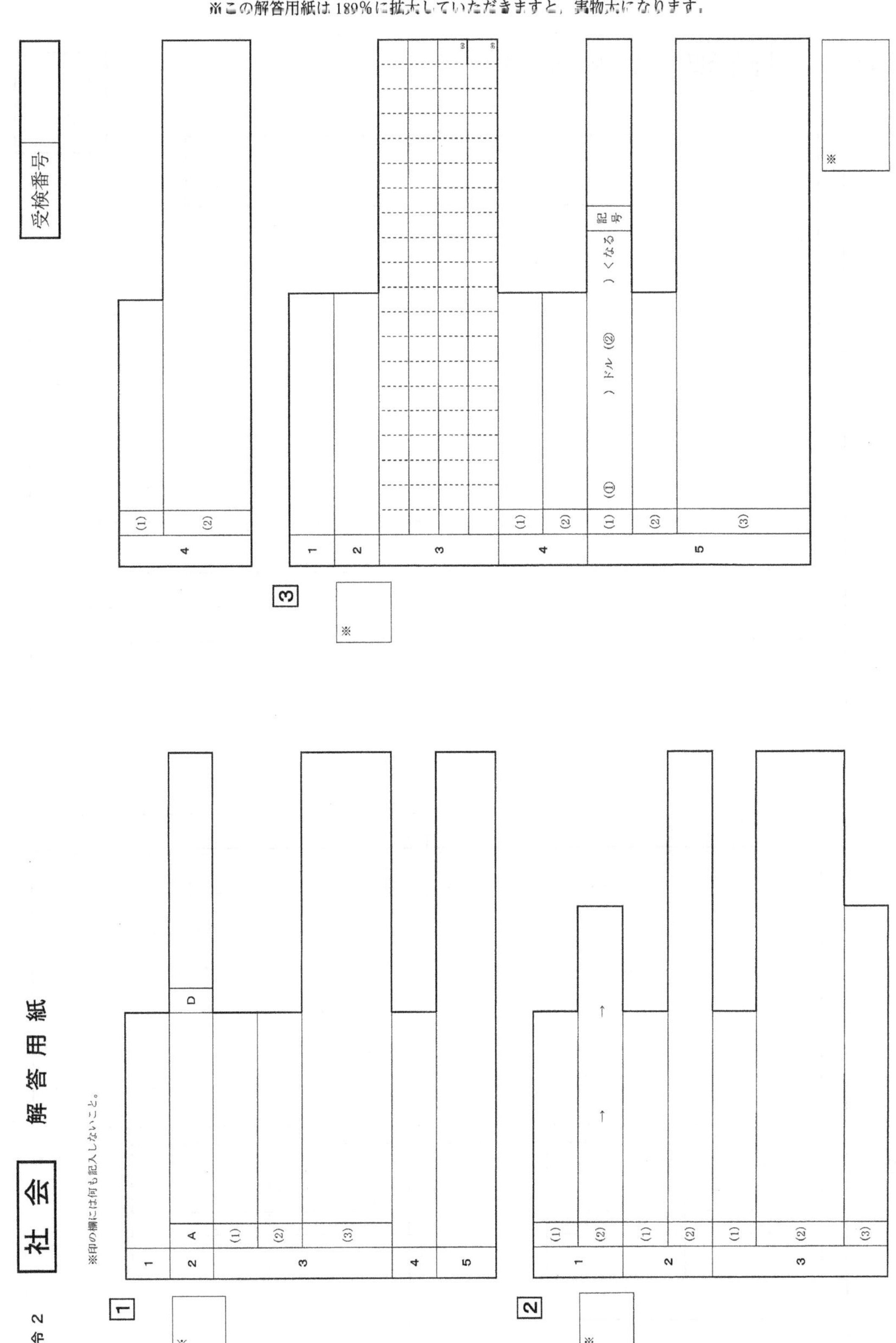

滋賀県公立高校　２０２０年度

※この解答用紙は１８５％に拡大していただきますと、実物大になります。

令二

国語　解答用紙

受検番号

※印の欄には何も記入しないこと。

一　※

1

2

3

4

5　80　120

二　※

1

2

3　では、敬語を使わなくてもよいのだろうか。　80　100

4　100字　140字

三　※

1　①　②う　③　④やす　⑤

2　①　②　③す　④　⑤く

3　①　②

4　①　②　故事成語　意味

※

2020年度入試配点表（滋賀県）

数学	1	2	3	4	計
	(9)　5点 他　各4点×8	(4)　8点 他　各4点×3	(1)　7点(完答) (2)　10点 (3)　6点	(3)　8点 他　各6点×2	100点

英語	1	2	3	4	計
	《その3》1, 2, 3 各4点×3 《その3》4　6点 他　各3点×5	2(2), 3(1)　各4点×3 他　各3点×4	3, 4　各4点×2 7　7点 他　各3点×7	7点	100点

理科	1	2	3	4	計
	1, 3　各3点×3 2　各2点×2 他　各6点×2	1, 3　各4点×2 2　5点 他　各6点×2	1　4点 2　3点 他　各6点×3	2　5点 4　各3点×2 5　6点 他　各4点×2	100点

社会	1	2	3	計
	3(2), 4　各4点×2 3(3)　7点　5　6点 他　各3点×4	2(1)　4点　2(2)　5点 3(1), 4(1)　各2点×2 3(2), 4(2)　各6点×2 他　各3点×3	3　7点 4, 5(1)記号　各2点×3 5(3)　8点 他　各3点×4	100点

国語	一	二	三	計
	1　8点 5　14点 他　各5点×3	1　4点　2　8点 3　10点　4　14点	3, 4①　各1点×3 他　各2点×12	100点

MEMO

大切なことはメモしておこうネ！

T.G

大切なことはメモしておこうネ！

T.G

MEMO

〈ダウンロードコンテンツについて〉

本問題集のダウンロードコンテンツ、弊社ホームページで配信しております。現在ご利用いただけるのは「2025年度受験用」に対応したもので、**2025年3月末日**までダウンロード可能です。弊社ホームページにアクセスの上、ご利用ください。
※配信期間が終了いたしますと、ご利用いただけませんのでご了承ください。

滋賀県公立高校　2025年度

ISBN978-4-8141-3275-1

[発行所] 東京学参株式会社
〒153-0043　東京都目黒区東山2-6-4

書籍の内容についてのお問い合わせは右のQRコードから ⇒ 

※書籍の内容についてのお電話でのお問い合わせ、本書の内容を超えたご質問には対応できませんのでご了承ください。

2024年7月8日　初版